大學用書

統計學(上)

張素梅　著

三民書局 印行

國家圖書館出版品預行編目資料

統計學／張素梅著. -- 初版四刷. -- 臺北市：三
民，2009
　　冊；　公分
參考書目：面
ISBN 978-957-14-2514-6　（上冊:平裝）
ISBN 978-957-14-2515-3　（下冊:平裝）

　1.統計學

510　　　　　　　　　　　　　　　　85012253

© 統　計　學（上）

著作人　張素梅
發行人　劉振強
著作財
產權人　三民書局股份有限公司
　　　　臺北市復興北路386號
發行所　三民書局股份有限公司
　　　　地址／臺北市復興北路386號
　　　　電話／(02)25006600
　　　　郵撥／0009998-5
印刷所　三民書局股份有限公司
門市部　復北店／臺北市復興北路386號
　　　　重南店／臺北市重慶南路一段61號
初版一刷　1997年2月
初版四刷　2009年10月
編　號　S 510380
行政院新聞局登記證局版臺業字第〇二〇〇號

有著作權　不准侵害

ISBN　978-957-14-2514-6　（上冊:平裝）
http://www.sanmin.com.tw　三民網路書店

自　序

緣　起

　　本書從訂約到付梓歷時十二年以上。十二年前在教學與研究之外，我還有未上小學的孩子需要撫育，因此剩餘的時間與精力十分有限。另一方面，凡事求善求美的性格，使得自己的勞動生產力也難於提高。雖然明知在這些主客觀因素限制之下，要完成一本令自己滿意的書，實非易事，然而由於一群學生殷切的期盼，三民書局劉董事長再三誠摯的邀約，與自己社會責任感的驅策，才誠惶誠恐地接下本書之撰寫工作。

　　十多年來，這些學生有的已經變成我的同事，有的任職於其他學術機構，有的則成為各機關或公司的決策者，而我的小孩也已經進入大學。由於持續使用統計分析工具，他們更加體認統計學的重要，也就愈加催促我及早完書。而我卻因諸事的分心，以及數易其稿，拖延至今才將本書付梓。所幸，統計學的重要性並未隨著時間的流逝而稍減，我的知識也未因年歲的增高而退化。相反地，由於社會的發展，統計學日益重要；而我也因教學與研究的關係，一直掌握著統計學的發展脈動。因此本書之問世雖然延宕多年，但自信絕非過時之物。

期　望

　　身為統計學的教學者，作者希望本書能夠幫助讀者習得一套有系統的研究方法，並引導讀者培養嚴謹推理的習慣。統計學教我們如何針對某一個問題，收集、整理、分類、呈現資料，分析解釋這些整理好的資料，並從分

析結果推論問題發生的可能原因。要從一群雜亂的資料，找到論證的依據，難免要利用許多公式。因此，我們經常聽到學生抱怨統計學好像由一堆散亂的公式組成，更常聽到有人譏諷統計學是為既定結論尋求論據的工具。事實上，統計學是一套有系統的研究方法，不只是一堆公式；是一門嚴謹的學科，絕非一種供人玩數字遊戲的工具。作為一個統計學的教學者，我們有責任扭轉這些誤解。此外，任教多年以來，深感學生們雖然多具有嚴謹推理的能力，但卻缺乏此種思考的習慣。因此在解答問題或分析事理時，經常從原因（或問題）直接跳躍到結果（或解答），忽略中間的推理過程。除了傳授專業知識之外，引導學生培養嚴謹的推理習慣，也是為人師者之天職。作者期望本書能夠幫助讀者學得一套完整有系統的研究方法，並引導讀者逐漸培養嚴謹推理的習慣。

特 色

為了達到上述的預期目標，本書在撰寫與排版上，特別注重以下三個原則：

1. 強調公式的基本觀念。統計學之所以被誤解為是一堆散亂的公式，或是一套玩數字遊戲的工具，多半是因為修習者只記誦公式的定義（亦即是什麼），而不完全明白為何要有這些公式（亦即為什麼），也不徹底了解公式的限制與適用性（亦即如何）。因此，本書特別著重於為什麼有各公式以及如何使用各公式等基本觀念的說明。

2. 著重推理的過程。一般在分析問題或事理時，之所以未能提出嚴謹的推理過程，乃是因為平常已經習慣於跳躍式的思考，缺乏循序漸進推理的習慣。為幫助學生培養嚴謹推理的習慣，本書公式的推演力求步驟完整，而習題的解答也盡量呈現詳盡的步驟。

3. 力求版面的生動。統計學既然包含有許多數學公式，其中有不少看似繁複而且枯燥，學生常望而卻步或半途而廢。為了幫助讀者克服這些障礙，

本書除了行文盡量簡易明確，舉例盡量生活化之外，也力求版面的生動。例如行距加寬，定義與例子的四邊鑲框且底面著色，重要觀念的底面也著色。這些雖然看來微不足道，但卻是作者以及三民書局的一番心意。

感　謝

本書的完成有賴於諸多親朋好友的協助，在此要對這些人致上無比的謝意。在時間與精力有限的情況下，若非外子長年以來一直分擔著許多家事，我怎能於努力教書、研究、撫育小孩之外，仍有餘力完成本書？我是一個十分重視家庭生活的人，我的喜樂若非有外子與女兒共享，煩憂若非有他們分解，生活必定黯然不少，工作必然很不起勁，本書之完成必定遙遙無期。從小我的父母兄姊便一直呵護著我，給我自由的想像空間，使我身處威權主義瀰漫的時代，能不隨波逐流，也未曾迷失自我。教授統計學的二十年來，歷任助教幫我累積了無數的練習題目，這些題目經由徐倩蘭小姐與劉懷立先生的進一步增減刪補，才整理成為本書的習題。修課學生所提的種種疑問，促使我更深入地思考某些問題，提升了本書的周延性。研究助理曾惠寬小姐與古慧文小姐在打字及校稿上的悉心協助，加速了後期改稿工作的進行。而師長的教誨與同事的鼓勵，則是完成本書的一股無形推動力。其中，先師林霖教授的教誨是我一生所沒齒難忘的；而同事劉鶯釧教授與昔日之學生今日之同事葉淑貞教授的鞭策與鼓勵，更是本書能於今日問世的重要因素。最後要感謝三民書局董事長劉振強先生、以及編輯部投入本書出版工作的人士。十多年來劉董事長從未向我催稿，讓我能夠從容地數易草稿。編輯部同仁細心的校稿，精心的封面與版面設計，讓我看到這個社會竟有這麼多不只為了薪水，更是為了理想，而兢兢業業努力工作的人。這些為理想而奮鬥不懈的人，是我們社會的希望所在。

雜　感

　　本書終於完稿了，十多年來如縷不絕的牽掛終於可以消散。曾有多少個午夜為未能履約完稿所驚醒，更有多少個長夜因未能完書而徹夜難眠；又有多少個假日當許多人在休息或與家人共度時，我卻獨自在研究室為本書而絞盡腦汁；還有多少個身體微恙的日子，我仍要趕緊勉勵自己為了本書而振作。如今當所有的牽掛即將結束時，我似乎可以開始感受到無比的喜樂。然而相信成書之喜悅才沈浸不久，我又要迫不及待地投入另一個研究工作，再度將自己推入無限牽掛的深淵。苦樂真是相隨而生嗎？難道唯有苦到極至，方生真正的快樂嗎？本書雖然未能成一家之言，更不是曠世鉅著，但卻是自己嘔心瀝血之作，但願能帶給讀者預期的收穫。然而由於自己知識有限，書中必定還有不少疏漏，誠摯地希望讀者指正與賜教。

張　素　梅

國立臺灣大學經濟學系

1996 年 10 月 24 日

統 計 學

全書目次

統 計 學 （上）

目 次

第六章　特殊連續隨機變數及其機率分配

第七章　抽樣及抽樣分配

第八章　估計──點估計

第九章　區間估計

第一章 緒 論

　　近世紀以來，以數字資料表達訊息成為非常的普遍（例如身分證的號碼、或學生的學號等等，每一個號碼分別代表某一個特定人），而統計學的重要性也因此相對地提高。統計學不但被應用於自然科學，而且也廣泛地被應用於社會科學，尤其是經濟、商學，甚至是政治、社會學。統計方法甚至成為制定決策時的重要工具。

　　統計學(Statistics)是什麼？統計學的內容如何？所謂統計學，就是針對某一個研究問題，去**收集**(Collect)所要的資料 (Data)，將所收集到的資料加以**整理分類**並**呈現出來**(Classify & Present)；而後，進一步將這些整理好的資料加以**分析或解釋** (Analysis or Interpret)；最後再對這些分析的結果加以**推論** (Inference)。因此，統計學的內容，基本上就是下面四個工作：

　　⑴收集資料
　　⑵整理、分類並呈現資料
　　⑶分析或解釋資料
　　⑷推論

　　至於上面所述的四個工作，基本上都會牽涉到一個問題，即「如何收集資料？如何整理、分類並呈現資料？如何去分析或解釋資料？如何進行推論的工作？」換句話說，也就是「用什麼方法去收集資料？整理、分類並表現資料的方法如何？分析或解釋資料的方法如何？推論的方法又是如何？」而正因為如此，所以統計學事實上也叫做統計方法 (Statistical Methods)。

在介紹本書的架構之前，我們先對統計學最基本的術語加以說明，並且扼要地解釋為何要進行抽樣。至於統計學其他重要的概念、術語、或用詞，則在本書各章適當的地方，再加以定義或闡釋。

第一節　母體與樣本

當我們確定了某一個研究的問題時，比如說我們要研究臺北市的家庭所得水準，則在收集資料之前，首先我們將遭遇到一個問題，即是要觀察 (Observe)臺北市每一戶家庭的所得水準，還是只要觀察臺北市某一部份家庭的所得水準？這也就是說，我們是要觀察母體(Population)當中的每一個個體的資料，還是只要觀察母體中的某些個體（即樣本 (Sample)）的資料？在統計學上，母體與樣本的定義如下：

> **定義 1-1　母體與樣本**
>
> 　　具有我們所要研究之某種特性的所有個體的集合（即全集合）叫做**母體**。而具有我們所要研究之某種特性的部份個體的集合（即副集合）叫做**樣本**。

因此，對於我們要研究臺北市家庭所得水準的問題而言，臺北市的每一戶家庭＋聚集而成的集合，就是該問題下的母體。而臺北市的某一部份家庭（例如公教家庭），則是樣本。

然而，當我們要收集資料時，隨著我們是從母體或樣本去取得 (Obtain)資料，而有普查與抽樣（抽查）之別。

定義 1-2　普查與抽樣

對母體的每一個個體加以觀察以取得資料，叫做**普查** (Census)。對母體中的部分個體（即樣本），加以觀察以取得資料，叫做**抽樣** (Sampling)。

普查或抽樣，在獲取資料時，可用各種不同的方法，例如(1)被查者自己填表(Self-enumeration)，(2)訪問調查(Personal Interview)及(3)電話調查(Telephone Interview)等。每一種取得資料的方法都各有其優劣點，例如第一種方法雖然可以節省經費，但當被查者對調查表中的一些問題有疑問時，很可能就自己妄加猜測，隨便做答，因而導致資料的不正確。至於第二種方法，必須訓練一批訪問調查員，耗費不少，但卻可以避免上面所述的缺點。至於如何設計調查的問卷？如何進行調查？有興趣的讀者可以參考專書的討論。

第二節　調查與試驗

在獲取資料時，不管是普查或抽樣，我們可以用前一節的例子所提及的方式，直接就母體或樣本的個體加以觀察而不對足以影響個體之特性的各種因素（例如家庭之家長的教育水準、年齡……都可能影響家庭所得）加以控制。然而，在收集資料時，我們也可以對足以影響個體特性的某些因素或全部因素加以控制，而後再加以觀察。茲以下面的例子說明之：

【例 1-1】

若某工廠生產 60 燭光之燈泡，其老闆想知道工廠所採用的兩部機器

生產出來的燈泡的壽命是否一樣。此時，我們要收集該兩部機器所生產之燈泡的壽命，我們可以讓該兩部機器同時操作一段時間，而且操作的工人性別、年齡、素質幾乎一樣，然後再對兩部機器所生產的燈泡分別觀察其壽命。

上面的例子，就是在收集資料時，對足以影響個體特性（燈泡壽命）的某些因素（像操作機器的工人的性別、年齡、素質）加以控制，這種收集資料的方式叫做**試驗**(Experiment)。然而，不先對足以影響家庭所得的因素加以控制，直接對母體或樣本家庭觀察其所得資料的方式則叫做**調查**(Survey)。

定義 1-3　**調查與試驗**

　　所謂**調查**是指確定了研究問題之後，在收集資料的過程中，不對足以影響個體特性的任何因素加以控制。反之，**試驗**是指在收集資料的過程中，對足以影響個體特性的某些因素或全部因素加以控制。

第三節　為何要抽樣

　　對於某一個研究問題而言，在收集資料時，我們總是希望對母體的每一個個體都加以觀察，以得到最多的訊息。然而要對每一個個體都加以觀察，常常是相當費時且費錢的，因此，基於下列的原因，有時候我們不得不**抽樣**(Sampling)：

(1)時間、財力的限制(Limited Resources)：例如選舉前的選情猜測，執行機構既沒有充份的時間，也沒有足夠的資金去對每一個選民進行調查。

(2)資料的稀少性(Scarcity)。

(3)損壞性的測試(Destructive Testing)：例如要研究燈泡的壽命，如前一節的例 1-1，由於每測試一個燈泡，該燈泡就將損壞，因此我們在收集資料時，僅從生產出來的燈泡中，抽取一部份加以測試。

既然很多情況下，不可避免地總是必須進行抽樣。然而，我們應如何去抽樣呢？從機率的角度而言，抽樣的方法主要有二種：(1)機率抽樣(Probability Sampling)，(2)非機率抽樣(Non-probability Sampling)。後者又可分成：(a)判斷抽樣(Judgement Sampling)，及(b)方便抽樣(Convenience Sampling)。本書將在第七章第二節，對上面所述的抽樣方法簡要地說明。

第四節　連續資料與間斷資料

資料若從任兩個數值之間，可以插進有限個還是無限個數值來區分，則可以分成連續資料 (Continuous Data) 與間斷資料 (Discrete Data)。例如人體的身高、體重，只要量高器、磅稱非常細密、準確，則身高可以量至公分以下小數點好幾位，體重可以量至公斤以下小數點好幾位，因此，就身高資料而言，任兩個數值（ 160公分,163公分）之間，理論上可以插進無限多個可能數值（像 161, 161.5, 161.98, 162.23, 162.231,……），而這種資料就叫做連續資料。至於家庭的小孩子數目，或學生進入福利社的次數，這類資料的任兩個數值之間，只能插進有限個的可能數值（像孩子數目: 2與 5之間，只能插進 3, 4兩個有限的數值），這種資料叫做間斷資料。

定義 1-4　連續資料與間斷資料

連續資料是指資料在度量 (Measure)時，任兩個數值之間，理論上可以插進無限多個可能的數值，像身高、體重。**間斷資料**則是指資料在度量時，任兩個數值之間，只能插進有限個的可能數值，像家庭的孩子數目，學生進入福利社的次數。

第五節　敘述統計學與推論統計學

在確定了研究問題之後，不管是普查，或者抽樣，我們總是對我們所要的資料，以適當的方法加以收集，並進一步加以整理、分類並呈現出來。而後進一步再將資料加以分析或解釋。這些收集、整理、表現及分析、解釋資料的工作，主要在於描述或敘述 (Describe)資料，因此這一部份的統計學內容，叫做敘述統計學 (Descriptive Statistics)。

當我們從母體抽出樣本，並對樣本資料加以整理、分析之後，由於我們想要了解的是母體的真象，因此我們進一步以適當的方法，利用從樣本所得到的訊息，對母體的特性去加以推斷或推論，這一部份的工作，或者這一部份的統計學內容，就叫做推論統計學 (Inferential Statistics)。

以上所述，從母體抽出樣本，然後再根據樣本資料對母體特性進行推論的過程，就如圖 1-1 所示。

由於我們要探討某一個問題時，常常基於時間或財力等的限制，或者因為取得資料的過程中，可能牽涉到毀壞性的測試，因此我們不得不以適當的抽樣方法抽取樣本，而後再運用從樣本得到的訊息並採用適當的方法，對母體的真象去進行推論，這一部份的工作，已成為統計學

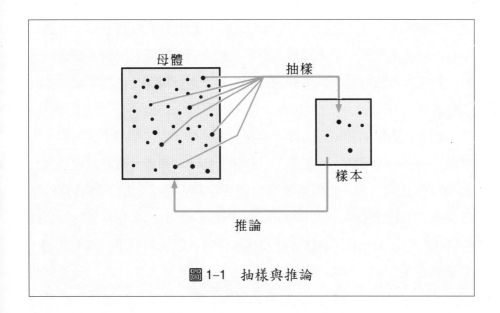

圖 1-1　抽樣與推論

上非常重要的一環。這就是說推論統計學在統計學上有其相當重要的地位。但是當我們要利用樣本對母體進行推論的工作之前，我們總是有必要先對收集而得的樣本資料，加以整理、分類，表現出來，並進行分析、解釋的工作。因此，敘述統計學基本上是推論統計學的基礎，所以本書的第 I 部分，除了第一章緒論外，第二章就是介紹敘述統計學的內容。

　　為了運用從樣本所獲得的訊息，以推論母體的特性，因此進行抽樣時，基本上我們採用簡單隨機抽樣法 (Simple Random Sampling) 抽取樣本。抽取得到樣本之後，我們再利用樣本得到的訊息對母體真象進行猜測、推論。然而，不論是抽樣時所採用的簡單隨機抽樣方法本身，或者是以樣本資料對母體特性進行猜測或檢定的推論工作，事實上都是以機率為基礎；再者，以樣本對母體進行推論之前，我們必須對樣本的行為（樣本的抽樣分配）先有所了解。因此，本書的第 II 部分（第三章～第七章），除了扼要介紹機率理論外，並且介紹隨機變數以及幾個基本且重要的機率分配。此外，我們還要介紹抽樣有關的問題以及抽樣分配。

　　本書第Ⅲ部分以後各章的內容，基本上都是推論統計學。不過，第Ⅲ部分（第八章～第十二章）主要在於介紹：如何利用樣本得到的訊息，對描述母體分配之特性的統計測定數，進行猜測（估計）或檢定的工作。

　　經濟、商學的領域裡，常常要探討某一個（或二個以上）因素（自變數）對另一個變數（應變數），數量上如何的影響？有時候也要探討兩個變數彼此之間，有無直線型的關係存在？甚至更想了解其直線型關係的密切程度 (Strength of Linearly Relationship)有多高？對於以上這些問題的分析方法——迴歸分析及相關分析，以及其更深一層的問題，本書將在第Ⅳ部分（第十三章～第十六章）做深入的介紹。至於有些情況下，如果我們所要分析的兩個變數，都不是量化的變數，而是質化的變數，而我們很可能也想要了解他們彼此之間有無關聯（獨立或不獨立）。對於這種獨立性問題的探討，我們通常採用卡方檢定法。本書第Ⅴ部分（第十七章）將介紹卡方檢定法。

練習題

1-1　何謂母體？何謂樣本？

1-2　普查與抽樣有何不同？

1-3　為何要抽樣？抽樣的方法有哪些？

1-4　解釋下列各詞：

　　1.連續資料與間斷資料

　　2.敘述統計學與推論統計學

第二章 敍述統計學

第一節 前言

隨著我們所要研究、或了解的對象不同，收集資料時，可以是直接從資料來源處調查而得，也可以是從政府機構或私人機構已發表的資料中獲得。茲以下面兩個例子說明之：

【例2-1】

若欲了解臺灣地區歷年來每人所得、成長率及失業率等經濟指標的變動情況，則我們可以從政府機構所發表的資料中找出歷年每人所得數額及其成長率；並找到失業率的資料。而這種資料叫做**次級資料**(Secondary Data)。

【例2-2】

若欲了解 1995 學年度臺北市國中新生的身高情況，則我們以適當方法從臺北市全體國中新生中抽出 100 名，並觀察其身高。此例即是收集資料者直接從資料來源處觀察資料。而以這種方式所得到的資料，叫做**原始資料**(Raw Data)，或叫做**初級資料**(Primary Data)。

如何將收集到的資料呈現出來呢？一般而言，我們可以用統計表(Statistical Table)或用統計圖(Statistical Diagram)的方式表現之。就例2-1

來說，我們可以製作下表（表2-1）來呈現所收集到的資料：

表2-1 臺灣每人所得、成長率及失業率 (1970～1995)

經濟指標 年別	每人 GNP* (NT$)	經濟成長率* (%)	失業率 (%)
1970	56468	11.4	1.7
1971	62526	12.9	1.7
1972	69594	13.3	1.5
1973	77041	12.8	1.3
1974	76534	1.2	1.5
1975	78466	4.9	2.4
1976	87426	13.9	1.8
1977	94471	10.2	1.8
1978	105710	13.6	1.7
1979	112440	8.2	1.3
1980	118162	7.3	1.2
1981	122677	6.2	1.4
1982	125375	3.6	2.1
1983	134029	8.5	2.7
1984	147391	10.6	2.5
1985	153448	5.0	2.9
1986	170790	11.6	2.7
1987	189699	12.7	2.0
1988	203187	7.8	1.7
1989	217005	8.2	1.6
1990	226485	5.4	1.7
1991	240909	7.6	1.5
1992	253437	6.8	1.5
1993	266206	6.3	1.5
1994	279871	6.5	1.6
1995	294212	6.1	1.8

資料來源: *Taiwan Statistical Data Book,* June 1996, 行政院經建會。

註: * 以 1991 年物價表示。

　　一般而言，當我們以統計表呈現我們所收集的資料時，其內容主要有下列四部份：

　　(1)標題(Title)：製做統計表時，一定要將標題以簡單扼要的文字表達出來；而如果我們所製做的統計表不只一個時，一定要將各個表的號碼標明清楚。

　　(2)項目(Item)：包括縱標目 (Caption)及橫標目 (Stub)。就表 2-1 而言，經濟指標的每人所得、成長率及失業率就是縱標目，年別的 1970, 1971,…,1993 則是橫標目。

　　(3)表身(Body)：包括數字以及表的線條。製做統計表時，最好將表的上下兩端之線條加粗，讓人有清楚明白的感覺；至於表的左右兩端，可以加線，也可以不加線。

　　(4)附註(Footnotes)：包括資料來源及註。假如我們所呈現的資料不是初級資料，而是次級資料，則無論如何一定要說明資料從那裡獲得。再者，對於我們所呈現的資料而言，假如有特別必須提醒讀者注意的地方，則應該加上註釋。例如表 2-1 的每人所得，到底是以當年價格為準？還是以某一特定年的物價水準為依據？對於這樣的問題，我們一定要加以註釋，以免模糊不清。

　　製做統計表時，如果遇到資料的數值少於 1 個單位或者等於零時，我們應以 "0" 表達之；又如果沒有資料(Unavailability)時，則應以"-----"符號表達，不可以空白著；再者，如果遇有資料中斷、或不適用的情況，則通常以 "–" 符號表達之。

　　至於例 2-2 所收集到的資料，我們可以表 2-2 的方式來表達。

　　然而我們應如何以統計圖呈現資料呢？就表2-1 的資料而言，我們可以用圖 2-1 (a)、圖 2-1 (b)及圖 2-1 (c)表現之。

　　當我們以統計圖呈現所收集的資料時，我們應特別注意下列幾點：

　　(1)圖的號碼、標題應標明清楚，其理由與製作統計表時相同。

⑵以二度空間的圖呈現資料時，一定要標明清楚縱軸、橫軸各代表什麼。

⑶遇到同一軸中，度量尺度不一致時（像圖 2-1 (a)的橫軸，1970 年的右邊 "–"的長度代表一年，但左邊 "——"的長度代表七十年），應該以破格方式（∿——，或 –//—— ）處理之。

表 2-2　臺北市 100名國中新生身高（單位: 公分）

140	137	130	120	150
130	125	135	140	123
145	⋮	⋮	⋮	⋮
128	⋮	⋮	⋮	⋮
⋮	⋮	⋮	⋮	⋮
⋮	⋮	⋮	⋮	168
135	140	128	138	145

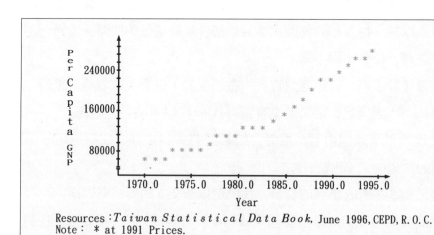

Resources : *Taiwan Statistical Data Book*, June 1996, CEPD, R. O. C.
Note : * at 1991 Prices.

圖 2-1 (a)　臺灣每人國民生產毛額* (1970〜1995)

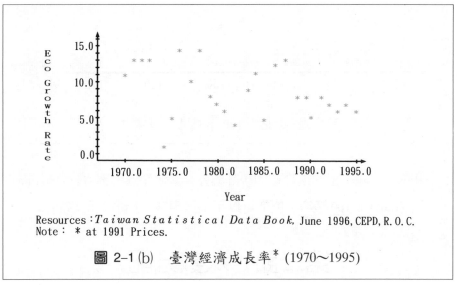

Resources：*Taiwan Statistical Data Book*, June 1996, CEPD, R. O. C.
Note： * at 1991 Prices.

圖 2-1(b)　臺灣經濟成長率* (1970～1995)

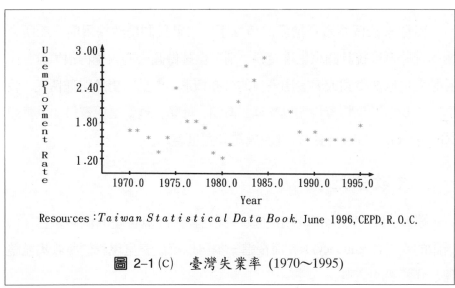

Resources：*Taiwan Statistical Data Book*, June 1996, CEPD, R. O. C.

圖 2-1(c)　臺灣失業率 (1970～1995)

(4)而如果資料不是原始資料，則應對資料來源處加以說明。又遇到有特別要提醒讀者注意之處，可以在附註的地方解釋之。

至於上面所列表 2-2 的資料，則可用點圖 (Dot Diagram)表現於圖 2-2。

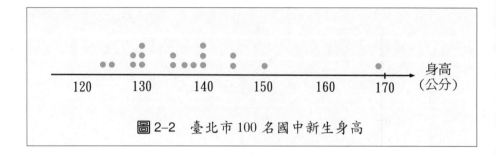

圖 2-2　臺北市 100 名國中新生身高

　　基本上，除了上面所介紹的統計圖外，其他像**圓形圖** (Pie Diagram)、**長條圖** (Bar Charts)等等，也都可以用來呈現我們所收集的資料。

第二節　次數分配

　　當觀察的個體數目增多的情況下，如果我們仍然採用前一節所介紹的統計表或統計圖來呈現資料，則不但製做圖表的人覺得很煩雜，而且讀者也無法從圖或表看出資料的分布情形。因此，對於這種情況，我們有必要進一步將資料加以整理、濃縮、分類，也就是對資料加以**分組** (Grouping)；然後，再以統計表或統計圖呈現之。

一、次數分配表

　　當我們將資料加以分組之後，首先我們計算各組的個體數目（即所謂的**次數**(Frequency)），而後進一步再以統計表呈現我們所收集並整理、分類過的資料。

定義 2-1　次數與次數分配表

　　對於分組的資料而言，資料數值落在同一組的個體數目，叫做該組的次數。而按照各組數值大小排列，並列出各該組之次數的統計表則叫做**次數分配表**(Frequency Distribution Table)，或者簡稱為次數表 (Frequency Table)。

為說明如何製做次數分配表，我們就以前一節的例 2-2 為例，一方面做成表 2-3，另方面簡述製做次數分配表的步驟。

表 2-3　臺北市 100 名國中新生身高次數分配表

組　別	組　界 (cm)	劃　記	次　數
I	120 ～ 124.99 …	|||	3
II	125 ～ 129.99 …	卌 卌	10
III	130 ～ 134.99 …	卌 卌 ||	12
⋮	135 ～ 139.99 …	卌 卌 卌 ||	17
⋮	140 ～ 144.99 …	⋮	25
⋮	145 ～ 149.99 …	⋮	14
⋮	150 ～ 154.99 …	⋮	12
⋮	155 ～ 159.99 …	⋮	4
⋮	160 ～ 164.99 …	⋮	2
X	165 ～ 169.99 …	⋮	1
			總次數 100

製做次數分配表的步驟如下：

⑴首先，針對收集 (而尚未整理) 的資料，找出最大值（168 公分）及最小值（123 公分）。

⑵其次，決定組數 (Number of Class)：資料必須分成幾組，並無一定的規則，但一般說來，大都分成 4～20 組；資料的個體數越多，分成越多組。本例決定分成 10 組。

⑶決定各組的寬度 (Width of Class)：各組的寬度或可稱為組距 (Class Interval)。基本上，組寬度可用下列的方式決定：

$$\frac{最大值 - 最小值}{組數} = 組寬度 \quad （取接近之整數）$$

本例中：$\dfrac{168\text{cm} - 123\text{cm}}{10} = 4.5\text{cm} \longrightarrow 5\text{cm}$

即以 5 公分為各組的寬度。當我們決定了組寬度之後，接著必須決定第 I 組將以那一個數值為起點。本例中，雖然最小值是 123cm，但我們不以它為第一組的起點（或稱下界），而以 120 公分取代之，這是因為習慣上我們喜歡以 0, 2, 5 等數字開始。由於身高這種資料是連續的資料，所以第 I 組的上界為 124.99… 公分，餘下類推。然而，我們更可以把小數點第三位以後的 "…" 省略掉，而以下面方式表達各組：

$$120 \sim 124.99$$
$$125 \sim 129.99$$
$$\vdots$$
$$165 \sim 169.99$$

甚至，我們更可以把它們簡化成：

$$120 \sim 125$$
$$125 \sim 130$$
$$\vdots$$
$$165 \sim 170$$

(4)**計算各組的次數**：為了減少計算次數時發生錯誤，我們可用**劃記** (Talley) 的方式計算之。

另外，我們再舉一個間斷資料的次數分配表如表 2-4。

表2-4　臺大法學院 50 名學生進入福利社次數之次數分配表
（開學第一週）

組　別	組　限	劃　記	次數（學生人數）
I	0~2 次	卌	5
II	3~5	卌 卌 卌 卌 卌	25
III	6~8	卌 卌	10
IV	9~11	卌	5
V	12~14	卌	4
VI	15~17	丨	1
			總次數=50

上表的製做是我們假想 50 名學生中，進入福利社次數最多的是 17 次，最少的是 0 次；而我們決定將該資料分為 6 組而做成的。

　　次數分配表的製做，除了上述步驟外，尚應注意下面幾點：

　　(1)決定分成幾組時，雖然沒有一定的規則，但應注意下列的原則：(a)資料不可因為經過整理分組而與其原來尚未分組的資料相去太遠；因此，分組時，組數不能太少，否則資料數值相差很大的，歸於一組，將來利用分組資料計算一些統計數據時，將與利用未分組資料計算而得的結果相差很大。(b)整理、分組資料時，應盡可能合乎「簡單化」的原則，因為如果分成很多組，則有可能造成有些組是空組（次數為 0）的情形。

　　(2)分組時，儘可能每組的寬度都相同，但並非一定要每組的寬度非相同不可，特殊情況下可以有例外。例如若有一群資料，其數值在前半範圍的個體數非常多，而數值在後半範圍的個體數比較少，此時可以採不等寬度 (Unequal Width)的方法分組，也就是對於前半範圍分成比較多組，後半範圍分成比較少組，亦即前半範圍的部分，每組寬度較小，後半範圍的部份，每組寬度較大。

(3)對於間斷資料而言，為使其次數分配表與其次數圖（將於下一節介紹）能夠一致，因此，我們將各組的組限(Class Limit)加以修正，使其連續化。一般說來，連續化的方法是以計算次數的單位除以 2，再將所得到的數值加到各組的上限，並將各組的下限減去此數值，而後，以組界 (Class Boundary) 的方式表達各該組。今以表 2-4 為例：該資料中，計算次數的單位為「次」，除以 2，即得 0.5 次，而將此數值加、減於各組的上限、下限，可得：

組 限 $\longrightarrow$	組 界
0~ 2	−0.5~ 2.5
3~ 5	2.5~ 5.5
6~ 8	5.5~ 8.5
9~11	8.5~11.5
12~14	11.5~14.5
15~17	14.5~17.5

(4)分組時，定組限或組界一定要合乎周延(Inclusive)與互斥 (Exclusive)的原則。換句話說，一定要使得每一個個體都能夠而且只能夠落在某一組。因此，以組界方式表示各組時，事實上，相當於各組只包括組下界，但不包括組上界。

(5)當我們要指出分組資料的某一組時，我們可以第幾組（例如第Ⅲ組）來代表它，或直接寫出該組出來（例如 "6~8"），而也可以該組的組中點(Midpoint)代表該組。組中點的求法如下：

$$組中點 = \frac{組下界 + 組上界}{2} \quad 或 \quad 組中點 = \frac{組下限+組上限}{2}$$

(6)如果資料中某一個個體的數值比較特殊（極端地大或極端地小），也就是所謂的極端值(Extreme Value)，此時可採用開放組限 (Open-ended)

的方式處理。例如表2–4 的資料中，進入福利社的次數是 17 次的那個學生，假如其進入福利社的次數不是 17 次而是 30次，則分組時，最後一組（第VI組）可以改成：

    VI   15以上

經過如此處理後，第VI組變成只有下限而沒有上限，對於這樣的一組，我們稱它為開放組限。

二、相對次數與累加相對次數

資料經過整理分組而以次數分配表的方式呈現出來後，大致上已可以讓我們清楚地了解資料的分配情況。然而，有時候，我們很可能進一步想知道一群資料中，數值落在某一組的比例是多少？此時，如果該群資料之個體的總數是 10 的倍數，則從次數分配表馬上可以得到答案，否則，就有必要進一步去計算相對次數(Relative Frequency)。

> **定義 2-2　相對次數**
>
> 對於分組的資料而言，資料數值落在同一組的個體數目占個體總數的比例，叫做相對次數。以數學式表示如下：
>
> 第 i 組**相對次數**　$rf_i = \dfrac{f_i}{n}$
>
> f_i：第 i 組之次數
>
> n：樣本資料之個體總數（如為母體資料，則以 "N" 代表個體總數）。

前述的表 2–3 及表2–4，經計算各組之相對次數後，可得下面的次數及相對次數分配表：

表2-3(a)   臺北市國中 100 名新生身高次數分配表

組　界 (cm)	組中點 (cm)	次　數 f	相對次數 rf
120~125	122.5	3	0.03
125~130	127.5	10	0.10
130~135	132.5	12	0.12
135~140	137.5	17	0.17
140~145	142.5	25	0.25
145~150	147.5	14	0.14
150~155	152.5	12	0.12
155~160	157.5	4	0.04
160~165	162.5	2	0.02
165~170	167.5	1	0.01
		100	1.00

表2-4(a)   臺大法學院 50 名學生進入福利社次數之次
　　　　數分配表（開學第一週）

組　界 （次）	組中點 （次）	次　數 f	相對次數 rf
−0.5~ 2.5	1	5	0.10
2.5~ 5.5	4	25	0.50
5.5~ 8.5	7	10	0.20
8.5~11.5	10	5	0.10
11.5~14.5	13	4	0.08
14.5~17.5	16	1	0.02
		50	1.00

　　假如我們要了解一群分組資料中，數值「小於或等於 (Less than or Equal to)」或者「大於或等於 (Greater than or Equal to)」某一組的個體數有多少時，我們就必須計算以下累加次數(Cumulative Frequency)或以上累加次數(Decumulative Frequency)。

定義 2-3　**以下累加次數、以上累加次數**

對於分組的資料而言，數值等於或小於某一組的個體數目，叫做該組的**以下累加次數**。數值等於或大於某一組的個體數目，叫做該組的**以上累加次數**。以數學式表示如下：

第 i 組之以下累加次數　$F_i = \sum_{j=1}^{i} f_j$

第 i 組之以上累加次數　$DF_i = \sum_{j=i}^{k} f_j$

而 f_j：各組之次數，$j = 1, 2, \cdots, k$，共 k 組。

同樣地，當我們想了解所收集之資料的數值「等於或小於」或者「等於或大於」某一組的比例是多少時，我們亦可根據「以下累加次數」或者「以上累加次數」而計算出**以下累加相對次數**(Cumulative Relative Frequency) 或者**以上累加相對次數**(Decumulative Relative Frequency)，其方法如下：

第 i 組以下累加相對次數

$$RF_i = \frac{F_i}{n} = \sum_{j=1}^{i} \frac{f_j}{n}$$

第 i 組以上累加相對次數

$$DRF_i = \frac{DF_i}{n} = \sum_{j=i}^{k} \frac{f_j}{n}$$

而 $\begin{cases} F_i：第\,i\,組以下累加次數 \\ DF_i：第\,i\,組以上累加次數 \\ n：樣本資料之個體總數，或稱之為樣本數(Sample Size) \\ f_j：各組之次數，j = 1, 2, \cdots, k，共\,k\,組 \end{cases}$

下面的表 2–3 (b)及表 2–4 (b)即是將前述表 2–3 (a)及表 2–4 (a)求算累

加次數及累加相對次數而得的結果。

表2-3⒝　臺北市國中 100 名新生身高累加相對次數分配表

組　　界 (cm)	組中點 (cm)	次數 f	相對次數 rf	以下累加 次　　數 F	以下累加 相對次數 RF	以上累加 次　　數 DF	以上累加 相對次數 DRF
120～125	122.5	3	0.03	3	0.03	100	1.00
125～130	127.5	10	0.10	13	0.13	97	0.97
130～135	132.5	12	0.12	25	0.25	87	0.87
135～140	137.5	17	0.17	42	0.42	75	0.75
140～145	142.5	25	0.25	67	0.67	58	0.58
145～150	147.5	14	0.14	81	0.81	33	0.33
150～155	152.5	12	0.12	93	0.93	19	0.19
155～160	157.5	4	0.04	97	0.97	7	0.07
160～165	162.5	2	0.02	99	0.99	3	0.03
165～170	167.5	1	0.01	100	1.00	1	0.01
		100	1.00				

表2-4⒝　臺大法學院 50 名學生進入福利社次數之累加相對次
數分配表（開學第一週）

組　　界 （次）	組中點 （次）	次數 f	相對次數 rf	以下累加 次　　數 F	以下累加 相對次數 RF	以上累加 次　　數 DF	以上累加 相對次數 DRF
−0.5～ 2.5	1	5	0.10	5	0.10	50	1.00
2.5～ 5.5	4	25	0.50	30	0.60	45	0.90
5.5～ 8.5	7	10	0.20	40	0.80	20	0.40
8.5～11.5	10	5	0.10	45	0.90	10	0.20
11.5～14.5	13	4	0.08	49	0.98	5	0.10
14.5～17.5	16	1	0.02	50	1.00	1	0.02
		50	1.00				

三、次數分配圖

　　一群資料經過整理、分組而得次數分配表之後，我們也可採用圖形的方式來表現資料的分佈情況。次數分佈的情形可用統計圖表現，而相對次數、累加相對次數當然也都可用統計圖來表現其分佈的情形。

㈠相對次數直方圖

　　相對次數直方圖(Relative Frequency Histogram)就是以直方圖 (Histogram)來表現一群資料之相對次數的分佈狀況。製做相對次數直方圖時，首先我們定義各組直方圖的面積等於各該組的相對次數。按此定義，則各組直方圖的高度(Height)就等於各該組的相對次數除以各該組的寬度。即

　　　相對次數直方圖的面積 = 相對次數

　　　相對次數直方圖的面積 =（組寬度）×（高）

$$相對次數直方圖的高度 = \frac{相對次數}{組寬度}$$

而且，所有直方圖的面積總和 = 1

　　依照上述，我們將表 2–3 (b)及表 2–4 (b)的資料做成相對次數直方圖如圖 2–3。

　　然而，假如要以直方圖表現一群資料之次數分佈情況，則我們只要定義各組直方圖的面積等於各該組的次數，進而求出各該組直方圖的高度，就可畫出次數直方圖(Frequency Histogram)。此時，所有直方圖的面積總和等於總次數，且

$$第\ i\ 組直方圖的高度 = \frac{第\ i\ 組之次數}{第\ i\ 組之寬度}$$

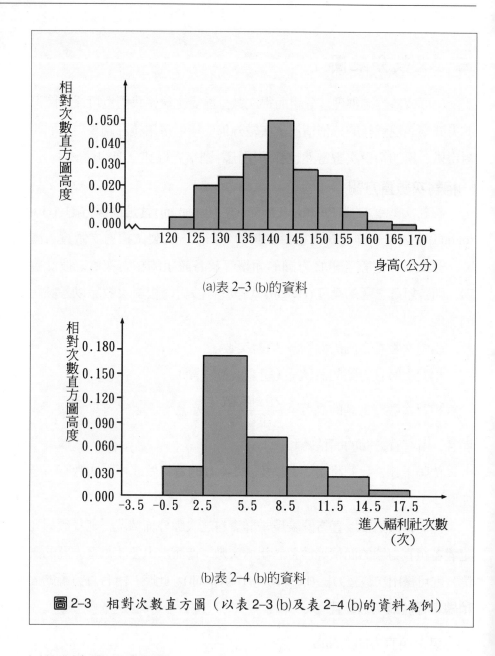

(a)表 2–3 (b)的資料

(b)表 2–4 (b)的資料

圖 2-3　相對次數直方圖（以表 2-3 (b)及表 2-4 (b)的資料為例）

㈡相對次數多邊形圖

　　相對次數多邊形圖 (Relative Frequency Polygon) 就是將相對次數直方圖各個直方圖頂端的中點加以連接而成的一多邊形圖，圖示如圖 2-4。

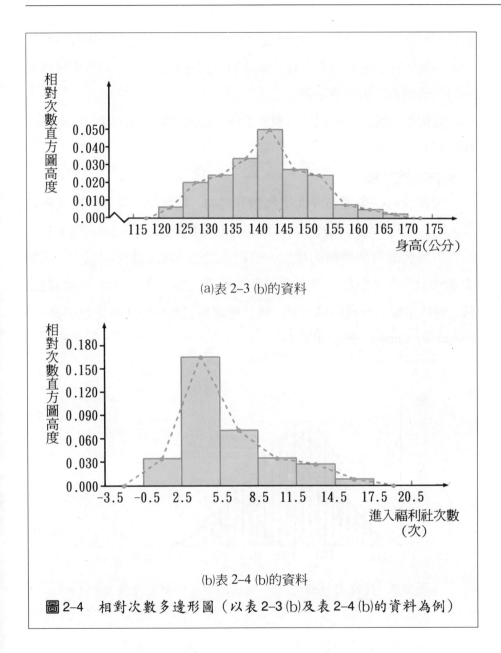

(a)表 2–3 (b)的資料

(b)表 2–4 (b)的資料

圖 2–4　相對次數多邊形圖（以表 2–3 (b)及表 2–4 (b)的資料為例）

　　製做相對次數多邊形圖時，必須注意下面的一點：為使該多邊形為一封閉的圖形，並且面積等於 "1"，因此我們假想各該資料的第一組之前面還有一組，而其相對次數為 "0"，最後一組的後面，也還有一組，

而其相對次數也是 "0"；並在橫軸上找出假想的那兩組的組中點，然後分別與第一組、最後一組之直方圖頂端中點連接。如此，我們即可做成一封閉的相對次數多邊形圖。

同樣地，我們亦可利用次數直方圖，做成次數多邊形圖 (Frequency Polygon)。

㈢相對次數曲線

假如資料的個體數（即總次數）增加，再增加，以致於總次數非常大時，則分組的組數將增加，而每組的寬度將減小。此時，其相對次數直方圖將隨著個體數的增加、組數的增加、每組寬度的減小、而變成非常細，而且相對次數多邊形圖將幾乎成為一條圓滑(Smooth)的曲線，對於這樣的一條曲線而言，統計學家稱它為相對次數曲線(Relative Frequency Curve)。圖示如圖 2-5。

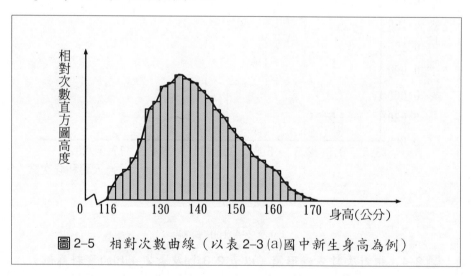

圖 2-5　相對次數曲線（以表 2-3 (a)國中新生身高為例）

一般說來，較常看到的相對次數曲線如圖 2-6　所示。

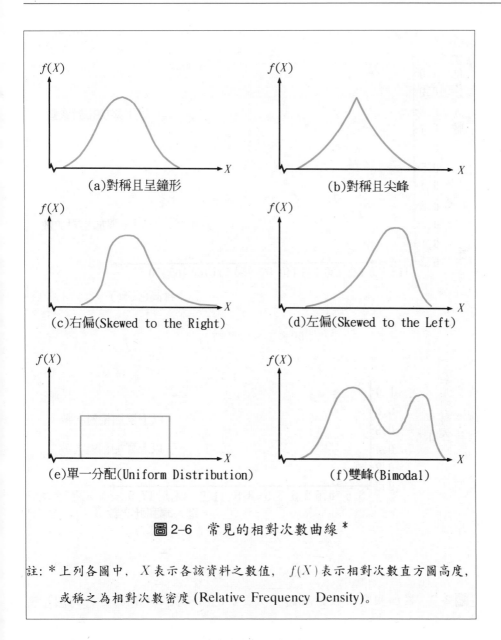

(a)對稱且呈鐘形

(b)對稱且尖峰

(c)右偏(Skewed to the Right)

(d)左偏(Skewed to the Left)

(e)單一分配(Uniform Distribution)

(f)雙峰(Bimodal)

圖2-6　常見的相對次數曲線*

註：*上列各圖中，X表示各該資料之數值，$f(X)$表示相對次數直方圖高度，

或稱之為相對次數密度(Relative Frequency Density)。

㈣累加相對次數分配圖與累加相對次數曲線

累加相對次數分佈的情況，也可用圖形的方式來表達。茲以表2-3 (b)及表 2-4 (b)的資料為例，畫出累加相對次數分配圖如圖2-7。

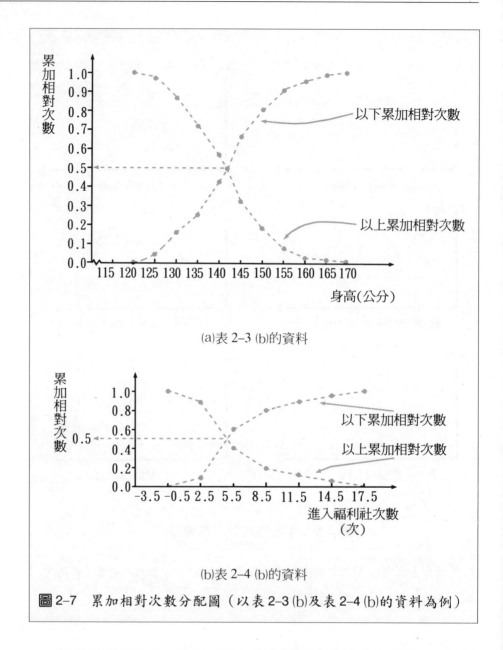

(a)表 2-3 (b)的資料

(b)表 2-4 (b)的資料

圖 2-7　累加相對次數分配圖（以表 2-3 (b)及表 2-4 (b)的資料為例）

對於我們所收集的資料而言，其累加相對次數分佈的情況，我們除了可以運用前面所述的累加相對次數分配表（例如表 2-3 (b)或表2-4 (b)）加以了解外，當然也可以透過累加相對次數分配圖，以描述資料之

分佈情況。然而，製做累加相對次數分配圖時，我們應注意下面幾點：

(1)累加相對次數分配圖有以下累加相對次數與以上累加相對次數兩種。

(2)以下累加相對次數既是指「小於或等於」各該組的相對次數，因此製做以下累加相對次數分配圖時，就以各該組的上界，找出其對應的累加相對次數，例如圖2-7 (a)中，就是將下列的數對：(125, 0.03), (130, 0.13), ……，在直角座標圖上，找出其對應的點，而後將這些點連結起來，對於這條折線而言，統計學家稱之為以下累加相對次數分配圖。而這條折線是以 (120, 0.00) 為始點。

(3)再者，以上累加相對次數既是指「大於或等於」各該組的相對次數，因此製做以上累加相對次數分配圖時，就以各該組的下界，找出其對應的累加相對次數，例如圖 2-7 (a)中，就是將下列的數對：(120, 1.00), (125, 0.97), ……，在直角座標圖上，找出其對應的點，而後將這些點連結起來，即成所謂的以上累加相對次數分配圖。而這條折線則是以 (170, 0.00) 為終點。

(4)採用上述(2)或(3)的方法製做而成的以下累加相對次數分配圖與以上累加相對次數分配圖，其交點一定是發生在縱軸（累加相對次數）等於 0.5 的地方。

由於以下或以上累加相對次數分配圖之形狀，類似於人體的肩膀，因此，統計學家稱之為肩形圖(Ogive)。又如果資料之個體數增加、再增加，以致於總次數非常大時，則分組的組數增加、每組的寬度減小，此時，其以下（或以上）累加相對次數分配圖幾乎形成一條圓滑的曲線，統計學家把這條曲線叫做以下（或以上）累加相對次數曲線(Cumulative Relative Frequency Curve or Decumulative Relative Frequency Curve)。

四、累加相對次數分配的應用

累加相對次數分配在經濟學上被應用於了解一個國家所得分配不均度的情況。為說明方便起見，我們假想甲國一共有 1000 人，並將這 1000 人的所得由小到大順列，而後分成五等級（每一等級各有 200 人），進而計算每一等級的所得，設若得到的甲國資料如表 2-5。

表 2-5　甲國的所得分配表

(1) 組別	(2) 人 口 (單位: 人)	(3) 人口相 對次數	(4) 人口累加相 對次數（以 下累加）	(5) 所 得 (單位: 千元)	(6) 所得相 對次數	(7) 所得累加相 對次數（以 下累加）
I	200	0.20	0.20	10000	0.10	0.10
II	200	0.20	0.40	15000	0.15	0.25
III	200	0.20	0.60	18000	0.18	0.43
IV	200	0.20	0.80	27000	0.27	0.70
V	200	0.20	1.00	30000	0.30	1.00
	1000	1.00		100000	1.00	

設若我們欲以圖形表現甲國所得分配的情況，那麼我們可以繪出甲國的洛崙士曲線如圖 2-8。圖 2-8 是以橫軸代表人口累加相對次數，縱軸代表所得累加相對次數，而後分別將上表第 (4) 欄及第 (7) 欄的數對標示於圖；而後以折線方式將圖上的各點連接。

圖 2-8 中的「A點」，即表示甲國所得最低的百分之二十的人口，其所得占全國總所得的百分之十，「B點」表示該國所得最低的百分之四十的人口，其所得占全國總所得的百分之二十五，餘類推。而 O, A, B, C, D, O′ 等點的連線就是經濟學上有名的 洛崙士曲線 (Lorenz Curve)。

然而，假如一國的洛崙士曲線愈向圖 2-8 的對角線 $\overline{OO'}$ 接近，表示該國的所得分配愈平均；反之，一國的洛崙士曲線愈遠離對角線 $\overline{OO'}$，就表示該國的所得分配愈不平均。

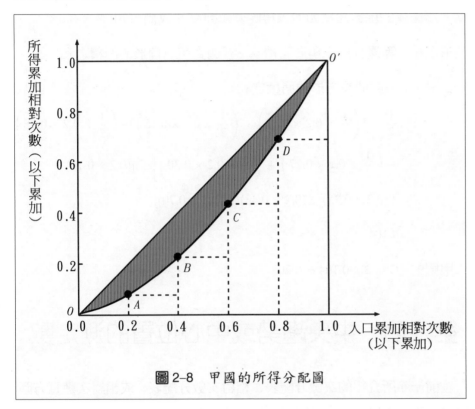

圖 2-8　甲國的所得分配圖

經濟學上，更進一步以**吉尼係數 (Gini Coefficient)** 去度量一國所得分配不均的程度。所謂吉尼係數（以 G 表示），即是定義為「**洛崙士曲線與對角線** $\overline{OO'}$ **所圍成之扇形面積**，占右下半的**等邊直角三角形之面積**的比例」。即

$$G = \frac{\text{⬛}}{\text{◣}} = \frac{\text{⬛}}{\frac{1}{2}\,(\text{底×高})} = \frac{\text{⬛}}{\frac{1}{2}} = 2\cdot\text{⬛}$$

按照吉尼係數的定義，我們知道 $0 \le G \le 1$；而當洛崙士曲線與對

角線重合時，$G = 0$，此時的所得分配為完全平均 (Perfectly Equality)。
又當洛崙士曲線與等腰直角三角形的兩股相重合時，$G = 1$，此時的所
得分配為完全不平均 (Perfectly Inequality)。然而，洛崙士曲線與對角線
$\overline{OO'}$ 所圍成的扇形面積如何求得呢？如圖 2–8 我們可知：

扇形面積＝等邊直角三角形面積 –（五個直角三角形的面積之和）

$$-(四個長方形的面積之和)$$

$$= \frac{1}{2} - \left[\left(\frac{1}{2} \times 0.2 \times 0.10 \right) + \left(\frac{1}{2} \times 0.2 \times 0.15 \right) + \left(\frac{1}{2} \times 0.2 \times 0.18 \right) \right.$$

$$\left. + \left(\frac{1}{2} \times 0.2 \times 0.27 \right) + \left(\frac{1}{2} \times 0.2 \times 0.30 \right) \right] - [(0.2 \times 0.10)$$

$$+ (0.2 \times 0.25) + (0.2 \times 0.43) + (0.2 \times 0.70)]$$

$$= 0.104$$

$\therefore$甲國的 $G = 2 \times 0.104 = 0.208$

第三節　中央趨勢或中心位置的測定數

前一節所介紹的次數分配表、相對次數分配表、或相對次數直方圖
等等，雖然可以讓我們了解資料的分佈狀況，但是如果要對一群資料其
個體之間的共同性、差異性有摘要性的了解，基本上，我們就必須有某
些統計測定數 (Statistical Measures) 以測度 (Measure) 一群資料大致集中於
那一個數值？或該群資料個體之間的差異或分散的情況又是如何？而這
些用來測度一群資料中心位置之所在的統計測定數就叫做中央趨勢或
中心位置的測定數 (Measures of Central Tendency or Central Location)。
由於我們所收集的資料，可能尚未經過整理分組，也可能已經過整理分
組，因此本節擬先介紹未分組資料之中心位置的測定數。

一、中心位置的測定數──平均數、中位數、眾數

> ### 定義 2-4　平均數
>
> 　　一群樣本資料的算術平均數　(Arithmetic　Mean)，就是將 $x_1, x_2, \cdots, x_n$ 等 n 個樣本資料的數值，求其算術平均，此算術平均數，簡稱之為**樣本平均數** (Sample Mean, $\bar{x}$)。以數學公式表示如下：
>
> $$\bar{x} = \frac{1}{n} \sum_{i=1}^{n} x_i, \quad n為樣本數$$
>
> 如果資料為母體資料時，則**母體平均數** (Population Mean, μ)以數學式表示如下：
>
> $$\mu = \frac{1}{N} \sum_{i=1}^{N} x_i, \quad N \text{ 為母體數}$$
>
> $$x_i是母體中第i個個體的數值$$

> ### 【例 2-3】
>
> 某超級市場某日從顧客中抽出 9 名，其消費額分別是：
>
> 　　　　$x_1 = \$201, \quad x_2 = \$135, \quad x_3 = \$239, \quad x_4 = \$185, \quad x_5 = \$258$
>
> 　　　　$x_6 = \$165, \quad x_7 = \$150, \quad x_8 = \$185, \quad x_9 = \$200$
>
> 試求其平均數。
>
> 【解】
>
> 這 9 名樣本顧客消費額之平均數為：
>
> $$\bar{x} = \frac{1}{9}(201 + 135 + 239 + 185 + 258 + 165 + 150 + 185 + 200)$$
>
> $$= 190.89$$
>
> 圖示如圖 2-9。

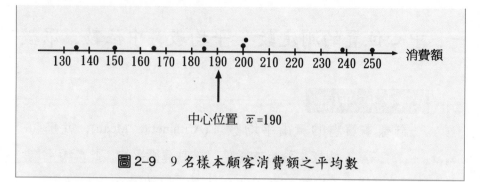

圖2-9 9名樣本顧客消費額之平均數

定義2-5 中位數

　　將一群樣本資料（共有 n 個個體）按數值大小，由小到大順列 (Array)，而位置居在中間的那個數值，就叫做**樣本中位數** (Sample Median)，以 m_e 表示之。若為母體資料，則以 M_e 表示**母體中位數** (Population Median)。

前例2-3 樣本資料按值大小，由小到大順列如下：

135,　150,　165,　185,　185,　200,　201,　239,　258
↑
位置居中者

∴　$m_e = 185$

然而，當樣本數 n 為奇數（如例2-3， $n = 9$）時，位置居中者只有一個，但若 n 為偶數時，則位置居中者有兩個，此時則取位置居中的兩個數值的平均數，當做該群資料的中位數數值。舉例如下：

【例2-4】

下面資料為從某工廠員工中抽出 10 名員工的每月薪資（單位：千元）：

$$
\begin{array}{ccccc}
12.0, & 16.0, & 13.5, & 8.0, & 9.0 \\
10.0, & 9.5, & 8.5, & 10.0, & 9.5
\end{array}
$$

試求其中位數。

【解】

上面資料，按值大小，由小到大順列如下：

$$
8.0, \quad 8.5, \quad 9.0, \quad 9.5, \quad 9.5, \quad 10.0, \quad 10.0, \quad 12.0, \quad 13.5, \quad 16.0
$$

$$
\uparrow \qquad \uparrow
$$

位置居中者

$$
\therefore \quad m_e = \frac{1}{2}(9.5 + 10.0) = 9.75
$$

定義 2-6　眾數

　　一群樣本資料的**眾數** (Sample Mode)就是指該群資料中發生的次數最多的那個數值，以 m_o 表示之。若為母體資料，則以 Mo 表示母體眾數 (Population Mode)。

前例 2-3：顧客消費額的資料中，以 "185" 這個數值發生的次數最多（為 2 次），所以該樣本資料之 $m_o = 185$。

前例 2-4：員工每月薪資的資料中，以 "9.5" 及 "10.0" 這兩個數值發生的次數最多（同時都為 2 次），所以該樣本資料的眾數有兩個，即 $m_o = 9.5$ 及 10.0。

二、其他位置的測定數——四分位數、百分位數

　　在資料之個體數很多的情況下，有時候我們可能想要知道一群資料（樣本或母體）其數值經過順列後，位置居在第百分之廿五，第百分之

五十，第百分之七十五的數值分別是多少？這就是將順列後的資料分成
四等份，位置居在第一等份與後面三等份之間的數值（第一等份與第三
等份的分界點）是多少？位置居在前面二等份與後面二等份之間的數值
（即中位數）是多少？又位置居在前面三等份與最後面一等份之間的數
值是多少？由於我們是把資料分成四等份，所以上述的三個數值，依次
稱為第一四分位數 (First Quartile)，第二四分位數 (Second Quartile)，第
三四分位數 (Third Quartile)。

定義 2-7　第一四分位數

　　樣本的第一四分位數，以 q_1 表示之，就是樣本資料經順列後，
至少有 25% 的個體，其數值小於或等於它 (q_1)，而且至少有 75% 的
個體，其數值大於或等於它。若為母體資料，則以 Q_1 表示母體第一
四分位數 (Population First Quartile)。

定義 2-8　第二四分位數（即樣本中位數）

　　樣本的第二四分位數，以 q_2 表示之，就是樣本資料經順列後，
至少有 50% 的個體，其數值小於或等於它 (q_2)，而且至少有 50% 的
個體，其數值大於或等於它。若為母體資料，則以 Q_2 表示母體第
二四分位數 (Population Second Quartile)。而一群資料的**第二四分位
數**，事實上就是該群資料的中位數。

定義 2-9　第三四分位數

　　樣本的第三四分位數，以 q_3 表示之，就是樣本資料經順列後，
至少有 75% 的個體，其數值小於或等於它 (q_3)，而且至少有 25% 的
個體，其數值大於或等於它。若為母體資料，則以 Q_3 表示母體**第三**

四分位數 (Population Third Quartile)。

定義 2-10　第 p 百分位數

　　樣本的第 p 百分位數，以 p^{th} 表示之，就是樣本資料經順列後，至少有 $p\%$ 的個體，其數值小於或等於它 (p^{th})，而且至少有 $(100-p)\%$ 的個體，其數值大於或等於它。若為母體資料，則以 P^{th} 表示母體第 P 百分位數 (Population P^{th} Percentile)。

【例 2-5】

試求前例 2-3 及例 2-4 的第一四分位數。（註 1）

【解】

(1)例 2-3 中，樣本數 $n = 9$

$$9 \times 0.25 = 2.25$$

$$9 \times 0.75 = 6.75$$

則至少有 2.25 個個體，其數值小於或等於 q_1，而且至少要有 6.75 個個體，其數值大於或等於 q_1。

該資料經順列後為：

$$135, \quad 150, \quad 165, \quad 185, \quad 185, \quad 200, \quad 201, \quad 239, \quad 250$$

$$\uparrow$$

$$q_1$$

則位置居在第三者（即 165），滿足上述條件，因為 9 個個體中，有 3 個個體的數值小於或等於 "165"，而且有 7 個個體的數值大於或等於 "165"，

$$\therefore \quad q_1 = 165$$

(2)例 2-4 中，樣本數 $n = 10$，

$$10 \times 0.25 = 2.5$$
$$10 \times 0.75 = 7.5$$

則至少有 2.5 個個體,其數值小於或等於 q_1,而且至少要有 7.5 個個體,其數值大於或等於 q_1。

該資料經順列後為:

8.0,　　8.5,　　9.0,　　9.5,　　9.5,　　10.0,　　10.0,　　12.0,　　13.5,　　16.0
　　　　　　　　↑
　　　　　　　q_1

則位置居在第三者(即 9.0),滿足上述條件;因為 10 個個體中,有 3 個個體的數值小於或等於 "9.0",而且有 8 個個體的數值大於或等於 "9.0",

$$\therefore \quad q_1 = 9.0$$

三、中心位置的其他測定數 — 修剪平均數、Winsorized 平均數及幾何平均數

當我們針對研究的問題而收集一群資料之後,我們除了可用平均數、中位數或眾數代表其中心位置之所在,我們也可用修剪平均數 (Trimmed Mean)、Winsorized 平均數或幾何平均數去測度該群資料的中心位置。

定義 2-11　樣本修剪平均數

樣本的修剪平均數 (Sample Trimmed Mean),以 $\bar{x}_T$ 表示之,就是樣本資料經順列後,找出 q_1 及 q_3,並將數值小於 q_1 的個體,及數值大於 q_3 的個體去掉,而後求算術平均數。

> 定義 2-12　樣本 Winsorized 平均數

　　樣本的 Winsorized 平均數 (Sample Winsorized Mean)，以 $\bar{x}_W$ 表示之，就是樣本資料經順列後，找出 q_1 及 q_3，並將數值小於 q_1 的個體，都以 q_1 取代之，數值大於 q_3 的個體，都以 q_3 取代之，而後求算術平均數。

【例 2-6】

試求前例 2-3 的修剪平均數及 Winsorized 平均數。

【解】

前例 2-3 的資料經順列後如下：

$$135, \quad 150, \quad \underset{\substack{\uparrow \\ q_1}}{165}, \quad 185, \quad 185, \quad 200, \quad \underset{\substack{\uparrow \\ q_3}}{201}, \quad 239, \quad 250$$

其　　　$q_1 = 165, \ q_3 = 201$

樣本的修剪平均數為：

$$\bar{x}_T = \frac{1}{5}(165 + 185 + 185 + 200 + 201)$$

$$= 187.20$$

而樣本的 Winsorized 平均數則為：

$$\bar{x}_W = \frac{1}{9}(165 + 165 + 165 + 185 + 185 + 200 + 201 + 201 + 201)$$

$$= 185.33$$

（以 q_1 分別取代 135, 150, 而以 q_3 分別取代 239, 250）

【例 2-7】

試求前例 2-4 的修剪平均數及 Winsorized 平均數。

【解】

前例 2-4的資料經順列後如下：

$$8.0, \quad 8.5, \quad \underset{\underset{q_1}{\uparrow}}{9.0}, \quad 9.5, \quad 9.5, \quad 10.0, \quad 10.0, \quad \underset{\underset{q_3}{\uparrow}}{12.0}, \quad 13.5, \quad 16.0$$

其 $\quad q_1 = 9.0, \ q_3 = 12.0$

所以，樣本的修剪平均數為：

$$\overline{x}_T = \frac{1}{6}(9.0 + 9.5 + 9.5 + 10.0 + 10.0 + 12.0)$$

$$= 10.0$$

而樣本的 Winsorized 平均數則為：

$$\overline{x}_W = \frac{1}{10}(9.0 + 9.0 + 9.0 + 9.5 + 9.5 + 10.0 + 10.0 + 12.0 + 12.0 + 12.0)$$

$$= 10.2$$

（以 q_1 分別取代 8.0, 8.5, 而以 q_3 分別取代 13.5, 16.0）

　　對於某些特殊的資料而言，（例如具有**比例** (Ratio) 或**變化率** (Rate of Change) 之性質的資料），像經濟資料中的**價比** (Price Ratio) 或**經濟成長率**等等，如果我們改以**幾何平均數** (Geometric Mean) 去測度該類資料的中心位置，基本上可能更為合適。

定義 2-13　幾何平均數

　　一群樣本資料的幾何平均數 (Sample Geometric Mean)，以 g_x 表示之，就是將 $x_1, x_2, \cdots, x_n$ 等 n 個樣本資料的數值相乘，而後開 n 次方，以數學式表示如下：

$$g_x = \sqrt[n]{x_1 \times x_2 \times x_3 \times \cdots \times x_n}, \quad n \text{ 為樣本數}$$

而如為母體資料，則母體的幾何平均數 (Population Geometric Mean, G_x)，以數學式表示如下：

$$G_x = \sqrt[N]{x_1 \times x_2 \times x_3 \times \cdots \times x_N}, \quad N \text{ 為母體數 (註 2)}$$

【例 2-8】

設若臺灣某地區民國 66~70 年間豬肉價格及價比 (Price Ratio) 如下:

年別 (t)	價　格 (P_t)	價比 $= P_t/P_t - 1$
66	50元（每臺斤）	—
67	60	1.20
68	65	1.08
69	80	1.23
70	100	1.25

試求該產品在這段期間價比的代表值 (Typical Value)?

【解】

由於幾何平均數較適於測度價比的中心位置，故該產品在這段期間價比的代表值為:

$$G = \sqrt[4]{(1.20)(1.08)(1.23)(1.25)} = 1.1881$$

【例 2-9】

試求下列四個數值: 1000, 1000, 1000, 10000 之平均數及幾何平均數。

【解】

平均數 $\quad \mu = \dfrac{1}{4}(1000 + 1000 + 1000 + 10000) = 3250$

幾何平均數 $\quad G = \sqrt[4]{(1000)(1000)(1000)(10000)} = 1778.3$

從例 2-9 我們知道，若與算術平均數相比較，則幾何平均數不像算

術平均數對極端值那麼敏感，但是它不易計算；且遇有 x_i 為零或負值時，我們無法求算幾何平均數。此外，樣本的幾何平均數不適於做統計推論之用。因此，除非特殊情況下，否則我們極少以幾何平均數去測度一群資料的中心位置。

四、中心位置與其他位置的測定數──分組資料

前面所介紹的測定中心位置或其他位置的統計測定數完全是針對未分組的資料。假如資料已經過分組，則對於分組的資料而言，要求算中心位置或其他位置的統計測定數，其方法如下：

㈠平均數

如果我們將一群樣本資料（共有 n 個個體）分為 k 組，而各組的組中點分別為 $x_1, x_2, \cdots, x_k$，且對應各組的次數分別為 $f_1, f_2, \cdots, f_k$，則其平均數 $\bar{x}$ 就是將各組組中點求算加權平均數 (Weighted Average)，但以對應各組的相對次數為權數。即

$$\bar{x} = \sum_{i=1}^{k} x_i \left(\frac{f_i}{n} \right) \quad 或 \quad \frac{1}{n} \sum_{i=1}^{k} x_i f_i \tag{2-1}$$

【例 2-10】

試求前例 2-2 的平均數。

【解】

表 2-6　次數分配表（前例 2-2 或見表 2-3 (b)）

組　界	組中點 (x_i)	次數 (f_i)	$x_i f_i$
120~125cm	122.5 cm	3	367.5
125~130	127.5	10	1275.0
130~135	132.5	12	1590.0
135~140	137.5	17	2337.5
140~145	142.5	25	3562.5
145~150	147.5	14	2065.0

150～155	152.5	12	1830.0
155～160	157.5	4	630.0
160～165	162.5	2	325.0
165～170	167.5	1	167.5
		100	14150.0

所以，臺北市 100 名國中新生身高的平均數為：

$$\overline{x} = \frac{1}{n} \sum_{i=1}^{k} x_i f_i$$

$$= \frac{1}{100} \sum_{i=1}^{10} x_i f_i$$

$$= \frac{1}{100}(14150.0)$$

$$= 141.5 \text{（公分）}$$

(二)中位數

對於一群已經**分組**的樣本資料（共有 n 個個體）而言，求算中位數數值的步驟，大致如下：

(1)首先，找出該群資料的**中位數組**：亦即找出中位數落在那一組。基本上，我們可以從樣本資料的以下累加次數分配表，找出中位數組。

(2)其次，決定以中位數組的組下界 (L_{m_e}) 至組上界 (U_{m_e}) 之間的哪一個數值做為中位數值。此時，由於資料已經過分組整理，我們已經不知道原始資料的情況，所以當我們對**落在中位數組的那些個體的分佈情形所做的假設**如果不一樣，則中位數值的求法也就不一樣。例如，當我們如果假設落在中位數組的那些個體是集中於該組的組中點，則我們就以中位數組的組中點當做中位數值之所在。又如果我們假設落在中位數組的那些個體是**均勻地（等距離地）**分佈在 $L_{m_e} \sim U_{m_e}$ 之間，此時中位數的求法就如下面的第(3)步驟。

(3)當 n 為奇數時，中位數是居在順列資料的第 $\left(\dfrac{n+1}{2}\right)$ 個位置。而累加至 L_{m_e} 的個體數若為 F_L，則中位數是居在中位數組的第 $\left(\dfrac{n+1}{2} - F_L\right)$

個位置;又若中位數組的個體共有 f_{m_e} 個,且這些個體,是均勻分佈於 $L_{m_e} \sim U_{m_e}$ 之間,則中位數值之所在,如圖 2-10 所示。

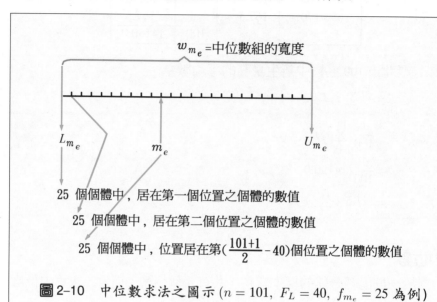

w_{m_e}=中位數組的寬度

L_{m_e} m_e U_{m_e}

25 個個體中,居在第一個位置之個體的數值

25 個個體中,居在第二個位置之個體的數值

25 個個體中,位置居在第($\frac{101+1}{2}$ − 40)個位置之個體的數值

圖 2-10　中位數求法之圖示 ($n = 101$, $F_L = 40$, $f_{m_e} = 25$ 為例)

$$\therefore \quad m_e = L_{m_e} + \frac{w_{m_e}}{f_{m_e}} \left[\left(\frac{n+1}{2} - F_L \right) - 1 \right]$$

$$= L_{m_e} + \frac{w_{m_e}}{f_{m_e}} \left[\left(\frac{n}{2} - F_L \right) - \frac{1}{2} \right]$$

而 $\begin{cases} w_{m_e} \text{ 為中位數組的寬度} \\ \dfrac{w_{m_e}}{f_{m_e}} \text{ 為上圖每一格的寬度} \end{cases}$

又當 n 為偶數時,則中位數是居在順列資料的第 $\left(\frac{n}{2} \right)$ 個位置及第 $\left(\frac{n}{2} + 1 \right)$ 個位置,因此,中位數之數值就以該兩個位置之數值的平均數求算。由上面的說明,我們知道,居在第 $\left(\frac{n}{2} \right)$ 個位置及第 $\left(\frac{n}{2} + 1 \right)$ 個位置的數值,分別為:

居在第 $\left(\frac{n}{2} \right)$ 個位置的數值 $= L_{m_e} + \dfrac{w_{m_e}}{f_{m_e}} \left[\left(\dfrac{n}{2} - F_L \right) - 1 \right]$

居在第 $\left(\dfrac{n}{2}+1\right)$ 個位置的數值 $= L_{m_e} + \dfrac{w_{m_e}}{f_{m_e}}\left[\left(\dfrac{n}{2}+1-F_L\right)-1\right]$

$$\therefore \quad m_e = L_{m_e} + \dfrac{w_{m_e}}{f_{m_e}}\left[\left(\dfrac{n}{2}-F_L\right)-\dfrac{1}{2}\right]$$

綜合而言，不管 n 為奇數或偶數，我們均可採用下列的公式求得一群樣本資料之中位數值。即

$$\therefore \quad m_e = L_{m_e} + \dfrac{w_{m_e}}{f_{m_e}}\left[\left(\dfrac{n}{2}-F_L\right)-\dfrac{1}{2}\right] \tag{2-2}$$

同理，中位數亦可從中位數組的上界 (U_{m_e}) 求得，其方法如下：

$$m_e = U_{m_e} - \dfrac{w_{m_e}}{f_{m_e}}\left[\left(F_U-\dfrac{n}{2}\right)+\dfrac{1}{2}\right] \text{（註3）} \tag{2-3}$$

此處 $\begin{cases} L_{m_e}：中位數組組下界 \\ U_{m_e}：中位數組組上界 \\ w_{m_e}：中位數組寬度 \\ f_{m_e}：中位數組次數 \\ n：樣本數 \\ F_L：累加至中位數組組下界（即累加至中位數組前面一 \\ \qquad 組）之以下累加次數 \\ F_U：累加至中位數組組上界（即累加至中位數組）之以下 \\ \qquad 累加次數 \end{cases}$

【例 2-11】

試求前例 2-2 的中位數。

【解】

表2-7 次數分配表（前例 2-2 或見表 2-3 (b)）

	(1) 組　界	(2) 次數 (f)	(3) 以下累加次數 (F)	
	120~125cm	3	3	
	125~130	10	13	
	130~135	12	25	
	135~140	17	42	$\dfrac{n}{2}=\dfrac{100}{2}=50$
中位數組 →	140~145	25	67	中位數落在此組
	145~150	14	81	
	150~155	12	93	
	155~160	4	97	
	160~165	2	99	
	165~170	1	100	
		100		

(1)由上表第(3)欄的以下累加次數，我們知道該群資料的中位數落在 $(140 \sim 145)$ 這一組。

(2)根據式 (2-2)，我們得到：

$$m_e = L_{m_e} + \frac{w_{m_e}}{f_{m_e}} \left[\left(\frac{n}{2} - F_L \right) - \frac{1}{2} \right]$$

$$= 140 + \frac{5}{25} \left[\left(\frac{100}{2} - 42 \right) - \frac{1}{2} \right]$$

$$= 141.5$$

或從式 (2-3)，得到：

$$m_e = U_{m_e} - \frac{w_{m_e}}{f_{m_e}} \left[\left(F_U - \frac{n}{2} \right) + \frac{1}{2} \right]$$

$$= 145 - \frac{5}{25} \left[\left(67 - \frac{100}{2} \right) + \frac{1}{2} \right]$$

$$= 141.5$$

㈢四分位數、百分位數

　　就分組樣本資料而言，其四分位數或百分位數的求法，基本上，與

前述中位數的求法類似。首先，我們找出第一或第四（或第 p 百）分位數落在那一組，然後再以下列的公式求算其值。

第一四分位數　　$q_1 = L_{q_1} + \dfrac{w_{q_1}}{f_{q_1}} \left[\dfrac{n}{4} - F_L \right]$　　　　　　　　(2–4)

而 $\begin{cases} L_{q_1} : \text{第一四分位數組組下界} \\ w_{q_1} : \text{第一四分位數組寬度} \\ f_{q_1} : \text{第一四分位數組次數} \\ n : \text{樣本數} \\ F_L : \text{累加至第一四分位數組組下界之以下累加次數} \end{cases}$

第三四分位數　　$q_3 = L_{q_3} + \dfrac{w_{q_3}}{f_{q_3}} \left[\dfrac{3n}{4} - F_L \right]$　　　　　　　　(2–5)

而 $\begin{cases} L_{q_3} : \text{第三四分位數組組下界} \\ w_{q_3} : \text{第三四分位數組寬度} \\ f_{q_3} : \text{第三四分位數組次數} \\ n : \text{樣本數} \\ F_L : \text{累加至第三四分位數組組下界之以下累加次數} \end{cases}$

第 p 百分位數　　$p^{th} = L_p + \dfrac{w_p}{f_p} \left[\dfrac{pn}{100} - F_L \right]$　　　　　　　　(2–6)

而 $\begin{cases} L_p : \text{第 } p \text{ 百分位數組組下界} \\ w_p : \text{第 } p \text{ 百分位數組寬度} \\ f_p : \text{第 } p \text{ 百分位數組次數} \\ n : \text{樣本數} \\ F_L : \text{累加至第 } p \text{ 百分位數組組下界之以下累加次數} \end{cases}$

【例 2-12】

試求前表 2-4 資料的第一、第三四分位數及第八十五百分位數。

【解】

就前表 2–4 的資料，我們有下面的次數分配表：

表 2–8　次數分配表（前表 2–4 的資料）

	(1) 組　界	(2) 次數 (f)	(3) 以下累加次數 (F)	
	$-0.5\sim\ 2.5$ 次	5	5	$\dfrac{n}{4}=\dfrac{50}{4}=12.5$
第一四分位數組 $\longrightarrow$	$2.5\sim\ 5.5$	25	30	$\leftarrow q_1$ 落在此組
第三四分位數組 $\longrightarrow$	$5.5\sim\ 8.5$	10	40	
第八十五百分位數組 $\longrightarrow$	$8.5\sim11.5$	5	45	$\dfrac{pn}{100}=\dfrac{85(50)}{100}=42.5$
	$11.5\sim14.5$	4	49	85th 落在此組
	$14.5\sim17.5$	1	50	
		50		

(1)由上表第(3)欄的以下累加次數，我們知道第一四分位數落在 $(2.5\sim 5.5)$ 這一組，而第三四分位數落在 $(5.5\sim 8.5)$ 這一組，又第八十五百分位數則落在 $(8.5\sim 11.5)$ 這一組。

(2)從式 (2–4)，得到：

$$q_1=L_{q_1}+\frac{w_{q_1}}{f_{q_1}}\left[\left(\frac{n}{4}-F_L\right)\right]$$

$$=2.5+\frac{3}{25}\left[\left(\frac{50}{4}-5\right)\right]$$

$$=3.4$$

從式 (2–5)，得到：

$$q_3=L_{q_3}+\frac{w_{q_3}}{f_{q_3}}\left[\left(\frac{3n}{4}-F_L\right)\right]$$

$$=5.5+\frac{3}{10}\left[\left(\frac{3(50)}{4}-30\right)\right]$$

$$=7.75$$

又從式 (2–6)，得到：

$$85^{th}=L_p + \frac{w_p}{f_p}\left[\left(\frac{pn}{100}-F_L\right)\right]$$

$$=8.5 + \frac{3}{5}\left[\left(\frac{85(50)}{100}-40\right)\right]$$

$$=10$$

㈣眾數

對於分組的樣本資料而言，眾數也是描述資料分佈之中央趨勢的統計測定數。然而，求算眾數的方法有下列數種：

⑴粗略法 (Crude Method)：這種方法非常簡單，我們只要找出眾數落在那一組，然後以該眾數組的組中點代表眾數之所在。此種方法是基於一個假設：即眾數組的每一個個體都集中於組中點。

⑵補插法 (King's Interpolation Method)：此種方法是先找出眾數組，然後利用槓桿原理，找出使槓桿平衡之支點，並以該支點對應的數值做為眾數之所在。以圖 2–11 說明如下。

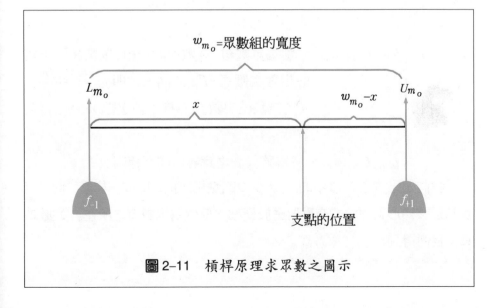

圖2-11　槓桿原理求眾數之圖示

$$
圖中: \begin{cases}
w_{m_o}: \ 眾數組之寬度 \\
L_{m_o}: \ 眾數組之組下界 \\
U_{m_o}: \ 眾數組之組上界 \\
f_{-1}: \ 眾數組前面一組的次數 \\
f_{+1}: \ 眾數組後面一組的次數
\end{cases}
$$

設支點之所在與 L_{m_o} 之距離為 x，而與 U_{m_o} 之距離為 $w-x$，則 $x(f_{-1}) = (w_{m_o} - x)f_{+1}$ 時，槓桿達到平衡，

$$
\therefore \quad x = \frac{f_{+1}}{f_{-1} + f_{+1}} w_{m_o}
$$

$$
\therefore \quad m_o = L_{m_o} + x = L_{m_o} + \frac{f_{+1}}{f_{-1} + f_{+1}} w_{m_o} \tag{2-7}
$$

或 $\quad m_o = U_{m_o} - (w_{m_o} - x)$

$$
= U_{m_o} - \left(w_{m_o} - \frac{f_{+1}}{f_{-1} + f_{+1}} w_{m_o} \right)
$$

$$
= U_{m_o} - \left(\frac{f_{-1}}{f_{-1} + f_{+1}} w_{m_o} \right) \text{（註 4）} \tag{2-7$'$}
$$

(3)**比例法** (Czuber's Proportional Method)：此種方法是 Czuber 利用相對次數直方圖，並以幾何學上的比例法找出眾數。茲以圖 2–12 說明之。

$$
圖中 \begin{cases}
h_{m_o}, h_{-1}, h_{+1}: \ 分別為眾數組、眾數前面一組、眾數後面一組 \\
\qquad 的相對次數直方圖的高度，即 h_i = \dfrac{f_i/n}{w_i}。 \\
\qquad （f_i 為該組次數, n 為樣本總次數, w 為該組之 \\
\qquad 寬度。） \\
L_{m_o}, U_{m_o}, w_{m_o}: \ 各符號代表之意義與前面相同。
\end{cases}
$$

我們如果將圖 2–12 中的 A, B, C, D 四點相連接，即成一梯形，而後，我們以該梯形對角線的交點對應於橫軸之值做為眾數值之所在。從圖 2–12，我們得到：

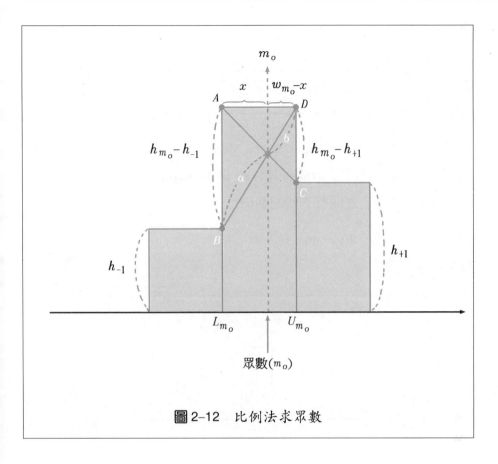

圖 2-12　比例法求眾數

$$\frac{w_{m_o} - x}{x} = \frac{b}{a} = \frac{h_{m_o} - h_{+1}}{h_{m_o} - h_{-1}}$$

$$\therefore \quad x = \frac{h_{m_o} - h_{-1}}{(h_{m_o} - h_{-1}) + (h_{m_o} - h_{+1})} \times w_{m_o}$$

$$\therefore \quad m_o = L_{m_o} + x$$

$$= L_{m_o} + \frac{h_{m_o} - h_{-1}}{(h_{m_o} - h_{-1}) + (h_{m_o} - h_{+1})} \times w_{m_o} \qquad (2\text{--}8)$$

或 $\quad m_o = U_{m_o} - (w_{m_o} - x)$

$$= U_{m_o} - \frac{h_{m_o} - h_{+1}}{(h_{m_o} - h_{-1}) + (h_{m_o} - h_{+1})} \times w_{m_o} \qquad (2\text{--}8)'$$

又，假如眾數組、眾數前面一組及眾數後面一組等三組的寬度都相等，

則公式 (2-8)及(2-8)′ 更可簡化為:

$$m_o = L_{m_o} + \frac{f_{m_o} - f_{-1}}{(f_{m_o} - f_{-1}) + (f_{m_o} - f_{+1})} \times w_{m_o} \qquad (2\text{--}9)$$

或 $$m_o = U_{m_o} - \frac{f_{m_o} - f_{+1}}{(f_{m_o} - f_{-1}) + (f_{m_o} - f_{+1})} \times w_{m_o} \qquad (2\text{--}9)'$$

(4)經驗法(Pearson's Experimental Method): 統計學家 K. Pearson, 根據經驗, 發現單峰微右偏(Slightly Skew to the Right) 的資料, 其平均數、眾數、中位數三者之間有下列的關係:

$$\mu - M_o = 3(\mu - M_e)$$

圖示如圖 2-13。

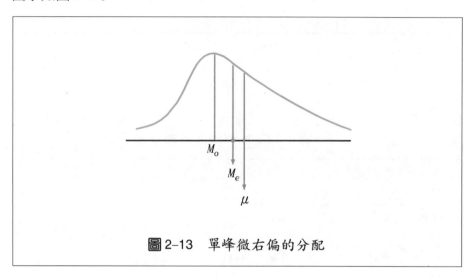

圖 2-13　單峰微右偏的分配

所以, 只要我們知道樣本資料是單峰微右偏的分配, 且其平均數($\bar{x}$) 及中位數(m_e) 已求出, 則我們可以利用 Pearson 的經驗法去求算眾數 (m_o), 即

$$\bar{x} - m_o = 3(\bar{x} - m_e)$$

$$m_o = \bar{x} - 3(\bar{x} - m_e) \qquad (2\text{--}10)$$

相反的，如果資料的分配是單峰微左偏時，平均數、眾數、中位數三者之間的關係為：

$$M_o - \mu = 3(M_e - \mu)$$

所以，如果樣本資料是單峰微左偏，且 $\bar{x}, m_e$ 均已求出，則

$$m_o = \bar{x} + 3(m_e - \bar{x}) = \bar{x} - 3(\bar{x} - m_e) \qquad (2\text{-}10)'$$

然而，我們必須注意：當我們應用此種方法求算一群資料的眾數時，必須先判斷該群資料是否微偏？至於何種程度的偏態屬於微偏 (Moderately Skew)？何種程度的偏態屬於極偏 (Extremely Skew)，則必須有客觀的標準來加以判斷。關於如何判斷資料是微偏或極偏的問題，留待本章第五節再予說明。

【例 2-13】

試求前例 2-2 資料的眾數。

【解】

表 2-9　次數分配表（前例 2-2 或見表 2-3 (b)）

組　界	次　數	
120～125cm	3	
125～130	10	
130～135	12	
135～140	17	
眾數組 → 140～145	25	← 眾數落在此組
145～150	14	
150～155	12	
155～160	4	
160～165	2	
165～170	1	

(1)粗略法：

$$m_o = 142.5 （公分）$$

(2)補插法:

$$m_o = L_{m_o} + \frac{f_{+1}}{f_{-1} + f_{+1}} \times w_{m_o}$$

$$= 140 + \frac{14}{17 + 14} \times 5$$

$$= 142.26 （公分）$$

(3)比例法:

$$m_o = L_{m_o} + \frac{f_{m_o} - f_{-1}}{(f_{m_o} - f_{-1}) + (f_{m_o} - f_{+1})} \times w_{m_o}$$

$$= 140 + \frac{25 - 17}{(25 - 17) + (25 - 14)} \times 5$$

$$= 142.11 （公分）$$

㈤平均數、中位數、眾數三者的比較

從上面的說明,我們知道平均數、中位數、眾數三者都是測度一群資料中心位置的統計測定數,然而孰優孰劣呢?我們到底應以平均數、中位數、還是以眾數來代表一群資料的中心位置之所在呢?回答這些問題之前,我們可以先從五個角度來對上述三個統計測定數加以比較。

(1)極端值: 一群未分組資料中,如果其最大值或最小值變成極端值,則平均數頗受其影響,但中位數、眾數則不受影響。例如我們從水泥業工人中,抽出九個工人,且知其每小時工資順列後分別為:

$$\$140, \ 145, \ 150, \ 155, \ 160, \ 160, \ 165, \ 170, \ 175$$

此時, $\bar{x} = 157.78$, $m_e = 160$, $m_o = 160$。

而若每小時工資$175 的那位工人的工資變成$250,則平均數變成$166.11,而中位數、眾數仍然是$160。這表示: 三個測度中心位置的統計測定數之中,以平均數對於極端值最為敏感。

(2)開放組限: 分組的資料,遇有極端值時,應以開放組限的方法處

理。然而，對於開放組限的那一組而言，我們將面臨**選擇哪一個數值當做該組之組中點的問題**（亦即該組的寬度如何取法的問題），此時，不同的處理方式將會影響平均數之值，但是不會影響中位數或眾數之值。（註5）

　　(3)**代數的處理**：如果我將一群樣本資料分成 I, II 兩部分，且第 I 部分含有 n_1 個個體，其平均數為 $\overline{x}_1$，第 II 部份含有 n_2 個個體，其平均數為 $\overline{x}_2$，則該群樣本資料的平均數 $(\overline{x})$，與 $\overline{x}_1$、$\overline{x}_2$ 之間有下列的代數關係：

$$\overline{x} = \frac{n_1\overline{x}_1 + n_2\overline{x}_2}{n},\ n\ 為樣本數,\ n = n_1 + n_2$$

而中位數、眾數不適合於上述的代數處理。

　　(4)**差值**：一群樣本資料中，每一個個體數值與樣本平均數之差值的總和等於零，即

$$\sum_{i=1}^{n}(x_i - \overline{x}) = 0$$

或

$$\sum_{i=1}^{k}(x_i - \overline{x})f_i = 0$$

而每一個個體數值與樣本中位數之差值的絕對值的總和為極小，即

$$\sum_{i=1}^{n}|x_i - me| \leq \sum_{i=1}^{n}|x_i - A|,\quad 此處,\ A\ 為任意的數值。$$

　　(5)**對稱與否**：一群樣本資料如果呈對稱的分配，則平均數、中位數、眾數三者的數值一致；而根據 Pearson 的經驗，如果資料的分佈呈微右偏，則平均數大於中位數，而中位數大於眾數；再者，若資料分佈微左偏時，則平均數小於中位數，而中位數小於眾數。

　　由上面的說明，我們知道平均數、中位數、眾數三者各有其優點、劣點；因此，對於究竟是「**要以平均數、中位數、還是要以眾數來代表一群資料中心位置之所在**」的問題，我們可參考下面的三個準則 (Criterion) 而做不同的選擇:

(1)視收集資料的目的(Purpose)而言: 收集資料的目的如果不同, 我們很可能就會在平均數、中位數、眾數三者之間做不同的選擇。茲以下面的例子簡要說明之:

(a)工會領袖為了爭取工人工資水準的提高, 若其手中所收集之工人工資的資料, 經過整理分組後, 已知是呈微右偏的分配, 則他會願意以眾數做為工人工資水準中心位置之代表。而若從資方代表的角度來看, 則他為了表示其付給工人的待遇已經不低了, 因此他願意以平均數做為工人工資水準中心位置之代表。

(b)若欲了解一地區國民之所得的一般水準, 則以中位數最具代表性。因為一地區的國民往往有少數高所得的存在（極端值）, 而使得平均數提高, 因而常會高估了所得的一般水準。而中位數則是指該地區有一半的人口, 其所得小於或等於它, 且另有一半的人口, 其所得大於或等於它。

(c)今若有一製做成年人運動鞋的廠商, 而其機器只能製做一種尺寸的鞋子, 則若根據廠商的市場調查, 得到成年人腳尺寸之分配的資料, 於此情況下, 廠商將選擇以該分配的眾數值, 做為他所要生產之鞋子的尺寸代表。

(2)視平均數、中位數、眾數三者的計算難易程度而言: 一般說來, 平均數、中位數、眾數三者之中, 以平均數的計算最為簡單。如果資料未經整理、順列等工作, 我們也可以計算出平均數。但中位數、眾數的求算, 則必須先將資料整理、順列; 且對於分組的資料而言, 以不同的公式去計算眾數, 所得到的結果就不完全一樣。

(3)視樣本之平均數、中位數、眾數三者做為統計推論的潛力 (Potential for Statistical Inference) 而言: 一般說來（但有例外）(註6), 樣本平均數、中位數、眾數三者之中, 以樣本平均數做為統計推論的潛力最

大。（註7）

第四節　分散度或離勢的測定數

測度一群資料個體彼此之間差異或分散情況的統計測定數，主要的有全距(Range)，四分位全距(Interquartile Range)，平均差(Mean Absolute Deviation)，平均差方 (Mean Square Deviation)，標準差 (Standard Deviation)。

定義 2-14　全距

將我們所收集的樣本資料，按數值大小，由小到大順列，而最大數值與最小數值之差，就是**樣本全距** (Sample Range)，以 r 表示之。若為母體資料，則以 R 表示**母體全距** (Population Range)。

當樣本資料經過整理分組，並以次數分配表呈現出來之後，樣本全距的求法有下面兩種方式：

(1)樣本全距=[最後一組（即數值最大的那一組）組中點]−[第一組（即數值最小的那一組）組中點]

(2)樣本全距=[最後一組組上界]−[第一組組下界]

全距雖然可以測度資料的分散情況，而全距越大表示資料越分散。但是假如有 A, B 兩群單位相同的資料，他們的分佈情況，如圖 2-14所示。從圖中，我們很明確地可以發現 A, B 兩群資料的全距雖相等，但是資料的分佈顯然不同（B 群比 A 群顯然較為分散）。此種情況下，我們認為全距並不能用以比較兩群資料的分散度。此外，全距對極端值非常敏感，因此統計學家認為：欲測度一群資料的分散度時，與其採用全距，不如採用四分位全距。

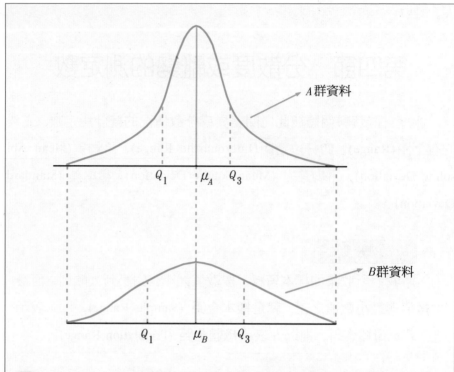

圖 2-14 　A, B兩群資料的相對次數曲線（兩個全距相等的分配）

定義 2-15　四分位全距

　　樣本的四分位全距(Sample Interquartile Range) 就是指樣本資料的第三四分位數 (q_3) 與第一四分位數 (q_1) 兩者之差，以 r_q 表示之，即

$$r_q = q_3 - q_1$$

而若為母體資料，則以 R_Q 表示**母體的四分位全距**(Population Interquartile Range)，且

$$R_Q = Q_3 - Q_1$$

四分位全距越大表示資料越分散，如圖 2-14，B群資料的四分位全距比 A 群資料的為大，這表示 B 群資料較 A 群資料為分散。

【例 2-14】

若從某電腦開發公司抽出十個員工，他們的月薪資所得，經順列如下：

$80000, 85000, 97000, 120000, 121000,

135000, 140000, 147000, 160000, 200000

試求全距及四分位全距。

【解】

(a)上述資料最大值為$200000，最小值為$80000

$\therefore$ 全距 $r = \$200000 - \$80000$

$= \$120000$

(b)上述資料的 $\begin{cases} 第一四分位數 \quad q_1 = \$97000 \\ 第三四分位數 \quad q_3 = \$147000 \end{cases}$

$\therefore$ 四分位全距 $r_q = \$147000 - \$97000$

$= \$50000$

四分位全距雖然比全距更能反應出資料的分散度，但是它與全距同樣犯有一個缺點，即未充分使用資料中每一個個體的訊息 (Information)；然而，另一個統計測定數，即平均絕對差 (Mean Absolute Deviation) 不但可測度資料的分散度，而且也充分使用每一個個體所提供的訊息。

定義 2-16 平均絕對差

樣本的平均絕對差（簡稱為樣本平均差）以 m.a.d. 表示之，即是指每一個個體之數值 (x_i) 與樣本平均數 $(\bar{x})$ 之差的絕對值的算術

平均數。以數學式表示如下：

$$\text{m.a.d.} = \frac{1}{n} \sum_{i=1}^{n} |x_i - \overline{x}|, \ n \ \text{為樣本數}$$

然而若為母體資料，則**母體平均差**(Population Mean Absolute Deviation)，以M.A.D.表示之，則為：

$$\text{M.A.D.} = \frac{1}{N} \sum_{i=1}^{N} |x_i - \mu|$$

而 $\begin{cases} x_i & \text{為母體中第 } i \text{ 個個體之值} \\ N & \text{為母體數} \\ \mu & \text{為母體平均數} \end{cases}$

如果樣本資料已經過分組整理，則樣本平均差為每一組組中點(x_i) 與樣本平均數 $(\overline{x})$ 之差的絕對值的加權平均數（以對應各組的相對次數 $\left(\dfrac{f_i}{n}\right)$ 為權數）。以數學式表示，則為：

$$\text{m.a.d.} = \sum_{i=1}^{k} |x_i - \overline{x}| \left(\frac{f_i}{n}\right) \text{或} \frac{1}{n} \sum_{i=1}^{k} |x_i - \overline{x}| f_i \tag{2-11}$$

k：樣本資料共分為 k 組

【例2-15】

試求前例 2-12 資料的平均差。

【解】

該資料的平均數：

$$\overline{x} = \frac{1}{10}[80000 + 85000 + 97000 + 120000 + 121000 + 135000$$

$$+ 140000 + 147000 + 160000 + 200000]$$

$$= \$128500$$

$$\therefore \quad \text{m.a.d.} = \frac{1}{10}(|80000 - 128500| + |85000 - 128500| + \cdots$$

$$+ |200000 - 128500|)$$

$$= \$27900$$

平均差雖然充分使用每一個個體的訊息，但仍有其缺點，即絕對值不適合於代數的處理（例如微分或積分），因此統計學家採取另一個統計測定數── 平均差方(Mean Square Deviation)，去測度資料的分散度。

定義 2-17　平均差方

樣本的平均差方，以 m.s.d. 表示之，就是指樣本每一個個體數值 (x_i) 與樣本平均數 $(\bar{x})$ 之差的平方和的平均，以數學式表示如下：

$$\text{m.s.d.} = \frac{1}{n} \sum_{i=1}^{n} (x_i - \bar{x})^2, n \text{ 為樣本數}$$

而如為母體資料，則**母體的平均差方** (Population Mean Square Deviation)，以 M.S.D. 表示之，則為：

$$\text{M.S.D.} = \frac{1}{N} \sum_{i=1}^{N} (x_i - \mu)^2$$

而 $\begin{cases} x_i & \text{為母體中第 } i \text{ 個個體之值} \\ N & \text{為母體數} \\ \mu & \text{為母體平均數} \end{cases}$

母體平均差方，統計學家又稱之為**母體變異數**(Population Variance)，並以 σ_x^2 表示之。

定義 2-18　**樣本變異數**

樣本變異數 (Sample Variance), 以 s_x^2 表示之, 是用來測度樣本資料分散情況的統計測定數, 其定義式如下:

$$s_x^2 = \frac{1}{n-1} \sum_{i=1}^{n} (x_i - \overline{x})^2$$

x_i　為樣本中第 i 個個體之值

n　為樣本數

樣本變異數與樣本平均差方的不同, 在前者以 $(n-1)$ 去除 $\sum\limits_{i=1}^{n} (x_i - \overline{x})^2$, 而後者以 (n) 去除 $\sum\limits_{i=1}^{n} (x_i - \overline{x})^2$, 而就因為這一點不同, 導致兩者之間具有不同的性質。(註 8) 這也就是為何統計學家定義了**樣本平均差方**之外, 另外還定義一個**樣本變異數**的理由。

至於樣本資料若已分組, 則求**樣本平均差方**及**樣本變異數**的方法分別如下:

$$m.s.d. = \sum_{i=1}^{k} (x_i - \overline{x})^2 \left(\frac{f_i}{n} \right) \quad 或 \quad \frac{1}{n} \sum (x_i - \overline{x})^2 f_i \tag{2-12}$$

$$s_x^2 = \frac{1}{n-1} \sum_{i=1}^{k} (x_i - \overline{x})^2 f_i \tag{2-13}$$

而 $\begin{cases} f_i & 第\,i\,組的次數 \\ n & 樣本數 \\ k & 共分成\,k\,組 \end{cases}$

變異數不但可測度資料的分散度 (其值越大, 表示資料越分散), 而且充分使用每一個個體的訊息。此外, 變異數本身也適合於代數的處理, 但它仍有下面的缺點: 即變異數的單位與原來資料每個個體的單位不一樣 (例如原資料的單位若為\$, 變異數的單位則為$(\$)^2$), 因此, 統計學家再找出另一個統計測定數 (即**標準差** (Standard Deviation)) 去測

度資料的分散度。標準差不但有變異數的功能，且其單位又與原資料每個個體的單位相一致。

定義 2-19　標準差

樣本的標準差 (Sample Standard Deviation)，以 s_x 表示之，就是將樣本變異數開方取正平方根。以數學式表示如下：

$$s_x = \sqrt{s_x^2}$$

而如為母體資料，則**母體標準差** (Population Standard Deviation)，以 σ_x 表示之，則為：

$$\sigma_x = \sqrt{\sigma_x^2}$$

【例2-16】

若從臺大教職員中抽出 11 名，觀察其綜合所得稅申報表，發現其所得稅額分別為：

$20000,　25000,　18000,　19000,　21000,　22000,

24000,　23000,　16000,　15000,　17000

試求這 11 名臺大教職員所得稅額的變異數及標準差。

【解】

這 11 名臺大教職員所得稅額的平均數為：

$$\bar{x} = \frac{1}{11}[20000 + 25000 + 18000 + 19000 + 21000 + 22000$$

$$+ 24000 + 23000 + 16000 + 15000 + 17000]$$

$$= \$20000$$

變異數為：

$$s_x^2 = \frac{1}{11-1}[(20000 - 20000)^2 + (25000 - 20000)^2$$

$$+(18000-20000)^2+(19000-20000)^2+(21000-20000)^2$$
$$+(22000-20000)^2+(24000-20000)^2+(23000-20000)^2$$
$$+(16000-20000)^2+(15000-20000)^2+(17000-20000)^2]$$
$$=11000000$$

而標準差為　　$s_x=\sqrt{s_x^2}=\sqrt{11000000}=3316.62$

【例2-17】

試求前例 2-2（國中 100 名新生身高的分組資料）的平均差、平均差方、變異數、及標準差。

【解】

表2-10　計算 100 名國中新生身高資料之平均差、平均差方、變異數及標準差的簡易表

x_i （組中點）	f_i 次數	$x_i-\overline{x}$	$(x_i-\overline{x})^2$	$|x_i-\overline{x}|f_i$	$(x_i-\overline{x})^2 f_i$
122.5 cm	3	19	361	57	1083
127.5	10	14	196	140	1960
132.5	12	9	81	108	972
137.5	17	4	16	68	272
142.5	25	− 1	1	25	25
147.5	14	− 6	36	84	504
152.5	12	−11	121	132	1452
157.5	4	−16	256	64	1024
162.5	2	−21	441	42	882
167.5	1	−26	676	26	676
	100			746	8850

註: $\overline{x}=141.5$

樣本資料的

(1)平均差　　　$\text{m.a.d.} = \dfrac{1}{n} \sum |x_i - \overline{x}| f_i = \dfrac{1}{100}(746) = 7.46$

(2)平均差方　　$\text{m.s.d.} = \dfrac{1}{n} \sum (x_i - \overline{x})^2 f_i = \dfrac{1}{100}(8850) = 88.50$

(3)變異數　　　$s_x^2 = \dfrac{1}{n-1} \sum (x_i - \overline{x})^2 f_i = \dfrac{1}{99}(8850) = 89.39$

(4)標準差　　　$s_x = \sqrt{s_x^2} = \sqrt{89.39} = 9.45$

第五節　相對離勢的測定數

前一節所介紹的全距、四分位全距、平均差、平均差方及標準差都是測定資料絕對離勢(Absolute Dispersion)的統計測定數，而它們都具有名數。假如對於兩群單位彼此不同的資料（例如學生身高的資料（單位：公分）及家長所得的資料（單位：千元）），我們想要比較那一群資料較為分散時，我們不能以標準差之大小做為判斷的標準 (Criteria)，因為該兩群資料單位如果不一樣，則其標準差的單位當然也不一樣，因此無從加以比較。另外，假如有兩群資料，其單位雖然一樣，但該兩群資料的平均水準卻相差很大，於此情況下，我們也不太適宜用標準差去比較該兩群資料的分散度。

對於上述的兩種情況：(1)兩群資料的單位不一樣或(2)兩群資料的單位雖然一樣，但平均水準相差很大，統計學家另覓一個統計測定數，即差異係數(Variation Coefficient) 以做為比較兩群資料相對離勢 (Relative Dispersion) 的標準。

定義 2-20　差異係數

樣本的差異係數(Sample Variation Coefficient)，以 v.c. 表示之，就是將樣本標準差 (s_x) 除以樣本平均數 $(\overline{x})$。以數學式表示如下：

$$v.c. = \frac{s_x}{\bar{x}}$$

若為母體資料，則**母體差異係數**(Population Variantion Coefficient)，以 V.C. 表示之，則為：

$$V.C. = \frac{\sigma_x}{\mu_x}$$

而 $\begin{cases} \sigma_x & \text{為母體標準差} \\ \mu_x & \text{為母體平均數} \end{cases}$

差異係數不但是**無名數**，適合比較單位不同之資料的**相對分散度**，而且它係將**標準差**除以**平均數**，因此它較適合於比較兩群單位相同而水準相差很大之資料的相對分散度。

茲以下面二個例子說明差異係數的用途：

【例 2-18】

若下面資料為從某公司隨機抽出 10 名員工之體重及每小時工資的資料：

體重 (x)	48公斤	49	52	48	60	62	55	58	53	55
工資 (y)	200 元	250	300	275	220	270	250	230	210	300

試問該 10 名員工體重的資料較為分散呢？或是工資的資料較為分散？

【解】

$$\begin{cases} \overline{x} = \dfrac{1}{n} \sum x_i = \dfrac{1}{10}(48 + 49 + \cdots + 55) = 54 \text{ （公斤）} \\[2mm] s_x = \sqrt{\dfrac{1}{n-1} \sum (x_i - \overline{x})^2} \\[2mm] \quad = \sqrt{\dfrac{1}{9}[(48 - 54)^2 + (49 - 54)^2 + \cdots + (55 - 54)^2]} \\[2mm] \quad = 4.94 \text{ （公斤）} \end{cases}$$

$$\begin{cases} \overline{y} = \dfrac{1}{n} \sum y_i = \dfrac{1}{10}(200 + \cdots + 300) = 250.5 \text{ （元）} \\[2mm] s_y = \sqrt{\dfrac{1}{n-1} \sum (y_i - \overline{y})^2} \\[2mm] \quad = \sqrt{\dfrac{1}{9}[(200 - 250.5)^2 + \cdots + (300 - 250.5)^2]} \\[2mm] \quad = 35.63 \text{ （元）} \end{cases}$$

而 s_x 與 s_y 的單位不一樣，無法加以比較，因此計算 v.c.：

$$\text{v.c.}_x = \frac{s_x}{\overline{x}} = \frac{4.94}{54} = 0.09$$

$$\text{v.c.}_y = \frac{s_y}{\overline{y}} = \frac{35.63}{250.5} = 0.14$$

$$\text{v.c.}_y > \text{v.c.}_x$$

∴ 該 10 名員工之工資資料比體重之資料較為分散。

【例2-19】

某工廠總共雇用 20 名工人，其中 8 名為技術性工人，12 名為非技術性工人，他們的每小時工資如下：

技術性工人 (x)：　800 元，600，600，700，500，800，650，600

非技術性工人 (y)：200 元，150，150，100，220，200，180，150

　　　　　　　　　250，200，190，120

試問該工廠的技術性工人或非技術性工人，何者的工資差異比較大?

【解】

技術性工人的工資 (x)：

$$\mu_x = \frac{1}{N}\sum x_i = \frac{1}{8}(800 + 600 + \cdots + 600) = 656.25 \text{ （元）}$$

$$\sigma_x = \sqrt{\frac{1}{N}\sum(x_i - \mu_x)^2}$$

$$= \sqrt{\frac{1}{8}[(800 - 656.25)^2 + \cdots + (600 - 656.25)^2]}$$

$$= 98.23 \text{ （元）}$$

非技術性工人的工資 (y)：

$$\mu_y = \frac{1}{N}\sum y_i = \frac{1}{12}(200 + 150 + \cdots + 120) = 175.83 \text{ （元）}$$

$$\sigma_y = \sqrt{\frac{1}{N}\sum(y_i - \mu_y)^2}$$

$$= \sqrt{\frac{1}{12}[(200 - 175.83)^2 + \cdots + (120 - 175.83)^2]}$$

$$= 41.12 \text{ （元）}$$

此兩群資料的單位雖然相同，但平均水準相差很大，若以標準差去判斷何者較為分散，我們會誤以為技術性工人的工資較為分散（$\sigma_x > \sigma_y$）。於此情況下，我們應以差異係數做為判斷的標準：

而

$$\text{V.C.}_x = \frac{\sigma_x}{\mu_x} = \frac{98.23}{656.25} = 0.1497$$

$$\text{V.C.}_y = \frac{\sigma_y}{\mu_y} = \frac{41.12}{175.83} = 0.2339$$

$$\text{V.C.}_y > \text{V.C.}_x$$

因此，非技術性工人比起技術性工人而言，其工資的差異性**相對地**為大。

第六節　偏態的測定數（ Measures of Skewness）

　　當我們針對一個研究主題而收集到資料之後，我們除了關心該資料分佈的中心趨勢及其分散度之外，我們也想知道該資料的分佈是否對稱？而如果資料的分佈不對稱（即偏態），則我們也想知道資料分佈是呈右偏，或是呈左偏？且偏態的程度又如何？換句話說，資料的分佈是嚴重的右偏（左偏），還是輕微的右偏（左偏）？為了解一群資料的分佈是否偏態，偏態的程度如何？統計學家提出下列的統計測定數以測度資料的偏態情況。

(一) Bowley and Yule 的偏態係數(SK$_B$)

　　Bowley and Yule 定義偏態係數為（就母體資料言）：

$$SK_B = \frac{(Q_3 - M_e) - (M_e - Q_1)}{(Q_3 - M_e) + (M_e - Q_1)} \tag{2-14}$$

　　從 SK$_B$ 的定義，我們知道它有下面的特點:

(i) 如果母體資料是一對稱的分配, 如圖 2-15 (a)。

　　則　　$Q_3 - M_e = M_e - Q_1$,　　　$SK_B = 0$

(ii) 如果母體資料是一右偏的分配, 如圖 2-15 (b)。

　　則　　$Q_3 - M_e > M_e - Q_1$,　　　$SK_B > 0$

(iii) 如果母體資料是一左偏的分配, 如圖 2-15 (c)。

　　則　　$Q_3 - M_e < M_e - Q_1$,　　　$SK_B < 0$

(iv) 如果母體資料是一極端 (extremely) 右偏的分配, 此時 Q_1 相對地極靠近 M_e （如圖 2-15 (d)）, 而 $M_e - Q_1$ 相對於 $Q_3 - M_e$ 將趨近於很小, 即 $\frac{M_e - Q_1}{Q_3 - M_e} \longrightarrow 0$。此時:

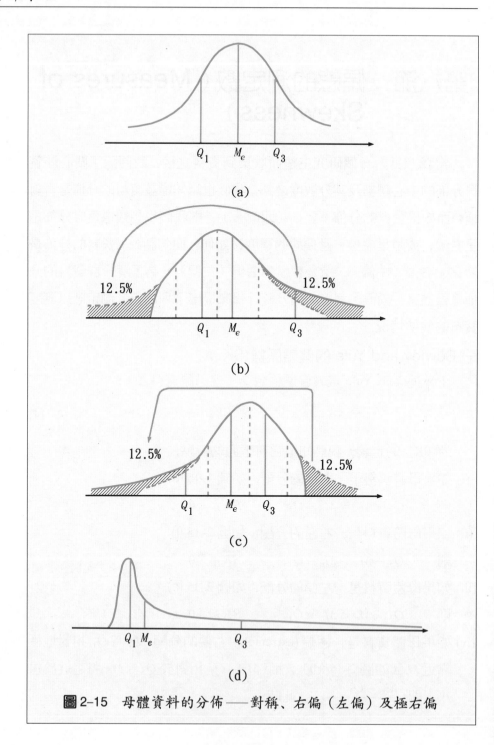

圖 2-15　母體資料的分佈 —— 對稱、右偏（左偏）及極右偏

$$\mathrm{SK}_B \longrightarrow 1$$

反之，若母體資料為一極端左偏的分配，則

$$\mathrm{SK}_B \longrightarrow -1$$

所以，SK_B 的值域為：

$$-1 \leq \mathrm{SK}_B \leq 1$$

(v) SK_B 的定義式中，將 $(Q_3 - M_e) - (M_e - Q_1)$ 除以 $(Q_3 - M_e) + (M_e - Q_1)$，
其主要目的是為了消除單位，以使 SK_B 成為**無名數**，兼而可以顧
及個體彼此間的差異（分散情況）對偏態情況的影響。

對於一組樣本資料而言，若欲了解其偏態的情況，我們可以先計算
其**中位數** (m_e)、**第一四分位數** (q_1)、及**第三四分位數** (q_3)，然後計算樣
本的**偏態係數** (sk_B)：

$$\mathrm{sk}_B = \frac{(q_3 - m_e) - (m_e - q_1)}{(q_3 - m_e) + (m_e - q_1)} \tag{2--14$'$}$$

而由 sk_B 之值，我們就可以了解該樣本資料是對稱的分配，還是偏態
的分配？是右偏還是左偏的分配？是極右（左）偏或微右（左）偏的分
配？一般說來，我們可以採用圖 2–16 的方式去判斷資料的**偏態與否**、
偏態的方向及**偏態的程度**。

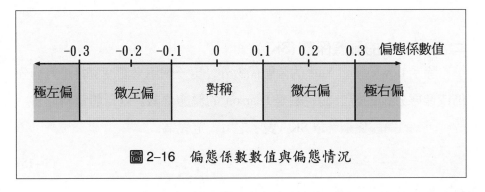

圖 2-16　偏態係數數值與偏態情況

【例 2-20】

前例 2-2 臺北市 100 名國中新生身高資料的偏態情況如何？

【解】

臺北市 100 名國中新生身高的中位數 (m_e) 為

$$m_e = 141.5 \qquad （參見例 2-11）$$

由於位置居順列第 25 及第 26 之兩數，均符合第一四分位數之條件，因此，本題先求位置居第 25 者為 134.58，而位置居第 26 者為 135，

第一四分位數為：

$$q_1 = \frac{1}{2}(134.58 + 135) = 134.79$$

而依上述方法，可得第三四分位數為：

$$q_3 = \frac{1}{2}(147.5 + 147.86) = 147.68$$

而
$$\begin{aligned}
sk_B &= \frac{(q_3 - m_e) - (m_e - q_1)}{(q_3 - m_e) + (m_e - q_1)} \\
&= \frac{(147.68 - 141.5) - (141.5 - 134.79)}{(147.68 - 141.5) + (141.5 - 134.79)} \\
&= -0.0411
\end{aligned}$$

因此，我們判斷該資料幾乎呈對稱分配。

(二) Pearson 的偏態係數 (SK_P)

除了 Bowley and Yule 的偏態係數外，另一個用來測度資料是對稱分佈或偏態分佈的統計測定數是 Pearson 的偏態係數。就母體資料而言，Pearson 的偏態係數（以 SK_P 表示之），定義為：

$$SK_P = \frac{(\mu - M_o)}{\sigma} \tag{2-15}$$

從 SK_P 的定義，我們可以發現它有下列的特點：

(i) 如果母體資料是一對稱的分配, 則 $\mu = M_o$, 因此 $SK_P = 0$

(ii) 如果母體資料是一右偏的分配, 則 $\mu > M_o$, 因此 $SK_P > 0$

(iii) 如果母體資料是一左偏的分配, 則 $\mu < M_o$, 因此 $SK_P < 0$

(iv) 然而, 如果母體資料是一極端右偏的資料, 統計學家發現其 SK_P 之值非常趨近於 $+3$, 而若母體資料為一極端左偏的資料, 則 SK_P 之值逼近於 -3; 此即 SK_P 的值域為:

$$-3 \leq SK_P \leq +3$$

對於樣本資料, 我們可以就其平均數 $(\bar{x})$、眾數 (m_o) 及標準差 (s), 而計算樣本的偏態係數 (sk_p) 如下:

$$sk_p = \frac{\bar{x} - m_o}{s_x} \tag{2-15}'$$

一般說來, 我們根據樣本資料的 sk_p 值, 以下面的方式判斷其偏態情況:

(a)若 $|sk_p| \leq 0.5$, 我們判斷其為對稱的分配。

(b)若 $sk_p > 0.5$, 我們判斷其為右偏的分配。

(c)若 $sk_p < -0.5$, 我們判斷其為左偏的分配。

【例 2-21】

試以 Pearson 偏態係數判斷前例 2-2, 臺北市 100 名國中新生身高資料的偏態情況。

【解】

臺北市 100 名國中新生身高資料的

$$\begin{cases} \bar{x} = 141.5 & \text{參閱例 2-10} \\ m_o = 142.26 \text{（補插法）} & \text{參閱例 2-13} \\ s_x = 9.45 & \text{參閱例 2-17} \end{cases}$$

$$sk_p = \frac{(\overline{x} - m_o)}{s_x} = \frac{141.5 - 142.26}{9.46} = -0.0803$$

該資料幾乎呈對稱的分配。

㈢動差法(Moment Method)

判斷資料偏態情況的另一個統計測定數是以動差(Moment)為基礎而引申出來的。在統計學上，我們定義以平均數為始點的第 k 級動差 (The kth Moment about the Mean，以 M_k 表示)，如下：

$$M_k = \frac{1}{N} \sum_{i=1}^{N} (x_i - \mu)^k \quad (未分組資料) \tag{2-16}$$

或
$$M_k = \frac{1}{N} \sum_{i=1}^{I} (x_i - \mu)^k f_i \quad (分組資料)(註9) \tag{2-16}'$$

（設若母體資料共分為 I 組）

根據上面的定義，我們得到母體資料以平均數為始點的第二級動差 (M_2)、第三級動差 (M_3) 及第四級動差 (M_4) 分別如下：

$$M_2 = \frac{1}{N} \sum_{i=1}^{N} (x_i - \mu)^2 = \sigma_x^2$$

$$M_3 = \frac{1}{N} \sum_{i=1}^{N} (x_i - \mu)^3$$

$$M_4 = \frac{1}{N} \sum_{i=1}^{N} (x_i - \mu)^4$$

基本上，我們可以從動差的定義式發現：(1)母體資料若為對稱的分佈，則其 $M_3 = 0$，(2)右偏分佈，$M_3 > 0$，(3)左偏分佈，則 $M_3 < 0$。因此，統計學家乃以 M_3 為基礎，而定義偏態係數 (α_3) 如下：

$$\alpha_3 = \frac{M_3}{\sigma_x^3} = \frac{\left[\frac{1}{N} \sum_{i=1}^{N} (x_i - \mu)^3\right]}{\sigma_x^3} \tag{2-17}$$

從 α_3 的定義，我們得到它具有下列的特點：

⑴資料若為對稱分佈，則 $\alpha_3 = 0$；若為右偏分佈，則 $\alpha_3 > 0$；而資料如果是左偏分佈，則 $\alpha_3 < 0$。

⑵ α_3 無固定值域；但一般而言，我們可以下列的方法去判斷資料的對稱與否以及偏態的程度：

(i) 若　　$0 \le |\alpha_3| \le \dfrac{1}{2} \longrightarrow$ 對稱

(ii) 若　　$\dfrac{1}{2} < |\alpha_3| < 1 \longrightarrow$ 微偏

(iii) 若　　$|\alpha_3| \ge 1 \longrightarrow$ 極偏

至於手中的資料如果是樣本資料，則以動差為基礎的偏態係數 (α_3) 定義如下：

$$\alpha_3 = \frac{m_3}{s_x^3} = \frac{\left[\dfrac{1}{n} \sum\limits_{i=1}^{n} (x_i - \overline{x})^3 \right]}{s_x^3} \qquad (2\text{--}17)'$$

m_3：樣本資料以平均數為始點的第三級動差，即

$$m_3 = \frac{1}{n} \sum_{i=1}^{n} (x_i - \overline{x})^3$$

而　　　$s_x, \ \overline{x}, \ n$ 等符號代表的意義，如前所述。

以動差法去判斷樣本資料是否對稱、偏態程度如何？基本上，其方法與上面所介紹之母體資料的情況完全相同，不再贅述。

第七節　峰度的測定數（Measures of Peakness or Kurtosis）

若有兩群對稱的母體資料，而我們欲比較它們的峰度 (Peakness or Kurtosis)，到底哪一群資料的峰度比較平坦、哪一群資料的峰度比較尖峽？此種情況下，我們可用下面的兩個統計測定數做為比較的準則：

㈠動差法的峰度係數

以母體資料為例，動差法的峰度係數 (α_4) 定義如下：

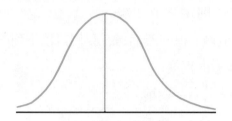

(a)常態峰（峰度既不尖峽，也不平坦）

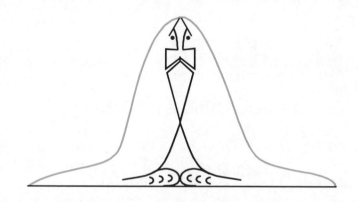

(b)尖峽峰（峰度較尖峽，且有像袋鼠一般的長尾巴）

(c)平濶峰（峰度較平坦，且有像鴨嘴獸 (Platypus) 的短尾巴）

圖 2-17　峰度情況──常態峰，尖峽峰，平濶峰

$$\alpha_4 = \frac{M_4}{\sigma_x^4} = \left[\frac{1}{N}\sum_{i=1}^{N}(x_i - \mu)^4\right]\Big/ \sigma_x^4 \qquad (2-18)$$

一般而言，母體資料若為常態分配，其 $\alpha_4 = 3$。因此，我們就以 α_4 之值與 "3" 相比較，並據而做為判斷峰度情況的標準：

(i) 就對稱的母體資料而言，若其 $\alpha_4 = 3$，我們稱它為常態峰 (Mesokurtic)，如圖 2–17 (a)所示。

(ii) 就對稱的母體資料而言，若其 $\alpha_4 > 3$，我們稱它為尖峽峰 (Leptokurtic)，如圖 2–17 (b)所示。

(iii) 就對稱的母體資料而言，若其 $\alpha_4 < 3$，我們稱它為平闊峰 (Platykurtic)，如圖 2–17 (c)所示。

㈡百分位數法的峰度係數

就對稱的母體資料而言，測度其峰度情況的另一個測定數，基本上是以第一、第三四分位數及第十、第九十百分位數為基礎，其定義式如下：

$$\text{峰度係數}\quad k = \frac{\frac{1}{2}(Q_3 - Q_1)}{90^{th} - 10^{th}} \qquad (2-19)$$

$$\begin{cases} Q_1: \text{第一四分位數} \\ Q_3: \text{第三四分位數} \\ 10^{th}: \text{第十百分位數} \\ 90^{th}: \text{第九十百分位數} \end{cases}$$

就對稱的分配而言，統計學家參考下面的三種情況，而後根據峰度係數值去認定常態峰、尖峽峰以及平闊峰。

(i) 若資料的分布接近常態分配，如圖 2–17 (a)，則

$$Q_3 - Q_1 \doteq \frac{1}{2}(90^{th} - 10^{th})$$

$$k \doteq \frac{1}{4}$$

因此，對於一對稱的母體資料，如果其峰度係數 (k) 極接近 $\frac{1}{4}$，我們認定該資料的峰度為常態峰。

(ii) 若一對稱分配的資料，其峰度比常態峰更為尖峽，如圖 2–17 (b)，而最極端的情況為：

$$Q_3 - Q_1 \doteq (90^{th} - 10^{th})$$

此時， $k \doteq \dfrac{1}{2}$

因此，對於一對稱母體資料，如果峰度係數值 (k)，非常接近 $\frac{1}{2}$，則我們認定該資料的峰度為尖峽峰。

(iii) 再者，如果資料的分布呈對稱分配，而其峰度比常態峰更為平坦，如圖 2–17 (c)，則相對於 " $\frac{1}{2}(Q_3 - Q_1)$ "的距離而言, $(90^{th} - 10^{th})$ 之間的距離遠大的多，然而峰度越是平坦，這種現象越是明顯，此時，

$$k \longrightarrow 0$$

因此，對於一對稱母體資料而言，如果 k 值較為接近 0，我們認定該資料的峰度為平闊峰。

附　註

註1:　若經過順列的樣本資料中，同時有兩個數值都滿足 q_1 的定義，則
以該兩個數值的平均值為樣本資料的 q_1。

例如 $n = 100$ 時:

$$100 \times 0.25 = 25$$

$$100 \times 0.75 = 75$$

則至少有 25 個個體，其數值小於或等於 q_1，而且至少有75 個個
體，其數值大於或等於 q_1。

樣本資料經順列後:

數值	· ·		·	·	· · ·		·	·
				↑	↑			
位置	1　2	······	24	25	26　27	······	99	100

則位置居在第 25 者，滿足上述條件，而且位置居在第 26 者，也
滿足上述條件:

$$\therefore q_1 = \frac{1}{2}（位置居第 25 者的數值 + 位置居第 26 者的數值）$$

註2:　由於 $G = \sqrt[N]{x_1 \times x_2 \times x_3 \times \cdots \times x_N}$

$$\log G = \frac{1}{N}[\log x_1 + \log x_2 + \log x_3 + \cdots + \log x_N]$$

$$= \frac{1}{N} \sum_{i=1}^{N} \log x_i$$

因此，幾何平均數的另一個求法，乃是先將 x_i 取對數（以 10 為
底），而後求算術平均數，最後再對該算術平均數取反對數(An-
tilog)。茲以上例 2–8 為例求算之。又對數表請見附錄表 (1)。

$$\log G = \frac{1}{4}[\log 1.20 + \log 1.08 + \log 1.23 + \log 1.25]$$

$$= \frac{1}{4}[0.07918 + 0.03342 + 0.08991 + 0.09691]$$

$$= 0.07486$$

$$G = \text{antilog} 0.07486 = 1.1881$$

註3: 有些統計學教科書，甚至把公式 (2–2) 及 (2–3) 括弧中的 $\left(\dfrac{1}{2}\right)$ 省略，而以下面更簡單的公式求算中位數數值：

$$m_e = L_{m_e} + \frac{w_{m_e}}{f_{m_e}}\left[\frac{n}{2} - F_L\right]$$

$$= U_{m_e} - \frac{w_{m_e}}{f_{m_e}}\left[F_U - \frac{n}{2}\right]$$

註4: 公式 (2–7) 及 (2–7)′ 是眾數前面一組及眾數後面一組兩組的寬度相等時，求眾數的方法。然而，假如上述二組的寬度不等時，求眾數的方法應加以修正，即：

當 $\quad x \cdot \left(\dfrac{f_{-1}}{w_{-1}}\right) = (w_{m_o} - x) \cdot \left(\dfrac{f_{+1}}{w_{+1}}\right)$ 時，槓桿達到平衡，

$$\therefore x = \frac{\dfrac{f_{+1}}{w_{+1}}}{\dfrac{f_{-1}}{w_{-1}} + \dfrac{f_{+1}}{w_{+1}}} \cdot w_{m_o}$$

因此，$\quad m_o = L_{m_o} + x$

$$= L_{m_o} + \frac{\dfrac{f_{+1}}{w_{+1}}}{\dfrac{f_{-1}}{w_{-1}} + \dfrac{f_{+1}}{w_{+1}}} \cdot w_{m_o}$$

或 $\quad m_o = U_{m_o} - (w_{m_o} - x)$

$$= U_{m_o} - \frac{\dfrac{f_{-1}}{w_{-1}}}{\dfrac{f_{-1}}{w_{-1}} + \dfrac{f_{+1}}{w_{+1}}} \cdot w_{m_o}$$

而 w_{+1}, w_{-1} 分別為眾數前面一組及眾數後面一組的寬度。

註5: 一般說來，開放組限那一組，以哪一個數值代表之，都不會影響中位數或眾數之值。（除非中位數、眾數就落在開放組限那一組，但此種情況不太可能發生）。

註6: 例外的情形，參見第八章。

註7: 如何以樣本平均數進行統計推論的工作，請參見本書第八章、第九章及第十章的介紹。

註8: 樣本變異數(s_x^2)是母體變異數(σ_x^2)的不偏誤估計式，但是樣本平均差方(m.s.d.) 卻是母體變異數的偏誤估計式。關於此點，留待第八章（估計）再予說明。

註9: 統計學上，除了定義以平均數為始點的第 k 級動差 外，另外也定義以原點為始點的第 k 級動差(The kth Moment about the Origin，以 M_k' 表示)為:

$$M_k' = \frac{1}{N} \sum_{i=1}^{N} x_i^k \quad \text{（未分組母體資料）}$$

$$\text{或} \quad M_k' = \frac{1}{N} \sum_{i=1}^{I} x_i^k f_i \quad \text{（分組母體資料，且知共分為 } I \text{ 組）}$$

練 習 題

2-1 某商專教師欲調查二年級學生修統計學的吸收狀況，因此從該校
二年級學生中隨機抽出 30 人，得資料如下：

67	58	70	82	61	35	72	83	92	65
52	78	72	63	90	88	60	75	72	51
44	69	84	88	79	53	94	80	67	72

試問：

1. 該組資料為母體或樣本資料？間斷或連續資料？為什麼？

2. 求全距。

3. 根據常識判斷，理想的成績分配應為或近似對稱分配，試編一
個次數分配表，分配表中須包括各組組限、組界、組中點、次
數、相對次數及以下累加相對次數。（根據統計學者研究，理
想組距 (w) 為 $w = \dfrac{r}{k}$，$k = 1 + 3.322 \log n$，其中 n 為樣本數，k
為組數，r 為全距，$\log 30 = 1.4771$）

4. 請依據上述資料，繪出相對次數直方圖、相對次數多邊形圖、
「以下累加相對次數 (less than or equal to)」之肩形圖。

5. 你能大致的看出上述資料是呈現何種分配（左偏、右偏或對
稱）？為什麼？

2-2 已知某幼稚園共有 50 名兒童，其身高分配如下：

身高(公分)	人　數
80~85	5
85~90	10
90~95	20
95~100	10
100~105	5

試問:

1.此資料為母體或樣本資料? 為間斷或連續資料?

2.繪相對次數直方圖及次數直方圖。又兩者的面積是否都等於
　1?

2-3　設若從臺北市隨機抽 30 家便利超商，並將他們每日的營業利潤
　　分成八組，得資料如下:

組　界	52.5~57.5	57.5~62.5	62.5~67.5	67.5~72.5	72.5~77.5	77.5~82.5	82.5~87.5	87.5~92.5
組中點	55	60	65	70	75	80	85	90
次　數	3	1	2	1	8	3	9	3

試求:

1.算術平均數，修剪平均數(Trimmed Mean) 及 Winsonrized 平均
　數。

2.第一、二、三四分位數。

3.利用 (i)粗略法(ii) 補插法及 (iii) Czuber 的比例法等法計算眾
　數。

4.若搜集之樣本資料，已知為微左偏，試以 Pearson 的經驗法計
　算眾數。

5.計算全距、四分位全距、樣本變異數、樣本標準差及差異係數。

2-4　設若已知 A、B 兩地區的所得分配如下:

A 地 區			B 地 區		
所得級第	各級佔總人口之%	各級佔總所得之%	所得級第	各級佔總人口之%	各級佔總所得之%
最低級	20	6	最低級	20	3
第四級	20	12	第四級	20	10
第三級	20	20	第三級	20	17
第二級	20	28	第二級	20	31
最高級	20	34	最高級	20	39
合　計	100	100	合　計	100	100

1.分別就A、B兩地區描點繪成洛崙士曲線 (Lorenz Curve)。

2.計算吉尼係數 (Gini Coefficient)。

3.所得分配平均與否和吉尼係數有何關係? 又A、B 兩地區何者所得分配較為平均?

2–5　為對臺北市與臺北縣幼兒生長的情況作比較, 今分別從二縣市各觀察 50 名幼兒, 並對其體重作統計, 得到下列資料:

組中點	北　市	北　縣
12 公斤	4 人	6 人
16	10	12
20	21	23
24	9	8
28	6	1

阿明想從上列分組資料中得知二縣市的幼兒何者的體重差異情形較嚴重, 你將建議他採用何種測量離散度的指標來解答? 為什麼?

2–6　續上題, 若阿明所得到的資料僅有北市幼兒身高及體重的資料如下:

組中點	體　重
12 公斤	4 人
16	10
20	21
24	9
28	6

組中點	身　高
50 公分	6 人
60	12
70	23
80	8
90	1

假如阿明想知道北市幼兒之身高與體重何者的差異程度較大？則此時你又將如何作建議？為什麼？

2-7　某大學經濟系共有 200 名男學生，其體重的資料如下（單位：公斤）：

組界	58.5~61.5	61.5~64.5	64.5~67.5	67.5~70.5	70.5~73.5	73.5~76.5	76.5~79.5
人數	2	10	48	64	56	16	4

試答下列各題：

1.計算此 200 名學生的平均體重。

2.設各組的組中點為 x_i，又 $y_i = \dfrac{x_i - 69}{3}$，計算 $\bar{y}$ 及 $3\bar{y} + 69$。且是否 $\bar{x}$ 等於 $3\bar{y} + 69$？

3.計算該資料的中位數，並以 Czuber 的比例法求算眾數。

2-8　若有下列一組資料：　9, 8, 8, 7, 6, 5, 5, 5, 4, 3。

試答下列各題：

1.求算全距 (range)、算術平均數 (mean)、中位數 (median) 及眾數 (mode)。

2.若第一筆資料 9 變為 50，請重新計算平均數、中位數及眾數。由此例，我們可以觀察到若一組資料中出現有極端大（或小）的數值，則哪個中心位置的測量指標會受影響？哪個不受影響？

3.「一組資料中，無論平均數，中位數或是眾數，一般而言都只

有一個」。此敍述是否正確？為什麼？

4.若將第一組資料的每個數值都乘上5，求新的平均數、中位數及眾數。若將第一組資料的每個數值都加上 5，求新的平均數、中位數、眾數。又若將該組資料先乘上 5 再加上10，則三個中心測量值又各為何？由以上的演算你是否得到一些推論？說明之。

2-9　設 A 國 1970 年每人平均國民所得為 550 美元，至 1990 年每人平均國民所得增加為 10000 美元，試計算A 國每人平均所得每年的增加率。

2-10　今若原先已求得全班45 個學生的統計學期中考成績之平均數 (μ_x) 為 75，標準差(σ_x) 為6，後來發現少了一個學生的分數 97，必須加入。如不改變其他學生的成績，試算出加入 97 一數後，46 個學生的平均數與標準差各為何？

第三章　機　率

第一節　前言

　　機率在統計學這門學科上扮演著相當重要的角色。從第一章的介紹，我們知道在很多情況下，由於時間、或財力等的限制，我們無法對母體的每一個個體加以觀察，所以描述母體資料特性之「**母體平均數** (μ_X)」及「**母體變異數** (σ_X^2)」雖然都是**常數** (Constant)，但其值大小往往**未知** (Unknown)，我們稱之為**母體參數** (Population Parameters)。因此，我們乃抽取樣本，並以樣本平均數 $(\overline{X})$ 及樣本變異數 (s_X^2) 分別去猜測 (Guess) 母體平均數及母體變異數；而這些描述樣本資料特性之樣本平均數及樣本變異數，其數值隨著所抽得之樣本組合的不同而有所不同（因此它們不是「**常數**」，而是「**變量**」 (Variate)），但只要抽得一組樣本，即可計算 $\overline{X}$ 及 s_X^2 之值，亦即 $\overline{X}$ 及 s_X^2 之值為已知 (Known)，我們稱之為**樣本統計量** (Sample Statistics)。然而，當我們以樣本統計量對母體參數進行統計推論的工作（即以 $\overline{X}, s_X^2$ 去猜測 μ_X, σ_X^2）時，我們有必要了解其可靠性如何？更確切地說，我們必須了解此項猜測為正確的機率若干？因此，機率是利用樣本資料對母體進行統計推論時的橋樑。

　　我們既然要以樣本統計量對母體參數猜測，就必須對「**出自某一母體之樣本統計量的行為（即所謂抽樣分配）**」先有所認識。而樣本統計量的行為與機率又有密切的關係。因此，欲了解樣本統計量的行為，也必須先有機率的概念。

　　機率在統計學上所扮演的橋樑角色，正如圖3–1 所示。

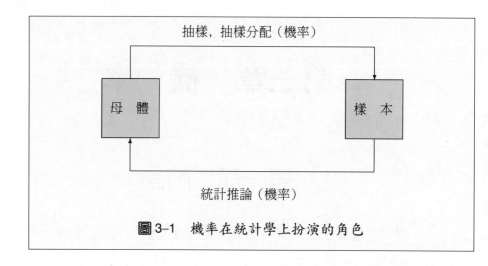

圖 3-1　機率在統計學上扮演的角色

在統計學上，機率既然如此重要，不過因為高中數學已經對機率有相當程度的介紹，因此本書這一章只對基本的**機率理論**做扼要的介紹。

第二節　隨機試驗、樣本空間及事件

假如我們投擲一枚硬幣、一粒骰子、或擲兩粒骰子、或者從大專學生中隨機抽出一人並登錄其身高，以上這些**行動**（或**過程**）都是所謂的**隨機試驗**。而這些行動（或過程）可能產生的結果分別如下：

1.投擲一枚硬幣：

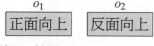

2.投擲一粒骰子：

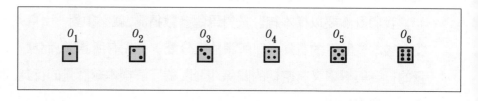

3.投擲兩粒骰子：

4.大專學生身高：

$$o_1, \quad o_2, \quad o_3, \quad o_4, \quad \cdots$$
$$160, \quad 168, \quad 159.980, \quad 159.981, \quad \cdots$$

　　隨機試驗，基本上就是一項行動或一種過程。而一項行動的所有**可能成果**聚集而成的集合，就是所謂的**樣本空間**。因此，隨機試驗、樣本空間的定義如下：

定義 3-1　隨機試驗

隨機試驗(Random Experiment or Random Trials)就是一種**行動**

(Act) 或一種**過程**(Process)，這種行動含有兩種或兩種以上的不同的可能成果 (Distinct Possible Outcome)，而且事前未知將出現那一個可能成果。例如投擲一枚硬幣，共有正面向上 (o_1)、反面向上 (o_2) 兩種不同的可能成果，而且投擲之前，我們不知道將出現 o_1 或 o_2。

> ### 定義 3-2　樣本空間及樣本點（基本成果）
>
> 當進行一項隨機試驗時，將所有可能出現之不同可能成果聚集而成的集合，叫做**樣本空間** (Sample Space)。事實上，樣本空間正是**全集合** (Universal Set) 的概念，通常以 S 表示之。而每一個可能出現的不同可能成果 (o_i) 也叫做**基本成果**(Elementary Outcome)，或**樣本點** (Sample Point)。

如果一項隨機試驗，共有 N 個不同的可能成果，則樣本空間 S 可以表示如下：

$$S = \{o_1, o_2, o_3, \cdots, o_N\}$$

o_i：第 i 個可能成果（樣本點）

i：　$1, 2, \cdots, N$

前面所提及之隨機試驗，其樣本空間如下：

1. 投擲一枚硬幣：$S = \{o_1, o_2\}$
2. 投擲一粒骰子：$S = \{o_1, o_2, o_3, o_4, o_5, o_6\}$
3. 投擲兩粒骰子：$S = \{o_{11}, o_{12}, \cdots, o_{66}\}$

某一隨機試驗所產生的樣本空間，有時候也可以**樹枝形狀圖** (Outcome Tree) 或**范氏圖** (Venn Diagram) 來表示。茲以投擲兩粒骰子為例，其樣本空間的樹形圖及范氏圖分別如圖 3-2 及圖 3-3 所示。

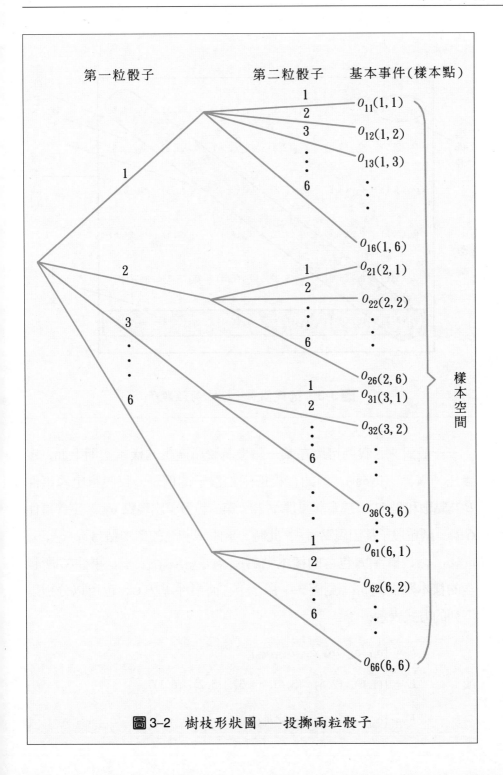

圖 3-2 樹枝形狀圖 —— 投擲兩粒骰子

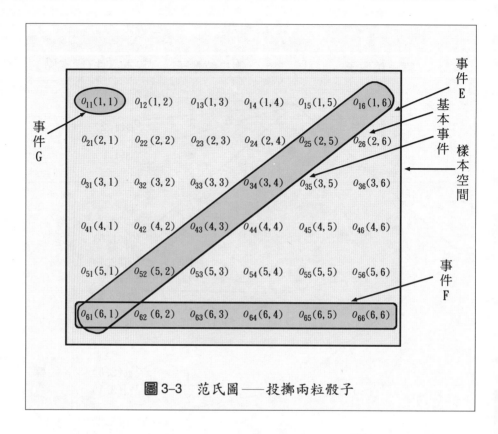

圖 3-3　范氏圖——投擲兩粒骰子

　　一般說來，我們可以在某一隨機試驗所產生的樣本空間上面，定義任一**事件** (Event)。例如在投擲兩粒骰子的例子，我們可定義事件 E 為點數和是 "7"，或定義事件 F 為「第一粒骰子出現點 6」，定義事件 G 為「兩粒骰子都出現點 1」。此時，事件 E 包含的樣本點為 $o_{16}, o_{25}, o_{34}, o_{43}, o_{52}, o_{61}$，事件 F 包含的樣本點為 $o_{61}, o_{62}, o_{63}, o_{64}, o_{65}, o_{66}$，事件 G 所包含的樣本點則為 o_{11}（見圖 3-3 所示）。而事件 E, F, G，也可以分別以下列的方式表示：

$$E = \{o_{16}, o_{25}, o_{34}, o_{43}, o_{52}, o_{61}\}$$

或　　　　$$E = \{(1,6),\ (2,5),\ (3,4),\ (4,3),\ (5,2),\ (6,1)\}$$

$$F = \{o_{61}, o_{62}, o_{63}, o_{64}, o_{65}, o_{66}\}$$

或 $\quad F = \{(6,1),\ (6,2),\ (6,3),\ (6,4),\ (6,5),\ (6,6)\}$

$\quad\quad\quad G = \{o_{11}\}$

或 $\quad G = \{(1,1)\}$

從上面的說明，我們知道所謂**事件**，實際上就是**隨機試驗**所產生之**樣本空間（全集合）**上的**副集合**。因此，事件的定義如下：

> **定義 3-3 事件**
>
> 當進行一項隨機試驗時，將一個或一個以上的基本成果聚集而成的集合，叫做**事件**(Event)。事件又可分為**簡單事件**(Simple Event) 或**基本事件** (Elementary Event) 及**複合事件**(Compound Event)。簡單事件是指僅包含一個基本成果的事件，而複合事件是指包含兩個或兩個以上之基本成果的事件。

某一特定事件（例如上例中的 E）的機率，就是指該特定事件發生的可能性。而事件既然是樣本空間上的副集合，因此利用集合理論去了解有關機率理論的基本概念，應該是最便捷的方法。下面一節將對集合理論的一些基本概念簡要地介紹。

第三節　集合理論的基本概念

為透過集合理論以了解重要的機率理論，首先我們必須對集合理論的最基本概念有所了解。以下分別就集合論的幾個重要概念，加以說明並舉例。

1.**副集合**：若集合 A 的每一個元素 (Element) 都包含於（屬於）集合 S，則 A 叫做 S 的副集合，以 $A \subset S$ 表示之。以投擲一粒骰子為例，

此項隨機試驗的樣本空間為:

$$S = \{o_1, o_2, o_3, o_4, o_5, o_6\}$$

或　　　　$$S = \{1, 2, 3, 4, 5, 6\}$$

若我們定義事件 A 為出現奇數點, 事件 B 為出現點 1, 則

$$A = \{o_1, o_3, o_5\}$$

或　　　　$$A = \{1, 3, 5\}$$

$$B = \{o_1\}$$

或　　　　$$B = \{1\}$$

此時, A 的每一個元素都包含於 S, 我們把集合 A 叫做 S 的副集合, 而 B 的每一個元素都包含於 S, 且 B 的每一個元素也包含於 A, 所以 B 不但是 S 的副集合, B 也是 A 的副集合, 亦即

$$A \subset S$$

$$B \subset S \tag{3-1}$$

且　　　　$$B \subset A$$

2.空集合: 若集合 A, 不包含任何一個元素, 則 A 叫做空集合(Empty Set, 或 Null Set)。空集合以符號 ϕ 表示之, 即

$$\phi = \{\ \}$$

3.補集合: 若集合 A 定義於樣本空間 S, 則那些屬於 S, 但不屬於 A 的元素所形成的集合叫做 A 的補集合或餘集合 (Complementary Set), 以 A' 或 $\overline{A}$ 表示之。此即

$$\overline{A} = \{o_i | o_i \notin A,\ o_i \in S,\ A \subset S\} \tag{3-2}$$

$$\begin{cases} o_i： 第\,i\,個元素 \\ \in： 屬於 \\ \notin： 不屬於 \\ |： 如此\cdots\cdots竟使\cdots\cdots(Such\ That) \end{cases}$$

補集合的范氏圖如圖 3–4。

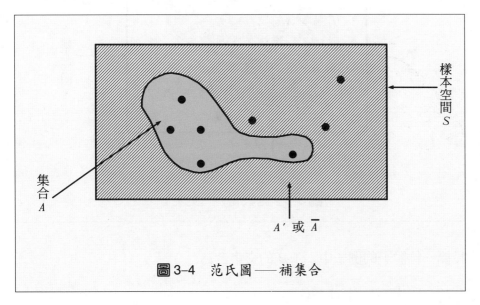

圖3–4　范氏圖——補集合

前述投擲一粒骰子的例子中，集合 A 及集合 B 的補集合分別為：

$$\overline{A} = \{o_2, o_4, o_6\}$$

或　　　$\overline{A} = \{2, 4, 6\}$

$$\overline{B} = \{o_2, o_3, o_4, o_5, o_6\}$$

或　　　$\overline{B} = \{2, 3, 4, 5, 6\}$

　4.**交集合**：若 A, B 都是定義於樣本空間 S 的事件，則那些既屬於 A，而且也屬於 B 的元素所形成的集合，叫做集合 A 與集合 B 的交集合 (Intersection Set)，以 $A \cap B$，或以 $B \cap A$ 表示之。此即

$$A \cap B = B \cap A = \{o_i | o_i \in A \text{且} o_i \in B, \ o_i \in S, \ A \subset S, \ B \subset S\} \ (3\text{--}3)$$

交集合的范氏圖如圖 3–5。

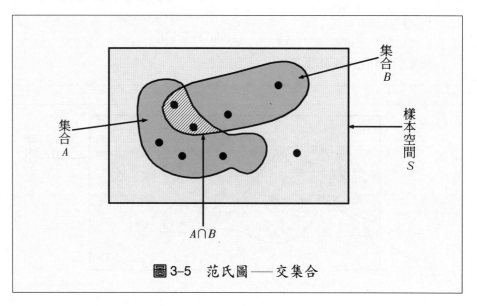

圖 3–5　范氏圖——交集合

投擲一粒骰子的例子中，A, B 的交集合為:

$$A \cap B = \{o_1\} = \{1\}$$

投擲兩粒骰子的例子中，E, F 的交集合為:

$$E \cap F = \{o_{61}\} = \{(6, 1)\}$$

　　5.**互斥集合**: 若 A 與 B 的交集合為一空集合，則集合 A 與集合 B 稱為彼此互斥的集合 (Mutually Exclusive Sets)。以 $A \cap B = \phi$ 或 $A \cap B = \{\ \}$ 表示之。互斥集合的范氏圖如圖 3–6。

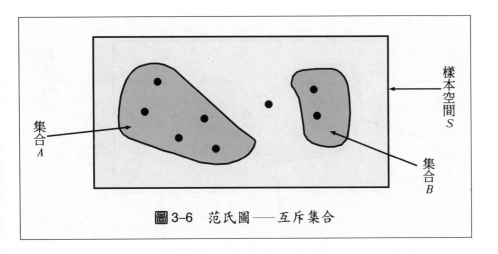

圖 3-6 范氏圖——互斥集合

投擲兩粒骰子的例子中, G 與 E 的交集為空集合, 即

$$G \cap E = \{ \ \}$$

G 與 F 的交集亦為空集合, 即

$$G \cap F = \{ \ \}$$

因此, 集合 G 與集合 E 互為互斥集合, 集合 G 與集合 F 亦互為互斥集合。

　　6.**聯集合**: 若 A, B 都是定義於樣本空間 S 的事件, 則那些屬於 A 的元素, 或屬於 B 的元素, 或屬於 A 和 B 之交集的元素所形成的集合, 叫做集合 A 與集合 B 的聯集合 (Union Set), 以 $A \cup B$ 或 $B \cup A$ 表示之。此即

$$A \cup B = B \cup A$$

$$= \{ o_i | o_i \in A \text{ 或 } o_i \in B \text{ 或 } o_i \in A \cap B, \ o_i \in S, \ A \subset S, \ B \subset S \} \quad (3\text{--}4)$$

聯集合的范氏圖如圖 3-7。

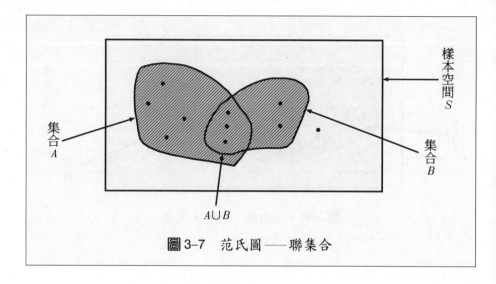

圖3-7　范氏圖——聯集合

投擲一粒骰子的例子中，A, B 的聯集合為：

$$A \cup B = \{o_1, o_3, o_5\} = \{1, 3, 5\}$$

投擲兩粒骰子的例子中，

$$E \cup F = \{o_{16}, o_{25}, o_{34}, o_{43}, o_{52}, o_{61}, o_{62}, o_{63}, o_{64}, o_{65}, o_{66}\}$$
$$= \{(1,6),\ (2,5),\ (3,4),\ (4,3),\ (5,2),\ (6,1),\ (6,2),\ (6,3),$$
$$(6,4),\ (6,5),\ (6,6)\}$$
$$E \cup G = \{o_{11}, o_{16}, o_{25}, o_{34}, o_{43}, o_{52}, o_{61}\}$$
$$= \{(1,1),\ (1,6),\ (2,5),\ (3,4),\ (4,3),\ (5,2),\ (6,1)\}$$
$$F \cup G = \{o_{11}, o_{61}, o_{62}, o_{63}, o_{64}, o_{65}, o_{66}\}$$
$$= \{(1,1),\ (6,1),\ (6,2),\ (6,3),\ (6,4),\ (6,5),\ (6,6)\}$$

　　7.**分割集合**：若 $B_1, B_2, B_3, \cdots, B_J$ 都是定義於樣本空間 S 的集合，而這 J 個集合，彼此均互為**互斥集合**，即

B_j, B_h 彼此互斥，$\begin{cases} j, h = 1, 2, \cdots, J \\ j \neq h \end{cases}$

且這 J 個集合，**共同構成了整個** (Collectively Exhaustive) 樣本空間 S，即

$$S=\{o_1, o_2, o_3, \cdots, o_N\}$$

$$=\{B_1, B_2, B_3, \cdots, B_J\} \tag{3-5}$$

則 $B_1, B_2, B_3, \cdots, B_J$ 這 J 個集合叫做**分割集合** (Partition Sets)，或稱 $B_1, B_2, B_3, \cdots, B_J$ 這 J 個集合分割了樣本空間 S。

分割集合的范氏圖如圖 3–8。

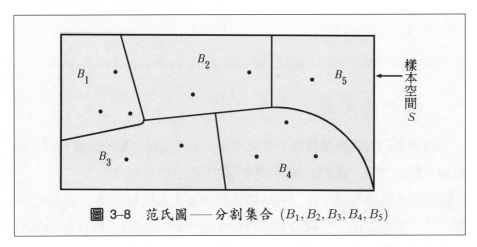

圖 3–8 范氏圖——分割集合 $(B_1, B_2, B_3, B_4, B_5)$

第四節　機率

假如 A 為定義於一項隨機試驗所產生的樣本空間 S 上面的事件（或叫做集合），則 A 的機率就是事件 A 發生或出現的可能性，以 $P(A)$ 表示之。當我們要計算 A 的機率時，我們必須先計算屬於 A 的那些樣本點（或叫做元素）的機率是多大？亦即樣本點 o_i 發生的可能性是多大？（樣本點 o_i 發生的可能性，通常以 $P(o_i)$ 表示之。）然而樣本空間 S 上面的某一個樣本點 o_i 的機率到底是多少？即 $P(o_i)$ 之值如

何計算? 或 $P(o_i)$ 如何定義? 對於這樣的問題, 將會因為我們對隨機試驗模型的某種假設 (例如投擲一粒骰子的隨機試驗, 假設該骰子為公平 (Fair) 的骰子, 亦即假設骰子為構造完全均勻 (Perfectly Balanced) 的骰子), 或因為客觀的證據 (Objective Evidence), 抑或因為個人主觀的看法 (Decision-Maker's Subjective Opinion) 而有機率的三種定義方式。儘管機率有下面將介紹的三種定義方式, 但不管以何種方式去定義機率, 對於任一樣本點的機率 $(P(o_i))$ 而言, 總是具有下面三個性質:

1. $0 \le P(o_i) \le 1, \ i = 1, 2, 3, \cdots, N$

2. $\sum_{i=1}^{N} P(o_i) = P(S) = 1$

3. $P(o_1 \text{ 或 } o_2 \text{ 或 } o_3 \text{ 或 } o_4 \text{ 或 } \cdots) = P(o_1) + P(o_2) + P(o_3) + P(o_4) + \cdots$

一、機率的定義

隨著我們對隨機試驗做了某種假設, 或者根據客觀的證據, 再或者根據主觀的看法, 我們因此而有機率的下面三種定義方式:

1.古典的機率論: 若一項隨機試驗所產生的樣本空間 S 總共有 N 個不同 (彼此互斥) 且極為相似 (Mutually Exclusive and Equally Likely) 的可能成果, 則第 i 個可能成果 (或第 i 個樣本點) o_i 的機率為:

$$P(o_i) = \frac{1}{N} \tag{3-6}$$

因此定義於樣本空間上面的某一個事件 A 的機率為:

$$P(A) = \sum_{o_i \in A} P(o_i) = \frac{n}{N}, \quad n: \text{事件} A \text{包含} n \text{個樣本點} \tag{3-7}$$

上面一段對機率定義的文字中, 所謂「極為相似」就是指每一個可能成果出現的可能性完全相等。例如投擲一粒骰子, 如果事前假設該粒骰子為公平的骰子, 則先天上我們認為每一個可能成果出現的可能性都相等, 因此

$$P(o_i) = \frac{1}{6}, \quad \begin{cases} o_i: \text{第 } i \text{ 個樣本點} \\ i: \ 1, 2, \cdots, 6 \end{cases}$$

而若 A 為出現奇數點的事件, 則

$$P(A) = \sum_{o_i \in A} P(o_i) = P(o_1) + P(o_3) + P(o_5) = \frac{3}{6}$$

在投擲兩粒骰子的例子中, 如果事前假設該兩粒骰子均為公平的骰子, 則

$$P(o_{ij}) = \frac{1}{36}$$

$$\begin{cases} o_{ij}: \text{第} k \text{ 個樣本點}, \\ \qquad \text{當} i = 1, \ j = 1 \text{ 時}, \ k = 1, \\ \qquad\quad i = 1, \ j = 2 \text{ 時}, \ k = 2, \\ \qquad \text{依此類推}, \text{而} k = 1, 2, 3, \cdots, 36 \\ i, j: \ 1, 2, \cdots, 6 \end{cases}$$

又若 E 為點數和為 7 的事件, F 為第一粒骰子出現點 6 的事件, 則

$$\begin{aligned} P(E) &= \sum_{o_{ij} \in E} P(o_{ij}) \\ &= P(o_{16}) + P(o_{25}) + P(o_{34}) + P(o_{43}) + P(o_{52}) + P(o_{61}) \\ &= \frac{6}{36} = \frac{1}{6} \end{aligned}$$

$$\begin{aligned} P(F) &= \sum_{o_{ij} \in F} P(o_{ij}) \\ &= P(o_{61}) + P(o_{62}) + P(o_{63}) + P(o_{64}) + P(o_{65}) + P(o_{66}) \\ &= \frac{6}{36} = \frac{1}{6} \end{aligned}$$

　　上述古典的機率定義, 完全是立基於我們對隨機試驗的模型給予事前的假設 (例如假設我們已知道骰子的構造均勻——亦即所謂公平的骰子) 而引申出來的, 這種方式的機率定義有下面幾個缺點:

(i) 定義「**機率**」時, 使用到與機率本身之意義相關的名詞 (「**極為相**

似」的可能成果是指每一個可能成果「**出現的『可能性』**」完全相
等）。

(ii) 當樣本空間含有無限多 (Infinite)的樣本點（即 $N \longrightarrow \infty$）時，事件
A 的機率 $P(A) = \dfrac{n}{N}$ 之值無法決定。

(iii) 若樣本空間含有有限個的樣本點（即 N 為有限數值 (Finite)），但
N 之值未知，則事件 A 的機率 $P(A) = \dfrac{n}{N}$ 之值亦無法決定。

(iv) 若對隨機試驗的模型未給予事前的假設（例如事前未知骰子的構造
是否均勻？骰子是否為公平的骰子？），則任一樣本點 o_i 的機率就
無法決定，事件 A 的機率因而無法計算。

　　2.**相對次數的機率論**：若 A 為定義於隨機試驗樣本空間 S 上面的事
件（A 可以是簡單事件，亦可以是複合事件），則將此試驗在相同的情
況下 (Stable Condition)重覆做非常、非常多次（ N 次，$N \longrightarrow \infty$），並
觀察 A出現的次數（以n 表示之），此時，A出現的相對次數即為 A 的
機率，即

$$P(A) = \frac{n}{N}, \quad N \longrightarrow \infty \tag{3-8}$$

　　以相對次數的方式定義機率，有它的理論背景。我們以投擲一粒骰
子的例子加以說明。假如我們定義 A 為投擲一粒骰子出現奇數點的事件
（但事前未知該粒骰子是否為公平的骰子，亦即事前我們未對投擲一粒
骰子的隨機試驗模型給予任何的假設），則當我們將此骰子在相同的情
況下重覆投擲 60次 $(N = 60)$，並觀察 A 出現的相對次數 $\left(\dfrac{n}{N}\right)$，若第一
回的 60次中，出現 A 的有 25次，第二回的 60次中，出現 A 的有 28次，
第三回的 60次中，出現 A 的有 34次，第四回的 60次中，出現 A 的有
30次，第五回的 60次中，出現A的有 31次，……，即

	第一回	第二回	第三回	第四回	第五回	……
$\dfrac{n}{N}$:	$\dfrac{25}{60}$	$\dfrac{28}{60}$	$\dfrac{34}{60}$	$\dfrac{30}{60}$	$\dfrac{31}{60}$	……

此時，各回試驗（每回投擲 60 次），$\dfrac{n}{N}$ 的數值彼此差異大。然而，如果我們將重覆試驗的次數提高（由 60 次增為 600 次），則各回試驗中（每回投擲 600 次），$\dfrac{n}{N}$ 的數值彼此之間的差異將減小。假如將重覆試驗的次數再增大 ($N = 6000, 60000, 600000, 1200000, \cdots, \infty$)，則我們將發現各回試驗中，$\dfrac{n}{N}$ 數值的差異隨著 N 的加大而愈來愈小。尤其在 N 為無限大時，各回試驗中（每回投擲 ∞ 次），$\dfrac{n}{N}$ 將趨近於一個穩定的數值，因此，我們就以該穩定數值當做 A 發生的機率。換句話說，我們以事件 A 出現的相對次數之「極限值」來定義 A 的機率，即

$$P(A) = \lim_{N \to \infty} \frac{n(A)}{N} \text{，} n(A) \text{是出現 } A \text{ 的次數} \qquad (3\text{--}8a)$$

相對次數方式定義的機率完全立基於客觀的證據，不必對隨機試驗的模型給予事前的假設。但是現實的社會中，有很多現象無法在相同情況下重覆做試驗，例如，若定義 A 為「某位修習統計學課程之學生甲，其統計學學期成績及格」的事件，此時，我們將無法利用相對次數的方式去定義或計算 $P(A)$。正因為某些問題下，以相對次數的方式，無法計算事件 A 的機率，因此進而有主觀的機率論。

3.**主觀機率論**：對於定義於無法重覆做試驗之隨機試驗之樣本空間上的事件 A 而言，其機率 $P(A)$ 是由決策者（個人）根據其可能獲得的訊息，主觀的給予一個數值。因此 $P(A)$ 之值，將因個人獲得的訊息可能不同或主觀的看法不同，而有所差異。就以上面所提及的 A 為「某位修習統計學課程之學生甲，其統計學學期成績及格」的事件為例，某甲的父親，根據他對某甲的觀察（例如某甲下課回家後，大多數時間花在看電視或聽音響上），因此認為 $P(A) = 0.60$。但是某甲自己卻認為 $P(A) = 0.95$。某甲給予 $P(A) = 0.95$，是因為他以為自己平常上課非常注意聽講，沒有課的時候都在圖書館研讀統計學教科書，而且每次上統計學實習課時，所有的習題都會做。儘管 $P(A)$ 的值因個人主觀的看法而

有所不同，不過，它的值絕對不會是負值，而且也絕不可能比 "1" 大，即

$$0 \leq P(A) \leq 1$$

二、聯合機率、條件機率及邊際機率

㈠聯合機率

若 A, B 都是定義在一項隨機試驗所產生之樣本空間 S 上面的事件，則事件 A 及事件 B 同時都發生（或出現）的可能性叫做 A 與 B 的聯合機率 (Joint Probability)。換句話說，A, B 的聯合機率就是指 A, B 之交集合發生的機率，因此，以 $P(A \cap B)$ 表示之。而根據古典機率的定義，我們知道：

$$P(A \cap B) = \frac{n(A \cap B)}{N} = \frac{n(A \cap B)}{N(S)} \tag{3-9}$$

$$\begin{cases} N: 樣本空間 S 共有 N 個彼此不同但極為相似的可能成果， \\ \quad 此時或以 N(S) 表示之。 \\ n(A \cap B): 樣本空間中，屬於 A \cap B 的樣本點數目。 \end{cases}$$

再者，如果我們根據相對次數的機率定義，我們知道 A 與 B 的聯合機率是：

$$P(A \cap B) = \lim_{N \to \infty} \frac{n(A \cap B)}{N} \tag{3-10}$$

事實上，式 (3-10) 所表示的是：A 與 B 的聯合機率就是指「隨機試驗在相同的情況下，重覆進行非常、非常多次 $(N \longrightarrow \infty)$，此時出現 A 與 B 之交集合 $(A \cap B)$ 的次數所占的比例」。

由上面的說明，我們知道若 A, B 兩事件假如彼此互斥，則

$$P(A \cap B) = 0。$$

在投擲一粒骰子（假設為公平的骰子）的例子中，如果我們定義

A, B 如下：

$\begin{cases} A: \text{出現奇數點} \\ B: \text{出現點 } 1 \end{cases}$

則事件 A 與事件 B 的聯合機率為：

$$P(A \cap B) = \frac{n(A \cap B)}{N(S)} = \frac{1}{6}$$

而在投擲兩粒骰子（假設兩粒都是公平的骰子）的例子中，如果我們定義 E 及 F 為：

$\begin{cases} E: \text{點數和為 } 7 \\ F: \text{第一粒骰子出現點 } 6 \end{cases}$

則事件 E 與事件 F 同時都出現的機率為：

$$P(E \cap F) = \frac{1}{36}$$

㈡條件機率

若 A, B 都是定義於樣本空間(S) 的事件，則在很多情況下，我們很可能想知道在「已知」事件 A 發生的條件下，事件 B 出現的可能性。這種已知事件 A 發生的條件下（A不為空集合），事件 B 發生的機率，叫做事件 B 的**條件機率**(Conditional Probability)，以 $P(B|A)$ 表示之。"$B|A$"表示 **B 事件發生，但「已知」**（以 "|" 表示「已知」）**A事件發生**，換句話說，就是在「已知」A 事件出現的條件下，B 事件出現。

$P(B|A)$ 之值有多大？我們可以透過樣本空間來決定或計算它。今以投擲骰子的例子說明如下：在投擲一粒「公平」的骰子的例子中，若 A, B 的定義如前所述，此時，原來的樣本空間共有 $o_1, o_2, o_3, o_4, o_5, o_6$ 六個彼此不同但極為相似的基本成果，但已知事件 A 發生的條件下，則樣本空間只保留了 o_1, o_3, o_5 三個基本成果，這三個基本成果所形成的集合稱為**縮減的樣本空間**(Reduced Sample Space)。而這縮減的樣本空間上，總共所包含的**樣本點（基本成果）**的數目，我們以 $N(A)$ 表示之。

在已經知道 A 事件發生的條件下，原來的樣本空間就縮減至「縮減的樣本空間」。而在縮減的樣本空間上，由於事件 B 只包含一個樣本點 o_1，因此 B 的條件機率為:

$$P(B|A)=\frac{縮減的樣本空間上屬於事件\ B的樣本點的數目}{縮減的樣本空間上樣本點的數目}$$

$$=\frac{n(A \cap B)}{N(A)} \tag{3-11}$$

$$=\frac{1}{3}$$

然而 B 的條件機率也可以由 A 的機率及 $A \cap B$ 的機率計算而得。說明如下:

$$\because \quad P(B|A)=\frac{n(A \cap B)}{N(A)}$$

$$=\frac{\dfrac{n(A \cap B)}{N(S)}}{\dfrac{N(A)}{N(S)}}$$

$$\therefore \quad P(B|A)=\frac{P(A \cap B)}{P(A)} \tag{3-12}$$

因此就投擲一粒「公平」的骰子的例子而言，B 事件的條件機率（已知 A 事件發生），也可以式 (3–12)計算如下:

$$P(B|A) = \frac{P(A \cap B)}{P(A)} = \frac{\dfrac{1}{6}}{\dfrac{3}{6}} = \frac{1}{3}$$

同理，A 事件的條件機率在已知事件 B 出現的條件下（ B 不為空集合）為:

$$P(A|B) = \frac{n(A \cap B)}{N(B)} = \frac{P(A \cap B)}{P(B)} \tag{3-13}$$

由 (3–12)及 (3–13)兩式子，我們可得到 **機率的乘法法則** 如下:

$$P(A \cap B)=P(A) \times P(B|A)$$

$$= P(B) \times P(A|B) \qquad\qquad (3\text{--}14)$$

在統計學上，我們透過條件機率來定義「**彼此獨立的事件**」。

定義 3-4 **獨立的事件**

若 A, B 為定義於一項隨機試驗所產生之樣本空間 S 上面的事件（A, B 都不為空集合），如果

$$P(A|B) = P(A) \quad 或 \quad P(B|A) = P(B)$$

則事件 A 與事件 B 稱為彼此**獨立的事件**(Independent Events)。而如果

$$P(A|B) \neq P(A) \quad 或 \quad P(B|A) \neq P(B)$$

則事件 A 與事件 B 稱為彼此**相依的事件**(Dependent Events)，或稱為 A 與 B **彼此不獨立**。

就上述投擲一粒「公平」的骰子的例子而言：

$$\because \quad P(B|A) = \frac{1}{3} \neq P(B) \left(= \frac{1}{6}\right)$$

$$P(A|B) = 1 \neq P(A) \left(= \frac{3}{6}\right)$$

$\therefore$ A 與 B 彼此不獨立，即 A 與 B 為彼此相依的事件。

下面進一步以投擲兩粒「公平」的骰子為例，加深了解兩事件之間的關係。

【**例 3-1**】

若投擲兩粒「公平」的骰子，且定義

$$\begin{cases} E: \text{點數和為 7} \\ F: \text{第一粒骰子出現點 6} \\ G: \text{兩粒骰子都出現點 1} \\ H: \text{點數和為 11} \end{cases}$$

試說明 E, F; E, G; F, H 之間的關係是獨立抑或不獨立?

【解】

(1)

$$\therefore \quad P(E|F) = \frac{P(E \cap F)}{P(F)} = \frac{1}{6} = P(E) \quad \left[= \frac{6}{36} \right]$$

$$P(F|E) = \frac{P(E \cap F)}{P(E)} = \frac{1}{6} = P(F) \quad \left[= \frac{6}{36} \right]$$

$\therefore$ E 與 F 彼此獨立。

(2)

$$\therefore \quad P(E|G) = \frac{P(E \cap G)}{P(G)} = \frac{0}{\frac{1}{36}} = 0 \neq P(E) \quad \left[= \frac{6}{36} \right]$$

$\therefore$ E 與 G 彼此不獨立, 即 E 與 G 相依。

(3)

$$\therefore \quad P(F|H) = \frac{P(F \cap H)}{P(H)} = \frac{\frac{1}{36}}{\frac{2}{36}} = \frac{1}{2} \neq P(F) \quad \left[= \frac{6}{36} \right]$$

$$P(H|F) = \frac{P(F \cap H)}{P(F)} = \frac{\frac{1}{36}}{\frac{6}{36}} = \frac{1}{6} \neq P(H) \quad \left[= \frac{2}{36} \right]$$

$\therefore$ H 與 F 彼此不獨立, 即 H 與 F 相依。

對於同時定義於一項隨機試驗所產生之樣本空間上面的 A 及 B 兩事件（A, B 均非空集合）而言, 他們之間的關係是彼此獨立或彼此相依？彼此互斥或彼此不互斥？在統計學上常常有必要去加以判斷。

雖然我們可以從上面有關互斥事件、獨立事件、相依事件的定義,

去判斷 A, B 兩事件之間具有何種關係，不過這幾層關係之間，我們可以整理而得到下面的結論：

　　1.若 A, B 彼此獨立，則 A, B 彼此一定不互斥。說明如下：

若 A, B 彼此獨立，則

$$P(A|B) = P(A)$$

（此式表示：事件 A 的機率不受事件 B 出現而影響。）

而　∵　$P(A|B) = \dfrac{P(A \cap B)}{P(B)}$

∴　$\dfrac{P(A \cap B)}{P(B)} = P(A) \neq 0$　　（ A 不是空集合）

　　$\Longrightarrow P(A \cap B) \neq 0$

　　$\Longrightarrow A \cap B$　不是空集合 $\Longrightarrow A, B$ 彼此不互斥

因此，若 A, B 彼此獨立，則 A, B 彼此一定不互斥。

　　2.若 A, B 彼此不互斥，則 A, B 彼此不一定獨立。說明如下：

若 A, B 彼此不互斥，則

$$P(A \cap B) \neq 0$$

而　∵　$P(A|B) = \dfrac{P(A \cap B)}{P(B)}$

∴　$P(A|B) \neq 0$

然而　　$P(A|B) \neq 0$ 不一定含意著 $P(A|B) = P(A)$，即也有可能為

　　　　$P(A|B) \neq P(A)$

因此，若 A, B 彼此不互斥，則 A, B 彼此不一定獨立。

採用同樣的推理方式，我們可以得到：

　　3.若 A, B 彼此互斥，則 A, B 彼此一定不獨立

　　4.若 A, B 彼此不獨立，則 A, B 彼此不一定互斥

　　由上面所列舉的結論，我們進一步以范氏圖 (Venn Diagram) 去圖示

A, B 兩事件的關係，如圖 3-9。

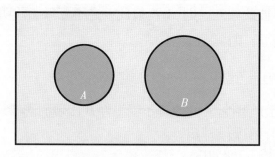

(a) A, B 互斥（無交集），則 A, B 彼此一定不獨立（相依）——如例3-1中的 E, G

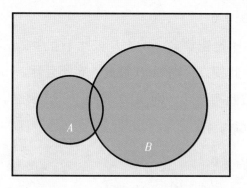

(b) A, B 不互斥，而 A, B 獨立——如例 3-1 中的 E, F

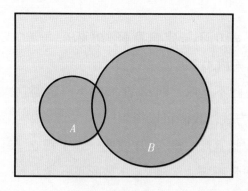

(c) A, B 不互斥，而 A, B 不獨立——如例 3-1 中的 H, F

圖3-9　范氏圖——A, B 兩事件彼此獨立、彼此相依

㈢邊際機率

很多情況下，在一項隨機試驗所產生的樣本空間上，我們往往除了定義某事件 A_1 之外，可能還定義了許多其他的事件 $B_1, B_2, \cdots, B_J$（$B_1, B_2, \cdots, B_J$ 為分割集合），而且這些事件 (B_j) 的出現很可能對事件 A_1 的機率有所影響。因此，假如我們要計算 $P(A_1)$，有些時候，我們就可以利用 A_1 的條件機率 $(P(A_1|B_j))$ 從旁推敲而得。而為了要使 A_1 的非條件機率(Unconditional Probability, $P(A_1)$)與 A_1 的條件機率有所區別，我們把 A_1 的非條件機率叫做邊際機率(Marginal Probability)。下面的例子就是用來說明 A_1 的邊際機率如何從 A_1 的條件機率計算而得。

若已知某牌洗髮精共有兩種產品（一種是茉莉花香味，另一種是玫瑰花香味），而其女性顧客總共有 1000 人，今若定義 A_i, B_j 如下：

$$\begin{cases} A_1: \text{女性顧客為職業婦女} \\ A_2: \text{女性顧客為非職業婦女} \end{cases}$$

$$\begin{cases} B_1: \text{女性顧客中偏好茉莉花香味的產品} \\ B_2: \text{女性顧客中偏好玫瑰花香味的產品} \\ B_3: \text{女性顧客中對兩種產品無差異} \end{cases}$$

此外，若我們也有下面的資料（聯合次數分配表）：

B_j $\diagdown$ A_i	B_1	B_2	B_3
A_1	200人	300人	100人
A_2	200	150	50

則從 A_i, B_j 的聯合次數分配表，我們可以導出 A_i, B_j 的聯合機率分配表如下：

$\begin{array}{c}B_j\\A_i\end{array}$	B_1	B_2	B_3
A_1	0.20	0.30	0.10
A_2	0.20	0.15	0.05

上表中，第 i 列第 j 行的數值即是 $A_i \cap B_j$ 的機率。

而 A_1 的機率：

$$P(A_1) = \frac{200 + 300 + 100}{1000} = \frac{600}{1000} = 0.60$$

或　　　$P(A_1) = P(A_1 \cap B_1) + P(A_1 \cap B_2) + P(A_1 \cap B_3)$

$$= 0.20 + 0.30 + 0.10$$

$$= 0.60$$

B_1 的機率：

$$P(B_1) = \frac{200 + 200}{1000} = \frac{400}{1000} = 0.40$$

或　　　$P(B_1) = P(B_1 \cap A_1) + P(B_1 \cap A_2)$

$$= 0.20 + 0.20$$

$$= 0.40$$

我們如果進一步將 A_i 的機率 $P(A_i)$ 及 B_j 的機率 $P(B_j)$ 分別寫於 A_i, B_j 聯合機率分配表的最右邊緣 (Margin) 及最下邊緣，如下：

$\begin{array}{c}B_j\\A_i\end{array}$	B_1	B_2	B_3	$P(A_i)$
A_1	0.20	0.30	0.10	0.60
A_2	0.20	0.15	0.05	0.40
$P(B_j)$	0.40	0.45	0.15	1.00

而正因為 $P(A_i), P(B_j)$ 被寫於 A_i, B_j 聯合機率分配表的右邊緣及下邊緣，因此 $P(A_i)$ 或 $P(B_j)$ 也被稱為「邊際機率」。不過我們應注意的是邊際

機率一詞中的「邊際」二字與經濟學上的「邊際效用」的「邊際」二字並非同義語。

然而，如果我們沒有上述的聯合次數分配的資料，不過卻有下列的訊息：

$$
\begin{cases}
P(A_1|B_1) = \dfrac{1}{2} \\[2mm]
P(A_1|B_2) = \dfrac{2}{3} \\[2mm]
P(A_1|B_3) = \dfrac{2}{3}
\end{cases}
\qquad
\begin{cases}
P(B_1) = 0.40 \\[2mm]
P(B_2) = 0.45 \\[2mm]
P(B_3) = 0.15
\end{cases}
$$

則從圖 3–10，我們知道 A_1 可由 $A_1 \cap B_1$，$A_1 \cap B_2$，$A_1 \cap B_3$ 聯集而得。因此 A_1 的機率可透過 A_1 的條件機率計算而得。

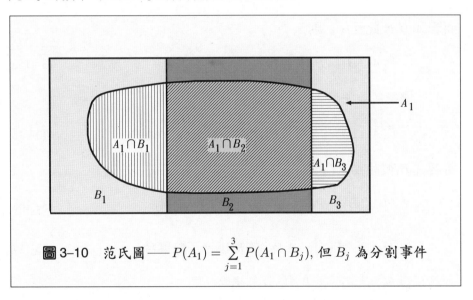

圖 3–10　范氏圖——$P(A_1) = \displaystyle\sum_{j=1}^{3} P(A_1 \cap B_j)$，但 B_j 為分割事件

$$
\begin{aligned}
P(A_1) &= P(A_1 \cap B_1) + P(A_1 \cap B_2) + P(A_1 \cap B_3) \\[2mm]
&= P(B_1) \times P(A_1|B_1) + P(B_2) \times P(A_1|B_2) + P(B_3) \times P(A_1|B_3) \\[2mm]
&= (0.40)\left(\frac{1}{2}\right) + (0.45)\left(\frac{2}{3}\right) + (0.15)\left(\frac{2}{3}\right) \\[2mm]
&= 0.60
\end{aligned}
$$

三、機率的性質

除了前面有關機率的定義，以及聯合機率、條件機率或邊際機率等的介紹外，我們也把機率的性質及機率的法則簡要地整理如下。

若 A, B, E_i 分別為定義於一項**隨機試驗**樣本空間 S 上面的事件，則

1.$0 \le P(A) \le 1, \ 0 \le P(B) \le 1, \ 0 \le P(E_i) \le 1$

2.$P(S) = 1$

3.**機率的加法法則**：

$$P(A \cup B) = P(A) + P(B) - P(A \cap B) \tag{3-15}$$

而若 A, B 彼此互斥，則

$$P(A \cup B) = P(A) + P(B) \tag{3-15a}$$

4.**機率的乘法法則**：

$$P(A \cap B) = P(A) \times P(B|A) = P(B) \times P(A|B) \tag{3-16}$$

而若 A, B 彼此獨立，則

$$P(A \cap B) = P(A) \times P(B) = P(B) \times P(A) \tag{3-16a}$$

5.$P(\overline{A}) = 1 - P(A), \ \ \overline{A}$ 為 A 的補集合（餘集合）$\tag{3-17}$

6.若 $E_1, E_2, E_3, \cdots, E_J$ 為分割集合，則

$$P(E_1) + P(E_2) + P(E_3) + \cdots + P(E_J) = P(S) = 1 \tag{3-18}$$

第五節　貝氏定理

在統計學上，很多有關**條件機率**的問題，常常要利用**貝氏定理**去計

算，因此貝氏定理在應用統計學上有其重要的地位。本書這一節除了介紹貝氏定理的內容外，並舉兩個例子說明貝氏定理的應用。

若 $A, B_1, B_2, \cdots, B_J$ 為定義於一項隨機試驗之樣本空間上的事件，且 $B_1, B_2, \cdots, B_J$ 為**分割集合**（分割事件），則事件 B_j 在已知事件 A 發生的條件下之機率為：

$$P(B_j|A) = \frac{P(A \cap B_j)}{P(A)} \tag{3-19}$$

式 (3–19) 等號右邊的分子、分母可分別以下面的方式表達：

$$P(A \cap B_j) = P(B_j) \times P(A|B_j)$$

$$P(A) = \sum_{j=1}^{J} P(A \cap B_j)$$

$$= \sum_{j=1}^{J} P(B_j) \times P(A|B_j)$$

因此事件 B_j 的**條件機率**可改寫成：

$$P(B_j|A) = \frac{P(B_j)P(A|B_j)}{\sum_{j=1}^{J} P(B_j)P(A|B_j)} \tag{3-20}$$

而式 (3–20) 就是所謂的**貝氏定理**。

> **定理 3–1　貝氏定理**(Bayes' Theorem)
>
> 　　若 $A, B_1, B_2, \cdots, B_J$ 為定義於一項隨機試驗之樣本空間上的事件，且 $B_1, B_2, \cdots, B_J$ 為分割事件，則
>
> $$P(B_j|A) = \frac{P(B_j) \times P(A|B_j)}{\sum_{j=1}^{J} P(B_j) \times P(A|B_j)}, \; j = 1, 2, \cdots, J$$

從上面的說明，我們知道貝氏定理，事實上只是事件 B_j 之**條件機率**

$(P(B_j|A))$ 的另外一個表達或計算公式而已。而由於這個公式主要是由英國哲學家 R. T. Bayes 的貢獻而得，因此乃名之為貝氏定理 (Bayes' Theorem)。

下面的兩個例子，就是透過貝氏定理的應用，去解答一些有關機率的問題。

【例 3-2】

若已知某地區之勞動人口中，教育程度為大專或以上的有 15%，初中或高中的有 40%，小學或以下的有 45%。又已知教育程度為大專或以上的勞動人口中，失業的有 4%，初中或高中的勞動人口中，失業的有 6.5%，小學或以下的勞動人口中，失業的有 4%。今從勞動人口中隨機抽取一人，試問其教育程度為大專或以上的機率如何？又若已知被抽出的那個人為失業者，試問其教育程度為大專或以上的機率多大？

【解】

根據題意，首先我們定義 S, A, B_j 如下：

$$\begin{cases} S : \text{勞動人口} \\ A : \text{失業人口} \\ B_1 : \text{教育程度為大專或以上} \\ B_2 : \text{教育程度為初中或高中} \\ B_3 : \text{教育程度為小學或以下} \end{cases}$$

而已知：

$$\begin{cases} P(B_1) = 0.15 \\ P(B_2) = 0.40 \\ P(B_3) = 0.45 \end{cases} \qquad \begin{cases} P(A|B_1) = 0.04 \\ P(A|B_2) = 0.065 \\ P(A|B_3) = 0.04 \end{cases}$$

(1)從勞動人口中，隨機抽出一人，其教育程度為大專或以上的機率

為:

$$P(B_1) = 0.15$$

⑵已知被抽出的那個人為失業者，而其教育程度為大專或以上的機率
為：

$$P(B_1|A) = \frac{P(A \cap B_1)}{P(A)}$$

$$= \frac{P(B_1) \times P(A|B_1)}{\sum_{j=1}^{3} P(B_j) \times P(A|B_j)}$$

$$= \frac{(0.15)(0.04)}{(0.15)(0.04) + (0.40)(0.065) + (0.45)(0.04)}$$

$$= 0.12$$

【例3-3】

某生產「嬰兒用湯匙」工廠，其產品係由兩部機器生產，已知第 I 部
機器所生產的產量占總產量的 60%，第 II 部機器占 40%。又已知第 I
部機器所生產的產品中有瑕疵的比例為 2%，第 II 部機器所生產的產
品中有瑕疵的比例為 1%。今從該工廠的產品中隨機抽出一件，試問
此件產品係由第 I 部機器生產的機率多大？又若已知該件產品有瑕
疵，試問該件產品出自第 I 部機器的機率多大？

【解】

根據題意，我們定義 S, A, B_j 如下：

$$\begin{cases} S: \text{該工廠所生產之產品（嬰兒用湯匙）} \\ A: \text{產品有瑕疵} \\ B_1: \text{第 I 部機器所生產之產品} \\ B_2: \text{第 II 部機器所生產之產品} \end{cases}$$

而已知:

$$\begin{cases} P(B_1) = 0.60 \\ P(B_2) = 0.40 \end{cases} \qquad \begin{cases} P(A|B_1) = 0.02 \\ P(A|B_2) = 0.01 \end{cases}$$

(1)從該工廠產品中隨機抽取一件，此件產品產自第 I 部機器的機率為:

$$P(B_1) = 0.60$$

(2)已知該件產品有瑕疵，而該件產品產自第 I 部機器的機率為:

$$P(B_1|A) = \frac{P(A \cap B_1)}{P(A)}$$

$$= \frac{P(B_1) \times P(A|B_1)}{\sum\limits_{j=1}^{2} P(B_j) \times P(A|B_j)}$$

$$= \frac{(0.60)(0.02)}{(0.60)(0.02) + (0.40)(0.01)}$$

$$= 0.75$$

上面的兩個例子中，$P(B_j)$ 是事件 B_j 的機率，但完全沒有用到「A 事件是否發生」的情報，因此稱之為**事前機率**(Prior Probability)。而 $P(B_j|A)$ 是事件 B_j 的條件機率，即事件 B_j 的機率，但用到已知「A 事件發生」的情報，因此統計學家稱它為**事後機率**(Posterior Probability)。因此，基本上貝氏定理所提供的公式就是如何將 B_j 的事前機率，運用「A 事件發生」的情報加以**修正**(Revised)，而得到 B_3 的事後機率（條件機率）。

練 習 題

3–1 說明下列各函數是否符合機率公理。

1. $P(X) = \dfrac{X + 2}{10}, \quad X = -1, 0, 1, 2$

2. $P(X) = \dfrac{X}{2}, \quad X = -1, 0, 1, 2$

3. $P(Z) = \begin{cases} \dfrac{2(Z^2 + 9)}{3} & \text{if } 1 < Z < 3 \\ 0 & \text{if } Z \leq 1,\ Z \geq 3 \end{cases}$

4. $P(T) = \dfrac{1}{T}, \quad T = 1, 2, 3, \cdots$

3–2 設若 A、B 為定義在樣本空間 S 的兩個非零事件，則下列敘述何者為真? 何者為假? 請說明理由。

1. A、$\overline{A}$ 能構成分割集合 (Partition Set)。

2. 若 A、B 為互斥事件，則 A、B 必互相獨立。

3. 若 A、B 不互相獨立，則 A、B 必為互斥事件。

4. 若 A、B 互相獨立，則 A、B 必不為互斥事件。

3–3 已知 A、B 兩事件的機率如下:

$$P(A \cap B) = \frac{1}{6}, \quad P(A \cap B') = \frac{1}{12}, \quad P(A' \cap B) = \frac{1}{2}$$

式中 A' 及 B' 分別為 A 及 B 的互補事件，試求:

1. $P(A \cup B)$

2. $P(A' \cup B')$

3. $P(A' \cap B')$

4. 事件 A 對事件 B 的條件機率 $P(A|B)$。

5. A、B 為互斥事件或獨立事件? 請說明理由。

3–4 若 A、B 為定義在樣本空間 S 的兩個非零事件, 且知 $P(A) = 0.8$, $P(B) = 0.2$, 試問:

1.「 $P(A) + P(B) = 1 = P(S)$, 又 A、B 必為互斥事件。」此敍述正確嗎? 為什麼?

2.若已知 A、B 互為獨立事件, 則 $P(A|B) =?$ $P(A \cup B) =?$

3–5 一個盒子放有記號 $1, 2, \cdots, 9$ 之卡片, 今隨機抽取 2 張卡片, 組成一個二位數。如果:

1.第一張抽取後不放回

2.第一張抽取後放回

試問此二位數是偶數的機率多大?

3–6 設有兩役男下部隊前抽籤, 其中有 m 張是海軍陸戰隊, n 張為其他軍種。試問先抽或後抽, 抽中海軍陸戰隊的機率何者較高? 列式說明。

3–7 若將臺北市人口按「性別」及「贊成取締攤販與反對取締攤販者」交叉分類, 得到下列的資料:

	贊成	反對
男	0.27	0.21
女	0.24	0.28

今若隨機抽取一人, 則以下之機率為若干?

1.贊成取締。

2.若為女性, 贊成取締者。

3.若為男性, 贊成取締者。

3–8 續上題, 若已知被抽中者為男性, 試問其為反對取締者的機率多大?

3-9 投擲三枚公平的銅幣，並定義：

E_1：前二枚為正面， E_2：最後一面為正面， E_3：三枚皆正面。

試問：

1. E_1 及 E_2 是否獨立？

2. E_1 及 E_3 是否獨立？

3-10 若已知 X、Y 兩事件的條件機率分配如下：

$X|Y$	0	1	2
0	$\dfrac{2}{3}$	$\dfrac{2}{5}$	$\dfrac{1}{2}$
1	$\dfrac{1}{3}$	$\dfrac{3}{5}$	$\dfrac{1}{2}$

且知 $P(Y = 0) = 0.3$, $P(Y = 1) = 0.5$, $P(Y = 2) = 0.2$, 請問 X、Y 是否彼此獨立？

3-11 重複投擲一顆公平的骰子五次，在至少出現有三次為 6 點的條件下，求出現五次 6 點的機率。

3-12 已知臺灣的勞動市場中，男性、女性各占 60 % 及 40 %，且知男性勞工中，外勞占 2 %，女性勞工中，外勞則占 4 %。現隨機抽取一人：

1. 其為外勞的機率為何？

2. 若已知該被抽中者為外勞，則其為女性的機率為何？

3-13 已知有一種檢驗產品不良的儀器，當有瑕疵之產品接受此種檢驗時，有 95 % 的機會顯示其為不良品；無瑕疵之產品接受此種檢驗時，則有 99 % 的可能會顯示其為無瑕疵。今有一批產品，其中只有 10 % 為真正有瑕疵，現由該批產品中隨機抽取一件來檢驗，檢驗的結果儀器顯示其為不良品。試問此件產品，真正（實際上）無瑕疵的機率為何？

3–14 海軍總部擬進行一項軍購案, 適有某廠商前來競標, 數量與價格
均符合海軍總部之需要。根據過去交易之經驗, 一批產品不良率
為 5 % 的機率為 0.3, 不良率為 10 % 的機率為 0.5。現決定自該批
產品中隨機抽驗 5 個, 若全為良品, 就買下這批產品。請答下列
各題:

　1.求能成交之機率。

　2.若抽驗結果全為良品, 則該批產品為不良率 5 % 之機率為何?
　　為不良率 10 % 之機率又為何?

第四章　隨機變數及其機率分配

第一節　前言

　　前面一章，我們介紹如何計算隨機試驗所產生之樣本空間上任一樣本點的機率。從下面的幾個例子，我們知道有些隨機試驗所產生的樣本點是以**數字**的方式描述的，但有些則不是以數字的方式描述，而是以**文字**或**符號**的方式描述。

【例 4−1】

投擲一粒公平的骰子，其樣本空間為：
$$S = \{1, 2, 3, 4, 5, 6\}$$

【例 4−2】

投擲兩粒公平的骰子，其樣本空間為：
$$S = \{(1, 1), (1, 2), \cdots, (6, 6)\}$$

【例 4−3】

投擲一枚公平的硬幣兩次，其樣本空間為：
$$S = \{(正面向上，正面向上),(正面向上，反面向上),$$

（反面向上，正面向上），（反面向上，反面向上）}

或　　　　$S=\{(H,H),(H,T),(T,H),(T,T)\}$

$$\begin{cases} H & \text{表示正面 (Head)向上} \\ T & \text{表示反面 (Tail)向上} \end{cases}$$

【例 4–4】

修讀統計學課程之某甲的學期成績，其樣本空間可以「分數」表達而為：

(a) $S = \{0, 1, 2, 3, \cdots, 100\}$

　　或以「及格與否」的方式表達為：

(b) $S = \{$及格，不及格$\}$

上面的例 4–1 及 4–2 或 4–4 (a)，其樣本空間上面的樣本點都是以數字的方式表達，而例 4–3 及 4–4 (b)，則是以文字或符號的方式表達。由於以數字的方式描述樣本點，一般說來較為簡便，且大多數的統計分析工作也都以數字來描述分析的結果。因此，對於隨機試驗所產生之樣本空間上的樣本點而言，若是以文字或符號描述者，我們總是希望能夠採用某種規則 (rule) 將它們加以數量化。所以本章的第二節，首先介紹如何將質化 (qualitative) 的樣本點加以量化 (quantify)。

第二節　隨機變數

當一項隨機試驗所產生之樣本空間上面的樣本點是為質化的情況時，我們可利用某種規則將它們加以量化。在「投擲一枚公平的硬幣兩

次」的隨機試驗中，若以下列的規則去定義變數 X：

  $X = 1$，若兩次都是正面向上或兩次都是反面向上。

  $X = 0$，若一次為正面向上，另一次為反面向上。

此時，樣本空間上面的每一個樣本點都已量化，且每一樣本點都有它對應的數值，圖示如圖 4–1。

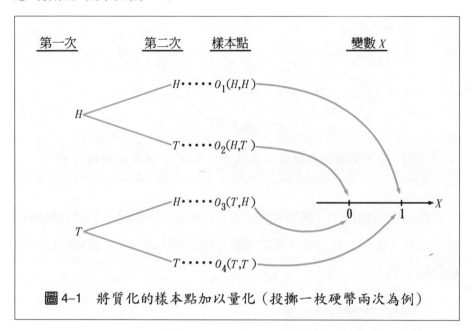

圖 4–1 *將質化的樣本點加以量化（投擲一枚硬幣兩次為例）*

又若在「投擲一枚公平的硬幣兩次」的隨機試驗中，我們以下列的規則定義變數 X：

  $X = $ 正面出現的次數

則每一樣本點轉換至變數 X 都有其對應的數值，如圖 4–2。

  假如一項隨機試驗所產生之樣本空間上面的樣本點，原本就是量化的情況時（如例 4–1 及 4–2），則我們仍然可在樣本空間上定義變數 X。就例 4–1 而言，我們定義變數 $X = $ 骰子面向上的點數，例 4–2 中，定義變數 $X = $ 兩粒骰子的點數和，則在此種情況下，樣本點與變數 X 的關係，分別如圖 4–3 的(a)及(b)所示。

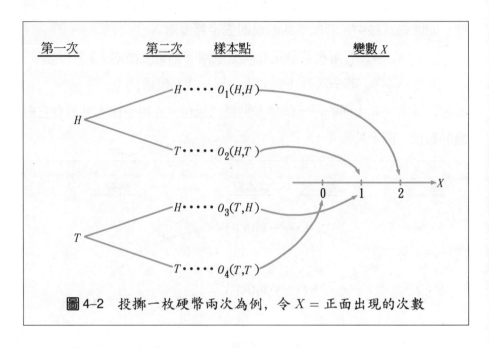

第一次　　　　第二次　　　樣本點　　　　　　變數 X

H ····· $O_1(H,H)$

H

T ····· $O_2(H,T)$

　　　　　　　　　　　　　　　　　　　　　 0 　 1 　 2 　　X

H ····· $O_3(T,H)$

T

T ····· $O_4(T,T)$

圖 4-2　投擲一枚硬幣兩次為例，令 $X =$ 正面出現的次數

從上面那些例子，我們發現**變數** X，事實上，就是一項隨機試驗所產生之樣本空間上面之樣本點的**實數值的函數**(function)。而我們把 X 叫做**隨機變數**。

定義 4-1　　隨機變數

　　隨機變數(Random Variable)就是定義在一項隨機試驗所產生之樣本空間上面的**數值函數**(numerically valued function)。換言之，隨機變數就是將樣本空間上面之樣本點（不管是量化或質化），以某種規則使之數值化。

關於隨機變數，請讀者特別注意的有下面兩點：

　　(1)既然 X 是樣本點的函數，為何不稱之為隨機函數，而稱之為隨機變數？這是因為當我們定義了 X 之後，很可能在同一樣本空間上再定義

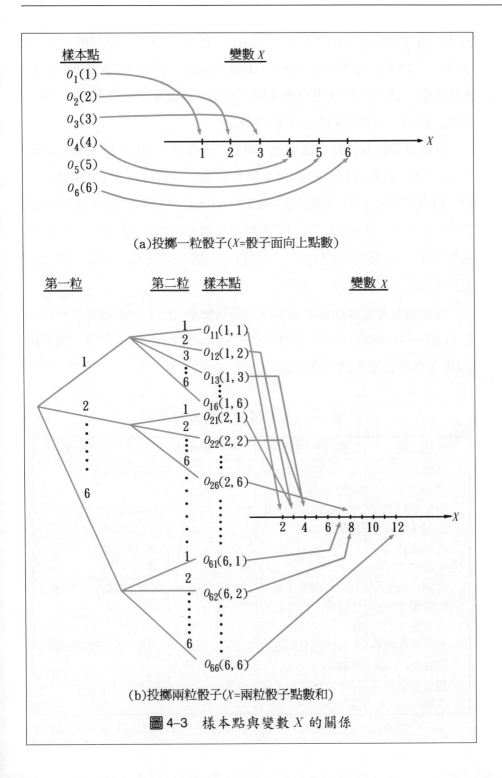

(a)投擲一粒骰子(X=骰子面向上點數)

(b)投擲兩粒骰子(X=兩粒骰子點數和)

圖 4-3　樣本點與變數 X 的關係

另外一個變數為 X 的函數。例如 $g(X) = X^2 - 1$，此時，我們稱 $g(X)$ 為變數 X 的函數，而若當初我們把 X 叫做函數，則 $g(X)$ 應被稱為函數 X 的函數。然而，為避免重覆使用「函數」兩個字，我們就把 X 叫做變數，而 $g(X)$ 就叫做變數 X 的函數。

⑵為何變數 X，前面還加上「隨機」兩個字？這是因為當我們定義了 X 之後，事先我們並不知道 X 將出現哪一個數值。例如在投擲一粒骰子的例子中，X 的可能數值為 1,2,3,4,5,6,而在投擲之前，我們並不知道 X 將出現哪一個數值。又如在投擲兩粒骰子的例子中，X 的可能數值為 2,3,4,$\cdots$,12，而在投擲之前，我們也不知道 X 將出現 2 或 3,$\cdots$ 或 12，因此我們稱 X 為「隨機」變數。

隨機變數有間斷隨機變數與連續隨機變數之分。間斷隨機變數是指 X 有有限個(Finite)或無限個但可數的(countably infinite) 數值，例如表 4–1 所列舉的都是間斷隨機變數的例子。

表4–1 間斷隨機變數的例子

隨機試驗	定義隨機變數 X	X 的可能數值	X 之可能數值的數目
1. 投擲一粒公平的骰子	X =骰子面向上的點數	1,2,3,4,5,6	6個（有限個）
2. 投擲兩粒公平的骰子	X =兩粒骰子之點數和	2,3,$\cdots$,12	11個（有限個）
3. 投擲一枚公平的硬幣	X =正面向上的次數	0,1,2	3個（有限個）
4. 投擲一枚公平的硬幣直到出現正面	X =正面向上時，該硬幣已投擲之次數	1,2,3,$\cdots$,∞	∞個（無限個但可數）
5. 觀察某生產線之產品	X =產品有瑕疵之件數	1,2,3,$\cdots$,∞	∞個（無限個但可數）
6. 觀察臺北市之家庭	X =家庭之孩子數目	0,1,2,3,$\cdots$	有限個

定義 4-2　間斷隨機變數

　　間斷隨機變數(Discrete Random Variable)是指定義在一項隨機試驗之樣本空間上面的隨機變數 X，而它的可能數值為**有限個**，或雖然為**無限個**但卻**可數**。

　　間斷隨機變數亦可用另外一種方式加以定義。即間斷隨機變數是指隨機變數 X 之任兩個數值之間只能插進有限個的數值，如表 4-1 中的第一個例子，X 的值在 2 與 5 之間，只能插進 "3,4" 兩個數值。再看表 4-1中的第五個例子，X 的值在 3 與 100 之間，只能插進 "4,5,6,$\cdots$,99" 等有限個的數值。

　　至於連續隨機變數，則是指 X 的數值在理論上能設定在實數的某一段區間內，因此 X 的數值將有無限之多。連續隨機變數一般常見的有身高、體重、容量、壽命、所得等。茲舉連續隨機變數的例子列於表 4-2。

表4-2　連續隨機變數的例子

隨機試驗	定義隨機變數 X	X 之值域
1.觀察某大學之學生	$X =$ 學生之身高	$X > 0$
2.觀察某幼稚園之小朋友	$X =$ 小朋友之體重	$X > 0$
3.觀察某機器所生產之燈泡	$X =$ 燈泡之壽命	$X \geq 0$
4.觀察公賣局之罐裝啤酒（該種罐子最多能裝 356c.c.）	$X =$ 啤酒容量	$0 \leq X \leq 356$
5.觀察臺北市之家庭	$X =$ 家庭年所得	$X \geq 0$

定義 4-3　連續隨機變數

　　連續隨機變數(Continuous Random Variable)是指定義在一項隨機試驗之樣本空間上面的隨機變數 X，其數值在**理論上**能設定於**實數**(real number)的**某一段區間內**。

第三節　隨機變數的機率分配

　　第二章我們介紹了如何製做次數分配表、相對次數分配表，以便呈現手中所收集之資料的分佈情況，並進而介紹平均數、變異數等統計測度數，以便用來度量資料分佈之中心位置及分散度。本章的第二節，我們則介紹隨機變數，而這一節我們將說明如何以機率分配來表達隨機變數的分佈情況，並介紹期望值及變異數等統計測定數，以度量隨機變數之機率分配的中心位置及分散情況。

一、間斷隨機變數的機率分配

㈠機率函數

　　若 X 為定義於一項隨機試驗之樣本空間上的間斷隨機變數，且總共有 $x_1, x_2, x_3, \cdots, x_I$ 等 I 個可能數值。設若我們以數學式 $f(X = x_i)$，或簡寫為 $f(x_i)$，表示 $X = x_i$ 時之機率，則 $f(x)$ 可用以描述間斷隨機變數之機率分配的情況，因此，$f(x)$ 稱為間斷隨機變數 X 的**機率函數**或**機率分配**。假如以表 4–1 的第二個例子（投擲兩粒公平的骰子）為例，若我們定義 $X = $ 兩粒骰子之點數和，並將 X 各個可能數值之下，其對應的機率計算出來，則可以統計表的方式表達如表 4–3。

表 4–3　**間斷隨機變數的機率分配表**
（投擲兩粒公平的骰子為例，令 $X = $ 兩粒骰子之點數和）

隨機變數 X 的可能數值 (x_i)	$f(x_i) = p(X = x_i)$
2	$\dfrac{1}{36}$
3	$\dfrac{2}{36}$

4	$\dfrac{3}{36}$
5	$\dfrac{4}{36}$
6	$\dfrac{5}{36}$
7	$\dfrac{6}{36}$
8	$\dfrac{5}{36}$
9	$\dfrac{4}{36}$
10	$\dfrac{3}{36}$
11	$\dfrac{2}{36}$
12	$\dfrac{1}{36}$

定義 4-4　機率函數

已知間斷隨機變數 X 總共有 $x_1, x_2, x_3, \cdots, x_I$ 等 I 個可能數值，且 $x_1 < x_2 < x_3 < \cdots < x_I$，今若令 $f(x_i)$ 為 $X = x_i$ 時之機率，即

$$f(x_i) = p(X = x_i)$$

則 $f(x)$ 不但是 X 的函數，且滿足下列條件：

$$\begin{cases} 0 \le f(x_i) \le 1 \\ \displaystyle\sum_{i=1}^{I} f(x_i) = 1 \end{cases} \qquad i = 1, 2, \cdots, I$$

此時，$f(x)$ 被稱為**間斷隨機變數** X 的**機率函數**(Probability Mass Function or Probability Function)。

　　間斷隨機變數的機率分配，除了可用統計表呈現外，也可用統計圖表現。表 4-3 事實上就是間斷隨機變數的機率分配表。

> **定義 4-5 機率分配表**
>
> 　　間斷隨機變數之機率分配表 (Probability Distribution Table)就是
> 將間斷隨機變數 X 按數值大小，將各個可能數值及其對應之機率列
> 成一個表，以表達 X 的機率分佈情況。

　　間斷隨機變數的機率分配除了可用機率分配表的統計表呈現外，若
要用統計圖表現，則可用線條圖 (line diagram)或用機率直方圖(Probabil-
ity Histogram)。就表 4–3的例子而言，描述其機率分配的統計圖，如圖
4–4及圖 4–5所示。

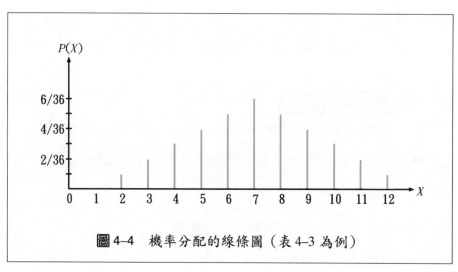

圖 4-4　機率分配的線條圖（表 4-3 為例）

圖 4–4中，當 X 等於某一數值（如 $X = 5$），其線條的高度就等於隨機
變數 X 於該數值時對應的機率 $\left(\dfrac{4}{36}\right)$。

圖 4–5中，當 X 等於某一數值（如 $X = 5$），其直方圖的面積 $\left(\dfrac{4}{36} \times 1\right)$
就等於 X 於該數值時對應的機率 $\left(\dfrac{4}{36}\right)$，因此直方圖的高度是由下面的
方式決定之：

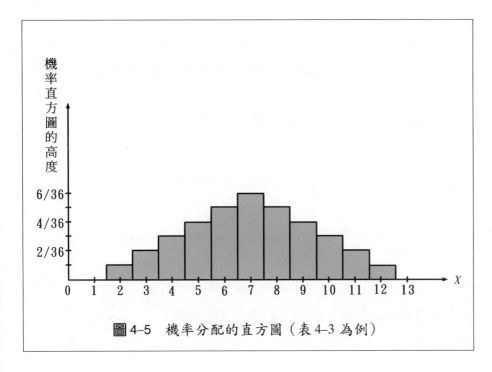

圖 4-5 機率分配的直方圖（表4-3 為例）

$$機率直方圖的高度 = \frac{機率}{直方圖的寬度}$$

由上面的說明，我們知道若以機率直方圖來表現間斷隨機變數之機率分配情況，事實上，就和第二章所介紹的以相對次數直方圖表現間斷資料之分佈情況完全類似。

㈡累加機率函數

某些場合下，我們很可能想知道間斷隨機變數 X，其數值小於或等於某一特定數值之機率為若干？或者想知道其數值介於某兩個特定數值之間的機率為多大？其數值大於或等於某一特定值之機率又是如何？欲回答這些問題，我們必須先對累加機率函數有所了解。

定義 4-6 **累加機率函數**

若間斷隨機變數 X 總共有 x_1, x_2, x_3, $\cdots$, x_I 等 I 個可能數值,且

$x_1 < x_2 < x_3 < \cdots < x_I$，又 $f(X)$ 為 X 的機率函數，則當 $X = x_i$ 時 $(i = 1, 2, \cdots, I)$，間斷隨機變數 X 的累加機率函數 (Cumulative Probability Function，以 $F(X = x_i)$[或簡寫為 $F(x_i)$]表示之)，就是指 X 小於或等於 x_i 之機率。若以數學式表示則為:

$$F(x_i){=}p(X \leq x_i) = p(x_1) + p(x_2) + \cdots + p(x_i)$$

$$= \sum_{X=x_1}^{X=x_i} p(X)$$

$$= \sum_{X=x_1}^{X=x_i} f(X)$$

根據累加機率函數的定義, $F(X)$ 有下列的性質:

(i) $F(X < x_1) = 0$

(ii) $F(X = x_I) = 1$

(iii) 若 $i, j = 1, 2, \cdots, I$, $i \neq j$, 且 $i < j$, 則

$$F(x_i) < F(x_j)$$

(iv) 若 $i, j = 1, 2, \cdots, I$, $i \neq j$, 且 $i < j$, 則

$$p(x_i < X \leq x_j){=}p(X \leq x_j) - p(X \leq x_i)$$

$$=F(x_j) - F(x_i)$$

累加機率函數又稱為累加機率分配(Cumulative Probability Distribution)。累加機率分配亦可以統計表或圖的方式表現之。茲以投擲一枚公平的硬幣兩次為例說明之。

【例 4-5】

投擲一枚公平的硬幣兩次，令 $X =$ 正面出現的次數，試列出 X 的機

率分配表及累加機率分配表，並圖示之。又 X 之值小於或等於 1 的機率多大? X 之值大於 1 之機率為若干? X 之值大於 1 但小於或等於 2 的機率多大?

【解】

投擲一枚公平的硬幣兩次，令 X = 正面出現的次數，則 X 為間斷隨機變數，且

(i) 其機率分配表、累加機率分配表如表 4–4。

表4–4　例 4–5 之機率分配表及累加機率分配表

隨機變數 X 之數值	機率函數 $f(X)$	累加機率函數 $F(X)$
0	$\dfrac{1}{4}$	$\dfrac{1}{4}$
1	$\dfrac{2}{4}$	$\dfrac{3}{4}$
2	$\dfrac{1}{4}$	$\dfrac{4}{4}$

(ii) X 之機率分配，累加機率分配圖示如圖 4–6。

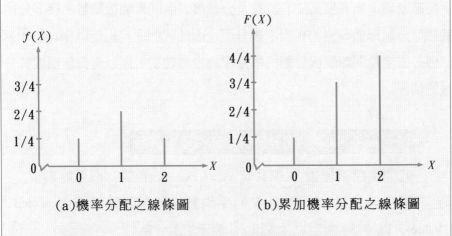

(a)機率分配之線條圖　　　(b)累加機率分配之線條圖

圖4–6　例 4–5 之機率分配及累加機率分配的線條圖

(iii)(a)

$$p(X \leq 1) = F(X = 1) = \frac{3}{4}$$

(b)

$$p(X > 1) = 1 - p(X \leq 1) = 1 - F(X = 1)$$

$$= 1 - \frac{3}{4} = \frac{1}{4}$$

(c)

$$p(1 < X \leq 2) = p(X \leq 2) - p(X \leq 1)$$

$$= F(X = 2) - F(X = 1)$$

$$= 1 - \frac{3}{4}$$

$$= \frac{1}{4}$$

㈢間斷隨機變數的期望值及變異數

本書第二章介紹次數分配時，對於分組的母體資料而言，通常是以平均數及變異數測度其中心位置及分散度。而間斷隨機變數之機率分配就類似分組母體資料的相對次數分配，因此我們通常也是以平均數（期望值）去度量間斷隨機變數機率分配的中心位置，而以變異數測度其分散的情況。

定義 4-7　間斷隨機變數的期望值及變異數

若間斷隨機變數 X 總共有 $x_1, x_2, x_3, \cdots, x_I$ 等 I 個可能數值，且其機率函數為 $f(X)$，則 X 的**平均數**，或稱為**期望值**(Expected Value)，以 $E(X)$ 表示之（或以 μ_X 表示之），為

$$E(X) = \sum_{i=1}^{I} x_i f(x_i) \tag{4-1}$$

X 的**變異數**，以 $V(X)$ 表示之（或以 σ_X^2 表示之），為

$$V(X) = E(X - E(X))^2 = \sum (x_i - E(X))^2 f(x_i) \tag{4-2}$$

或

$$V(X) = \sum x_i^2 f(x_i) - [E(X)]^2 \tag{4-2}'$$

【例 4–6】

投擲一粒公平的骰子，令 $X =$ 骰子面向上的點數，試求 $E(X)$ 及 $V(X)$。

【解】

本例中，計算 $E(X)$、$V(X)$ 的簡易計算表如表 4–5。

表 4-5　$E(X)$ 及 $V(X)$ 的簡易計算表（例 4–6）

x_i	$f(x_i)$	$X f(x_i)$	$(X - E(X))^2$	$(x_i - E(X))^2 f(x_i)$
1	$\frac{1}{6}$	$\frac{1}{6}$	6.25	$\frac{6.25}{6}$
2	$\frac{1}{6}$	$\frac{2}{6}$	2.25	$\frac{2.25}{6}$
3	$\frac{1}{6}$	$\frac{3}{6}$	0.25	$\frac{0.25}{6}$
4	$\frac{1}{6}$	$\frac{4}{6}$	0.25	$\frac{0.25}{6}$
5	$\frac{1}{6}$	$\frac{5}{6}$	2.25	$\frac{2.25}{6}$
6	$\frac{1}{6}$	$\frac{6}{6}$	6.25	$\frac{6.25}{6}$
	$\sum f(x_i) = 1$	$E(X) = \frac{21}{6} = 3.5$		$V(X) = \frac{17.5}{6} = 2.92$

$$\therefore \quad E(X) = 3.5$$

$$V(X) = 2.92$$

本例中，$E(X) = 3.5$，此數值的含意是：如果我們將投擲一粒骰子的隨機試驗重複地進行下去，則在長期下我們「期望」(expect)平均每次的投擲，X 將出現 3.5 這個數值，而這就是為什麼 $E(X)$ 也被稱為「期望值」的理由。又本例的 $V(X)$ 是用公式 (4–1) 的方法計算。茲再舉一個以公式 (4–2) 的方法計算 $V(X)$ 的例子。

【例 4–7】

投擲一枚公平的硬幣兩次，令

$$\begin{cases} X = 1, \ \text{若兩次都是正面向上，或兩次都是反面向上。} \\ X = 0, \ \text{若一次為正面向上，另一次為反面向上。} \end{cases}$$

試求 $E(X)$ 及 $V(X)$。

【解】

本例中，求算 $E(X)$ 及 $V(X)$ 的簡易計算表如表 4–6。

表 4–6　$E(X)$ 及 $V(X)$ 的簡易計算表（例 4–7）

x_i	$f(x_i)$	$x_i f(x_i)$	x_i^2	$x_i^2 f(x_i)$
0	$\dfrac{2}{4}$	0	0	0
1	$\dfrac{2}{4}$	$\dfrac{2}{4}$	1	$\dfrac{2}{4}$
	$\sum f(x_i) = 1$	$E(X) = \dfrac{2}{4} = 0.5$		$\sum x^2 f(x) = \dfrac{2}{4} = 0.5$

$$\therefore E(X) = 0.5$$
$$V(X) = 0.5 - (0.5)^2 = 0.25$$

間斷隨機變數 X 的機率分配實際上與分組母體資料的相對次數分配類似,因此 X 的平均數($E(X)$),我們亦可以 μ_X 表示之。而 X 的變異數 $(V(X))$,則也可以 σ_X^2 表示之。

二、連續隨機變數的機率分配

為了解連續隨機變數的機率分配,本節擬以表 4–2 的第三個例子(觀察某機器所生產之燈泡,並定義 X = 燈泡之壽命)加以說明。假如我們觀察 20 個燈泡,並按燈泡之壽命 (X) 整理、分類而列出其相對次數分配表,且進而繪製其相對次數直方圖、相對次數多邊形圖,如圖 4–7 (a)所示。今若增加觀察燈泡的數目而為 100 個、1000 個、……、無限多個,而我們也一一地繪製其對應的相對次數直方圖、相對次數多邊形圖,如圖 4–7 (b)、(c)、(d)所示。

圖 4–7 中,有兩點必須注意:

(1)(a)、(b)、(c)、(d)四個圖中,我們都假定燈泡的壽命最短為 1.5 (百小時),最長為 4.0 (百小時)。

(2)四個圖中,相對次數直方圖面積的總和分別都等於 1。

就圖 4–7 (d)而言,相對次數多邊形圖幾乎是一條圓滑的曲線,而這條圓滑的曲線正是描述連續隨機變數 X(某機器所生產之燈泡的壽命)的機率分佈情況。舉例而言,X 落在 2.0～2.5 之間的機率 $(p(2.0 \leq X \leq 2.5))$ 就是該條曲線與橫軸在 2.0～2.5 之間所圍成的面積。這條曲線,我們以數學式 $f(X)$ 表示之;這條曲線的高度是 X 之值的函數;而當 X 等

於某一特定值，例如 $X = 2$（此時，曲線的高度為 $f(X = 2) = h$）時，其機率 $[p(X = 2)]$ 為 0，這乃是因為直線的面積為零的原故。因此 $f(x_i)$ 並不是 $X = x_i$ 的機率。而正因為如此，所以我們於連續隨機變數的情況下，不稱 $f(X)$ 為 X 的機率函數，而稱它為 X 的**機率密度函數**。

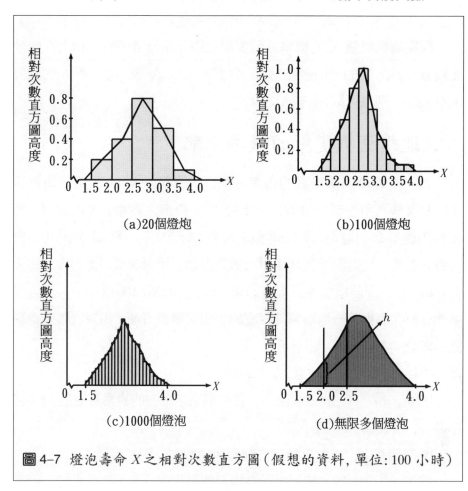

(a)20個燈炮

(b)100個燈炮

(c)1000個燈泡

(d)無限多個燈泡

圖 4-7 燈泡壽命 X 之相對次數直方圖（假想的資料，單位：100 小時）

定義 4-8　**機率密度函數**

　　若連續隨機變數 X 的值介於 a 至 b 之間 $(a \leq X \leq b)$，如圖 4-8所示，則 X 的**機率密度函數**(Probability Density Function)，以 $f(X)$ 表示之，不但是描述 X 的機率分配情況，而且 $f(X)$ 在 x_1 至 x_2 間所圍成的面積，就等於 X 落在該區間的機率 $(p(x_1 \leq X \leq x_2))$。$f(X)$ 不但是 X 的函數，且滿足下列條件：

　　　(1)$f(X) \geq 0$　　$a \leq X \leq b$

　　　(2)$f(X)$與橫軸X從 a 到 b 所圍成的面積等於1。

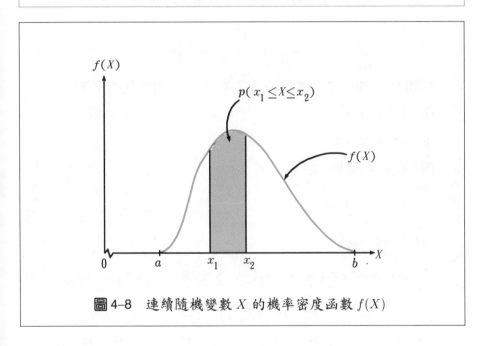

圖4-8　連續隨機變數 X 的機率密度函數 $f(X)$

　　間斷隨機變數有其機率函數及累加機率函數，而對於連續隨機變數的機率密度函數而言，也有其對應的累加機率密度函數。

定義 4-9 累加機率密度函數

　　若連續隨機變數 X 的值介於 a 至 b 之間 $(a \leq X \leq b)$, 而 $f(X)$ 為 X 的機率密度函數, 則當 $X = x_i$ 時, 連續隨機變數 X 的累加機率密度函數 (Cumulative Probability Density Function), 以 $F(X = x_i)$ [或簡寫為 $F(x_i)$] 表示之, 就是指 X 小於或等於 x_i 之機率; 若以數學式表示則為:

$$F(x_i) = p(X \leq x_i)$$

$$= \int_a^{x_i} f(X)dX \qquad \int 為積分符號$$

　　連續隨機變數的累加機率密度函數 $F(X)$ 具有下列的性質:

(i) $F(X < a) = 0$

(ii) $F(X = b) = 1$

(iii) 若 $x_i < x_j$, 則

　　　$F(x_i) < F(x_j)$

(iv) 若 $x_i < x_j$, 則

　　　$p(x_i \leq X \leq x_j) = p(X \leq x_j) - p(X \leq x_i)$

　　　　　　　　　 $= F(x_j) - F(x_i)$

　　連續隨機變數之機率分配的中心位置及其分散度, 與間斷隨機變數完全相同, 也是以平均數 (期望值) 及變異數分別加以測度。但連續隨機變數的平均數及變異數的計算必須有微積分的知識, 本章僅簡單介紹其定義式。

定義 4-10 連續隨機變數的期望值及變異數

若連續隨機變數 X 的值介於 a 至 b 之間，而 $f(X)$ 為 X 的機率密度函數，今若我們將 X 分成無限多組，且每組的組距都相等（設為 Δx），但卻很小 ($\Delta x \longrightarrow 0$，但 $\Delta x \neq 0$)，則 X 的 **平均值**，以 $E(X)$ 表示之，為：

$$E(X) = \sum x_i f(x_i) \Delta x \qquad i = 1, 2, \cdots, \infty$$

$$= \int_a^b X f(X) dX \qquad \int 為積分符號$$

X 的 **變異數**，以 $V(X)$ 表示之，為：

$$V(X) = \sum (x_i - E(X))^2 f(x_i) \Delta x$$

$$= \int_a^b (X - E(X))^2 f(X) dX$$

【例 4-8】

若 X 為連續隨機變數，且其機率密度函數為：

$$f(X) = \begin{cases} 2, & 1 \leq X \leq 1.5 \\ 0, & X < 1 \quad 或 \quad X > 1.5 \end{cases}$$

試繪製 X 的機率密度函數及累加機率密度函數。並求算 $E(X)$ 及 $V(X)$。

【解】

(i) 連續隨機變數 X 的機率密度函數 $f(X)$ 及累加機率密度函數 $F(X)$ 如圖 4-9所示。

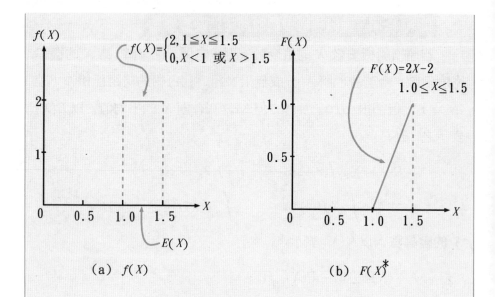

圖4-9　X 的機率密度函數及累加機率密度函數 * (例 4-8)

註: * F(X) 的解法必須用到微積分的知識。

(ii)若將 X 分成五組如下:

X	X (組中點)	$f(X)$ =機率密度函數
1.0~1.1	1.05	2
1.1~1.2	1.15	2
1.2~1.3	1.25	2
1.3~1.4	1.35	2
1.4~1.5	1.45	2

此時　$\Delta x = 0.1$

$$E(X) = \sum x_i f(x_i) \Delta x$$

$$= (1.05)(2)(0.1) + (1.15)(2)(0.1) + \cdots + (1.45)(2)(0.1)$$

$$= 1.25$$

$$V(X) = \sum (x_i - E(X))^2 f(x_i) \Delta x$$

$$= (1.05 - 1.25)^2 (2)(0.1) + (1.15 - 1.25)^2 (2)(0.1)$$

$$+ \cdots + (1.45 - 1.25)^2 (2)(0.1)$$

$$= 0.02$$

以此種方法所求得之 $E(X)$、$V(X)$ 只是近似值而已, 若將 X 分成越多組, 則所求得之 $E(X)$, $V(X)$ 之值越準確。

由上面的介紹, 我們知道間斷隨機變數與連續隨機變數有其共同之處, 但也有相異之處, 茲將它們異同之處摘述於表 4–7。

表 4–7 間斷、連續隨機變數之比較

特 點	間斷隨機變數 X	連續隨機變數 X
(1)定義	定義於樣本空間的數值函數	定義於樣本空間的數值函數
(2) X 的可能數值	有限個或無限個但可數; 設若共有 I 個可能數值	無限個 (不可數), 設若值域為 $a \leq X \leq b$
(3)描述機率分配的函數	$f(X)$: 機率函數	$f(X)$: 機率密度函數
(4) X =某特定值 (x_i) 之機率	$p(X = x_i) = f(x_i)$	$p(X = x_i) = 0$

(5)X介於某兩個值 x_i, x_j 之間的機率	$p(x_i < X \leq x_j) = \displaystyle\sum_{X=x_i}^{X=x_j} f(X)$	$p(x_i \leq X \leq x_j) =$ $\displaystyle\int_{X_i}^{X_j} f(X)dX$
(6)平均數	$E(X) = \displaystyle\sum_{i=1}^{I} x_i f(x_i)$	$E(X) = \displaystyle\int_a^b X f(X)dX$
(7)變異數	$V(X) = \displaystyle\sum_{i=1}^{I} (x_i - E(X))^2 f(x_i)$	$V(X) =$ $\displaystyle\int_a^b (X - E(X))^2 f(X)dX$

第四節　隨機變數的函數

在投擲一枚公平的硬幣兩次, 令 $X = $ 正面出現的次數的例子（例 4–5）中, 若我們令 Y 為 X 的函數, 即 $Y = g(X)$, 並且設為 $Y = X^2 - 2X + 1$, 則 Y 的可能數值如表 4–8。

表 4–8　$Y = g(X) = X^2 - 2X + 1$

X 之數值	Y 之數值
0	1
1	0
2	1

表 4–8中, X 的每一個數值之下, Y 都有其對應的數值, 而 X 為一間斷隨機變數, 因此 Y 也是間斷隨機變數。而 Y 的機率分配及求算 $E(Y)$、 $V(Y)$ 的簡易表, 則如表 4–9。

表4-9　Y的機率分配及求算 $E(Y)$、$V(Y)$的簡易表

X	$f(x)$	$Y=g(X)$	$f(y)$	$Yf(y)$	$Y^2f(y)$
0	$\frac{1}{4}$				
		0	$\frac{2}{4}$	0	0
1	$\frac{2}{4}$				
		1	$\frac{2}{4}$	$\frac{2}{4}$	$\frac{2}{4}$
2	$\frac{1}{4}$				
				$\sum yf(y)=\frac{2}{4}$	$\sum y^2f(y)=\frac{2}{4}$

從表4-9，我們得到:

$$E(Y)=\sum yf(y)=\frac{2}{4}$$

$$V(Y)=\sum(y-E(Y))^2f(y)$$

$$=\sum y^2f(y)-[E(Y)]^2=\frac{4}{16}$$

　　隨機變數 X 的函數 $(Y=g(X))$ 的期待值及變異數，即 $E(Y)$ 及 $V(Y)$，除了可從 Y 的機率分配情形計算而得外，另外它們也可直接從 X 的機率分配計算獲得。茲以上面的例子再列表於表4-10，說明如何從 X 的機率分配求算 $E(Y)$ 及 $V(Y)$。

表4-10　從 X 的機率分配求算 $E(Y)$ 及 $V(Y)$的簡易表

X	$f(x)$	$Y=g(X)=X^2-2X+1$	$g(X)\cdot f(x)$	$[g(X)]^2\cdot f(x)$
0	$\frac{1}{4}$	1	$\frac{1}{4}$	$\frac{1}{4}$
1	$\frac{2}{4}$	0	0	0
2	$\frac{1}{4}$	1	$\frac{1}{4}$	$\frac{1}{4}$
			$\sum g(X)\cdot f(x)=\frac{2}{4}$	$\sum[g(X)]^2f(x)=\frac{2}{4}$

從表 4-10，我們得到:

$$E(Y)=E(g(X)) = \sum g(X) \cdot f(x) = \frac{2}{4}$$

$$V(Y)=V(g(X)) = \sum (g(X))^2 f(x) - [E(g(X))]^2$$

$$= \frac{4}{16}$$

我們可以由上面例子引申而得到如下的結論:

若 X 為定義於一項隨機試驗之樣本空間上面的隨機變數（間斷或連續），而其平均數、變異數分別為 $E(X)$、$V(X)$，今若令 Y 為 X 的函數（任何形式），即 $Y = g(X)$，則 Y 亦為隨機變數（間斷或連續），且其平均數及變異數分別為:

$$E(Y) = E(g(X)) = \sum_x g(X) \cdot f(x) \qquad (4-3)$$

$$或 \quad = \int g(X) f(x) dx$$

$$V(Y) = V(g(X)) = \sum_x [g(X) - E(g(X))]^2 f(x) \qquad (4-4)$$

$$或 \quad = \int (g(X) - E(g(X))^2 f(x) dx$$

又若 Y 是 X 的直線型函數，即 $Y = a + bX$（a, b 為任意常數），則 $E(Y)$ 與 $E(X)$，$V(Y)$ 與 $V(X)$ 之間有下面的關係:

$$E(Y)=E(a + bX)$$

$$= \sum (a + bX) f(x)$$

$$= \sum a f(x) + \sum b X f(x)$$

$$= a \sum f(x) + b \sum X f(x)$$

$$= a \cdot 1 + b \cdot E(X)$$

$$= a + bE(X) \qquad (4-5)$$

$$V(Y) = V(a + bX)$$

$$= \sum [(a + bX) - E(a + bX)]^2 f(x)$$

$$= \sum [bX - bE(X)]^2 f(x)$$

$$= b^2 \sum (X - E(X))^2 f(x)$$

$$= b^2 V(X) \tag{4-6}$$

　　隨機變數之變異數的單位是隨機變數本身之單位的平方，而為使度量隨機變數分散度之測定數的單位能與隨機變數本身的單位相一致，因此我們乃將隨機變數之變異數加以開方並取正值（稱之為標準差），以度量隨機變數的分散情況。

定義 4-11　隨機變數之標準差

　　若隨機變數 X 之變異數為 $V(X)$，則其**標準差**(Standard Deviation)，以 S.D.(X) 或以 σ_X 表示之，為：

$$\text{S.D.}(X) \quad \text{或} \quad \sigma_X = |\sqrt{V(X)}|$$

　　隨機變數的標準差不但其單位與隨機變數本身之單位相同，而且透過柴比契夫不等式定理，它也提供有關隨機變數機率分布的訊息。

定理 4-1　柴比契夫不等式定理

(Chebychef Inequality Theorem)

　　若隨機變數 X 之平均數為 $E(X)$（或 μ_X），標準差為 S.D.(X)（或 σ_X），則 X 之值距離 μ_X 至多不超過 k 倍標準差之遠 $(k \geq 1)$ 的機率和，至少為 $1 - \dfrac{1}{k^2}$。以數學式表示則為：

$$p(|X - \mu_X| \le k\sigma_X) \ge 1 - \frac{1}{k^2}$$

或

$$p(|X - \mu_X| > k\sigma_X) < \frac{1}{k^2} \quad (\text{註 } 1)$$

但 $\quad k \ge 1$

柴比契夫不等式定理，事實上就如圖 4–10 所示。

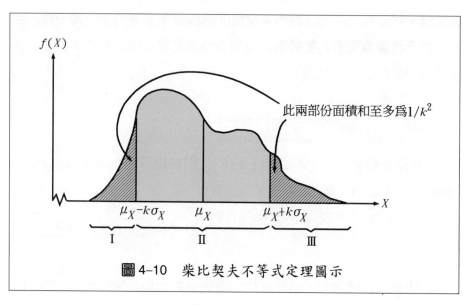

圖 4–10　柴比契夫不等式定理圖示

　　為加強讀者對隨機變數或其函數之期望值、變異數及標準差的了解，以方便於下面幾章分析之用，因此本節於結束之前，特別把期望值、變異數及標準差的性質摘述於表 4–11，並舉例說明這些性質的應用。

表4-11　期望值、變異數及標準差之性質*

期望值之性質	變異數之性質	標準差之性質
1. $E(a) = a$（任意常數之 期望值為常數本身）	$V(a) = 0$（任意常數之 變異數為 0）	S.D.(a)=0（任意常數之 標準差為 0）
2. $E(bX) = bE(X)$	$V(bX) = b^2V(X)$	$\text{S.D.}(bX) = |b|\text{S.D.}(X)$
3. $E(a + X) = a + E(X)$	$V(a + X) = V(X)$	$\text{S.D.}(a + X) = \text{S.D.}(X)$
4. $E(a+bX) = a+bE(X)$	$V(a + bX) = b^2V(X)$	$\text{S.D.}(a + bX) = |b|\text{S.D.}(X)$

註：* a, b 為任意的常數。

【例4-9】

若間斷隨機變數的機率分配如表4-12。

表4-12　間斷隨機變數 X 的機率分配表

X之數值	$f(X)$
0	0.5
1	0.3
3	0.2

若令　$\begin{cases} Y = 10X \\ W = 5 + 10X \end{cases}$　試求　$\begin{cases} E(Y)、V(Y)及 \\ E(W)、V(W)。 \end{cases}$

【解】

表4-13　求算 $E(X), V(X)$ 之簡易計算表（例4-9）

X之數值	$f(X)$	$Xf(X)$	$X^2f(X)$
0	0.5	0	0
1	0.3	0.3	0.3
3	0.2	0.6	1.8
	$\sum f(X) = 1$	$\sum Xf(X) = 0.9$	$\sum X^2f(X) = 2.1$

從表 4-13，我們得到：

$$E(X) = \sum Xf(X) = 0.9$$

$$V(X) = \sum (X - E(X))^2 f(X) = \sum X^2 f(X) - (E(X))^2$$

$$= 2.1 - (0.9)^2 = 1.29$$

而 $\because$ $Y = 10X$

$\therefore$ $\begin{cases} E(Y) = 10E(X) = 10 \cdot (0.9) = 9 \\ V(Y) = 10^2 V(X) = 100(1.29) = 129 \end{cases}$

$\because$ $W = 5 + 10X$

$\therefore$ $\begin{cases} E(W) = 5 + 10E(X) = 5 + 10(0.9) = 14 \\ V(W) = 10^2 V(X) = 100(1.29) = 129 \end{cases}$

【例 4-10】

若 X 為隨機變數，其平均數、變異數分別為 $E(X)$（或 μ_X）及 $V(X)$，今若令 $Z = \dfrac{X - \mu_X}{\sigma_X}$，試求 $E(X)$ 及 $V(X)$。

【解】

$\because$ $Z = \dfrac{X - \mu_X}{\sigma_X} = -\dfrac{\mu_X}{\sigma_X} + \dfrac{1}{\sigma_X} X$

$$= a + bX$$

此處 $a = -\dfrac{\mu_X}{\sigma_X}$

$b = \dfrac{1}{\sigma_X}$

$$\therefore \begin{cases} E(Z)=a+bE(X) \\ \quad =-\dfrac{\mu_X}{\sigma_X}+\dfrac{1}{\sigma_X}\cdot\mu_X=0 \\ V(Z)=b^2V(X) \\ \quad =\left(\dfrac{1}{\sigma_X}\right)^2\cdot\sigma_X^2=1 \end{cases}$$

　　從例 4-10，我們知道任何一個隨機變數 X，若經過「從 X 減去其期望值而後除以其標準差」的數學轉換而形成的新隨機變數 Z，則其期望值必等於 0，變異數必等於 1。既然任何一個隨機變數經過如此的數學轉換所形成的新變數之期望值都是 0，變異數都是 1，我們就把這樣的一個新變數叫做**標準化隨機變數**。

定義 4-12　**標準化隨機變數**

　　若 X 為隨機變數，其平均數為 $E(X)$ 或 μ_X，變異數為 $V(X)$ 或 σ_X^2，則 X 的**標準化隨機變數**(Standardized Random Variable)，以 Z_X 表示之，為：

$$Z_X=\frac{X-\mu_X}{\sigma_X}$$

而 Z_X 的平均數 $E(Z_X)=0$，變異數 $V(Z_X)=1$。

第五節　二元隨機變數

　　很多情況下，我們可能在某一隨機試驗所產生之樣本空間上面同時定義兩個隨機變數，例如：

【例 4-11】

擲一粒黑色、綠色、紅色各兩面之公平骰子兩次，並令:

$$X = \begin{cases} 1, & \text{若第一次出現黑色向上} \\ 2, & \text{若第一次出現綠色向上} \\ 3, & \text{若第一次出現紅色向上} \end{cases}$$

$$Y = \begin{cases} 1, & \text{若第二次出現黑色向上} \\ 2, & \text{若第二次出現綠色向上} \\ 3, & \text{若第二次出現紅色向上} \end{cases}$$

此時，我們很可能想知道 X 等於某一特定值（例如 $X = 2$），而且 Y 等於某一特定值（例如 $Y = 3$）的機率，即 X, Y 的聯合機率 $p(X=2, Y=3)$ 為多少? 也可能想知道 X 等於某特定值（例如 $X = 3$）的機率，即邊際機率 $p(X = 3)$ 為若干? 或想知道在已知 X 等於某一特定值（例如 $X = 1$）之下，Y 等於某一特定值（例如 $Y = 1$）的機率，即條件機率 $p(Y = 1|X = 1)$ 為多少? 因此，本節將以間斷隨機變數為例，依序介紹二元間斷隨機變數的**聯合機率分配**、**邊際機率分配**及**條件機率分配**，並進一步介紹二元間斷隨機變數的**條件平均數**及**條件變異數**等等。至於連續隨機變數的情況，讀者可以自行推理而得。

一、聯合機率分配

定義 4-13　**聯合機率函數及累加聯合機率函數**

若 X, Y 為定義在同一樣本空間上面的兩個間斷隨機變數，X 的可能數值為 $x_1, x_2, \cdots, x_I$，且 $x_1 < x_2 < \cdots < x_I$，而 Y 的可能數值為 $y_1, y_2, \cdots, y_J$ 且 $y_1 < y_2 < \cdots < y_J$，則 X, Y 的**聯合機率函數**(Joint Probability Function)，以 $f(X, Y)$ 表示之，就是指 X 等於某一特定值

$(x_i, i = 1, 2, \cdots, I)$，且 Y 等於某一特定值 $(y_j, j = 1, 2, \cdots, J)$ 之機率，即

$$f(X = x_i, Y = y_j) = f(x_i, y_j) = p(X = x_i, Y = y_j)$$

而 $f(X, Y)$ 具有下列性質：

$(1)\, 0 \le f(x_i, y_j) \le 1$

$(2)\, \sum_i \sum_j f(x_i, y_j) = 1$

而 X, Y 的**累加聯合機率函數**(Cumulative Joint Probability Function)，以 $F(X, Y)$ 表示之，就是指 X 小於或等於某一特定值 (x_i)，且 Y 小於或等於某一特定值 (y_j) 之機率，即

$$F(X = x_i, Y = y_j) = F(x_i, y_j) = p(X \le x_i, Y \le y_j)$$

$F(X, Y)$ 具有下列性質：

$(1)\, F(x_i, y_j) \ge 0$

$(2)\, F[X(< x_1), Y(< y_1)] = 0$

$\qquad F(x_I, y_J) = 1$

$(3)\, F(x_i, y_j) = \sum\limits_{X \le x_i} \sum\limits_{Y \le y_j} f(X, Y)$

從 X, Y 的聯合機率函數，我們可以了解 X, Y 的聯合機率之分佈情況。然而我們更可以將 X, Y 各個特定值之下的聯合機率列成一個表或繪成一個統計圖，以了解 X, Y 的聯合機率分配情況。茲以例 4–12 說明之。

【例 4–12】

試列前例 4–11 中的 X, Y 二元隨機變數之聯合機率分配表並圖示之；並且求 $F(X = 2, Y = 1) = ?$　$F(X = 3, Y = 2) = ?$

【解】

(1)

表4-14　X, Y 的聯合機率分配表（例4-11）

$X \backslash Y$	1	2	3
1	$\dfrac{1}{9}$	$\dfrac{1}{9}$	$\dfrac{1}{9}$
2	$\dfrac{1}{9}$	$\dfrac{1}{9}$	$\dfrac{1}{9}$
3	$\dfrac{1}{9}$	$\dfrac{1}{9}$	$\dfrac{1}{9}$

(2)

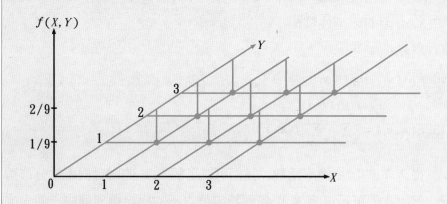

圖4-11　X, Y 的聯合機率分配圖（例4-11）

(3)　　　$F(X = 2, Y = 1) = \dfrac{1}{9} + \dfrac{1}{9} = \dfrac{2}{9}$

$F(X = 3, Y = 2) = \dfrac{1}{9} + \dfrac{1}{9} + \dfrac{1}{9} + \dfrac{1}{9} + \dfrac{1}{9} + \dfrac{1}{9} = \dfrac{6}{9} = \dfrac{2}{3}$

二、邊際機率分配

　　從 X, Y 二元隨機變數的聯合機率分配，我們可以計算 X（或 Y）等於各個特定值的機率，此種機率稱為 X（或 Y）的邊際機率。例如 $X = x_i$ 時之邊際機率為：

$$f(X = x_i) = f(x_i) = \sum_{j=1}^{J} f(x_i, y_j) \tag{4-7}$$

而 $Y = y_j$ 時之邊際機率為：

$$f(Y = y_j) = f(y_j) = \sum_{i=1}^{I} f(x_i, y_j) \tag{4-8}$$

我們甚至也將 X（或 Y）等於各個特定值的機率計算出來，並將它們列於 X, Y 聯合機率分配表的邊緣（此即邊際機率名稱由來之原因），且利用邊際機率分配進而計算 X（或 Y）的期望值或變異數。

【例 4-13】

試從例 4-12 X, Y 之聯合機率分配表，計算 X 及 Y 的邊際機率並列表。又 $E(X) =$？ $\text{Var}(X) =$？

【解】

(1)根據表 4-13：

$$f(X = 1) = f(X = 1, Y = 1) + f(X = 1, Y = 2) + f(X = 1, Y = 3)$$
$$= \frac{1}{3}$$

$$f(X = 2) = f(X = 2, Y = 1) + f(X = 2, Y = 2) + f(X = 2, Y = 3)$$
$$= \frac{1}{3}$$

$$f(X = 3) = f(X = 3, Y = 1) + f(X = 3, Y = 2) + f(X = 3, Y = 3)$$
$$= \frac{1}{3}$$

再以同樣的方法, 我們可得到:

$$f(Y=1)=\frac{1}{3}$$

$$f(Y=2)=\frac{1}{3}$$

$$f(Y=3)=\frac{1}{3}$$

所以, X, Y 的邊際機率分配如表 4-15。

表 4-15　X, Y 的聯合機率分配表及邊際機率分配表

X ＼ Y	1	2	3	$f(X)$
1	$\frac{1}{9}$	$\frac{1}{9}$	$\frac{1}{9}$	$\frac{1}{3}$
2	$\frac{1}{9}$	$\frac{1}{9}$	$\frac{1}{9}$	$\frac{1}{3}$
3	$\frac{1}{9}$	$\frac{1}{9}$	$\frac{1}{9}$	$\frac{1}{3}$
$f(Y)$	$\frac{1}{3}$	$\frac{1}{3}$	$\frac{1}{3}$	$\sum_i f(x_i) = \sum_j f(y_j) = 1$

(2)　$$E(X) = 1\left(\frac{1}{3}\right) + 2\left(\frac{1}{3}\right) + 3\left(\frac{1}{3}\right) = 2$$

$$\text{Var}(X) = (1-2)^2\left(\frac{1}{3}\right) + (2-2)^2\left(\frac{1}{3}\right) + (3-2)^2\left(\frac{1}{3}\right) = \frac{2}{3}$$

三、條件機率分配

定義 4–14　**條件機率函數，條件平均數，條件變異數**

若 X, Y 為定義在同一樣本空間上面的兩個**間斷隨機變數**，X 的可能數值為 $x_1, x_2, \cdots, x_I$，且 $x_1 < x_2 < \cdots < x_I$，而 Y 的可能數值為 $y_1, y_2, \cdots, y_J$，且 $y_1 < y_2 < \cdots < y_J$，則在已知 $Y = y_j$ 之下，$X = x_i$ 的**條件機率**(Conditional Probability of X, given $Y = y_j$)，以 $f(X = x_i | Y = y_j)$ 或 $f(x_i | y_j)$ 表示之，為：

$$f(x_i | y_j) = p(x_i | y_j) = \frac{p(x_i, y_j)}{p(y_j)} = \frac{f(x_i, y_j)}{f(y_j)}$$

而 X 在已知 $Y = y_j$ 之下的**條件平均數**(Conditional Mean of X, given $Y = y_j$)，以 $E(X | Y = y_j)$ 或 $E(X | y_j)$ 或 $\mu_{X|y_j}$ 表示之，為：

$$E(X | y_j) = \mu_{X|y_j} = \sum_{i=1}^{I} x_i f(x_i | y_j)$$

又 X 在已知 $Y = y_j$ 之下的**條件變異數**(Conditional Variance of X, given $Y = y_j$)，以 $V(X | Y = y_j)$ 或 $V(X | y_j)$ 或 $\sigma^2_{X|y_j}$ 表示之，為：

$$V(X | y_j) = \sigma^2_{X|y_j} = \sum_{i=1}^{I} (x_i - E(X | y_j))^2 f(x_i | y_j)$$
$$= E(X - E(X | y_j))^2$$

由條件平均數及條件變異數的定義，我們知道 X 在 $Y = y_j$ 之下的條件平均數，事實上就是隨機變數 X 各個數值 (x_i) 的加權平均數（但以 x_i 在 y_j 之下的條件機率為權數）。而 X 在 $Y = y_j$ 之下的條件變異數是 X 各個數值 (x_i) 與 X 之條件平均數 $(Y = y_j$ 之條件下）差值平方的加權平均數（但以 x_i 在 y_j 之下的條件機率為權數）。

定義 4-15 彼此獨立的隨機變數

若 X, Y 為定義在同一樣本空間上面的兩個間斷隨機變數, X 的可能數值為 $x_1, x_2, \cdots, x_I$, 且 $x_1 < x_2 < \cdots < x_I$, Y 的可能數值為 $y_1, y_2, \cdots, y_J$, 且 $y_1 < y_2 < \cdots < y_J$, 而若

$$f(x_i|y_j) = f(x_i)$$

或 $$f(y_j|x_i) = f(y_j)$$

$$i = 1, 2, \cdots, I \qquad j = 1, 2, \cdots, J$$

則 X 與 Y 在統計學上被稱為**彼此獨立**(Statistical Independent)。

【例 4-14】

投擲一枚公平的硬幣三次, 令

X: 前面兩次出現正面的次數

Y: 第三次出現正面的次數

(1)試列 X, Y 的聯合機率分配表及邊際機率分配表。

(2)求 $f(X = 2|Y = 0) =$? $f(Y = 1|X = 1) =$?

(3)求 $E(X|Y = 1) =$? $V(X|Y = 1) =$? 並求算 $E(X)$ 及 $V(X)$。

(4)求 $E(Y|X = 2) =$? $V(Y|X = 2) =$? 並求算 $E(Y)$ 及 $V(Y)$。

(5) X, Y 彼此獨立或相依?

【解】

(1) X, Y 的聯合機率及邊際機率分配如表 4-16。

表4-16　*X, Y* 的聯合機率及邊際機率分配表 (例4-14)

X＼Y	0	1	$f(X)$
0	$\frac{1}{8}$	$\frac{1}{8}$	$\frac{2}{8}$
1	$\frac{2}{8}$	$\frac{2}{8}$	$\frac{4}{8}$
2	$\frac{1}{8}$	$\frac{1}{8}$	$\frac{2}{8}$
$f(Y)$	$\frac{4}{8}$	$\frac{4}{8}$	$\sum_i f(x_i) = \sum_j f(y_j) = 1$

(2)

$$f(X=2|Y=0) = \frac{f(X=2, Y=0)}{f(Y=0)} = \frac{\frac{1}{8}}{\frac{4}{8}} = \frac{1}{4}$$

$$f(Y=1|X=1) = \frac{f(X=1, Y=1)}{f(X=1)} = \frac{\frac{2}{8}}{\frac{4}{8}} = \frac{2}{4}$$

(3)

$$E(X|Y=1) = 0 \cdot f(X=0|Y=1) + 1 \cdot f(X=1|Y=1)$$

$$+2 \cdot f(X=2|Y=1)$$

$$=0 \cdot \frac{\frac{1}{8}}{\frac{4}{8}} + 1 \cdot \frac{\frac{2}{8}}{\frac{4}{8}} + 2 \cdot \frac{\frac{1}{8}}{\frac{4}{8}}$$

$$=0 \left(\frac{1}{4}\right) + 1 \left(\frac{2}{4}\right) + 2 \left(\frac{1}{4}\right)$$

$$=1$$

$$V(X|Y=1) = (0-1)^2 \cdot f(X=0|Y=1) + (1-1)^2 \cdot f(X=1|Y=1)$$

$$+(2-1)^2 \cdot f(X=2|Y=1)$$

$$=(0-1)^2\left(\frac{1}{4}\right)+(1-1)^2\left(\frac{2}{4}\right)+(2-1)^2\left(\frac{1}{4}\right)$$

$$=\left(\frac{1}{4}\right)+0+\left(\frac{1}{4}\right)$$

$$=\frac{1}{2}$$

$$E(X)=0\left(\frac{2}{8}\right)+1\left(\frac{4}{8}\right)+2\left(\frac{2}{8}\right)=1$$

$$V(X)=(0-1)^2\left(\frac{2}{8}\right)+(1-1)^2\left(\frac{4}{8}\right)+(2-1)^2\left(\frac{2}{8}\right)=\frac{1}{2}$$

(4)

$$E(Y|X=2)=0 \cdot f(Y=0|X=2)+1 \cdot f(Y=1|X=2)$$

$$=0 \cdot \frac{\frac{1}{8}}{\frac{2}{8}}+1 \cdot \frac{\frac{1}{8}}{\frac{2}{8}}$$

$$=\frac{1}{2}$$

$$V(Y|X=2)=\left(0-\frac{1}{2}\right)^2 \cdot f(Y=0|X=2)$$

$$+\left(1-\frac{1}{2}\right)^2 \cdot f(Y=1|X=2)$$

$$=\left(0-\frac{1}{2}\right)^2\left(\frac{1}{2}\right)+\left(1-\frac{1}{2}\right)^2\left(\frac{1}{2}\right)$$

$$=\frac{1}{4}$$

$$E(Y)=0\left(\frac{4}{8}\right)+1\left(\frac{4}{8}\right)=\frac{1}{2}$$

$$V(Y)=\left(0-\frac{1}{2}\right)^2\left(\frac{4}{8}\right)+\left(1-\frac{1}{2}\right)^2\left(\frac{4}{8}\right)=\frac{1}{4}$$

(5)

$$f(X=0|Y=0)=\frac{f(X=0,Y=0)}{f(Y=0)}=\frac{\dfrac{1}{8}}{\dfrac{4}{8}}=\frac{1}{4}=f(X=0)$$

$$f(X=1|Y=0)=f(X=1)$$

$$\vdots$$

$$f(X=2|Y=1)=f(X=2)$$

$$f(Y=0|X=0)=f(Y=0)$$

$$\vdots$$

$$f(Y=1|X=2)=f(Y=1)$$

$$\therefore X,Y \text{ 彼此獨立}$$

【例 4–15】

投擲一粒公平的骰子兩次，令

$\quad\quad X$：第一次面向上的點數

$\quad\quad Y$：兩次面向上的點數和

試列 X,Y 的聯合機率、邊際機率分配表。

又 X,Y 彼此獨立或相依？

【解】

⑴ X,Y 的聯合機率、邊際機率分配如表 4–17。

表4-17 X, Y 的聯合機率及邊際機率分配表 (例4-15)

X \ Y	2	3	4	5	6	7	8	9	10	11	12	$f(X)$
1	$\frac{1}{36}$	$\frac{1}{36}$	$\frac{1}{36}$	$\frac{1}{36}$	$\frac{1}{36}$	$\frac{1}{36}$	0	0	0	0	0	$\frac{6}{36}$
2	0	$\frac{1}{36}$	$\frac{1}{36}$	$\frac{1}{36}$	$\frac{1}{36}$	$\frac{1}{36}$	$\frac{1}{36}$	0	0	0	0	$\frac{6}{36}$
3	0	0	$\frac{1}{36}$	$\frac{1}{36}$	$\frac{1}{36}$	$\frac{1}{36}$	$\frac{1}{36}$	$\frac{1}{36}$	0	0	0	$\frac{6}{36}$
4	0	0	0	$\frac{1}{36}$	$\frac{1}{36}$	$\frac{1}{36}$	$\frac{1}{36}$	$\frac{1}{36}$	$\frac{1}{36}$	0	0	$\frac{6}{36}$
5	0	0	0	0	$\frac{1}{36}$	$\frac{1}{36}$	$\frac{1}{36}$	$\frac{1}{36}$	$\frac{1}{36}$	$\frac{1}{36}$	0	$\frac{6}{36}$
6	0	0	0	0	0	$\frac{1}{36}$	$\frac{1}{36}$	$\frac{1}{36}$	$\frac{1}{36}$	$\frac{1}{36}$	$\frac{1}{36}$	$\frac{6}{36}$
$f(Y)$	$\frac{1}{36}$	$\frac{2}{36}$	$\frac{3}{36}$	$\frac{4}{36}$	$\frac{5}{36}$	$\frac{6}{36}$	$\frac{5}{36}$	$\frac{4}{36}$	$\frac{3}{36}$	$\frac{2}{36}$	$\frac{1}{36}$	1

(2)

$$f(Y=3|X=2) = \frac{f(X=2, Y=3)}{f(X=2)} = \frac{\frac{1}{36}}{\frac{6}{36}} = \frac{1}{6}$$

$$\neq f(Y=3) = \frac{2}{36}$$

$$f(X=6|Y=5) = \frac{f(X=6, Y=5)}{f(Y=5)} = \frac{0}{\frac{4}{36}} = 0$$

$$\neq f(X=6) = \frac{6}{36}$$

$$\therefore X, Y \text{ 彼此不獨立（即相依）。}$$

　　若二元隨機變數 X, Y 彼此具統計上獨立之性質，則 X(或Y) 的條件平均數就等於 X(或Y) 的平均數，而 X(或Y) 的條件變異數也等於 X(或Y) 的變異數。茲證明於下：

當 X, Y 彼此獨立，則 $f(x_i|y_j) = f(x_i)$

而　$\because$　$E(X|y_j) = \sum x_i f(x_i|y_j) = \sum x_i f(x_i) = E(X)$

$\therefore$　$\mu_{x|y_j} = \mu_x$

又　$\because$　$V(X|y_j) = \sum (x_i - E(X|y_j))^2 f(x_i|y_j)$

$\qquad\qquad = \sum (x_i - E(X))^2 f(x_i)$

$\qquad\qquad = V(X)$

$\therefore$　$\sigma^2_{X|y_j} = \sigma^2_X$

四、二元隨機變數的函數

本章第四節我們曾經說明隨機變數之函數的期望值、變異數如何從原隨機變數之期望值、變異數推導出來。這一小節，我們將介紹二元隨機變數之函數的期望值及變異數的定義，並舉例計算之。

定義 4-16　二元隨機變數函數的期望值及變異數

若 X, Y 為定義於同一樣本空間上面的兩個間斷隨機變數，X 的可能數值為 $x_1, x_2, \cdots, x_I$，且 $x_1 < x_2 < \cdots < x_I$，Y 的可能數值為 $y_1, y_2, \cdots, y_J$，且 $y_1 < y_2 < \cdots < y_J$，而 X, Y 的**聯合機率函數**為 $f(x_i, y_j)$，$i = 1, 2, \cdots, I$，$j = 1, 2, \cdots, J$。今若 W 為 X, Y 的函數，即 $W = g(X, Y)$，則 W 的**期望值**及**變異數**分別為：

$$E(W) = \sum_k w_k f(w_k)$$

$$V(W) = \sum_k (w_k - E(W))^2 f(w_k)$$

此處，w_k 為 W 的第 k 個可能數值，

$$k = 1, 2, \cdots, K$$

或

$$E(W) = E(g(X, Y)) = \sum_i \sum_j g(x_i, y_j) f(x_i, y_j)$$

$$V(W) = E[g(X, Y) - E(g(X, Y))]^2$$

$$= \sum_i \sum_j [g(x_i, y_j) - E(g(X, Y))]^2 f(x_i, y_j)$$

【例 4-16】

就投擲一枚公平的硬幣三次的例子中（例 4-14），

已知　　X：前面兩次出現正面的次數

　　　　Y：第三次出現正面的次數

若令 $W = X + Y$，$R = XY$，試求 $E(W)$、$V(W)$、$E(R)$ 及 $V(R)$。

【解】

⑴ W 的可能數值及其對應的機率如表 4-18。

表 4-18　W 之機率分配表（例 4-16）

(X, Y)	$f(X, Y)$	$W = X + Y$	$f(W)$
$(0,0)$	$\dfrac{1}{8}$	0	$\dfrac{1}{8}$
$(0,1)$	$\dfrac{1}{8}$		
$(1,0)$	$\dfrac{2}{8}$	1	$\dfrac{3}{8}$
$(1,1)$	$\dfrac{2}{8}$		
$(2,0)$	$\dfrac{1}{8}$	2	$\dfrac{3}{8}$
$(2,1)$	$\dfrac{1}{8}$	3	$\dfrac{1}{8}$
	$\sum f(X, Y) = 1$		$\sum f(W) = 1$

$$E(W) = 0(\frac{1}{8}) + 1(\frac{3}{8}) + 2(\frac{3}{8}) + 3(\frac{1}{8}) = \frac{12}{8} = \frac{3}{2}$$

$$V(W) = (0 - \frac{3}{2})^2(\frac{1}{8}) + (1 - \frac{3}{2})^2(\frac{3}{8}) + (2 - \frac{3}{2})^2(\frac{3}{8})$$

$$+ (3 - \frac{3}{2})^2(\frac{1}{8})$$

$$= \frac{3}{4}$$

(2) R 的可能數值及其對應的機率如表 4–19。

表 4-19　R 之機率分配表 (例 4–16)

(X,Y)	$f(X,Y)$	$R = XY$	$f(R)$
$(0,0)$	$\frac{1}{8}$	0	$\frac{5}{8}$
$(0,1)$	$\frac{1}{8}$		
$(1,0)$	$\frac{2}{8}$		
$(1,1)$	$\frac{2}{8}$	1	$\frac{2}{8}$
$(2,0)$	$\frac{1}{8}$		
$(2,1)$	$\frac{1}{8}$	2	$\frac{1}{8}$
	$\sum f(X,Y) = 1$		$\sum f(R) = 1$

$$E(R) = 0(\frac{5}{8}) + 1(\frac{2}{8}) + 2(\frac{1}{8}) = \frac{4}{8} = \frac{1}{2}$$

$$V(R) = (0 - \frac{1}{2})^2(\frac{5}{8}) + (1 - \frac{1}{2})^2(\frac{2}{8}) + (2 - \frac{1}{2})^2(\frac{1}{8})$$

$$= \frac{1}{2}$$

在例 4–16 中，由於我們令 $R = XY$，因此 $E(R)[= E(XY)]$ 也叫做二

元隨機變數 X, Y 相乘積的期望值(Mean of Product)。而二元隨機變數相乘積的期望值有一特點, 即若 X, Y 獨立, 則 X, Y 相乘積的期望值等於 $E(X)$ 與 $E(Y)$ 的乘積, 以數學式表示則為:

$$E(XY) = E(X) \cdot E(Y)$$

茲將上述的說明證明於下:

x_i 在已知 $Y = y_j$ 之下的條件機率為 $f(x_i|y_j) = \dfrac{f(x_i, y_j)}{f(y_j)}$

$$\therefore \quad f(x_i, y_j) = f(y_j) \cdot f(x_i|y_j)$$

而若 X, Y 獨立, 則 $f(x_i|y_j) = f(x_i)$

亦即 $\quad f(x_i, y_j) = f(y_j) \cdot f(x_i)$

今若 $R = XY$, 則按定義 4-16, 我們可得到:

$$E(R) = E(XY) = \sum_i \sum_j x_i y_j f(x_i, y_j)$$

則當 X, Y 彼此獨立時,

$$\begin{aligned}
E(XY) &= \sum_i \sum_j x_i y_j f(x_i) \cdot f(y_j) \\
&= \sum_i x_i f(x_i) \sum_j y_j f(y_j) \\
&= E(X) \cdot E(Y)
\end{aligned}$$

因此, 如果我們知道 X, Y 彼此獨立, 則欲求 $E(R = XY)$, 我們可利用上述的性質, 直接以 "$E(X) \cdot E(Y)$" 求得, 而不必像例 4-16中, 先整理列出 R 的機率分配表, 然後再求 $E(R)$。

五、二元隨機變數的共變異數及相關係數

對於定義於同一隨機試驗所產生之樣本空間上面的兩個隨機變數 (X, Y) 而言, 它們之間可能是獨立的關係、可能是相依的關係。而如果 X, Y 彼此相依, 但我們進一步想知道 X, Y 是如何的相依? 到底是 X 的

值越大, Y 的值也越大？或是 X 的值越大, Y 的值反而越小？換句話說, X, Y 共同變化的方向如何？是朝著相同的方向共同變動？抑或朝著相反的方向共同變動（即 X 值越大, Y 值反而越小）？共變異數就是用來測度兩個隨機變數共同變動(co-vary)之方向如何的一個統計測定數。

定義 4–17 二元隨機變數的共變異數

若 X, Y 為定義於同一樣本空間上面的兩個間斷隨機變數, X 的可能數值為 $x_1, x_2, \cdots, x_I$, 且 $x_1 < x_2 < \cdots < x_I, Y$ 的可能數值為 $y_1, y_2, \cdots, y_J$, 且 $y_1 < y_2 < \cdots < y_J$, 而 X, Y 的聯合機率函數為 $f(x_i, y_j)$, $i = 1, 2, \cdots, I$, $j = 1, 2, \cdots, J$, 則測度 X, Y 共同變化之方向的統計測定數, 即 X, Y 的**共變異數**(Covariance of X and Y), 以 Cov (X, Y) 或 σ_{XY} 表示之, 為:

$$\text{Cov}(X, Y) = \sigma_{XY} = \sum_i \sum_j (x_i - E(X))(y_j - E(Y)) f(x_i, y_j)$$

$$= E[(X - E(X)) \cdot (Y - E(Y))]$$

而 Cov$(X, Y) > 0$, 表示 X, Y 朝**相同的方向共同變動**; Cov$(X, Y) < 0$, 表示 X, Y 朝**相反的方向共同變動**; Cov$(X, Y) = 0$, 則表示 X, Y **無直線型的關聯**(linearly uncorrelated), 但不一定表示 X, Y 彼此獨立。

從 Cov(X, Y) 的定義式, 我們知道 X 與 Y 的共變異數就是「X 與其平均數之差值」與「Y 與其平均數之差值」之相乘積的期望值, 而且我們也可進一步推導出共變異數的簡單計算式為:

$$\text{Cov}(X, Y) = E(XY) - E(X) \cdot E(Y) \tag{4–9}$$

茲以下面簡單的例子計算共變異數, 並說明統計學上為何以共變異數 (Cov(X, Y)) 而不以 X, Y 相乘積的期望值 ($E(XY)$) 去測度 X, Y 共同變化

的方向。

【例 4-17】

若 X, Y 的聯合機率分配分別如表 4-20之(a), (b), (c), (d)。

表 4-20 (a)　X, Y 的聯合機率分配表

X ＼ Y	2	4	6	8	$f(X)$
1	$\frac{1}{4}$	0	0	0	$\frac{1}{4}$
2	0	$\frac{1}{4}$	0	0	$\frac{1}{4}$
3	0	0	$\frac{1}{4}$	0	$\frac{1}{4}$
4	0	0	0	$\frac{1}{4}$	$\frac{1}{4}$
$f(Y)$	$\frac{1}{4}$	$\frac{1}{4}$	$\frac{1}{4}$	$\frac{1}{4}$	$\sum f(X) = \sum f(Y) = 1$

表 4-20 (b)　X, Y 的聯合機率分配表

X ＼ Y	−8	−6	−4	−2	$f(X)$
1	$\frac{1}{4}$	0	0	0	$\frac{1}{4}$
2	0	$\frac{1}{4}$	0	0	$\frac{1}{4}$
3	0	0	$\frac{1}{4}$	0	$\frac{1}{4}$
4	0	0	0	$\frac{1}{4}$	$\frac{1}{4}$
$f(Y)$	$\frac{1}{4}$	$\frac{1}{4}$	$\frac{1}{4}$	$\frac{1}{4}$	$\sum f(X) = \sum f(Y) = 1$

表4-20(c)　X,Y 的聯合機率分配表

$\frac{Y}{X}$	2	4	6	8	$f(X)$
1	0	0	0	$\frac{1}{4}$	$\frac{1}{4}$
2	0	0	$\frac{1}{4}$	0	$\frac{1}{4}$
3	0	$\frac{1}{4}$	0	0	$\frac{1}{4}$
4	$\frac{1}{4}$	0	0	0	$\frac{1}{4}$
$f(Y)$	$\frac{1}{4}$	$\frac{1}{4}$	$\frac{1}{4}$	$\frac{1}{4}$	$\sum f(X) = \sum f(Y) = 1$

表4-20(d)　X,Y 的聯合機率分配表

$\frac{Y}{X}$	-8	-6	-4	-2	$f(X)$
1	0	0	0	$\frac{1}{4}$	$\frac{1}{4}$
2	0	0	$\frac{1}{4}$	0	$\frac{1}{4}$
3	0	$\frac{1}{4}$	0	0	$\frac{1}{4}$
4	$\frac{1}{4}$	0	0	0	$\frac{1}{4}$
$f(Y)$	$\frac{1}{4}$	$\frac{1}{4}$	$\frac{1}{4}$	$\frac{1}{4}$	$\sum f(X) = \sum f(Y) = 1$

試分別就(a), (b), (c), (d), 求 $E(XY)$ 及 $\text{Cov}(XY)$。

【解】

(a)

$$E(XY) = (1)(2)(\frac{1}{4}) + (1)(4)(0) + \cdots + (4)(8)(\frac{1}{4})$$

$$= 15 > 0$$

$$E(X)=\mu_X = 1(\frac{1}{4}) + 2(\frac{1}{4}) + 3(\frac{1}{4}) + 4(\frac{1}{4})$$

$$=\frac{5}{2}$$

$$E(Y)=\mu_Y = 2(\frac{1}{4}) + 4(\frac{1}{4}) + 6(\frac{1}{4}) + 8(\frac{1}{4})$$

$$=5$$

$$\text{Cov}(X,Y)=E(XY) - E(X)\cdot E(Y) = 15 - (\frac{5}{2})(5)$$

$$=\frac{5}{2} > 0$$

(b)

$$E(XY)=(1)(-8)(\frac{1}{4}) + (1)(-6)(0) + \cdots + (4)(-2)(\frac{1}{4})$$

$$=-10 < 0$$

$$E(X)=\mu_X = 1(\frac{1}{4}) + 2(\frac{1}{4}) + 3(\frac{1}{4}) + 4(\frac{1}{4})$$

$$=\frac{5}{2}$$

$$E(Y)=\mu_Y = (-8)(\frac{1}{4}) + (-6)(\frac{1}{4}) + (-4)(\frac{1}{4}) + (-2)(\frac{1}{4})$$

$$=-5$$

$$\text{Cov}(X,Y)=E(XY) - E(X)\cdot E(Y) = (-10) - (\frac{5}{2})(-5)$$

$$=\frac{5}{2} > 0$$

(c)

$$E(XY)=(1)(2)(0) + (1)(4)(0) + \cdots + (1)(8)(\frac{1}{4})$$

$$+ \cdots + (4)(8)(0)$$

$$=10 > 0$$

$$E(X)=\mu_X = 1(\frac{1}{4}) + 2(\frac{1}{4}) + 3(\frac{1}{4}) + 4(\frac{1}{4})$$

$$=\frac{5}{2}$$

$$E(Y)=\mu_Y = 2(\frac{1}{4}) + 4(\frac{1}{4}) + 6(\frac{1}{4}) + 8(\frac{1}{4})$$

$$=5$$

$$\text{Cov}(X,Y)=E(XY)-E(X)\cdot E(Y)=10-(\frac{5}{2})(5)$$

$$=-\frac{5}{2}<0$$

(d)

$$E(XY)=(1)(-8)(0)+(1)(-6)(0)+\cdots+(1)(-2)(\frac{1}{4})$$

$$+\cdots+(4)(-8)(\frac{1}{4})+\cdots+(4)(-2)(0)$$

$$=-15<0$$

$$E(X)=\mu_X=1(\frac{1}{4})+2(\frac{1}{4})+3(\frac{1}{4})+4(\frac{1}{4})$$

$$=\frac{5}{2}$$

$$E(Y)=\mu_Y=(-8)(\frac{1}{4})+(-6)(\frac{1}{4})+(-4)(\frac{1}{4})+(-2)(\frac{1}{4})$$

$$=-5$$

$$\text{Cov}(X,Y)=E(XY)-E(X)\cdot E(Y)=-15-(\frac{5}{2})(-5)$$

$$=-\frac{5}{2}<0$$

　　若 X 與 Y 朝相同的方向共同變動 (X 值越大，而 Y 值越大的機率高)，如表 4-20 (a)及(b)，則在 X,Y 的聯合機率分配圖上，大多數的 (x_i,y_j) 散佈點將落於圖 4-12的第 (Ⅰ)、(Ⅲ)象限，此時「差值相乘積」的期望值[即 $E(X-E(X))\cdot(Y-E(Y))$)]或 Cov (X,Y) 將大於「0」(如表 4-20 (a)及(b))，但 X 與 Y 相乘積的期望值 (即 $E(XY)$)可能為正值（如表 4-20 (a)），也可能為負值 (如表 4-20 (b))。而若 X 與 Y 朝相反的方向共同變動 (X 值越大，Y 值越小的機率相對地為高)，如表 4-20 (c)及(d)，則在 X,Y 的聯合機率分配圖上，大多數的 (x_i,y_j) 散佈點將落於圖 4-13的第 (Ⅱ)、(Ⅳ)象限，此時「差值相乘積」的期望值將小於「0」

(如表 4–20 (c)及(d))，但 X 與 Y 相乘積的期望值可能為正值 (如表 4–
20 (c))，也可能為負值 (如表 4–20 (d))。由此我們知道，當 X 與 Y 朝
相同方向共同變動時，其 $E(XY)$ 之值為正或為負並不確定，頗受 X(或
Y)之值為正或負，或受 X(或 Y)的平均值大小或正負值等所影響，但其
「差值相乘積」的期望值 [即 $E(X - E(X)) \cdot (Y - E(Y))$] 一定為正值，亦即
$\mathrm{Cov}(X, Y) > 0$。反之，當 X 與 Y 朝相反的方向共同變動時，其 $E(XY)$
之值可能為正，也可能為負，受 X(或 Y) 平均值大小或正負值所影響，
但 $\mathrm{Cov}(X, Y)$ 一定為負值。正因為如此，統計學上乃以 $\mathrm{Cov}(X, Y)$ 而不
以 $E(XY)$ 去測度 X 與 Y 共同變化的方向。

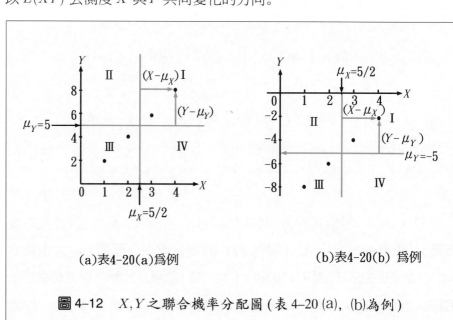

(a)表4–20(a)為例　　　　　(b)表4–20(b) 為例

圖4–12　X, Y 之聯合機率分配圖 (表 4–20 (a), (b)為例)

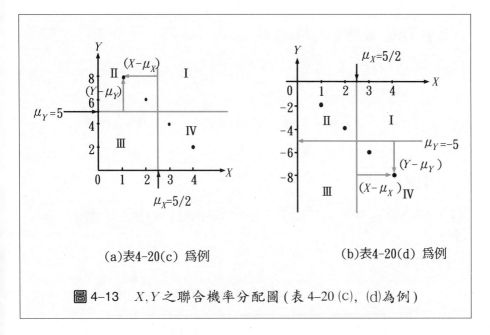

(a)表4-20(c) 爲例　　　　　　(b)表4-20(d) 爲例

圖 4-13　X, Y 之聯合機率分配圖 (表 4-20 (c), (d)爲例)

　　X 及 Y 二元隨機變數之共變異數的定義，以及統計學上爲何以 $\mathrm{Cov}(X,Y)$ 而不以 $E(XY)$ 去測度 X 與 Y 共同變化的方向等問題，上面已詳加說明，但尚有兩點特別值得我們注意：

　　(1)若 X, Y 彼此獨立，則 $\mathrm{Cov}(X,Y) = 0$。但 $\mathrm{Cov}(X,Y) = 0$，則 X, Y 不一定彼此獨立。關於此點，讀者可試加證明之，並參考下面的兩個例子 (例 4–18及 4–19)。

【例 4–18】

前例 4–14中，我們已發現 X 與 Y 彼此獨立，試計算$\mathrm{Cov}(X,Y) =$?

【解】

例 4–14中，我們已知道 X 與 Y 爲彼此獨立的隨機變數。而從表 4–16，我們可計算：

$$E(XY) = (0)(0)(\frac{1}{8}) + (0)(1)(\frac{1}{8}) + \cdots + (2)(1)(\frac{1}{8}) = \frac{4}{8}$$

而從表4-16，我們也可計算得到：

$$E(X)=1$$

$$E(Y)=\frac{1}{2}$$

$$\text{Cov}(X,Y) = E(XY) - E(X) \cdot E(Y) = \frac{4}{8} - (1)(\frac{1}{2}) = 0$$

【例 4-19】

若 X, Y 為定義在同一樣本空間上面的兩個隨機變數，且其聯合機率

分配如表 4-21。

表4-21　X, Y 之聯合機率分配表 (例 4-19)

Y \ X	-2	0	2	$f(X)$
0	0	$\frac{1}{3}$	0	$\frac{1}{3}$
1	$\frac{1}{3}$	0	$\frac{1}{3}$	$\frac{2}{3}$
$f(Y)$	$\frac{1}{3}$	$\frac{1}{3}$	$\frac{1}{3}$	$\sum f(X) = \sum f(Y) = 1$

試求 $\text{Cov}(X,Y)$。又 X, Y 彼此獨立嗎?

【解】

(i) $\text{Cov}(X,Y) = E(XY) - \mu_X \cdot \mu_Y$

而

$$\begin{cases} E(XY)=(0)(-2)(0) + (0)(0)\left(\frac{1}{3}\right) + (0)(2)(0) \\ \qquad\quad +(1)(-2)\left(\frac{1}{3}\right) + (1)(0)(0) + (1)(2)\left(\frac{1}{3}\right) \\ \qquad\quad =0 \\ \mu_X = E(X)=(0)\left(\frac{1}{3}\right) + 1\left(\frac{2}{3}\right) = \frac{2}{3} \\ \mu_Y = E(Y)=(-2)\left(\frac{1}{3}\right) + (0)\left(\frac{1}{3}\right) + (2)\left(\frac{1}{3}\right) = 0 \end{cases}$$

$$\therefore \text{Cov}(X,Y) = 0$$

(ii)又在已知 $Y = 2$ 之下，$X = 1$ 的條件機率為:

$$f(X = 1 | Y = 2) = \frac{f(X = 1, Y = 2)}{f(Y = 2)} = \frac{\frac{1}{3}}{\frac{1}{3}} = 1$$

$$f(X = 1) = \frac{2}{3} \neq f(X = 1 | Y = 2)$$

$\therefore X, Y$ 彼此不獨立。

(2) $\text{Cov}(X,Y)$ 雖可測度 X, Y 兩個隨機變數共同變化的方向，但它卻有下面的缺點:

(a)從 $\text{Cov}(X,Y)$ 的定義，我們知道 $\text{Cov}(X,Y)$ 為一「有名數」的統計測定數，而當 X(或 Y)的度量單位如有所改變，$\text{Cov}(X,Y)$ 之值就會改變，因此如果 $\text{Cov}(X,Y) > 0$，而 $\text{Cov}(R,W) > 0$ (R, W 為定義於某一樣本空間上面的兩個隨機變數)，但是 $\text{Cov}(R,W)$ 的單位與 $\text{Cov}(X,Y)$ 的單位彼此不同，此時，我們只能確定 X 與 Y 朝相同方向變動，R 與 W 也朝相同方向變動，但我們無法判斷「X 與 Y 朝同方向變動的密切程度(strength)」與「W 與 R 朝同方向變動的密切程度」，兩者之間何者為高?

(b)若 R 的單位與 X 的單位相同，而 W 的單位與 Y 的單位相同（亦即 $\text{Cov}(R,W)$ 與 $\text{Cov}(X,Y)$ 的單位相同），但 μ_R 與 μ_X (或 μ_W 與 μ_Y)之值相差很大時，我們仍不能以 $\text{Cov}(X,Y)$ 與 $\text{Cov}(R,W)$ 何者為大，去判斷「X 與 Y 共同變化的密切程度」與「R 與 W 共同變化的密切程度」何者相對地為高?

(c) $\text{Cov}(X,Y)$ 無固定值域。

由於 $\text{Cov}(X,Y)$ 有上述的缺點，因此統計學家進一步找出另一個統

計測定數── **相關係數**，它不但有共變異數的功能（判斷兩個隨機變數之間共同變化的方向），而且又可補救共變異數的上述缺點。

定義 4-18　二元隨機變數的相關係數

　　若 X, Y 為定義於同一樣本空間上面的兩個間斷隨機變數，X 的可能數值為 $x_1, x_2, \cdots, < x_I$，且 $x_1 < x_2 < \cdots < x_I$，Y 的可能數值為 $y_1, y_2, \cdots, y_J$，且 $y_1 < y_2 < \cdots < y_J$，而 X, Y 的**聯合機率函數**為 $f(x_i, y_j), i = 1, 2, \cdots, I, \ j = 1, 2, \cdots, J$，則 X, Y 的**相關係數**(Correlation Coefficient of X and Y)，以 $\mathrm{Corr}(X, Y)$ 或 ρ_{XY} 表示之，為：

$$\mathrm{Corr}(X, Y) = \rho_{XY} = \sum_i \sum_j \left(\frac{x_i - E(X)}{\sigma_X} \right) \left(\frac{y_j - E(Y)}{\sigma_Y} \right) f(x_i, y_j)$$

$$= E \left[\left(\frac{X - E(X)}{\sigma_X} \right) \cdot \left(\frac{Y - E(Y)}{\sigma_Y} \right) \right]$$

　　從 ρ_{XY} 的定義，我們知道 X 與 Y 的相關係數，事實上就是 X 之標準化隨機變數與 Y 之標準化隨機變數相乘積的期望值。並且我們進而可導出 ρ_{XY} 的簡單計算式為：

$$\rho_{XY} = \frac{\mathrm{Cov}(X, Y)}{\sigma_X \cdot \sigma_Y}$$

$$= \frac{1}{\sigma_X \cdot \sigma_Y} [E(XY) - E(X) \cdot E(Y)] \tag{4-10}$$

本書將於第十五章再對二元隨機變數 (X, Y) 之相關係數 (ρ_{XY}) 做更詳盡的介紹，這裡僅簡要先提出 ρ_{XY} 的定義，以及其具有的特點。基本上，ρ_{XY} 具有下列的特點：

　　(1)從 ρ_{XY} 的定義式或簡單計算式，我們知道 ρ_{XY} 的符號與 $\mathrm{Cov}(X, Y)$ 的符號完全一致。即：

如果　　$\mathrm{Cov}(X, Y) = 0$，則　　$\rho_{XY} = 0$；　　反之亦然。

因此, 若 ρ_{XY} 大於 (小於) "0", 則 X 與 Y 朝相同 (相反) 的方向共同變動。而若 $\rho_{XY} = 0$, 則表示 X, Y 彼此無直線型的關聯, 但不一定表示 X, Y 彼此獨立。

(2) ρ_{XY} 為一「**無名數**」的統計測定數, 它不受 X (或 Y) 計量的單位所影響。

(3) ρ_{XY} 有**固定的值域**, 即 $-1 \leq \rho_{XY} \leq 1$ 。對於此一特點, 說明如下:

由於二元隨機變數 X 與 Y 之和的變異數等於 X 的變異數、 Y 的變異數及 X 與 Y 的共變異數之和, 以數學式表示為: (註2)

$$V(X + Y) = V(X) + V(Y) + 2\text{Cov}(X, Y) \tag{4-11}$$

今若令

$$Z_X = \frac{X - E(X)}{\sigma_X} \quad , \quad Z_Y = \frac{Y - E(Y)}{\sigma_Y}$$

則
$$
\begin{aligned}
V(Z_X + Z_Y) &= V(Z_X) + V(Z_Y) + 2\text{Cov}(Z_X, Z_Y) \\
&= V\left(\frac{X - E(X)}{\sigma_X}\right) + V\left(\frac{Y - E(Y)}{\sigma_Y}\right) \\
&\quad + 2E(Z_X - E(Z_X))(Z_Y - E(Z_Y)) \\
&= V\left(\frac{X - E(X)}{\sigma_X}\right) + V\left(\frac{Y - E(Y)}{\sigma_Y}\right) \\
&\quad + 2E(Z_X - 0)(Z_Y - 0) \\
&= 1 + 1 + 2E(Z_X \cdot Z_Y) \\
&= 2 + 2E\left[\left(\frac{X - E(X)}{\sigma_X}\right) \cdot \left(\frac{Y - E(Y)}{\sigma_Y}\right)\right] \\
&= 2 + 2\rho_{XY}
\end{aligned}
$$

但
$$V(Z_X + Z_Y) \geq 0$$

$$\therefore \quad 2 + 2\rho_{XY} \geq 0$$

$$2\rho_{XY} \geq -2$$

$$\therefore \quad \rho_{XY} \geq -1$$

而 $\quad V(Z_X - Z_Y) = 2 - 2\rho_{XY}$ （讀者可自行證明之）

但 $\quad V(Z_X - Z_Y) \geq 0$

$$\therefore \quad 2 - 2\rho_{XY} \geq 0$$

$$2 \geq \rho_{XY}$$

$$\therefore \quad \rho_{XY} \leq 1$$

因此 $\quad -1 \leq \rho_{XY} \leq 1$

(4)總而言之，ρ_{XY} 之值（為正值或負值）可測度 X, Y 朝何種方向（相同或相反）共同變動，而 ρ_{XY} 的絕對值越接近 "1"，表示 X, Y 共同變化的程度越高，ρ_{XY} 的絕對值越接近 "0"，則表示 X, Y 共同變化的程度越低。因此，相關係數除了可判斷二元隨機變數共同變化的方向外，亦可判斷或比較它們之間，共同變化密切程度的高低。

【例 4-20】

觀察某社區家庭，若令:

$\quad X$：家庭男孩數目

$\quad Y$：家庭女孩數目

又令

$$R = \begin{cases} 0, & \text{若父親教育水準為小學或以下} \\ 1, & \text{若父親教育水準為初中或高中} \\ 2, & \text{若父親教育水準為大專或以上} \end{cases}$$

$$W = \begin{cases} 0, & \text{若家庭年所得為 N.T.\$300000或以下（低所得）} \\ 1, & \text{若家庭年所得為 N.T.\$300000～1000000（中所得）} \\ 2, & \text{若家庭年所得為 N.T.\$1000000或以上（高所得）} \end{cases}$$

且 X 與 Y, R 與 W 之聯合機率分配分別如表 4-22 之(a)及(b)。試答下列各題：

(1) X 與 Y 朝相同方向共同變動嗎？

(2) R 與 W 朝相反方向共同變動嗎？

(3) X 與 Y, R 與 W，何者共同變化的密切程度相對地較高？

表4-22(a)　某社區家庭男孩、女孩數目的聯合機率分配表

X（男孩數目） ＼ Y（女孩數目）	0	1	2	$f(X)$
0	0.05	0.15	0.10	0.30
1	0.20	0.25	0.05	0.50
2	0.15	0.05	0.00	0.20
$f(Y)$	0.40	0.45	0.15	$\sum f(X) = \sum f(Y) = 1$

表4-22(b)　某社區家庭父親教育水準與家庭所得的聯合機率分配表

R（父親教育水準） ＼ W（家庭所得）	0	1	2	$f(R)$
0	0.10	0.05	0.05	0.20
1	0.05	0.25	0.30	0.60
2	0.05	0.10	0.05	0.20
$f(W)$	0.20	0.40	0.40	$\sum f(R) = \sum f(W) = 1$

【解】

(1)從表 4-22 (a)：

$$E(XY) = (0)(0)(0.05) + (0)(1)(0.15) + \cdots + (2)(2)(0.00)$$

$$= 0.45$$

$$E(X) = 0(0.30) + 1(0.50) + 2(0.20) = 0.90$$

$$E(Y) = 0(0.40) + 1(0.45) + 2(0.15) = 0.75$$

$$\sigma_X^2 = E(X^2) - (E(X))^2$$

$$= 0^2(0.30) + 1^2(0.50) + 2^2(0.20) - (0.90)^2$$

$$= 0.49$$

$$\sigma_X = 0.7$$

$$\sigma_Y^2 = E(Y^2) - (E(Y))^2$$

$$= 0^2(0.40) + 1^2(0.45) + 2^2(0.15) - (0.75)^2$$

$$= 0.4875$$

$$\sigma_Y = 0.698$$

$$\rho_{XY} = \frac{E(XY) - E(X) \cdot E(Y)}{\sigma_X \sigma_Y} = \frac{0.45 - (0.90)(0.75)}{(0.7)(0.698)} = -0.4605$$

$\therefore X$ 與 Y 朝相反的方向共同變動，即家庭的男孩子數目越多，家庭的女孩數目越少。

(2)從表 4–22 (b)：

$$E(RW) = (0)(0)(0.10) + (0)(1)(0.05) + \cdots + (2)(2)(0.05)$$

$$= 1.25$$

$$E(R) = 0(0.20) + 1(0.60) + 2(0.20) = 1.00$$

$$E(W) = 0(0.20) + 1(0.40) + 2(0.40) = 1.20$$

$$\sigma_R^2 = E(R^2) - (E(R))^2$$

$$= 0^2(0.20) + 1^2(0.60) + 2^2(0.20) - (1.00)^2$$

$$= 0.4$$

$$\sigma_R = 0.6325$$

$$\sigma_W^2 = E(W^2) - (E(W))^2$$
$$= 0^2(0.20) + 1^2(0.40) + 2^2(0.40) - (1.20)^2$$
$$= 0.56$$
$$\sigma_W = 0.7483$$
$$\rho_{RW} = \frac{E(RW) - E(R) \cdot E(W)}{\sigma_R \sigma_W} = \frac{1.25 - (1.00)(1.20)}{(0.6325)(0.7483)} = 0.1056$$

$\therefore R$ 與 W 朝相同的方向共同變動，即家庭父親教育水準越高，家庭所得也越高。

(3) $\because \quad |\rho_{XY}| > |\rho_{RW}|$

$\therefore X$ 與 Y 共同變化的密切程度比 R 與 W 共同變化的密切程度相對地為高。

六、二元隨機變數的直線型函數

從本章第五節之四，我們知道若 W 為 X, Y 二元隨機變數的函數（任何形式），即 $W = g(X, Y)$，則 W 的期望值及變異數可根據定義 4–16 計算而得。然而，如果 W 為 X, Y 的直線型函數（直線型組合 linear combination），則 W 的期望值($E(W)$)，與 X 及 Y 的期望值 ($E(X)$ 及 $E(Y)$) 之間存有某種關係，而且 W 的變異數($V(W)$) 與 X 及 Y 的變異數($V(X)$ 及 $V(Y)$) 及其共變異數(Cov(X, Y)) 之間，也存有某種關係，因此，如果我們要求算 $E(W)$ 及 $V(W)$，我們可以不必按定義 4–16 去計算，而可直接利用 $E(X)$、$E(Y)$、$V(X)$、$V(Y)$ 及 Cov(X, Y) 計算而得。茲說明如下：

若 W 為 X, Y 二元隨機變數的直線型函數，即

$$W = aX + bY, \quad a, b 為任意常數$$

則：

(1)

$$E(W) = E(aX + bY) = aE(X) + bE(Y) \tag{4-12}$$

其理由如下:

根據定義 4-16, 我們知道:

$$E(W)=E(aX + bY)$$

$$=\sum_i \sum_j (ax_i + by_j)f(x_i, y_j)$$

$$=\sum_i \sum_j ax_i f(x_i, y_j) + \sum_i \sum_j by_j f(x_i, y_j)$$

上式右邊第一項可寫成:

$$\sum_i \sum_j ax_i f(x_i, y_j)=a\sum_i \sum_j x_i f(x_i, y_j)$$

$$=a\sum_i x_i \sum_j f(x_i, y_j)$$

$$=a\sum_i x_i f(x_i)$$

$$=aE(X)$$

同理, 上式右邊第二項可寫成:

$$\sum \sum by_j f(x_i, y_j) = bE(Y)$$

$$\therefore E(W) = E(aX + bY) = aE(X) + bE(Y)$$

(2)

$$V(W) = V(aX + bY) = a^2 V(X) + b^2 V(Y) + 2ab\mathrm{Cov}(X, Y) \tag{4-13}$$

其理由如下:

根據定義 4-16,

$$V(W)=V(aX + bY)$$

$$=\sum_i \sum_j [(ax_i + by_j) - E(aX + bY)]^2 f(x_i, y_j)$$

$$=\sum_i \sum_j [(ax_i + by_j) - aE(X) - bE(Y)]^2 f(x_i, y_j)$$

$$=\sum_i \sum_j [a(x_i - E(X)) + b(y_j - E(Y))]^2 f(x_i, y_j)$$

$$=\sum_i \sum_j [a^2(x_i - E(X))^2 + b^2(y_j - E(Y))^2$$

$$+2ab(x_i - E(X))(y_j - E(Y))f(x_i, y_j)$$

$$=\sum_i \sum_j a^2(x_i - E(X))^2 f(x_i, y_j)$$

$$+\sum_i \sum_j b^2(y_j - E(Y))^2 f(x_i, y_j)$$

$$+2\sum_i \sum_j ab(x_i - E(X))(y_j - E(Y))f(x_i, y_j)$$

上式右邊第一項可寫成：

$$\sum_i \sum_j a^2(x_i - E(X))^2 f(x_i, y_j) = a^2 \sum_i \sum_j (x_i - E(X))^2 f(x_i, y_j)$$

$$=a^2 \sum_i (x_i - E(X))^2 \sum_j f(x_i, y_j)$$

$$=a^2 \sum_i (x_i - E(X))^2 f(x_i)$$

$$=a^2 V(X)$$

同理，上式右邊第二項可寫成：

$$\sum_i \sum_j b^2(y_j - E(Y))^2 f(x_i, y_j) = b^2 V(Y)$$

而上式右邊第三項可寫成：

$$2\sum_i \sum_j ab(x_i - E(X))(y_j - E(Y))f(x_i, y_j)$$

$$=2ab\sum_i \sum_j (x_i - E(X))(y_j - E(Y))f(x_i, y_j)$$

$$=2ab\text{Cov}(X, Y)$$

$$\therefore \quad V(W) = a^2 V(X) + b^2 V(Y) + 2ab\text{Cov}(X, Y)$$

今若 $a = 1$，$b = 1$，則：

$$E(X + Y) = E(X) + E(Y)$$

$$V(X + Y) = V(X) + V(Y) + 2\text{Cov}(X, Y)$$

又若 X 與 Y 彼此獨立, 則:

$$V(aX + bY) = a^2 V(X) + b^2 V(Y)$$

【例 4–21】

若已知某社區家庭丈夫年所得 (X) 的平均數及變異數為:

$$E(X) = 180000 \ , \ V(X) = 40000$$

而妻子年所得 (Y) 的平均數及變異數為:

$$E(Y) = 80000 \ , \ V(Y) = 10000$$

且若知丈夫所得與妻子所得的共變異數為:

$$\text{Cov}(X, Y) = 8000$$

試答下列各題:

　(1)該社區家庭總所得 (W) 的平均數及變異數分別為多少? （設若家庭總所得的來源只有丈夫所得及妻子所得）。

　(2)若該社區規定丈夫所得的 10% 付稅, 妻子所得的 20% 付稅, 則該社區家庭稅後總所得 (W_{AT}) 的平均數及變異數分別為多少?

【解】

(1)家庭總所得　$W = X + Y$

$$E(W) = E(X + Y) = E(X) + E(Y) = 180000 + 80000$$
$$= 260000$$

$$V(W) = V(X + Y) = V(X) + V(Y) + 2\text{Cov}(XY)$$
$$= 66000$$

　該社區家庭總所得的平均數為 260000, 變異數為 66000。

(2)家庭稅後總所得　$W_{AT} = 0.9X + 0.8Y$

$$E(W_{AT}) = E(0.9X + 0.8Y) = 0.9E(X) + 0.8E(Y)$$

$$= 0.9(180000) + 0.8(80000)$$

$$= 226000$$

$$V(W_{AT}) = V(0.9X + 0.8Y)$$

$$= (0.9)^2 V(X) + (0.8)^2 V(Y) + 2(0.9)(0.8)\text{Cov}(XY)$$

$$= 0.81(40000) + 0.64(10000) + 1.44(8000)$$

$$= 50320$$

該社區家庭稅後總所得平均數為 226000，變異數為 50320。

附 註

註1: 柴比契夫定理以間斷隨機變數證明於下（參見圖 4–10）：

$$\sigma_X^2 = \sum (X - \mu_X)^2 f(X)$$

$$= \sum_{\mathrm{I}} (X - \mu_X)^2 f(X) + \sum_{\mathrm{II}} (X - \mu_X)^2 f(X) + \sum_{\mathrm{III}} (X - \mu_X)^2 f(X)$$

但

$$\sum_{\mathrm{I}} (X - \mu_X)^2 f(X) + \sum_{\mathrm{III}} (X - \mu_X)^2 f(X) < \sigma_X^2$$

而 X 於 I 或 III 範圍內, $X - \mu_X > k\sigma_X$, 因此

$$\sum_{\mathrm{I}} (k\sigma_X)^2 f(X) + \sum_{\mathrm{III}} (k\sigma_X)^2 f(X) < \sum_{\mathrm{I}} (X - \mu_X)^2 f(X)$$

$$+ \sum_{\mathrm{III}} (X - \mu_X) f(X)$$

$$\therefore k^2 \sigma_X^2 [\sum_{\mathrm{I}} f(X) + \sum_{\mathrm{III}} f(X)] < \sum_{\mathrm{I}} (X - \mu_X)^2 f(X) + \sum_{\mathrm{III}} (X - \mu_X) f(X).$$

$$< \sigma_X^2$$

即 $$\sum_{\mathrm{I}} f(X) + \sum_{\mathrm{III}} f(X) < \frac{1}{k^2}$$

此即 $$P_r[|X - \mu_X| > k\sigma_X] < \frac{1}{k^2}$$

註2: 式 (4–11) 的原由, 請參見本節式 (4–13) 的證明。

練 習 題

4–1 令一隨機變數，其累加機率函數為 $F(X) = \dfrac{X^2}{25}$，$X = 1, 2, 3, 4, 5$。
試求其機率函數 $f(X)$，並計算其平均數、變異數、眾數及中位數。

4–2 設隨機變數 X，有下列之機率分配：

X	0	1	2	3	4
$f(X)$	p	2p	2p	p	2p

試求：

1. $E(X), E(2X), E(10 - X)$

2. $E(X^2)$

3. $V(X)$

4. 若令 $Y = 12 + 3X$，則 $E(Y) =?\ V(Y) =?$

4–3 已知 X、Y 兩隨機變數的聯合機率分配如下：

Y \ X	1	2	3	4
1	r	r	$\dfrac{r}{2}$	$\dfrac{r}{2}$
2	$\dfrac{r}{2}$	r	$\dfrac{r}{2}$	r
3	$\dfrac{r}{2}$	$\dfrac{r}{2}$	r	r

請答下列各題：

1. $X < 2$ 且 $Y < 3$ 的機率。

2.$X = 3$ 但已知 $Y = 3$ 的條件下的機率。

3.求 $P(x_i), i = 1, 2, 3, 4;\ P(y_j), j = 1, 2, 3$。並驗證 $P(x_i, y_j)$ 是否等
於 $P(x_i)P(y_j)$。

4-4 已知 X 為連續隨機變數，其機率密度函數為:

$$f(X) = \begin{cases} kX(1-X) & \text{若} 0 < X < 1; \\ 0 & \text{其他} \end{cases}$$

試求 k 值，$P(X \geq 0.5)$，期望值 (μ_X)，中位數 (M_e) 及變異數 $(V(X)$
或 $\sigma_X^2)$。

4-5 若有 12 張撲克牌 (點數分別為 3、6、9)。今從中隨機抽取 2 張，
試回答下列問題:

1.抽出放回: 令 $X =$ 第一張牌的點數，$Y =$ 第二張牌之點數，
$Z =$ 兩張牌點數相同時之點數。

(a)X、Y、Z 都是隨機變數嗎? 若是，請分別列出其機率分
配，並計算其平均數及變異數。

(b)列出 X、Y 的聯合機率分配表，並計算 Cov (X, Y) 及 ρ_{XY}。

(c)X、Y 彼此互相獨立或相依?

(d)令 $W = X + Y$，$R = X - Y$，請列出 W、R 之聯合機率分配
表，並求 $E(W)$，$V(W)$，$E(R)$，$V(R)$。並判斷 W、R 是否
互相獨立?

(e)求 $E(W|R = 0)$，$V(W|R = 0)$。

2.抽出不放回: X、Y、Z 之定義如前所述。

(a)X、Y、Z 都是隨機變數嗎? 求 $E(X)$，$V(X)$，$E(Y)$，$V(Y)$。

(b)列出 X、Y 的聯合機率分配表，並計算 Cov(X, Y) 及 ρ_{XY}，
又 X 與 Y 朝相同方向變動嗎? 或 X 與 Y 彼此獨立嗎?

4-6 某一社區有十對夫婦均外出工作，年所得 (以千元計) 的分配如

下:

編　　　號	1	2	3	4	5	6	7	8	9	10
丈夫所得	10	15	15	10	10	15	20	15	20	20
妻子所得	5	15	10	10	10	5	10	10	15	10

該社區以抽籤方式隨機抽出一對夫婦作為代表, 且以 X 與 Y 分別代表丈夫及妻子的所得, 試求:

1.X、Y 的聯合機率分配表。

2.$E(X)$, $V(X)$, $E(Y)$, $V(Y)$

3.$\text{Cov}(X, Y)$, ρ_{XY}

4.若上列 20 個數值都減少 5 單位, 則 $\text{Cov}(X, Y)$ 是否改變? $V(X)$, $V(Y)$ 是否改變?

5.若將衡量單位由千元改為元, 則 $\text{Cov}(X, Y)$ 與 ρ_{XY} 是否有所改變?

6.$E(Y|X = 10)$, $E(Y|X = 15)$ 及 $E(Y|X = 20)$。

7.設 $W = 0.6X + 0.8Y$ 為課稅後總所得, 求 $E(W)$ 及 $V(W)$。

4-7　考慮上題夫婦總所得 (S) 中的課稅 (T) 情形, 分別求 T 的平均數及變異數。

1.設按總所得一律課 20% 的稅額, 即 $T = 0.2S$。

2.設總所得依下列公式課稅: $T = 0.5(S - 12)$。

3.設總所得依累進稅率, 而以下表的方式課稅:

S	10	15	20	25	30	35	40
T	1	2	3	5	7	10	13

4.T 代表夫婦的課稅額 (此夫婦為隨機抽出), 試依下列三種優點比較上述三種課稅計劃:

(a)何種計劃使政府有最多的稅收?

(b)何種計劃最公平（即課稅後淨所得的變異數為最小）？

(c)何種計劃在高所得水準下其邊際稅率最小（即富有夫婦 ($S =$ 35) 所賺的最後一塊錢繳最少的稅），而有最強的誘因使該 夫婦繼續工作？

4-8　設隨機變數 X 的平均數 $\mu_X = 10$，變異數 $\sigma_X^2 = 4$，求：

　1.$P(|X - 10| \leq 3) = ?$

　2.若 $P(|X - 10| \geq b) \leq 0.04$，則 $b = ?$

第五章　特殊間斷隨機變數及
其機率分配

　　前面一章我們已經對間斷隨機變數詳加介紹，本章則擬介紹五個特殊的、常見的間斷隨機變數及其機率分配。

第一節　間斷單一分配

一、間斷單一隨機變數

　　假如在投擲一枚硬幣、一粒骰子的隨機試驗中，或從一副撲克牌（52 張）中隨機抽出一張牌的行動中，我們以下面（例 5-1）的方式去定義 "X"。

【例 5-1】

(a)投擲一枚公平的硬幣, 令 $X = \begin{cases} 1, & \text{正面向上} \\ 2, & \text{反面向上} \end{cases}$

(b)投擲一粒公平的骰子, 令 $X = \begin{cases} 1, & \text{點 "1"向上} \\ 2, & \text{點 "2"向上} \\ \vdots \\ 6, & \text{點 "6"向上} \end{cases}$

(c)從一副洗得非常均勻的撲克牌（52 張）中, 隨機抽出一張,

令 $X = \begin{cases} 1, & A \\ 2, & 2 \\ 3, & 3 \\ \vdots \\ 10, & 10 \\ 11, & J \\ 12, & Q \\ 13, & K \end{cases}$

則(a)、(b)及(c)的例子中,X 均為間斷隨機變數,且其機率分配如圖5-1。

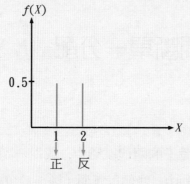

(a) 投擲一枚公平的硬幣

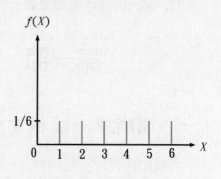

(b) 投擲一粒公平的骰子

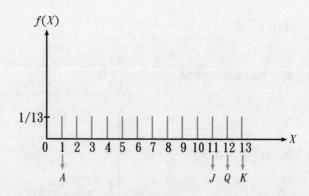

(c) 從一副洗得非常均勻的撲克牌(52張)中隨機抽出一張

圖5-1　間斷隨機變數 X 的機率分配圖（例5-1）

此例中，X 的機率函數分別為：

(a) $f(X) = \dfrac{1}{2}, \quad X = 1, 2$

(b) $f(X) = \dfrac{1}{6}, \quad X = 1, 2, \cdots, 6$

(c) $f(X) = \dfrac{1}{13}, \quad X = 1, 2, \cdots, 13$

而像本例中的這種間斷隨機變數，不管 X 的數值為多少，其對應的機率完全一致，正因為如此，統計學家把這樣的隨機變數叫做**間斷單一隨機變數**。

定義 5-1　**間斷單一隨機變數**

　　若 X 為定義在一項隨機試驗之樣本空間上面的間斷隨機變數，且 X 共有 N 個可能數值，分別為 $1, 2, 3, \cdots, N$ 等正整數，此時，若 X 於任何數值之下，其對應的機率完全一致，以數學式表示即為：

$$f(X) = \frac{1}{N}, \quad X = 1, 2, 3, \cdots, N$$

　　$f(X)$　為 X 的機率函數

則 X 稱為**間斷單一隨機變數**(Discrete Uniform Random Variable) 或稱為**間斷矩形隨機變數**(Discrete Rectangular Random Variable)。

二、間斷單一隨機變數的期望值及變異數

　　根據前面一章第三節，間斷隨機變數的期望值及變異數的定義（定義 4-7）：

$$E(X) = \sum_i x_i f(x_i)$$
$$V(X) = \sum_i (x_i - E(X))^2 f(x_i) = \sum_i x_i^2 f(x_i) - (E(X))^2$$

我們可以推導出間斷單一隨機變數的期望值及變異數如下:

期望值 $\quad E(X) = \sum_i x_i f(x_i), \quad i = 1, 2, \cdots, N$

$$= \sum_i x_i \frac{1}{N}, \quad f(x_i) = \frac{1}{N}$$

$$= \frac{1}{N}(1 + 2 + \cdots + N)$$

$$= \frac{1}{N} \cdot \frac{N(1+N)}{2}$$

$$= \frac{N+1}{2} \tag{5-1}$$

變異數 $\quad V(X) = \sum_i x_i^2 f(x_i) - (E(X))^2$

$$= \sum_i x_i^2 \frac{1}{N} - \left(\frac{N+1}{2}\right)^2$$

$$= \frac{1}{N}(1^2 + 2^2 + \cdots + N^2) - \left(\frac{N+1}{2}\right)^2$$

$$= \frac{1}{N}\left(\frac{N(N+1)(2N+1)}{6}\right) - \left(\frac{N+1}{2}\right)^2$$

$$= \frac{N^2 - 1}{12} \tag{5-2}$$

【例5-2】

從一副洗得非常均勻的撲克牌（52 張）中, 隨機抽出一張,

若令 $\qquad X = \begin{cases} 1, & \text{黑花} \\ 2, & \text{黑桃} \\ 3, & \text{紅磚} \\ 4, & \text{紅桃} \end{cases}$

試答下列各題:

(1) X 為間斷單一隨機變數嗎? 寫出 X 的機率函數。

(2)根據 $E(X)$, $V(X)$ 的定義式, 求算 $E(X) =$? $V(X) =$?

(3)利用公式 (5-1) 及 (5-2)，求算 $E(X)$ 及 $V(X)$。又其結果是否與 (2)所得到的完全相同？

【解】

(1)X 為間斷隨機變數，且 X 於 1,2,3,4 任一數值之下，其對應的機率均為 $\frac{1}{4}$，即：

$$f(X) = \frac{1}{4}, \quad X = 1, 2, 3, 4$$

故 X 為間斷單一隨機變數。

(2)根據 $E(X)$ 及 $V(X)$ 的定義式，我們得到：

$$E(X) = \sum x_i f(x_i) = 1\left(\frac{1}{4}\right) + 2\left(\frac{1}{4}\right) + \cdots + 4\left(\frac{1}{4}\right) = \frac{5}{2}$$

$$V(X) = \sum x_i^2 f(x_i) - (E(X))^2$$

$$= 1^2\left(\frac{1}{4}\right) + 2^2\left(\frac{1}{4}\right) + \cdots + 4^2\left(\frac{1}{4}\right) - \left(\frac{5}{2}\right)^2 = \frac{5}{4}$$

(3)利用公式 (5-1) 及 (5-2)，我們也得到：

$$E(X) = \frac{N+1}{2} = \frac{4+1}{2} = \frac{5}{2}$$

$$V(X) = \frac{N^2-1}{12} = \frac{4^2-1}{12} = \frac{15}{12} = \frac{5}{4}$$

此種結果與(2)所得答案完全一致。

第二節　二項分配

基本上，**二項分配**是最重要、最常見的間斷隨機變數之機率分配。一般而言，很多的隨機試驗，其樣本空間往往可以分成二種類別的成果。例如投擲硬幣，不是出現正面，就是出現反面；投擲骰子，不是出現奇數點，就是出現偶數點；某工廠所生產之產品，不是完整毫無缺點，就是有缺點；學生參加考試，不是及格，就是不及格。以上的例

子，我們都可以將其中一種類別的成果，稱為「**成功**」(Success)，另一種類別的成果稱為「**失敗**」(Failure)。而從這類隨機試驗所衍生出來的隨機變數，它們的分配常常就是呈現所謂的二項分配。

統計學上，就二項分配而言，貢獻最大的是瑞士的數學家百奴里 (J. Bernoulli)，因此後人就將上述隨機試驗在同樣的條件下重複進行的過程，稱為**百奴里過程**(Bernoulli Process) 或稱為**百奴里試行**(Bernoulli Trials)。

一、百奴里試行

如果隨機試驗在同樣的條件下重複進行 n 次，則我們稱該項隨機試驗含有 n 次的試行。而若該項隨機試驗具有**下列的性質**，我們就稱它為「百奴里試行」。

⑴每一次的試行，都只有兩種可能成果，其中的一種，稱之為「成功」，以 S 表示之，另外的一種稱之為「失敗」，以 F 表示之。

⑵每一次的試行，出現 S（或 F）的機率一直都維持不變。換句話說，若第一次的試行，出現 S（或 F）的機率為 $p(S_1)$（或 $p(F_1)$），第 i 次的試行，出現 S（或 F）的機率為 $p(S_i)$（或 $p(F_i)$），則

$$p(S_1) = p(S_2) = \cdots = p(S_n) = p(S) = p,$$

$$p(F_1) = p(F_2) = \cdots = p(F_n) = p(F) = q = 1 - p$$

⑶每一次的試行，彼此均獨立，亦即第二次的試行，將出現何種成果，不受第一次試行所出現的成果而影響。這種情況，若以數學式表示，即：

$$p(S_2|S_1) = p(S_2)$$

或　　　$p(S_2|F_1) = p(S_2)$

　　下面的例子，就是根據隨機試驗是否具有上面所述的性質，來判斷該隨機試驗是否為百奴里試行。

【例 5-3】

試檢查下列隨機試驗是否為「百奴里試行」？

(a)投擲一枚硬幣（不一定是公平的硬幣）三次，若令出現正面為 S，出現反面為 F。

(b)一個袋內共有 10 個球，其中 3 個是藍色球，7 個是紅色球。今從袋中抽兩球，但抽出第一球後，將該球放回，而後再抽第二球（此種抽法就是所謂的**抽出放回**(With replacement)）。今令抽得紅色球為 S，抽得藍色球為 F。

(c)一個袋內共有 10 個球，其中 3 個是藍色球，7 個是紅色球。今從袋中抽兩球，但抽出第一球後，不將該球放回即抽第二球（此即所謂的**抽出不放回**(Without replacement)）。並令抽得紅色球為 S，抽得藍色球為 F。

(d)一個袋內共有100000 個球，其中 30000 個是藍色球，70000 個是紅色球。今從袋中抽兩球，但**抽出不放回**。並令抽得紅色球為 S，抽得藍色球為 F。

【解】

(a)若將該硬幣投擲無限多次，而令出現正面 (S) 之次數所占的比例為 p，出現反面 (S) 之次數所占的比例為 $q = 1 - p$，今若投擲該硬幣三次，則：

(i) 每次投擲的結果，不是出現 S，就是出現 F。

(ii) 若令 S_i 是第 i 次的試行，出現 S。

　　　F_i 是第 i 次的試行，出現 F。

　則　　$p(S_1) = p,\ \ p(F_1) = q,\ \ p(S_2) = p$

$$p(F_2) = q, \quad p(S_3) = p, \quad p(F_3) = q$$

$$p(S_1) = p(S_2) = p(S_3) = p$$

$$p(F_1) = p(F_2) = p(F_3) = q = 1 - p$$

即每次的投擲，出現 S（或 F）的機率一直都維持不變，其機率為 p（或 $q = 1 - p$）。

(iii) 由於第一次出現何種成果，並不影響第二次的投擲將出現何種成果，

$$p(S_2|S_1) = p, \quad \text{而} \because p(S_2) = p$$

$$\therefore \quad p(S_2|S_1) = p(S_2)$$

因此每一次的投擲彼此獨立。

所以投擲硬幣三次的隨機試驗為**百奴里試行**。

(b)從袋中抽兩球，由於：

(i) 抽出的第一球，不是紅色球 (S)，就是藍色球 (F)。

抽出的第二球，不是紅色球 (S)，就是藍色球 (F)。

因此每次的試行，都只有兩種可能成果，不是 S，就是 F。

(ii) 若令 S_i 是第 i 次的試行，出現 S。

F_i 是第 i 次的試行，出現 F。

則 $\quad p(S_1) = \dfrac{7}{10}, \quad p(F_1) = \dfrac{3}{10}$

$$p(S_2) = \dfrac{7}{10}, \quad p(F_2) = \dfrac{3}{10}$$

$$p(S_1) = p(S_2) = \dfrac{7}{10}$$

$$p(F_1) = p(F_2) = \dfrac{3}{10} = 1 - \dfrac{7}{10}$$

即每次的試行，出現 S（或 F）的機率一直都維持不變，其機率為 $\dfrac{7}{10}$（或 $\dfrac{3}{10}$）。

(iii) 由於**抽出放回**，所以在已知抽出的第一球為紅色球 (S_1) 的條件

下，抽得之第二球為紅色球 (S_2) 的機率為：

$$p(S_2|S_1) = \frac{7}{10}$$

而 $\because p(S_2) = \frac{7}{10}$

$$\therefore p(S_2|S_1) = p(S_2)$$

因此，每一次的試行彼此獨立。

所以，從 10 個球之袋中，抽 2 個球（**抽出放回**）的隨機試驗為**百**

奴里試行。

(c)從袋中抽兩球，因為：

(i) 抽出的第一球，不是紅色球 (S)，就是藍色球 (F)。

抽出的第二球，不是紅色球 (S)，就是藍色球 (F)。

因此，每次的試行，都只有兩種可能成果，不是 S，就是 F。

(ii) 若令 S_i 是第 i 次的試行，出現 S。

F_i 是第 i 次的試行，出現 F。

則　$p(S_1) = \frac{7}{10}$,　$p(F_1) = \frac{3}{10}$

$$p(S_2) = p(S_1 \cap S_2) + p(F_1 \cap S_2)$$

$$= p(S_1) \cdot p(S_2|S_1) + p(F_1) \cdot p(S_2|F_1)$$

$$= \frac{7}{10} \cdot \frac{6}{9} + \frac{3}{10} \cdot \frac{7}{9}$$

$$= \frac{7}{10}$$

$$p(F_2) = p(S_1 \cap F_2) + p(F_1 \cap F_2)$$

$$= p(S_1) \cdot p(F_2|S_1) + p(F_1) \cdot p(F_2|F_1)$$

$$= \frac{7}{10} \cdot \frac{3}{9} + \frac{3}{10} \cdot \frac{2}{9}$$

$$= \frac{3}{10}$$

$$p(S_1)=p(S_2) = \frac{7}{10}, \quad p(F_1) = p(F_2) = \frac{3}{10}$$

即每次的試行，出現 S（或 F）的機率一直都維持不變，其機率為 $\frac{7}{10}$（或 $\frac{3}{10}$）。

(iii) 由於抽出不放回，所以在已知抽出的第一球為紅色球 (S_1) 的條件下，抽得之第二球為紅色球 (S_2) 的機率為：

$$p(S_2|S_1) = \frac{6}{9}$$

而 $\because p(S_2) = \frac{7}{10}$

$$\therefore p(S_2|S_1) \neq p(S_2)$$

因此，每次的試行彼此並不獨立。

所以，從 10 個球之袋中，抽 2 個球（**抽出不放回**）的隨機試驗**不為百奴里試行**。

(d)從袋中抽兩球，因為：

(i) 抽出的第一球，不是紅色球 (S)，就是藍色球 (F)。

抽出的第二球，不是紅色球 (S)，就是藍色球 (F)。

因此，每次的試行，都只有兩種可能成果，不是 S，就是 F。

(ii)若令 S_i 是第 i 次的試行，出現 S。

F_i 是第 i 次的試行，出現 F。

則 $p(S_1) = \frac{70000}{100000} = \frac{7}{10}, \quad p(F_1) = \frac{30000}{100000} = \frac{3}{10}$

$$p(S_2)=p(S_1 \cap S_2) + p(F_1 \cap S_2)$$

$$=p(S_1) \cdot p(S_2|S_1) + p(F_1) \cdot p(S_2|F_1)$$

$$=\frac{70000}{100000} \cdot \frac{69999}{99999} + \frac{30000}{100000} \cdot \frac{70000}{99999}$$

$$=\frac{7}{10}$$

$$p(F_2) = p(S_1 \cap F_2) + p(F_1 \cap F_2)$$

$$= p(S_1) \cdot p(F_2|S_1) + p(F_1) \cdot p(F_2|F_1)$$

$$= \frac{70000}{100000} \cdot \frac{30000}{99999} + \frac{30000}{100000} \cdot \frac{29999}{99999}$$

$$= \frac{3}{10}$$

$$p(S_1) = p(S_2) = \frac{7}{10}, \quad p(F_1) = p(F_2) = \frac{3}{10}$$

即每次的試行，出現 S（或 F）的機率一直都維持不變，其機率為 $\frac{7}{10}$（或 $\frac{3}{10}$）。

(iii) 雖然抽出不放回，但在已知抽出的第一球為紅色球 (S_1) 的條件下，抽得之第二球為紅色球 (S_2) 的機率為：

$$p(S_2|S_1) = \frac{69999}{99999}$$

而∵ $p(S_2) = \frac{7}{10}$

∴ $p(S_2|S_1) \neq p(S_2)$

因此，每次的試行彼此不獨立。

所以，從 100000 個球之袋中，抽 2 個球（**抽出不放回**）的隨機試驗，原則上說來，並**不是百奴里試行**，但是 "$\frac{69999}{99999}$" 與 "$\frac{7}{10}$" 相差極微，尤其是袋中的球數非常多時，即使抽出不放回，$p(S_2|S_1)$ 的值幾幾乎乎就等於 $p(S_2)$，因此，我們可以認為此項隨機試驗**接近於** (approximate to) 百奴里試行。

定義 5-2　二項隨機變數、二項機率函數及累加二項機率函數

　　一項有 n 次試行的隨機試驗，如果每次的試行都只有兩種類別的成果（S 及 F）；而每次的試行，出現 S（或 F）的機率一直都維持不變，其機率為 p（或 q）；且每次的試行彼此獨立。此時，若定義

"X"為 n 次試行中出現 S 的次數，則 X 稱為**二項隨機變數**(Binomial Random Variable)。而 X 的**機率函數** (Binomial Probability Function)，以 $f(X)$ 或 $b(X; n, p)$ 表示之，為:

$$f(X = x) = f(x) = \binom{n}{x} p^x q^{n-x}, \quad x = 0, 1, 2, \cdots, n$$

X 的**累加機率函數** (Cumulative Binomial Probability Function)，以 $F(X)$ 或 $B(X; n, p)$ 表示之，為:

$$F(X = x) = F(x) = \sum_{X \le x} \binom{n}{X} p^X q^{n-X}$$

然而，為何在 n 次的試行中，二項隨機變數X 的機率函數是 $\binom{n}{x} p^x q^{n-x}$，其理由簡要說明如下:

(1)當 $X = 0$，即 n 次的試行中，出現 0 次的 S，亦即 n 次都出現 F。此種情形，以符號表示為 $F_1, F_2, \cdots, F_n$; 或即 $X = 0$ 時，對應的樣本點為 $F_1 F_2 \cdots F_n$。

而因為各次的試行彼此獨立，所以

$$p(F_1 F_2 \cdots F_n) = p(F_1) \cdot p(F_2) \cdots p(F_n)$$

$$= q \cdot q \cdots q$$

$$= q^n$$

$$= \binom{n}{0} p^0 q^n$$

$$\therefore \quad f(X = 0) = p(X = 0) = p(F_1 F_2 \cdots F_n) = \binom{n}{0} p^0 q^n$$

(2)當 $X = 1$，即 n 次的試行中，出現 1 次的 S，其餘的 $n-1$ 次都出現 F，而這個 S 可能是在第一次的試行出現，可能是在第二次的試行出

現,……, 也可能是在第 n 次的試行出現; 即 $X = 1$ 時, 對應的樣本點為:

$$
\left\{
\begin{array}{l}
\underbrace{S_1\ F_2\ F_3\ \cdots\ F_n}_{(n-1)\text{個 “}F\text{”}} \\[1em]
\text{或} \\[1em]
F_1\ S_2\ \underbrace{F_3\ \cdots\ F_n} \\
\qquad\swarrow\ (n-1)\text{個“}F\text{”} \\
\vdots \\
\vdots \\
\text{或} \\[1em]
\underbrace{F_1\ F_2\ \cdots\ F_{n-1}\ S_n}_{(n-1)\text{個 “}F\text{”}}
\end{array}
\right\}
\quad \text{共有} \binom{n}{1} \text{個樣本點}_{(\text{註}\,1)}
$$

而因為各次的試行彼此獨立, 所以

$$
\begin{aligned}
p(S_1 F_2 F_3 \cdots F_n) &= p(S_1) \cdot p(F_2) \cdot \cdots \cdot p(F_n) \\[0.5em]
&= p \cdot q \cdot \cdots \cdot q \\[0.5em]
&= pq^{n-1}
\end{aligned}
$$

$$
\begin{aligned}
p(F_1 S_2 F_3 \cdots F_n) &= p(F_1) \cdot p(S_2) \cdot p(F_3) \cdot \cdots \cdot p(F_n) \\[0.5em]
&= q \cdot p \cdot q \cdot \cdots \cdot q \\[0.5em]
&= pq^{n-1} \\[0.5em]
&\qquad\vdots \\[0.5em]
&\qquad\vdots
\end{aligned}
$$

$$
\begin{aligned}
p(F_1 F_2 \cdots F_{n-1} S_n) &= p(F_1) \cdot p(F_2) \cdot \cdots \cdot p(F_{n-1}) \cdot p(S_n) \\[0.5em]
&= q \cdot \cdots \cdot q \cdot p
\end{aligned}
$$

$$=pq^{n-1}$$

$$\therefore \quad f(X=1)=p(X=1)=p(S_1F_2F_3\cdots F_n)+p(F_1S_2F_3\cdots F_n)+\cdots$$

$$+p(F_1F_2\cdots F_{n-1}S_n)$$

$$=n\cdot pq^{n-1}=\binom{n}{1}pq^{n-1}$$

(3)當 $X=2$，即 n 次的試行中，出現 2 次的 S，其餘的$n-2$次都出現 F，而這 2 個 S，可能是在第一、二次的試行出現，可能是在第一、三次的試行出現，……，可能是在第 $n-1, n$ 次的試行出現；即 $X=2$時，對應的樣本點為：

$$\left.\begin{cases} S_1 \ S_2 \ F_3 \ \cdots \ F_n \\ S_1 \ F_2 \ S_3 \ F_4 \ \cdots \ F_n \\ \vdots \\ \vdots \\ F_1 \ F_2 \ \cdots \ F_{n-2} \ S_{n-1} \ S_n \end{cases}\right\}$$ 共有 $\binom{n}{2}$ 個樣本點（註 2）

然而，因為各次的試行彼此獨立，所以

$$p(S_1S_2F_3\cdots F_n)=p(S_1)\cdot p(S_2)\cdot p(F_3)\cdot\cdots\cdot p(F_n)$$

$$=p\cdot p\cdot q\cdot\cdots\cdot q$$

$$=p^2q^{n-2}$$

$$p(S_1F_2S_3F_4\cdots F_n)=p(S_1)\cdot p(F_2)\cdot p(S_3)\cdot p(F_4)\cdot\cdots\cdot p(F_n)$$

$$=p\cdot q\cdot p\cdot q\cdot\cdots\cdot q$$

$$=p^2q^{n-2}$$

$$\vdots$$

$$\vdots$$

$$p(F_1 F_2 \cdots F_{n-2} S_{n-1} S_n) = p(F_1) \cdot p(F_2) \cdot \cdots \cdot p(F_{n-2}) \cdot p(S_{n-1}) \cdot p(S_n)$$

$$= q \cdot q \cdot \cdots \cdot q \cdot p \cdot p$$

$$= p^2 q^{n-2}$$

$$\therefore \quad f(X = 2) = p(X = 2) = p(S_1 S_2 F_3 \cdots F_n) + p(S_1 F_2 S_3 F_4 \cdots F_n) + \cdots$$

$$+ p(F_1 F_2 \cdots F_{n-2} S_{n-1} S_n)$$

$$= \binom{n}{2} p^2 q^{n-2}$$

依此類推，我們發現

$$\left.\begin{array}{l}
f(X = 0) = \dbinom{n}{0} p^0 q^{n-0} \\[2em]
f(X = 1) = \dbinom{n}{1} p^1 q^{n-1} \\[2em]
f(X = 2) = \dbinom{n}{2} p^2 q^{n-2} \\[2em]
f(X = 3) = \dbinom{n}{3} p^3 q^{n-3} \\[1em]
\quad\vdots \\
\quad\vdots \\[1em]
f(X = n - 1) = \dbinom{n}{n-1} p^{n-1} q^1 \\[2em]
f(X = n) = \dbinom{n}{n} p^n q^0
\end{array}\right\} \qquad (5-3)$$

因此，X 的機率函數為：

$$f(X = x) = f(x) = \binom{n}{x} p^x q^{n-x}, \quad x = 0, 1, 2, \cdots, n \text{ (註 3)} \qquad (5-4)$$

再者，統計學家更發現式 (5-3)，實際上就是二項和 $(p + q)$ 之 n 次方展
開式中的各項：

$$(p + q)^n = \binom{n}{0} p^0 q^n + \binom{n}{1} p^1 q^{n-1} + \binom{n}{2} p^2 q^{n-2} + \cdots$$

$$+ \binom{n}{n-1} p^{n-1} q^1 + \binom{n}{n} p^n q^0$$

正因為如此, 隨機變數 X 乃有**二項隨機變數**之稱, 而其機率分配也因此被稱為**二項分配** (Binomial Distribution)。

從二項隨機變數的機率函數及累加機率函數的定義, 我們更進一步得到下面幾個特點 (這些特點在實際的例子中, 常有其用途):

(1) n 次試行中, 出現 x 次的 S 的機率等於出現 $n-x$ 次 F 的機率, 即

$$b(x; n, p) = b(n - x; n, p^*), \quad p^* = 1 - p$$

這是因為

$$b(x; n, p) = \binom{n}{x} p^x q^{n-x} = \binom{n}{n-x} q^{n-x} p^{n-(n-x)}$$

$$= \binom{n}{n-x} p^{*^{n-x}} q^{*^x}$$

$$= b(n - x; n, p^*)$$

(2) n 次試行中, 出現 x 次的 S 的機率等於至多出現 x 次的 S 的機率與至多出現 $(x - 1)$ 次的 S 的機率之差, 即

$$b(x; n, p) = B(x; n, p) - B((x - 1); n, p)$$

(3)

$$p(X \geq a) = 1 - B((a - 1); n, p)$$

$$p(X > a) = 1 - B(a; n, p)$$

$$p(a \leq X \leq b) = B(b; n, p) - B((a - 1); n, p)$$

a, b 為 $0, 1, \cdots, n$ 當中的任一數值, 但 $a < b$

(4) 二項隨機變數 X 之機率分配 (二項分配) 對稱與否, 完全受 "p" 的

影響:

(i) 當 n 固定時, 若

　　$p = 0.5$, 二項分配為一對稱分配

　　$p < 0.5$, 二項分配為一右偏分配

　　$p > 0.5$, 二項分配為一左偏分配

例如當 $n = 5$, $p = 0.5$, 0.2, 或 0.9 時, 二項隨機變數 X 的機率分配如表 5-1 或圖 5-2。

(ii) 若 p 之值固定, 但不等於 0.5（例如 $p = 0.2$）, 則不管 n 為多少, 二項隨機變數 X 的機率分配都呈右偏, 但隨著 n 的增大, 偏態的情況減緩。而當 n 非常大時, X 的機率分配幾乎接近於對稱分配。

表5-1　二項隨機變數 X 之機率分配表 $(n = 5)$

X	$b(x; n, p = 0.5)$	$b(x; n, p = 0.2)$	$b(x; n, p = 0.9)$
0	.0313	.3277	.0000
1	.1563	.4096	.0004
2	.3125	.2048	.0081
3	.3125	.0512	.0729
4	.1563	.0064	.3280
5	.0313	.0003	.5905

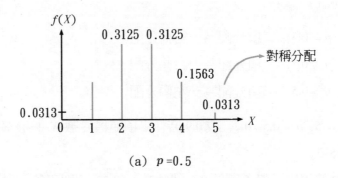

(a) $p = 0.5$

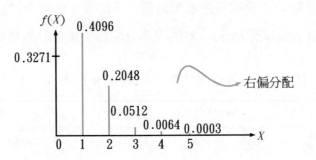

(b) $p = 0.2$

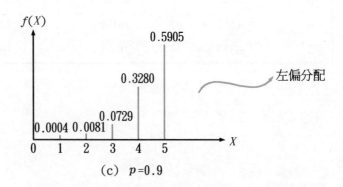

(c) $p = 0.9$

圖 5-2 二項隨機變數 X 之機率分配圖 $(n = 5)$

【例 5-4】

從一副洗得非常均勻的撲克牌中，隨機抽出 5 張（抽出放回），試答下列各題：

(1)出現三張「紅磚」的機率多大?

(2)至多出現 3 張「紅磚」的機率多大? 至少出現 3 張「紅磚」的機率多大?

【解】

若令抽牌出現「紅磚」為 S，其他為 F，則此項隨機試驗為**百奴里試行**，且 $n = 5$，$p = \dfrac{13}{52} = 0.25$。

(1)出現 3 張「紅磚」的機率為：

$$b(3; 5, 0.25) = \binom{5}{3}(0.25)^3(0.75)^2 = 0.0879$$

(2)(a)至多出現 3 張「紅磚」的機率為：

$$B(3; 5, 0.25)$$

$$= b(0; 5, 0.25) + b(1; 5, 0.25) + b(2; 5, 0.25) + b(3; 5, 0.25)$$

$$= \binom{5}{0}(0.25)^0(0.75)^5 + \binom{5}{1}(0.25)^1(0.75)^4 + \binom{5}{2}(0.25)^2(0.75)^3$$

$$\quad + \binom{5}{3}(0.25)^3(0.75)^2$$

$$= 0.2373 + 0.3955 + 0.2637 + 0.0879$$

$$= 0.9844$$

(b)至少出現 3 張「紅磚」的機率為：

$$b(3; 5, 0.25) + b(4; 5, 0.25) + b(5; 5, 0.25)$$

$$= \binom{5}{3}(0.25)^3(0.75)^2 + \binom{5}{4}(0.25)^4(0.75)^1 + \binom{5}{5}(0.25)^5(0.75)^0$$

$$= 0.0879 + 0.0146 + 0.0010$$

$$= 0.1035$$

（至少出現 3 張「紅磚」的機率，亦可用 "$1 - B(2; 5, 0.25)$" 的方法求算。）

　　當二項隨機變數之試行的次數比較大的情況下（例如 $n = 20, 30, 50,$ …），我們如果要求算二項機率或累加二項機率，此種計算過程將是非常繁瑣的工作。不過，統計學家已利用電腦去計算各種 n 及 p 的數值之下的二項機率及累加二項機率，並且整理製表分別如附錄表 (2)及附錄表 (3)。茲以下面的例子說明如何使用**二項機率表**(Individual Binomial Probability Table)～**附錄表 (2)**，及**累加二項機率表** (Cumulative Binomial Probability Table)～**附錄表 (3)**。

【例 5-5】

若某生產線所生產之產品有瑕疵的機率為 0.30，且該生產線所生產之第 i 件產品是否有瑕疵與第 j 件是否有瑕疵，彼此獨立。今若該生產線某日共生產 20 件產品，試答下列各題：

(1)剛好 8 件產品有瑕疵的機率多大？

(2)至多 8 件產品有瑕疵的機率多大？至少 8 件產品有瑕疵的機率多大？

(3)剛好 8 件產品為無瑕疵的機率多大？

(4)至少 8 件產品為無瑕疵的機率多大？

【解】

若令產品有瑕疵為 S，無瑕疵為 F，則此項隨機試驗為百奴里試行，且 $n = 20$, $p = 0.30$

(1)「剛好 8 件產品有瑕疵」的機率為：

$$b(8; 20, 0.30) = \binom{20}{8}(0.30)^8(0.70)^{12}$$

此機率我們可從附錄表 (2) 獲得。於附錄表 (2)，我們先找 $n = 20$，而後找出 $p = 0.30$ 那一行，$X = 8$ 那一列，其對應的數值為 “0.1144”。此即是：

$$b(8; 20, 0.30) = 0.1144$$

∴「剛好 8 件產品有瑕疵」的機率為 0.1144

(2)(a)「至多 8 件產品有瑕疵」的機率為：

$$B(8; 20, 0.30) = b(0; 20, 0.30) + b(1; 20, 0.30) + b(2; 20, 0.30) + \cdots$$
$$+ b(8; 20, 0.30)$$

而從附錄表 (2)，我們可獲得

$$b(0; 20, 0.30) = 0.0008$$

$$b(1; 20, 0.30) = 0.0064$$

$$\vdots$$

$$b(8; 20, 0.30) = 0.1144$$

「至多 8 件產品有瑕疵」的機率為

$$(0.0008 + 0.0064 + \cdots + 0.1144)$$

但 $B(8; 20, 0.30)$ 亦可從附錄表 (3) 獲得。於附錄表 (3) 中，先找 $n = 20$，而後找 $p = 0.30$ 那一行，$X = 8$ 那一列，其對應的數值為 “0.8867”。此即是：

$$B(8; 20, 0.30) = 0.8867$$

(b)「至少 8 件產品有瑕疵」的機率為：

$$1 - B(7; 20, 0.30)$$

從附錄表 (3)，可查得 $B(7; 20, 0.30) = 0.7723$

∴至少 8 件產品有瑕疵的機率為 $1 - 0.7723 = 0.2277$

(3)「剛好 8 件產品為無瑕疵」事實上就是「剛好 12 件產品有瑕疵」，因此，從附錄表 (2)可得：

$$b(12; 20, 0.30) = 0.0039$$

(4)「至少 8 件產品為無瑕疵」事實上就是「至多 12 件產品有瑕疵」，而從附錄表 (3)，可查得「至多 12 件產品有瑕疵」的機率為：

$$B(12; 20, 0.30) = 0.9987$$

三、二項隨機變數的平均數及變異數

從第四章的定義 4-7，我們可以得到二項隨機變數 X 的平均數及變異數分別為 (註 4)：

$$E(X) = \sum_{X=0}^{n} X f(X) = \sum_{X=0}^{n} X \cdot \binom{n}{X} p^X q^{n-X} = np \tag{5-5}$$

$$V(X) = \sum_{X=0}^{n} (X - E(X))^2 f(X) = \sum_{X=0}^{n} (X - E(X))^2 \binom{n}{X} p^X q^{n-X}$$

$$= \sum_{X=0}^{n} X^2 \cdot \binom{n}{X} p^X q^{n-X} - [E(X)]^2 = npq \tag{5-6}$$

二項隨機變數 X 之平均數 $E(X) = np$，變異數 $V(X) = npq$，我們也可用另一種更簡單的方法獲得。茲說明於下：

在 n 次的試行中，若令 X_1 為第一次試行出現 S 的次數，則：

$$X_1 = \begin{cases} 1 \\ 0 \end{cases} \qquad 且 \qquad \begin{cases} f(X_1 = 1) = p \\ f(X_1 = 0) = q \end{cases}$$

$$E(X_1) = p, \quad V(X_1) = pq$$

又令 X_2 為第二次試行出現 S 的次數，則：

$$X_2 = \begin{cases} 1 \\ 0 \end{cases} \qquad 且 \qquad \begin{cases} f(X_2 = 1) = p \\ f(X_2 = 0) = q \end{cases}$$

$$E(X_2) = p, \quad V(X_2) = pq$$

並令 X_i 為第 i 次試行出現 S 的次數，則：

$$X_i = \begin{cases} 1 \\ 0 \end{cases} \quad 且 \quad \begin{cases} f(X_i = 1) = p \\ f(X_i = 0) = q \end{cases}$$

$$E(X_i) = p, \quad V(X_i) = pq$$

再令 X_n 為第 n 次試行出現 S 的次數，則：

$$X_n = \begin{cases} 1 \\ 0 \end{cases} \quad 且 \quad \begin{cases} f(X_n = 1) = p \\ f(X_n = 0) = q \end{cases}$$

$$E(X_n) = p, \quad V(X_n) = pq$$

所以

$$E(X) = E(X_1 + X_2 + \cdots + X_n)$$

$$= E(X_1) + E(X_2) + \cdots + E(X_n)$$

$$= p + p + \cdots + p$$

$$= np$$

$$V(X) = V(X_1 + X_2 + \cdots + X_n)$$

$$= V(X_1) + V(X_2) + \cdots + V(X_n) + \underbrace{2\text{Cov}(X_1 X_2) + \cdots}$$

每次的試行彼此獨立，
$\therefore \text{Cov}(X_i X_j) = 0$,
$i \neq j, \ i, \ j = 1, \cdots, n$

$$= pq + pq + \cdots + pq$$

$$= npq$$

【例 5–6】

前例 5–4 中，試答下列各題：

(1)抽出之 5 張牌中，出現「紅磚張數」之平均值為多少？變異數？

(2)抽出之 5 張牌中，最可能出現之紅磚張數為多少？

【解】

令 X = 抽出之 5 張牌中，出現紅磚之張數，則在抽出放回的情況下，X 為二項隨機變數，其機率函數為：

$$f(X = x) = f(x) = b(x; n = 5, p = 0.25)$$
$$= \binom{5}{x}(0.25)^x(0.75)^{5-x}, \quad x = 0, 1, 2, 3, 4, 5$$

因此

(1)出現「紅磚張數」之平均值及變異數分別為：

$$E(X) = np = 5(0.25) = 1.25$$

$$V(X) = npq = 5(0.25)(0.75) = 0.9375$$

(2)X 於 0,1,2,3,4,5 等六個數值之下，以 $X = 1$ 時，其機率為最大 ($b(1; 5, 0.25) = 0.3955$)，故抽出之 5 張牌中，最可能出現之紅磚張數為「1 張」。

第三節　多項分配

很多的隨機試驗，每次的試行，它的可能成果很可能不只兩個。例如擲一粒公平的骰子 10 次，每次出現的可能成果有六種，此時，若令 X_1 = 點 1 出現的次數，X_2 = 點 2 出現的次數，……，X_6 = 點 6 出現的次數，則 $X_1, X_2, X_3, X_4, X_5, X_6$ 所形成的分配不再是前面所介紹的二項分配，而是形成本節將介紹的**多項分配**。

定義 5-3　**多項機率函數**

　　在一項共有 n 次試行的隨機試驗中：(1)如果每次的試行都有 k 個彼此互斥的成果 $(o_1, o_2, \cdots, o_k)$，(2)每次的試行，出現第 i 種成果 (o_i) 的機率一直都維持不變，且其機率為 $p(o_i) = p_i$，而 $\sum\limits_{i=1}^{K} p_i = 1$，(3)每次的試行彼此互相獨立。今若令 $X_1 =$ 出現 o_1 的次數，$X_2 =$ 出現 o_2 的次數，……，$X_k =$ 出現 o_k 的次數，則 **$X_1, X_2, \cdots, X_k$ 之機率函數** (Multinomial Probability Function)，即 n 次試行中出現 x_1 次的 o_1、x_2 次的 o_2、……、及 x_K 次的 o_K （但 $x_1 + x_2 + \cdots + x_k = n$）之機率，以 $m(X_1 = x_1, \ X_2 = x_2, \cdots, \ X_K = x_K; n, p_1, p_2, \cdots, p_K)$ （或簡寫為 $m(x_1, x_2, \cdots, x_K; n, p_1, p_2, \cdots, p_K)$）表示之，為：

$$m(x_1, x_2, \cdots, x_K; n, p_1, p_2, \cdots, p_K)$$

$$= \frac{n!}{x_1! x_2! \cdots x_k!} p_1^{x_1} p_2^{x_2} \cdots p_K^{x_K}$$

此處，$x_i = 0, 1, 2, \cdots, n, \ i = 1, 2, \cdots, K$

且 $\sum\limits_{1}^{K} x_i = n, \ \sum\limits_{1}^{K} p_i = 1$

　　多項機率函數之所以如定義 5-3 所示，乃是由於 n 次試行彼此獨立，而含有 n 次的試行之隨機試驗的樣本空間上面，就「出現 x_1 次的 o_1、x_2 次的 o_2、…… 及 x_k 次的 o_k」的樣本點而言，即：

$$\underbrace{o_1 o_1 \cdots o_1}_{x_1 \text{個}} \underbrace{o_2 o_2 \cdots o_2}_{x_2 \text{個}} \cdots \underbrace{o_k o_k \cdots o_k}_{x_k \text{個}}$$

其機率為：

$$\underbrace{p_1 \cdot p_1 \cdot \cdots \cdot p_1}_{x_1 \text{個}} \underbrace{p_2 \cdot p_2 \cdot \cdots \cdot p_2}_{x_2 \text{個}} \cdots \underbrace{p_k \cdot p_k \cdot \cdots \cdot p_k}_{x_k \text{個}}$$

$$=p_1^{x_1} \cdot p_2^{x_2} \cdots p_k^{x_k}$$

然而，樣本空間上此種樣本點共有 $\dfrac{n!}{x_1!x_2!\cdots x_k!}$ 個，因此，n 次的試行中出現 x_1 次的 o_1、x_2 次的 o_2、$\cdots\cdots$ 及 x_k 次的 o_k （但 $x_1+x_2+\cdots+x_k=n$）的機率為：

$$m(x_1, x_2, \cdots, x_k; n, p_1, p_2, \cdots, p_k)$$

$$=\frac{n!}{x_1!x_2!\cdots x_k!}p_1^{x_1}p_2^{x_2}\cdots p_k^{x_k} \tag{5-7}$$

統計學家發現式 (5-7)，正是多項和 $(p_1+p_2+\cdots+p_k)$ 之 n 次方展開式中的各項：

$$(p_1+p_2+\cdots+p_k)^n$$

$$=\frac{n!}{0!0!\cdots 0!n!}p_1^0 p_2^0 \cdots p_k^n + \frac{n!}{1!0!\cdots 0!(n-1)!}p_1^1 p_2^0 \cdots p_k^{n-1}$$

$$+\cdots+\frac{n!}{n!0!\cdots 0!}p_1^n p_2^0 \cdots p_k^0$$

因此，$X_1, X_2, \cdots, X_k$ 之機率函數或機率分配就叫做多項分配(Multinomial Distribution)。

【例 5-7】

擲一粒公平的骰子 10 次，試求「出現 2 次點 1、2 次點 2、3 次點 3、2 次點 4 及 1 次點 5」的機率。

【解】

令每次試行中出現點 1 的機率為 p_1、點 2 的機率為 p_2、$\cdots\cdots$、點 6 的機率為 p_6，則：

$$p_1 = p_2 = \cdots = p_6 = \frac{1}{6}$$

又令
$$
\begin{cases}
X_1 = 點\,1\,出現的次數 \\
X_2 = 點\,2\,出現的次數 \\
\qquad\vdots \\
X_6 = 點\,6\,出現的次數
\end{cases}
$$

則 $X_1 = 2,\ X_2 = 2,\ X_3 = 3,\ X_4 = 2,\ X_5 = 1,\ X_6 = 0$ 之機率為：

$$
m\left(2,2,3,2,1,0;10,\frac{1}{6},\cdots,\frac{1}{6}\right)
$$

$$
= \frac{10!}{2!2!3!2!1!0!}\left(\frac{1}{6}\right)^2\left(\frac{1}{6}\right)^2\left(\frac{1}{6}\right)^3\left(\frac{1}{6}\right)^2\left(\frac{1}{6}\right)^1\left(\frac{1}{6}\right)^0
$$

$$
= 15120\left(\frac{1}{6}\right)^{10}
$$

二項分配事實上就是多項分配的一個特殊例子。而就多項分配來看，任一隨機變數 (X_i) 的平均數及變異數為：

平均數　$E(X_i) = np_i$，n, p_i 的意義如前所述。　　　　　　(5 − 7a)

變異數　$V(X_i) = np_i q_i$，$q_i = 1 - p_i$　　　　　　　　　(5 − 7b)

【例 5–8】

一袋中裝有 50 個紅色球, 30 個白色球, 20 個綠色球, 若隨機抽取 5 球（**抽出放回**）, 試問：

(1) 5 球中有 2 個紅色球、2 個白色球及 1 個綠色球的機率多大？

(2) 5 個都是紅色球機率？

(3)「抽得紅球個數」之平均數＝？變異數＝？

【解】

令每次抽球（試行）, 抽得紅球之機率為 p_1, 白球之機率為 p_2, 綠球

之機率為 p_3，則:

$$p_1 = \frac{5}{10}, \quad p_2 = \frac{3}{10}, \quad p_3 = \frac{2}{10}$$

又令 $\begin{cases} X_1 = 抽得紅球之個數 \\ X_2 = 抽得白球之個數 \\ X_3 = 抽得綠球之個數 \end{cases}$

則

(1)抽得 2 個紅球 $(X_1 = 2)$、2 個白球 $(X_2 = 2)$ 及 1個綠球 $(X_3 = 1)$ 之機率為:

$$m\left(2,2,1;5,\frac{5}{10},\frac{3}{10},\frac{2}{10}\right) = \frac{5!}{2!2!1!}\left(\frac{5}{10}\right)^2\left(\frac{3}{10}\right)^2\left(\frac{2}{10}\right)^1$$
$$= 0.135$$

(2)抽得 5 個都是紅球 $(x_1 = 5, \ x_2 = 0, \ x_3 = 0)$ 之機率為:

$$m\left(5,0,0;5,\frac{5}{10},\frac{3}{10},\frac{2}{10}\right) = \frac{5!}{5!0!0!}\left(\frac{5}{10}\right)^5\left(\frac{3}{10}\right)^0\left(\frac{2}{10}\right)^0$$
$$= \left(\frac{5}{10}\right)^5$$
$$= \frac{1}{32}$$

(3)「抽得紅球個數 (X_1)」之平均數及變異數為:

平均數 $\quad E(X_1) = np_1 = 5\left(\frac{5}{10}\right) = 2.5$

變異數 $\quad V(X_1) = np_1q_1 = 5\left(\frac{5}{10}\right)\left(\frac{5}{10}\right) = 1.25$

第四節　超幾何分配

　　若一母體共有 N 個個體，其中具有某種特徵（稱為 S）的個體有 k 個，不具有該種特徵（稱為 F）的個體有 $N-k$ 個。今若從中抽出 n 個個體，但**抽出不放回**，此時，這含有 n 次試行的隨機試驗，每次的試行，都只有兩種可能成果（不是 S，就是 F），而且每次試行出現 S（或 F）的機率一直都維持不變，但每次的試行彼此並不獨立（如例 5-3 (c)，抽球的隨機試驗，由於抽出不放回，因此每次的試行彼此不獨立）。在此種情況下，如果我們令 X 為出現 S 的次數，則 X 為隨機變數，但 X 不是形成前面所介紹的二項分配，而是形成本節所要介紹的**超幾何分配**。

定義 5-4　超幾何分配

　　若一母體共有 N 個個體，其中具有某種特徵 (S) 的個體有 k 個，不具該種特徵 (F) 的有 $"(N-k)"$ 個。今若從中抽 n 個個體，但抽出不放回，此時，此含有 n 次試行的隨機試驗，每次的試行都只有兩種可能成果（S 或 F），且每次的試行，出現 S（或 F）的機率都維持不變，而為 $p(S) = \dfrac{k}{N} = p$（或 $p(F) = \dfrac{N-k}{N} = q = 1-p$），但每次的試行，彼此並不獨立。於此情況下，若定義 X 為 n 次試行中，出現 S 的次數，則 X 稱為超幾何隨機變數，而其**機率函數**或**機率分配**，稱為**超幾何分配** (Hypergeometric Distribution)，以 $h(X; N, n, k)$ 表示之，為：

$$h(X = x; N, n, k) = h(x; N, n, k) = \frac{\binom{k}{x}\binom{N-k}{n-x}}{\binom{N}{n}} \qquad (5\text{--}8)$$

$$x = 0, 1, 2, \cdots, k \qquad 當\, n > k$$

$$x = 0, 1, 2, \cdots, n \qquad 當\, n \le k$$

而 X 的**累加機率函數**(Cumulative Hypergeometric Probability Function), 以 $H(X; N, n, k)$ 表示之, 為:

$$H(X = x; N, n, k) = H(x; N, n, k) = \sum_{X \le x} h(X; N, n, k) \qquad (5\text{--}9)$$

在舉例練習超幾何分配有關的問題前, 數學上我們可以證明超幾何隨機變數的機率函數滿足間斷隨機變數之機率函數的兩個條件:

(1)

$$0 \le h(x; N, n, k) = \frac{\binom{k}{x}\binom{N-k}{n-x}}{\binom{N}{n}} \le 1$$

(2)

$$\sum_{X=0}^{n} h(X; N, n, k) = \sum_{X=0}^{n} \frac{\binom{k}{X}\binom{N-k}{n-X}}{\binom{N}{n}} = 1 \text{ (註 5)}$$

此外, 我們也可證明得到超幾何隨機變數機率分配之**期望值**及**變異數**為 (註 6):

期望值: $E(X) = n\left(\dfrac{k}{N}\right) = np, \quad p = \dfrac{k}{N}$ $\qquad\qquad$ (5--10)

變異數: $V(X) = npq\left(\dfrac{N-n}{N-1}\right), \quad q = 1 - p$ $\qquad\qquad$ (5--11)

【例 5-9】

若一袋內有 3 個藍色球, 7 個紅色球。今從中隨機抽 3 球, 但**抽出不放回**, 試答下列各題:

(1)出現 0 個, 1 個, 2 個, 或 3 個藍色球的機率各多少?

(2)「抽得藍色球之個數」的平均數及變異數分別為多少?

【解】

若令 X 為抽得藍色球之個數, 則 X 呈超幾何分配, 且 $N=10$, $n=3$, $k=3$, 則:

(1)出現 0 個, 1 個, 2 個或 3 個藍色球的機率分別為:

$$p(X = 0) = \frac{\binom{3}{0}\binom{7}{3}}{\binom{10}{3}} = \frac{35}{120} = 0.2917$$

$$p(X = 1) = \frac{\binom{3}{1}\binom{7}{2}}{\binom{10}{3}} = \frac{63}{120} = 0.5250$$

$$p(X = 2) = \frac{\binom{3}{2}\binom{7}{1}}{\binom{10}{3}} = \frac{21}{120} = 0.1750$$

$$p(X = 3) = \frac{\binom{3}{3}\binom{7}{0}}{\binom{10}{3}} = \frac{1}{120} = 0.0083$$

(2)「抽得藍色球之個數」的平均數及變異數分別為:

$$E(X) = n \cdot \frac{k}{N} = 3 \cdot \frac{3}{10} = 0.9$$

$$V(X) = n \cdot \frac{k}{N} \cdot \frac{N-k}{N} \cdot \frac{N-n}{N-1}$$

$$= 3 \cdot \frac{3}{10} \cdot \frac{7}{10} \cdot \frac{7}{9} = 0.49$$

第五節　波阿松分配

本章第二節所介紹的二項分配中，若試行的次數 (n) 非常大，且每次試行出現「成功」(S) 的機率 (p) 非常小，此時，由於現成的二項機率表常常沒有列出 p 很小或 n 非常大的情況下之機率，因此若欲求二項機率，則現成的二項機率表不再可用。雖然可用電算機計算欲求之機率，但很煩瑣。例如一工廠生產之燈泡中有瑕疵的機率假如非常小，而為 0.01，今若從中抽 200 個燈泡，則其中有 50 個燈泡為瑕疵的機率為：

$$\binom{200}{50}(0.01)^{50}(0.99)^{150}$$

這項機率的計算工作相當煩雜。對於這種情況來說，統計學家發現可以利用波阿松分配做為二項分配的漸近分配，而後去求對應的機率。因此，本節擬進一步介紹**波阿松分配**。

一、波阿松隨機變數及其機率函數、累加機率函數

波阿松分配是二項分配以外的另一個相當重要的間斷隨機變數之機率分配，它之所以被稱為波阿松分配 (Poisson Distribution) 乃是為了紀念描述該分配之用途最有貢獻的法國數學家 S. D. Poisson。

> **定義 5-5　波阿松隨機變數、波阿松機率函數及累加波阿松機率函數**
>
> 在某一段連續的區間（時間、空間、長度或面積）內，觀察某一特殊事件 (specific event) 的隨機試驗中，若令 X 為此特殊事件 (S) 發生的次數 $(X = 0, 1, 2, \cdots, \infty)$，而若此隨機試驗符合下列條件：

⑴不重疊的任兩個副區間，特殊事件發生的次數彼此獨立。

⑵可將此區間分為更細小的單位（例如 1 小時分為 3600 秒，1 公尺分為 100 公分），在每一小單位中，此特殊事件發生的機率 (p) 非常小，但不等於 0，且維持不變 (stationary)。

⑶在任一小的單位區間內，特殊事件發生兩次或以上的機率幾乎可以忽略，或為 0。

⑷某區間內，特殊事件發生的平均次數為 λ，而 λ 與區間的長短成比例。

則 X 稱為**波阿松隨機變數**(Poisson Random Variable)，而其**機率函數**(Poisson Probability Function)為：

$$f(X = x) = f(x) = \frac{e^{-\lambda}\lambda^x}{x!}, \qquad \begin{cases} x = 0, 1, 2, \cdots, \infty \\ \lambda \geq 0 \\ e = 2.71828\cdots \end{cases} \qquad (5\text{–}12)$$

其**累加機率函數**(Cumulative Poisson Probability Function)為：

$$F(X = x) = F(x) = \sum_{X \leq x} \frac{e^{-\lambda}\lambda^X}{X!} \qquad (5\text{–}13)$$

基本上，波阿松隨機變數的機率分配將隨著 λ 值的不同而改變。茲以 $\lambda = 0.1, 0.5, 1.0, 2.0, 5.0$ 為例，列出波阿松隨機變數 (X) 的機率分配於表 5–2，並圖示於圖 5–3。

表5-2 波阿松隨機變數的機率分配 $(\lambda = 0.1, 0.5, 1.0, 2.0, 5.0)$

x	$f(x) = \dfrac{e^{-\lambda}\lambda^x}{x!}$				
	$\lambda = 0.1$	$\lambda = 0.5$	$\lambda = 1.0$	$\lambda = 2.0$	$\lambda = 5.0$
0	.9048	.6065	.3679	.1353	.0067
1	.0905	.3033	.3679	.2707	.0337
2	.0045	.0758	.1839	.2707	.0842
3	.0002	.0126	.0613	.1804	.1404
4		.0016	.0153	.0902	.1755
5		.0002	.0031	.0361	.1755
6			.0005	.0120	.1462
7			.0001	.0034	.1044
8				.0009	.0653
9				.0002	.0363
10					.0181
11					.0082
12					.0034
13					.0013
14					.0005
15					.0002
16					

從表5-2或圖5-3，我們知道波阿松分配在 λ 值為小的情況下，（接近0）是呈右偏的分配。然而，隨著 λ 值的增大，偏態的情況漸漸減緩。

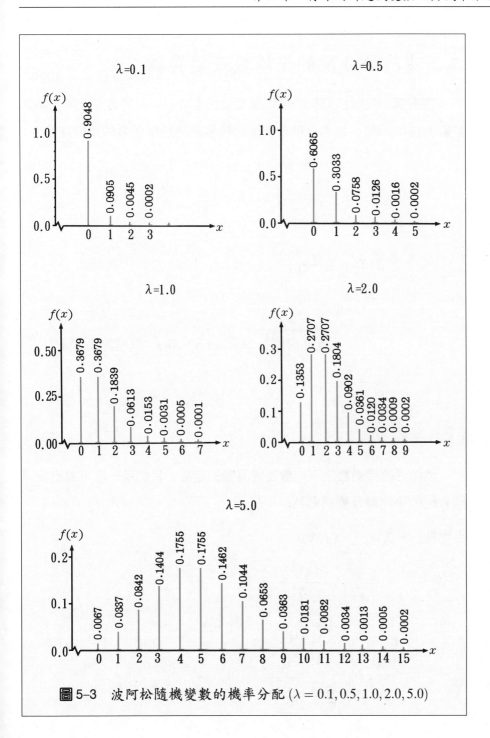

圖 5-3　波阿松隨機變數的機率分配 $(\lambda = 0.1, 0.5, 1.0, 2.0, 5.0)$

二、波阿松分配的平均數及變異數

在推導出波阿松分配的平均數及變異數之前，我們發現波阿松隨機變數的機率函數，基本上符合間斷隨機變數之機率函數的兩個條件:

(1)

$$0 \leq f(x) = \frac{e^{-\lambda}\lambda^x}{x!} \leq 1$$

(2)

$$\sum_{X=0}^{\infty} f(X) = \sum_{X=0}^{\infty} \frac{e^{-\lambda}\lambda^X}{X!}$$

$$= e^{-\lambda} \cdot \underbrace{\sum_{X=0}^{\infty} \frac{\lambda^X}{X!}}$$

此部份即為 Maclaurin Series，其值等於 e^λ

$$= e^{-\lambda} \cdot e^\lambda$$

$$= e^0$$

$$= 1$$

然而從隨機變數之平均數及變異數的定義，我們進一步可導出波阿松分配的平均數及變異數為:

平均數: $E(X) = \sum_{X=0}^{\infty} X f(X)$

$$= \sum_{X=0}^{\infty} X \cdot \frac{e^{-\lambda}\lambda^X}{X!}$$

$$= \lambda \cdot \sum \frac{e^{-\lambda}\lambda^{X-1}}{(X-1)!}$$

令 $Y = X - 1$，則:

$$E(X) = \lambda \sum_{Y=0}^{\infty} \frac{e^{-\lambda}\lambda^Y}{Y!}$$

$$=\lambda \cdot 1$$

$$=\lambda \tag{5-14}$$

變異數:　　$V(X)=E(X^2) - [E(X)]^2$

$$=\sum_{X=0}^{\infty} X^2 \cdot \frac{e^{-\lambda}\lambda^X}{X!} - \lambda^2$$

$$=\lambda \cdot \sum_{X=1}^{\infty} X \cdot \frac{e^{-\lambda}\lambda^{X-1}}{(X-1)!} - \lambda^2$$

$$=\lambda \cdot \sum_{X=1}^{\infty} (X-1+1) \cdot \frac{e^{-\lambda}\lambda^{X-1}}{(X-1)!} - \lambda^2$$

$$=\lambda \left[\sum_{X=1}^{\infty} (X-1) \cdot \frac{e^{-\lambda}\lambda^{X-1}}{(X-1)!} + \sum_{X=1}^{\infty} \frac{e^{-\lambda}\lambda^{X-1}}{(X-1)!} \right] - \lambda^2$$

令　$Y = X - 1$, 則:

$$V(X)=\lambda \left[\sum_{Y=0}^{\infty} Y \cdot \frac{e^{-\lambda}\lambda^Y}{Y!} + \sum_{Y=0}^{\infty} \frac{e^{-\lambda}\lambda^Y}{Y!} \right] - \lambda^2$$

$$=\lambda[\lambda + 1] - \lambda^2$$

$$=\lambda^2 + \lambda - \lambda^2$$

$$=\lambda \tag{5-15}$$

因此, 我們發現波阿松分配的平均數及變異數都是 λ。

三、波阿松分配的應用及其為二項分配的漸近分配

我們日常生活中很多常見的問題都可以應用波阿松分配去探討有關機率的問題。例如某一段時間內（10分鐘）, 經過某銀行門口而走進銀行接受服務之顧客人數, 只要下列的假設成立, 將是呈波阿松分配。

⑴不重疊的兩個時間區間內（第1分鐘與第2分鐘, 第1分鐘與第3分鐘,……）, 走進銀行接受服務之顧客人數彼此獨立。

⑵可以將「10分鐘」分為更小的時間單位, 例如分為600秒, 且每

1秒內，經過銀行門口的個人可能進入銀行接受服務，也可能不進入銀行。而前者的機率非常小，但不等於0，且其機率維持不變。

⑶每一秒內，同時有兩個或以上的顧客走進銀行接受服務的機率非常非常小，小到可以忽略或為0。

⑷而且設若根據以往的經驗知道於「10分鐘」內，走進銀行接受服務的顧客平均人數為 λ（設若 $\lambda = 20$）。

因此在這種情況下，如果我們要求算10分鐘內，剛好有15個顧客走進銀行接受服務的機率多大，我們就可以利用波阿松分配去回答。因為若令 X 為10分鐘內走進銀行接受服務之顧客人數，則：

$$f(x) = \frac{e^{-\lambda}\lambda^x}{x!} \qquad 此處 \quad \begin{cases} \lambda = 20 \\ x = 0, 1, 2, \cdots \end{cases}$$

而 $\qquad f(X = 15) = \dfrac{e^{-20}20^{15}}{15!} = 0.0516$

以上這種機率的計算有時候可能相當繁瑣，然而，統計學家對應於各種 (λ, X) 數值下計算而得的波阿松機率表（附錄表⑷）可以省卻這些繁瑣的計算工作。如上例中的機率就可查表獲得。從附錄表⑷，我們可以找到 $\lambda = 20$ 的一欄，再找 $X = 15$ 的一列，即可得到 $f(X = 15)$ 的機率為 0.0516。

其他日常生活中常見的問題，例如：

⑴某一段時間內（5分鐘）臺北電話局查號臺所接到的查號次數。

⑵某一本教科書的一頁打字錯誤的字數。

這一類的問題，我們知道其在某些假設成立之下，都將呈波阿松分配。

前面我們曾提及，二項分配當 n 大或 p 小的情況下，現成的二項機率表無法查得我們所要求算的機率，此時，我們則可應用波阿松分配去求近似機率。然而為何在 n 大, p 小時，我們才可應用波阿松分配做為二項分配的漸近分配呢? 其理由簡要說明如下:

(1)二項隨機變數(X) 的平均數 $E(X) = np$, 變異數 $V(X) = npq$; 波阿松隨機變數 (X) 的平均數 $E(X) = \lambda$, 變異數 $V(X) = \lambda$。由此我們知道波阿松分配要能做為二項分配的漸近分配必須 $np = \lambda$ 且 $npq = \lambda$, 即 $np = \lambda = npq$。而唯有在 $n = 0$ 或 $p = 0$ 時, 才能使 $np = npq$, 但 $n = 0$ 不合理, 所以唯有在 $p \longrightarrow 0$ (即 p 很小) 時, 波阿松分配才可做為二項分配的漸近分配。

(2)數學上能夠證明當 $n \longrightarrow \infty$, 二項分配的機率函數接近於波阿松分配的機率函數, 即: (註7)

$$\lim_{n \to \infty} \binom{n}{x} p^x q^{n-x} = \frac{e^{-\lambda} \lambda^x}{x!}, \quad 此處 \lambda = np$$

對於二項隨機變數 $(n = 20,\ p = 0.01)$ 的機率分配而言, 如果我們以波阿松分配做為其漸近分配而求其機率分配, 並列表於表 5-3, 而且將它與二項機率加以比較, 我們可以發現波阿松分配確實是二項分配的一個良好的漸近 (good approximation) 分配。

表5-3　二項機率與以波阿松分配求二項分配之漸近機率的比較
$(n = 20,\ p = 0.01)$

x	二項機率 (1)	以波阿松分配求二項分配的漸近機率 (2)	差　值 (1)–(2)
0	.8179	.8187	−.0008
1	.1652	.1637	.0015
2	.0159	.0164	−.0005
3	.0010	.0011	−.0001
4	.0000	.0001	−.0001
5	.0000	.0000	.0000

如果我們再看表 5-4, 我們發現於 $\lambda(=np)$ 值固定下, 若 n 越大, p 越小,

則以波阿松分配求二項分配的漸近機率, 其準確性將越高。至於「 n 應大到多大, p 要小到多小, 波阿松分配才是二項分配的良好漸近分配」呢? 大多數統計學家所公認的法則是:

$$n \geq 20 \quad 且 \quad p \leq 0.05$$

當然如果不符合此法則, 必要時我們仍可以波阿松分配求二項分配的漸近機率, 不過必須注意於此情況下將不是良好的漸近機率。

表5-4　二項機率與以波阿松分配求二項分配之漸近機率的比較 *
($\lambda = np = 2$)

X	$n = 20,\ p = 0.1$			$n = 50,\ p = 0.04$			$n = 100,\ p = 0.02$		
	(a)	(b)	(c)	(a)	(b)	(c)	(a)	(b)	(c)
0	.1216	.1353	$-.0137$	.1299	.1353	$-.0054$	.1326	.1353	$-.0027$
1	.2702	.2707	$-.0005$	.2706	.2707	$-.0001$	.2707	.2707	$-.0000$
2	.2852	.2707	.0145	.2762	.2707	.0055	.2734	.2707	.0027
3	.1901	.1804	.0097	.1842	.1804	.0038	.1823	.1804	.0019
4	.0898	.0902	$-.0004$	.0902	.0902	.0000	.0902	.0902	.0000

註: *(a)二項機率, (b)以波阿松分配求二項分配之漸近機率, (c) =(a) −(b)。

除了以上我們所介紹的五個常見的間斷隨機變數外, 事實上還有幾何分配(Geometric Distribution)及負二項分配(Negative Binomial Distribution)等等, 它們也是間斷隨機變數的分配, 有興趣的讀者可參考其他專書的介紹 (註8) 。

附　註

註1: 這相當於有 n 個字母要排列, 但其中有 1 個字母為 S, 其餘 $n-1$ 個相同而為 F, 所以其排列法有 $\dfrac{n!}{1!(n-1)!}$, 即 $\dbinom{n}{1}$ 種方法。

註2: 這相當於有 n 個字母要排列, 但其中有 2 個字母相同為 S, 其餘 $n-1$ 個相同而為 F, 所以其排列法有 $\dfrac{n!}{2!(n-2)!}$, 即 $\dbinom{n}{2}$ 種方法。

註3: 式(5-4) 中, $\dbinom{n}{x}p^x q^{n-x}$ 為 x 的函數, 且:

(1) $0 \le \dbinom{n}{x}p^x q^{n-x} \le 1, \quad x = 0, 1, 2, \cdots, n$

(2) $\displaystyle\sum_{X=0}^{n}\dbinom{n}{X}p^X q^{n-X} = \dbinom{n}{0}p^0 q^n + \dbinom{n}{1}p^1 q^{n-1} + \cdots + \dbinom{n}{n}p^n q^0$

$$= (p+q)^n$$

$$= 1$$

$\therefore f(x) = \dbinom{n}{x}p^x q^{n-x}$ 為隨機變數 X 的機率函數

註4: 二項隨機變數的平均數 $E(X) = np$, 變異數 $V(X) = npq$, 證明於下:

$$E(X) = \sum_{X=0}^{n} X \cdot \dbinom{n}{X}p^X q^{n-X}$$

$$= 0 \cdot \frac{n!}{0!n!}p^0 q^n + 1 \cdot \frac{n!}{1!(n-1)!}p^1 q^{n-1} + 2 \cdot \frac{n!}{2!(n-2)!}p^2 q^{n-2}$$

$$+ \cdots + (n-1) \cdot \frac{n!}{(n-1)!1!}p^{n-1} q^1 + n \cdot \frac{n!}{n!0!}p^n q^0$$

$$= np\left[\frac{(n-1)!}{0!(n-1)!}p^0 q^{n-1} + \frac{(n-1)!}{1!(n-2)!}p^1 q^{n-2} + \cdots\right.$$

$$\left. + \frac{(n-1)!}{(n-2)!1!}p^{n-2} q^1 + \frac{(n-1)!}{(n-1)!0!}p^{n-1} q^0\right]$$

$$=np[(p+q)^{n-1}]$$

$$=np \qquad (\because p+q=1)$$

又

$$\because \sum_{X=0}^{n} X^2 \cdot \binom{n}{X} p^X q^{n-X}$$

$$= 0^2 \cdot \frac{n!}{0!n!}p^0 q^n + 1^2 \cdot \frac{n!}{1!(n-1)!}p^1 q^{n-1} + 2^2 \cdot \frac{n!}{2!(n-2)!}p^2 q^{n-2} + \cdots$$

$$+ (n-1)^2 \cdot \frac{n!}{(n-1)!1!}p^{n-1}q^1 + n^2 \cdot \frac{n!}{n!0!}p^n q^0$$

$$= 0 \cdot \frac{n!}{0!n!}p^0 q^n + 1 \cdot \frac{n!}{0!(n-1)!}p^1 q^{n-1} + 2 \cdot \frac{n!}{1!(n-2)!}p^2 q^{n-2} + \cdots$$

$$+ (n-1) \cdot \frac{n!}{(n-2)!1!}p^{n-1}q^1 + n \cdot \frac{n!}{(n-1)!0!}p^n q^0$$

$$= np\left[1 \cdot \frac{(n-1)!}{0!(n-1)!}p^0 q^{n-1} + 2 \cdot \frac{(n-1)!}{1!(n-2)!}p^1 q^{n-2} + \cdots\right.$$

$$\left. + (n-1) \cdot \frac{(n-1)!}{(n-2)!1!}p^{n-2}q^1 + n \cdot \frac{(n-1)!}{(n-1)!0!}p^{n-1}q^0\right]$$

$$= np\left[\left(\frac{(n-1)!}{0!(n-1)!}p^0 q^{n-1} + \frac{(n-1)!}{1!(n-2)!}p^1 q^{n-2} + \cdots + \frac{(n-1)!}{(n-2)!1!}p^{n-2}q^1\right.\right.$$

$$\left. + \frac{(n-1)!}{(n-1)!0!}p^{n-1}q^0\right) + \left(0 \cdot \frac{(n-1)!}{0!(n-1)!}p^0 q^{n-1} + 1 \cdot \frac{(n-1)!}{1!(n-2)!}p^1 q^{n-2}\right.$$

$$+ 2 \cdot \frac{(n-1)!}{2!(n-3)!}p^2 q^{n-3} + \cdots + (n-2) \cdot \frac{(n-1)!}{(n-2)!1!}p^{n-2}q^1$$

$$\left.\left. + (n-1) \cdot \frac{(n-1)!}{(n-1)!0!}p^{n-1}q^0\right)\right]$$

$$= np\left[(p+q)^{n-1} + \sum_{X=0}^{n-1} X \binom{n-1}{X}p^X q^{n-1-X}\right]$$

$$= np[1 + (n-1)p]$$

（∵中括號內的第二項相當於 $(n-1)$ 次試行之二項隨機變數

的平均數，故為 $(n-1)p$）

$$\therefore V(X) = np[1 + (n-1)p] - (np)^2 = npq$$

註5：　$\displaystyle\sum_{X=0}^{n} \frac{\dbinom{k}{X}\dbinom{N-k}{n-X}}{\dbinom{N}{n}} = 1$ 的證明請參見 Isaac N. Gibra (1973), pp.142–

143。

註6：　超幾何隨機變數的平均數 $E(X) = n\left(\dfrac{k}{N}\right)$，

變異數 $V(X) = n\left(\dfrac{k}{n}\right)\left(1 - \dfrac{k}{N}\right)\left(\dfrac{N-n}{N-1}\right)$，證明於下：

$$E(X) = \sum_{X=0}^{n} X f(X)$$

$$= \sum_{X=0}^{n} X \cdot \frac{\dbinom{k}{X}\dbinom{N-k}{n-X}}{\dbinom{N}{n}}$$

$$= \sum_{X=0}^{n} X \cdot \frac{\dfrac{k!}{X!(k-X)!}\dfrac{(N-k)!}{(n-X)!(N-k-n+X)!}}{\dfrac{N!}{n!(N-n)!}}$$

$$= n \cdot \frac{k}{N}\sum_{X=1}^{n-1} \frac{\dfrac{(k-1)!}{(X-1)!(k-X)!}\dfrac{(N-k)!}{(n-X)!(N-k-n+X)!}}{\dfrac{(N-1)!}{(n-1)!(N-n)!}}$$

若令 $Y = X - 1$，則

$$E(X) = n \cdot \frac{k}{N}\sum_{Y=0}^{n-1} \frac{\dfrac{(k-1)!}{Y![(k-1)-Y]!}\dfrac{[(N-1)-(k-1)]!}{[(n-1)-Y]![(N-1)-(k-1)-(n-1-Y)]!}}{\dfrac{(N-1)!}{(n-1)![(N-1)-(n-1)]!}}$$

$$=n \cdot \frac{k}{N} \underbrace{\sum_{Y=0}^{n-1} \frac{\binom{k-1}{Y}\binom{N-1-(k-1)}{n-1-Y}}{\binom{N-1}{n-1}}}_{=1}$$

$$=n \cdot \frac{k}{N}$$

又 $\quad V(X) = \sum_{X=0}^{n} (X - \mu_X)^2 f(X) = E(X^2) - \mu_X^2$

而 $\quad E(X(X-1))$

$$= \sum_{X=0}^{n} X(X-1) \cdot f(X)$$

$$= \sum_{X=0}^{n} X(X-1) \cdot \frac{\binom{k}{X}\binom{N-k}{n-X}}{\binom{N}{n}}$$

$$= \sum_{X=0}^{n} X(X-1) \frac{\dfrac{k!}{X!(k-X)!} \dfrac{(N-k)!}{(n-X)!(N-k-n+X)!}}{\dfrac{N!}{n!(N-n)!}}$$

$$= n(n-1)\left(\frac{k}{N}\right)\left(\frac{k-1}{N-1}\right) \sum_{X=2}^{n-2} \frac{\dfrac{(k-2)!}{(X-2)!(k-X)!} \dfrac{(N-k)!}{(n-X)![(N-k-n+X)!]}}{\dfrac{(N-2)!}{(n-2)!(N-n)!}}$$

若令 $Y = X - 2$, 則

$E(X(X-1))$

$$= n(n-1)(\frac{k}{N})(\frac{k-1}{N-1}) \sum_{Y=0}^{n-2} \frac{\dfrac{(k-2)!}{Y!(k-2-Y)!} \cdot \dfrac{[N-2-(k-2)]!}{(n-2-Y)![N-2-(k-2)-(n-2-Y)]!}}{\dfrac{(N-2)!}{(n-2)![N-2-(n-2)]!}}$$

$$=n(n-1)(\frac{k}{N})(\frac{k-1}{N-1})\underbrace{\sum_{Y=0}^{n-2}\frac{\binom{k-2}{Y}\binom{N-2-(k-2)}{n-2-Y}}{\binom{N-2}{n-2}}}_{=1}$$

$$=n(n-1)\left(\frac{k}{N}\right)\left(\frac{k-1}{N-1}\right)$$

又　$E(X(X-1))=E(X^2-X)=E(X^2)-E(X)$

$$E(X^2)=E(X(X-1))+E(X)$$

$$=n(n-1)\left(\frac{k}{N}\right)\left(\frac{k-1}{N-1}\right)+n\frac{k}{N}$$

$\therefore V(X)=E(X^2)-[E(X)]^2$

$$=n(n-1)\left(\frac{k}{N}\right)\left(\frac{k-1}{N-1}\right)+n\frac{k}{N}-\left(n\frac{k}{N}\right)^2$$

$$=n\cdot\frac{k}{N}\cdot\frac{N-k}{N}\cdot\frac{N-n}{N-1}$$

$$=npq\cdot\frac{N-n}{N-1},\quad\begin{cases}p=\dfrac{k}{N}\\[2mm]q=\dfrac{N-k}{N}=1-p\end{cases}$$

註7:

$$\binom{n}{x}p^xq^{n-x}=\frac{n!}{x!(n-x)!}\left(\frac{\lambda}{n}\right)^x\left(1-\frac{\lambda}{n}\right)^{n-x}$$

$$(\because \lambda=np)$$

$$=\frac{n(n-1)(n-2)\cdots(n-x+1)}{x!\left(1-\dfrac{\lambda}{n}\right)^x}\left(\frac{\lambda}{n}\right)^x\left(1-\frac{\lambda}{n}\right)^n$$

$$=\frac{1\left(1-\dfrac{1}{n}\right)\left(1-\dfrac{2}{n}\right)\cdots\left(1-\dfrac{x-1}{n}\right)}{x!\left(1-\dfrac{\lambda}{n}\right)^x}\lambda^x\left(1-\frac{\lambda}{n}\right)^n$$

$$\lim_{n \to \infty} \binom{n}{x} p^x q^{n-x}$$

$$= \lim_{n \to \infty} \frac{1 \left(1 - \dfrac{1}{n}\right) \left(1 - \dfrac{2}{n}\right) \cdots \left(1 - \dfrac{x-1}{n}\right)}{x! \left(1 - \dfrac{\lambda}{n}\right)^x} \lambda^x \left(1 - \dfrac{\lambda}{n}\right)^n$$

$$= \frac{\lambda^x}{x!} \underbrace{\lim_{n \to \infty} \left(1 - \frac{\lambda}{n}\right)^n}_{(\text{此部份等於 } e^{-\lambda})}$$

$$= \frac{e^{-\lambda} \lambda^x}{x!}$$

註8: 關於幾何分配、負二項分配的介紹，請參閱 R. V. Hogg and E. A. Tanis (1983), pp. 79–85，或見 I. N. Gibra (1973).

練習題

5-1　投擲一粒公正的骰子一次，令 X 是出現的點數，試問 X 是否為一間斷隨機變數？若是，請寫出其機率函數及累加機率函數。並求出 X 的平均數與變異數。又若投擲該公正骰子 5 次，並以 Y 代表點 6 出現的次數，試問 Y 是否為一間斷隨機變數？若是，請寫出其機率函數及累加機率函數。並求出 Y 的平均數與變異數。

5-2　何謂百奴里試行 (Bernoulli Trials)？請判斷下列各種試驗何者為百奴里試行。

　1.投擲一公平銅幣三次，令出現正面為成功 (S)，反面為失敗 (F)。

　2.投一銅幣三次，令出現反面為成功 (S)，正面為失敗 (F)。

　3.從放有3紅、5綠球盒中，以抽出放回方式抽二次，令出現紅球為成功 (S)，出現綠球為失敗 (F)。

　4.從放有3紅、5綠球之盒中，以抽出不放回方式抽三次，令出現紅球為成功 (S)，出現綠球為失敗 (F)。

　5.從放有4000紅、6000綠球之盒中，以抽出不放回方式抽二次，令出現紅球為成功 (S)，出現綠球為失敗 (F)。

5-3　一盒中放有白球 5 個、黃球 3 個，今以抽出放回之方式重覆抽一個球抽 10 次，試問：

　1.若 X 代表 10 次中白球的個數，則 X 呈何種分配？為什麼？

　2.$P(3 \leq X \leq 5) =$？　又是否 $P(3 \leq X \leq 5) = P(3 < X \leq 5)$？

　3.$E(X) =$？　$V(X) =$？

5-4 「就二項分配而言，事件成功的機率 (p) 為 0.5 時，此分配為對稱分配，否則即為非對稱分配」。試對此敘述評斷。

5-5 從一洗得非常均勻的 52 張撲克牌中，以抽出放回的方式隨機抽取五張，試求算：

1. 有三張 A 的機率。

2. 有三張紅心的機率。

3. 至多出現三張紅心的機率。

5-6 消基會根據過去的統計，發現某廠商的瑕疵品比率為 0.3，試問：

1. 隨機抽取 20 件，20 件中有 8 件瑕疵品的機率多大？

2. 承上小題，20 件中至多有 8 件瑕疵品的機率多大？

3. 現該廠商以 100 個裝箱，自工廠中隨機抽取一箱，令 X 為一箱中瑕疵品的個數，則 X 為何種機率分配？為什麼？寫出 X 的機率函數。又 X 的期望值與變異數分別為多大？

4. 於上一小題中，若欲求算 $P(a \le X \le b)$ 之值（a, b 為 $0, 1, 2, \cdots,$ 100，且 $a < b$），某甲認為可用柴比契夫不等式，乙認為可用超幾何分配，丙認為可用波阿松分配。你認為如何？為什麼？

5-7 已知 X 是間斷單一隨機變數 (Uniform Discrete Random Variable)，且 $X = 1, 2, 3, 4, 5$。今若令 $Y = 10 + 2X$，請答下列各題：

1. Y 也是間斷單一隨機變數嗎？為什麼？

2. $E(Y) =$? $V(Y) =$?

3. 繪「描述 Y 之機率分配」的機率直方圖。

4. 列出 X, Y 的聯合機率分配表。

5. $\rho_{XY} =$?

5-8 從洗得非常均勻的 52 張撲克牌中，任意抽取 12 張，試問四種花色各有三張的機率為何？（列出數學式，不必計算其值。）

5-9 已知某家商店平均每小時有 60 人進入，請答下列各題：

1.求在四分鐘內，無人進入該商店之機率。

2.在多久的時間內，無人進入這家商店的機率為 0.5？

3.你在回答上述問題時，須有哪些條件？

5-10　某防火鈴內有三個互相獨立的測溫器，其中若有一個以上的測溫器在溫度達到 80℃ 時，防火鈴會發出警鈴聲。已知每個測溫器操作正常的機率為 0.8，令 X 表示在警鈴發出警報時，測出溫度為攝氏 80 度的測溫器數目，請答下列各題：

1.X 是否為二項分配？理由？請寫出其機率函數。

2.當實際溫度為 80 度時，此警鈴會發出警報的機率為何？

第六章　特殊連續隨機變數及其機率分配

連續隨機變數的機率分配有很多不同的形狀，例如圖 6-1 所示。

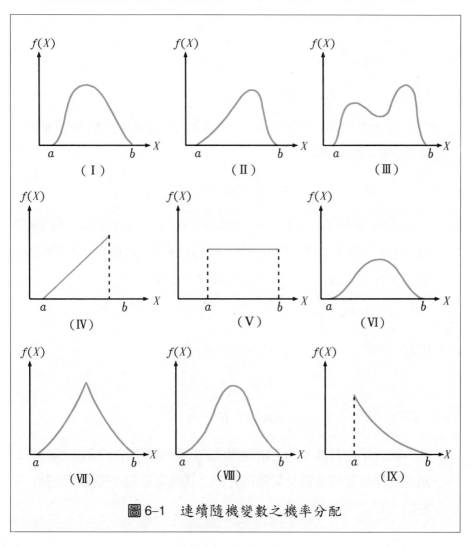

圖 6-1　連續隨機變數之機率分配

圖6-1中，各條曲線（即機率密度曲線）的形狀，或其對應的機率密度函數 ($f(X)$) 儘管都不相同，但它們都有下列共同的特性：

(1)機率密度（即曲線的高度）是 X 的函數，且機率密度函數描述總機率 (= 1) 如何分散在 X 的所有可能數值上。

(2)機率密度在 X 的任何可能數值上均為非負值，即

$$f(X) \geq 0, \quad a \leq X \leq b$$

且 $f(X)$ 在 a, b 之間的面積為 1 ，即

$$\sum_{X=a}^{b} f(X) \cdot \Delta X = 1$$

或　　　　$$\int_{a}^{b} f(X)dX = 1$$

(3) X 落於某一特定區間（ α 到 β ）的機率為 $f(X)$ 與橫軸在 α 到 β 之間所圍成的面積，即

$$P_r(\alpha \leq X \leq \beta) = \int_{\alpha}^{\beta} f(X)dX$$

(4) X 等於某特定值 (α) 的機率為 0，此乃是因為 X 等於某特定值 (α) 的機率為 $f(X)$ 與橫軸在特定值 (α) 到該特定值 (α) 之間所圍成的面積為一條垂直線，而直線的面積等於 0 之故。即

$$P_r(X = \alpha) = 0$$

因此　　　$P_r(\alpha \leq X \leq \beta)=P_r(\alpha < X \leq \beta)$

$$=P_r(\alpha < X < \beta)$$

$$=P_r(\alpha \leq X < \beta)$$

統計學上有許多的連續隨機變數，而本章將先介紹三個特殊的、最常見的連續隨機變數及其機率分配。其他常見的連續隨機變數，本書將在第九章再予介紹。

第一節　連續單一分配（Continuous Uniform Distribution）

一、連續單一隨機變數

連續單一分配是連續隨機變數之機率分配中最簡單的一種。若連續隨機變數 X 在其任何可能數值之下，其機率密度都相等，此時 X 的機率密度曲線及其機率分配如圖 6-1 所示，類似一矩形，因此 X 的機率分配亦可稱之為矩形分配(Rectangular Distribution)。連續單一隨機變數及其機率密度函數的定義如下：

定義 6-1　連續單一隨機變數及其機率密度函數

若連續隨機變數 X 的值落在 a 到 b 之間 $(a < b)$，且其機率密度函數為：

$$f(X) = \begin{cases} \dfrac{1}{b-a} & 若 \quad a \leq X \leq b \\ 0 & 其他 \end{cases} \tag{6-1}$$

則 X 稱為連續單一隨機變數(Continuous Uniform Random Variable)或稱為連續矩形隨機變數(Continuous Rectangular Random Variable)。

二、連續單一隨機變數的期望值及變異數

根據前面第四章連續隨機變數的期望值及變異數的定義：

$$E(X) = \int_a^b X f(X) dX, \quad a \leq X \leq b \tag{6-2}$$

$$V(X) = \int_a^b (X - E(X))^2 f(X) dX \qquad (6-3)$$

我們可以導算出**連續單一隨機變數**的期望值及變異數如下:

期望值 $\quad E(X) = \int_a^b X f(X) dX, \ a \le X \le b$

$$= \int_a^b X \cdot \frac{1}{b-a} dX, \qquad f(X) = \frac{1}{b-a}$$

$$= \frac{b+a}{2} \qquad (6-4)$$

變異數 $\quad V(X) = \int_a^b (X - E(X))^2 f(X) dX$

$$= \int_a^b \left(X - \frac{b+a}{2} \right)^2 f(X) dX$$

$$= \frac{(b-a)^2}{12} \qquad (6-5)$$

【例 6-1】

若 X 為連續單一隨機變數, 其值落在 5 到 10 之間, 試求 X 的機率密度函數, 並繪其機率密度曲線。又 $E(X) = ?$ $V(X) = ?$

【解】

(1)連續單一隨機變數 X 之值落在 5 到 10 之間, 故其機率密度函數為:

$$f(X) = \frac{1}{10-5} = 0.2$$

其機率密度曲線如圖 6-2 所示。

(2) $\qquad E(X) = \frac{10+5}{2} = 7.5$

$$V(X) = \frac{(10-5)^2}{12} = 2.0833$$

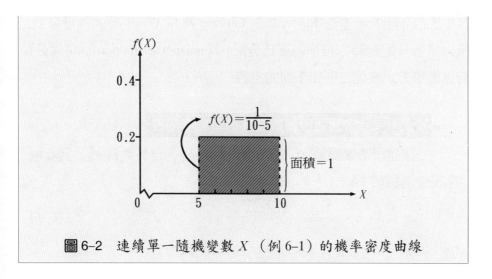

圖 6-2　連續單一隨機變數 X（例 6-1）的機率密度曲線

第二節　常態分配

　　常態分配不但是連續隨機變數的分配中最重要的分配，而且也在統計學上占有最重要的地位。這是因為很多的社會現象、自然界以及日常生活的資料（像成年人的身高、體重，國中一年級新生的智商水準、克寧 5 磅裝奶粉的重量，大橋牌 10 公斤裝水晶米的重量，味全 236cc 盒裝鮮奶的容量），都可以用常態分配來解釋。此外，常態分配之所以重要乃是很多的分配（像二項分配就是其中之一），以常態分配做為其**漸近分配**，很多樣本統計量（像**樣本和**、**樣本平均數**）的分配，在樣本數夠大的情況下都趨近於常態分配（此即所謂的**中央極限定理**）；再者，某些分配，像**卡方分配**(Chi-square Distribution)、t **分配**(t Distribution)等均係由常態分配導出的（註 1）。

一、常態分配的機率密度函數及其特性

　　常態分配的機率密度函數是由許多數學家的努力與貢獻而導出的，

其中尤以 Abraham De Moivre, P. S. Laplace 及 K. Gauss 等人為最有名，所以常態分配有時亦被稱為**高氏分配**(Gaussian Distribution)。常態分配若以數學方式表達，則如下面的定義：

定義 6-2　常態隨機變數及其機率密度函數

一個連續隨機變數 X，若其平均數為 μ_X，變異數為 σ_X^2，且其機率密度函數如下：

$$f(X) = \frac{1}{\sigma_X \sqrt{2\pi}} e^{-\frac{1}{2}\left(\frac{X-\mu_X}{\sigma_X}\right)^2} \qquad (6-6)$$

而　$-\infty \leq X \leq \infty, \quad -\infty \leq \mu_X \leq \infty, \quad \sigma_X > 0,$ 且

$\pi = 3.1416, \quad e = 2.71828$

則 X 稱之為**常態隨機變數**(Normal Random Variable)，或稱 X 呈**常態分配**(Normal Distribution)。並且以 $X \sim N(\mu_X, \sigma_X^2)$ 表示之。

從常態隨機變數的機率密度函數，我們可以推導出常態分配的特性(Characteristics)如下：

(i)常態隨機變數的機率密度曲線（或稱為**常態曲線**(Normal Curve)），是一條以平均數 μ_X 為中心向左右兩端對稱地延伸且呈鐘形 (bell-shaped) 的曲線，其形狀如圖 6-3 所示。而所謂對稱是指距離 μ_X 相等之處（即 $|X - \mu_X|$ 為一定值），曲線的高度相等。如圖 6-3 中的 A 點及 A' 點，$|A - \mu_X| = |A' - \mu_X|$ 則 $\overline{Aa} = \overline{A'a'}$。又距離 μ_X 越遠，對應的常態曲線的高度越低。

(ii) 當 $X = \mu_X$ 時，常態機率密度函數 $f(X)$ 有一**極大值**，為：

$$f(X = \mu_X) = \frac{1}{\sigma_X \sqrt{2\pi}}$$

此時，常態曲線的高度最高，而且 $\mu_X = M_e = M_o$。

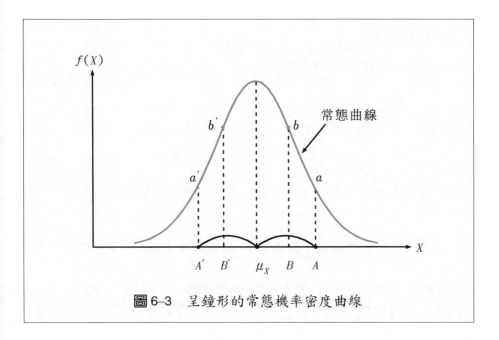

圖6-3　呈鐘形的常態機率密度曲線

(iii)常態曲線在距離 μ_X 左右各$1\sigma_X$ 之處，各有一個「**轉折點**」(Inflection Point)。如圖6-3 中的 B 點及 B' 點，距離 μ_X 左右各 1 σ_X，即

$$|B - \mu_X| = |B' - \mu_X| = 1\sigma_X$$

而其對應的 b 點及 b' 點，就是常態曲線的轉折點 (註2)。

(iv) 常態曲線與橫軸所包圍的面積等於 1，即

$$\int_{-\infty}^{\infty} f(X)dX = \int \frac{1}{\sigma_X\sqrt{2\pi}} e^{-\frac{1}{2}\left(\frac{X-\mu_X}{\sigma_X}\right)^2} dX$$

$$= 1 \quad （證明從略）$$

(v) 常態曲線的**中心位置**(Central Location)、**分散情況**(Dispersion)，分別由常態隨機變數的**平均數** μ_X 及**變異數** σ_X^2 獨立地決定。然而，只要 μ_X 及 σ_X 之值已知，我們就可繪出對應的常態曲線，茲舉例如下：

【例6-2】

若 X, Y, W 分別都呈常態分配, 且

$$\mu_X = 8, \ \sigma_X^2 = 4$$

$$\mu_Y = 20, \ \sigma_Y^2 = 4$$

$$\mu_W = 20, \ \sigma_W^2 = 16$$

則 X, Y, W 的機率密度函數及其機率密度曲線如表6-1及圖6-4。

表6-1 常態隨機變數 X, Y, W 的機率密度函數（例6-2）

(a) X 的機率密度函數

X	$f(X) = \dfrac{1}{\sigma_X \sqrt{2\pi}} e^{-\frac{1}{2}\left(\frac{X - \mu_X}{\sigma_X}\right)^2}$
2	.0022
4	.0270
6	.1210
8	.1995
10	.1210
12	.0270
14	.0022

(b) Y 的機率密度函數

Y	$f(Y) = \dfrac{1}{\sigma_Y \sqrt{2\pi}} e^{-\frac{1}{2}\left(\frac{Y - \mu_Y}{\sigma_Y}\right)^2}$
14	.0022
16	.0270
18	.1210
20	.1995
22	.1210
24	.0270
26	.0022

(c)W 的機率密度函數

W	$f(W) = \dfrac{1}{\sigma_W \sqrt{2\pi}} e^{-\frac{1}{2}\left(\frac{W-\mu_W}{\sigma_W}\right)^2}$
8	.0011
12	.0135
16	.0605
20	.0998
24	.0605
28	.0135
32	.0011

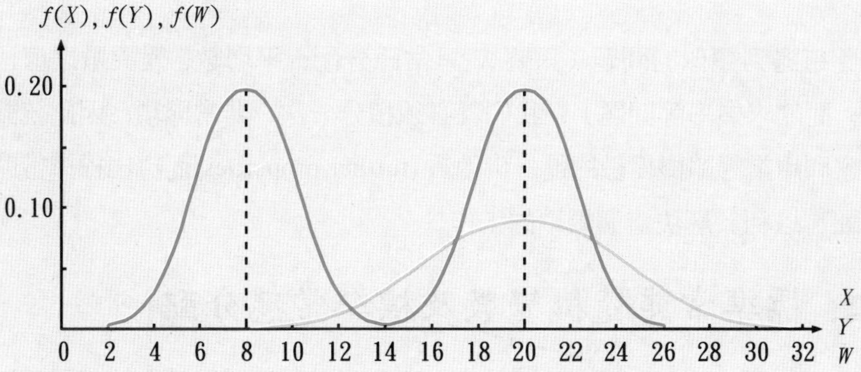

圖 6-4　常態隨機變數 X, Y, W 的機率密度曲線（例 6-2）

　　很多情況下，我們很可能想知道常態隨機變數落在某兩個特定數值之間、或大於某一特定值等等的機率，例如若已知今年度國小新生體重 (X) 呈常態分配，且平均數為 20 公斤，變異數為（2公斤）^{2}，而欲求國小新生體重介於 18公斤～22公斤的機率有多大? 或體重大於 24公斤的機率有多大? 為解答這些問題，我們必須對常態隨機變數 (X) 進行積分的工作如下：

$$X \sim N(\mu_X = 20, \ \sigma_X^2 = 2^2)$$

$$P_r(18 \leq X \leq 22) = \int_{18}^{22} f(X)dX$$

$$= \int_{18}^{22} \frac{1}{2\sqrt{2\pi}} e^{-\frac{1}{2}\left(\frac{X-20}{2}\right)^2} dX$$

$$= 0.683$$

又　　　$$P_r(X \geq 24) = \int_{24}^{\infty} f(X)dX$$

$$= \int_{24}^{\infty} \frac{1}{2\sqrt{2\pi}} e^{-\frac{1}{2}\left(\frac{X-20}{2}\right)^2} dX$$

$$= 0.0228$$

如此每遇到類似的問題（只要 X 呈常態分配，平均數、變異數之值已知，而欲求機率等問題），我們就必須積分一次，非常繁瑣，因此統計學家利用常態隨機變數的進一步性質 (further properties) 而導出**標準常態分配**，以利於解決這個煩瑣的工作。

二、標準常態隨機變數及標準常態分配

　　基於統計學家的研究、探討，他們發現常態隨機變數有下列兩個進一步的重要性質:

　　　1. 已知　$X \sim N(\mu_X, \sigma_X^2)$

若　　　　$W = a + bX, \ a,b$ 為任意常數，

則　　　　W 必呈常態分配，

且　　　　$E(W) = \mu_W = a + b\mu_X$

　　　　　$V(W) = \sigma_W^2 = b^2\sigma_X^2$

亦即　　　$W \sim N(a + b\mu_X, b^2\sigma_X^2)$

　　　2. 已知　$X \sim N(\mu_X, \sigma_X^2)$

　　　　　　$Y \sim N(\mu_Y, \sigma_Y^2)$

且 X、Y 彼此獨立,

今若 $W = aX + bY$, a, b 為任意常數,

則 W 必呈常態分配,

且 $E(W) = \mu_W = a\mu_X + b\mu_Y$

$V(W) = \sigma_W^2 = a^2\sigma_X^2 + b^2\sigma_Y^2$

我們若利用常態隨機變數的第一個重要性質, 而將常態隨機變數 $(X \sim N(\mu_X, \sigma_X^2))$ 加以**標準化**, 即

$$Z_X = \frac{X - \mu_X}{\sigma_X}$$

則標準化後的隨機變數 (Z_X) 必呈常態分配, 且其平均數、變異數分別如下:

$$E(Z_X) = \mu_{Z_X} = E\left(\frac{X - \mu_X}{\sigma_X}\right)$$

$$= \frac{1}{\sigma_X}[E(X) - \mu_X]$$

$$= 0$$

$$V(Z_X) = \sigma_{Z_X}^2 = V\left(\frac{X - \mu_X}{\sigma_X}\right)$$

$$= \frac{1}{\sigma_X^2}V(X)$$

$$= \frac{1}{\sigma_X^2} \cdot \sigma_X^2$$

$$= 1$$

即 $Z_X \sim N(\mu_{Z_X} = 0, \sigma_{Z_X}^2 = 1)$

再看另一個常態隨機變數 $(Y \sim N(\mu_Y, \sigma_Y^2))$, 若我們也將它加以標準化,

即

$$Z_Y = \frac{Y - \mu_Y}{\sigma_Y}$$

則我們也同樣可以得到 Z_Y 也呈以平均數 $=0$，變異數 $=1$ 的常態分配。因此我們只要將任一**常態隨機變數**加以**標準化**，必都可將它轉換成以 0 為**平均數**，以 1 為**變異數**的另一個**常態分配**。而這個以 0 為平均數，以 1 為變異數的常態分配，就是所謂的**標準常態分配**(Standard Normal Distribution)。

定義 6-3　**標準常態隨機變數及其機率密度函數**

　　一個常態隨機變數 Z，若其平均數 $\mu_Z = 0$，變異數 $\sigma_Z^2 = 1$，則 Z 為標準常態隨機變數，其機率密度函數如下：

$$f(Z) = \frac{1}{\sqrt{2\pi}} e^{-\frac{1}{2}Z^2}, \quad -\infty \leq Z \leq \infty \tag{6-7}$$

此時稱 Z 呈**標準常態分配**(Standard Normal Distribution)，而以 $Z \sim N(0, 1)$ 表示之。

　　與常態分配一樣，我們可以從標準常態隨機變數的機率密度函數推導出標準常態分配的特性如下：

　　(i) 標準常態隨機變數的機率密度曲線（或稱為**標準常態曲線**(Standard Normal Curve)）是一條以 "0" 為中心點向左右兩端**對稱**地延伸、且呈鐘形的曲線，其機率密度函數如表 6-2，曲線的形狀則如圖 6-5所示。然而，所謂對稱是指當 Z 的絕對值相等時（例如 $Z = +1$，$Z = -1$ 或 $Z = +2.5$，$Z = -2.5$），曲線的高度就相等，即 $f(Z) = f(-Z)$，又 Z 之絕對值越大，標準常態曲線的高度就越低。

表6-2　標準常態隨機變數之機率密度函數

Z	$f(Z) = \frac{1}{\sqrt{2\pi}} e^{-\frac{1}{2}Z^2}$
−3	.004432

-2	.053991
-1	.241971
0	.398942
1	.241971
2	.053991
3	.004432
4	.000134
5	.000001

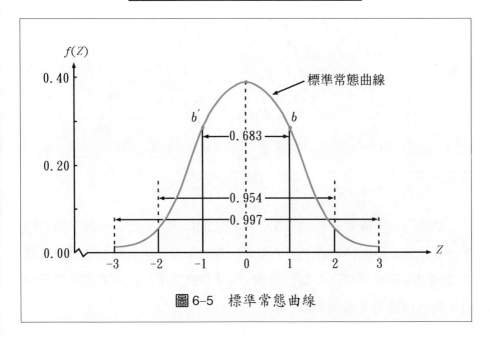

圖 6-5　標準常態曲線

(ii) 當 $Z = 0$ 時，標準常態機率密度函數 $f(Z)$ 有一**極大值**，為

$$f(Z = 0) = \frac{1}{\sqrt{2\pi}} = 0.3989$$

此時，標準常態曲線的高度最高。

(iii) 標準常態曲線在 $Z = \pm 1$ 之處，各有一個「**轉折點**」，如圖 6-5的 b 及 b' 就是該曲線的轉折點（註 3）。

(iv) 標準常態曲線與橫軸所包圍的面積等於 1，即

$$\int_{-\infty}^{\infty} f(Z)dZ = \int_{-\infty}^{\infty} \frac{1}{\sqrt{2\pi}} e^{-\frac{1}{2}Z^2} dZ$$

$$= 1 \quad （證明從略）$$

且

$$P_r(-1 \leq Z \leq 1) = \int_{-1}^{1} f(Z)dZ = 0.683$$

$$P_r(-2 \leq Z \leq 2) = \int_{-2}^{2} f(Z)dZ = 0.954$$

$$P_r(-3 \leq Z \leq 3) = \int_{-3}^{3} f(Z)dZ = 0.997$$

$$P_r(-1.64 \leq Z \leq 1.64) = \int_{-1.64}^{1.64} f(Z)dZ = 0.90$$

$$P_r(-1.96 \leq Z \leq 1.96) = \int_{-1.96}^{1.96} f(Z)dZ = 0.95$$

$$P_r(-2.58 \leq Z \leq 2.58) = \int_{-2.58}^{2.58} f(Z)dZ = 0.99$$

標準常態隨機變數 Z 大於某一特定值的機率，小於某一特定值的機率，或介於某兩個特定值之間的機率，統計學家都已計算好並列表（**標準常態機率表或面積表**）如附錄表 (5) 供我們使用，茲以下面的例子說明如何使用標準常態機率表。

【例 6-3】

已知 Z 為標準常態隨機變數，試求:

(i) $P_r(0 \leq Z \leq 1.5)$

(ii) $P_r(Z \geq 1.5)$

(iii) $P_r(Z \leq -1.5)$

(iv) $P_r(-1.5 \leq Z \leq 0)$

(v) $P_r(-1.5 \leq Z \leq 1.5)$

(vi) $P_r(1.52 \leq Z \leq 2.5)$

【解】

附錄表 (5) 之標準常態機率表的機率是指 Z 落在 0 到特定值 z 的機率,
如圖示:

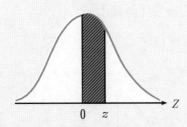

因此,

(i) $P_r(0 \leq Z \leq 1.5) =?$ 我們可查附錄表 (5), 找到 $Z = 1.5$, 並查出對
應的機率為 0.4332, 即 $P_r(0 \leq Z \leq 1.5) = 0.4332$

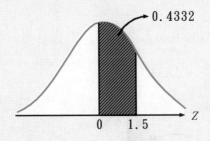

0.4332

(ii) $P_r(Z \geq 1.5) = P_r(0 \leq Z \leq \infty) - P_r(0 \leq Z \leq 1.5)$

$\qquad = 0.5 - 0.4332$

$\qquad = 0.0668$

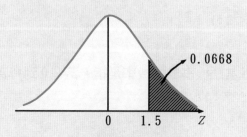

(iii) ∵標準常態分配是一對稱分配,

∴ $P_r(Z \leq -1.5) = P_r(Z \geq 1.5) = 0.0668$

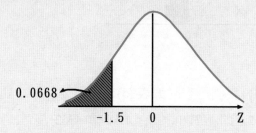

(iv) $P_r(-1.5 \leq Z \leq 0) = P_r(0 \leq Z \leq 1.5)$

$$= 0.4332$$

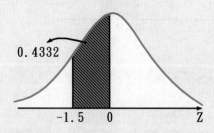

(v) $P_r(-1.5 \leq Z \leq 1.5) = P_r(-1.5 \leq Z \leq 0) + P_r(0 \leq Z \leq 1.5)$

$$= 2P_r(0 \leq Z \leq 1.5)$$

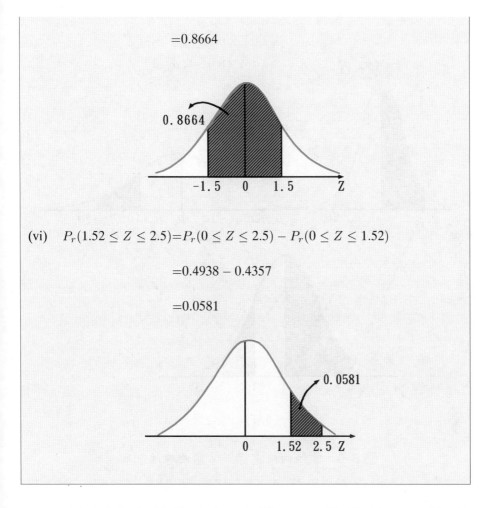

$$=0.8664$$

(vi)　$P_r(1.52 \leq Z \leq 2.5) = P_r(0 \leq Z \leq 2.5) - P_r(0 \leq Z \leq 1.52)$

$$=0.4938 - 0.4357$$

$$=0.0581$$

三、利用標準常態分配計算任一常態分配之機率

　　由於任一常態隨機變數皆可經過標準差化的過程，而轉換成標準常態隨機變數，因此欲求常態隨機變數大於某特定值的機率，小於某特定值的機率，或介於某兩個特定值之間的機率，我們都可利用**標準常態機率表**求得，茲以圖 6-6 說明如下。

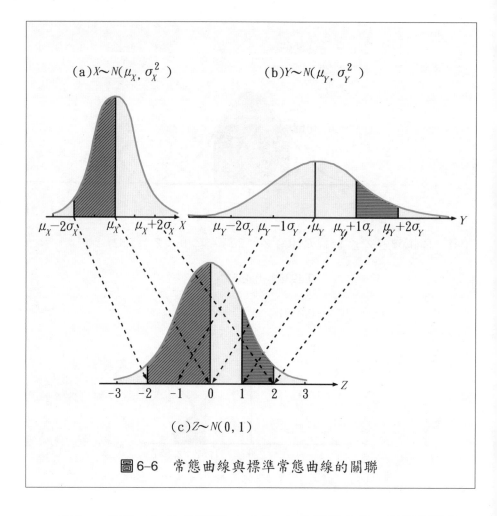

(a)$X \sim N(\mu_X, \sigma_X^2)$

(b)$Y \sim N(\mu_Y, \sigma_Y^2)$

$\mu_X - 2\sigma_X$ μ_X $\mu_X + 2\sigma_X$ X

$\mu_Y - 2\sigma_Y$ $\mu_Y - 1\sigma_Y$ μ_Y $\mu_Y + 1\sigma_Y$ $\mu_Y + 2\sigma_Y$ Y

-3 -2 -1 0 1 2 3 Z

(c)$Z \sim N(0, 1)$

圖 6-6 常態曲線與標準常態曲線的關聯

如圖 6-6 所示，如果我們將 X（或 Y）之常態曲線，經過標準化，則將轉換成 Z 之標準常態曲線（如(c)圖），此時，X（或 Y）軸上的每一點在 Z 軸上都有其對應的點，如：

(i) $X = \mu_X + 1\sigma_X$，其在 Z 軸上之對應點為：

$$Z_X = \frac{(\mu_X + 1\sigma_X) - \mu_X}{\sigma_X} = +1$$

(ii) $Y = \mu_Y - 2\sigma_Y$，其在 Z 軸上對應的點為：

$$Z_Y = \frac{(\mu_Y - 2\sigma_Y) - \mu_Y}{\sigma_Y} = -2$$

因此，X（或 Y）大於某特定值的機率，或落在某兩個特定值之間的機率，都可在(c)圖上找到其對應的面積，如：

(i)　$P_r(\mu_X - 2\sigma_X \leq X \leq \mu_X)$ [即圖(a)中斜線部分之面積]

$$= P_r\left(\frac{(\mu_X - 2\sigma_X) - \mu_X}{\sigma_X} \leq \frac{X - \mu_X}{\sigma_X} \leq \frac{\mu_X - \mu_X}{\sigma_X}\right)$$

$= P_r(-2 \leq Z \leq 0)$，即圖(c)中斜線部分之面積

$= P_r(0 \leq Z \leq 2)$

$= 0.4772$

(ii)　$P_r(\mu_Y + 1\sigma_Y \leq Y \leq \mu_Y + 2\sigma_Y)$ [即圖(b)中橫線部分之面積]

$$= P_r\left(\frac{(\mu_Y + 1\sigma_Y) - \mu_Y}{\sigma_Y} \leq \frac{Y - \mu_Y}{\sigma_Y} \leq \frac{(\mu_Y + 2\sigma_Y) - \mu_Y}{\sigma_Y}\right)$$

$= P_r(1 \leq Z \leq 2)$ [即圖(c)中橫線部分之面積]

$= P_r(0 \leq Z \leq 2) - P_r(0 \leq Z \leq 1)$

$= 0.4772 - 0.3413$

$= 0.1359$

下面的兩個例子，就是將常態隨機變數予以標準化，而後利用標準常態分配求有關之機率的問題。

【例6-4】

已知某大工廠生產之電子手錶之壽命 (X) 呈常態分配，且平均數為 60個月，標準差為 4 個月。今從該廠生產之電子手錶中隨機抽出一個，試求該錶之壽命：

(i)大於68 個月的機率多大？ 大於70 個月的機率多大？

(ii)小於 65 個月的機率多大? 小於 55 個月的機率多大?

(iii)介於 54 個月～64 個月的機率多大?

【解】

已知 $X \sim N(\mu_X = 60, \quad \sigma_X^2 = (4)^2)$

(i) $\quad P_r(X \geq 68) = P_r\left(\dfrac{X-60}{4} \geq \dfrac{68-60}{4}\right)$

$\qquad\qquad = P_r(Z \geq 2)$

$\qquad\qquad = P_r(0 \leq Z \leq \infty) - P_r(0 \leq Z \leq 2)$

$\qquad\qquad = 0.5 - 0.4772$

$\qquad\qquad = 0.0228$

$\qquad P_r(X \geq 70) = P_r\left(\dfrac{X-60}{4} \geq \dfrac{70-60}{4}\right)$

$\qquad\qquad = P_r(Z \geq 2.5)$

$\qquad\qquad = P_r(0 \leq Z \leq \infty) - P_r(0 \leq Z \leq 2.5)$

$\qquad\qquad = 0.5 - 0.4938$

$\qquad\qquad = 0.0062$

(ii) $\quad P_r(X \leq 65) = P_r\left(\dfrac{X-60}{4} \leq \dfrac{65-60}{4}\right)$

$\qquad\qquad = P_r(Z \leq 1.25)$

$\qquad\qquad = P_r(-\infty \leq Z \leq 0) + P_r(0 \leq Z \leq 1.25)$

$\qquad\qquad = 0.5 + 0.3944$

$\qquad\qquad = 0.8944$

$\qquad P_r(X \leq 55) = P_r\left(\dfrac{X-60}{4} \leq \dfrac{55-60}{4}\right)$

$$=P_r(Z \leq -1.25)$$

$$=P_r(Z \geq 1.25)$$

$$=P_r(0 \leq Z \leq \infty) - P_r(0 \leq Z \leq 1.25)$$

$$=0.5 - 0.3944$$

$$=0.1056$$

(iii)　　$P_r(54 \leq X \leq 64) = P_r\left(\dfrac{54-60}{4} \leq \dfrac{X-60}{4} \leq \dfrac{64-60}{4}\right)$

$$=P_r(-1.5 \leq Z \leq 1)$$

$$=P_r(-1.5 \leq Z \leq 0) + P_r(0 \leq Z \leq 1)$$

$$=P_r(0 \leq Z \leq 1.5) + P_r(0 \leq Z \leq 1)$$

$$=0.4332 + 0.3413$$

$$=0.7745$$

【例6-5】

已知某大工廠共有 10 萬個工人, 且工人之薪資 (Y) 呈常態分配, 平均數為 15000 元, 標準差為 1000 元, 試答下列各題:

(i) 隨機抽出一個工人, 其薪資ⓐ大於 15000 元的機率若干? ⓑ大於 20000 元的機率若干? ⓒ介於 13000 元～18000 元的機率若干?

(ii) 該廠工人薪資ⓐ大於 18000 元的約有多少人? ⓑ介於 16000 元～18000 元的約有多少人?

【解】

已知 $Y \sim N(\mu_Y = 15000, \sigma_Y^2 = (1000)^2)$

(i)ⓐ
$$P_r(Y \geq 15000) = P_r\left(\frac{Y-15000}{1000} \geq \frac{15000-15000}{1000}\right)$$

$$= P_r(Z \geq 0)$$

$$= P_r(0 \leq Z \leq \infty)$$

$$= 0.5$$

ⓑ
$$P_r(Y \geq 20000) = P_r\left(\frac{Y-15000}{1000} \geq \frac{20000-15000}{1000}\right)$$

$$= P_r(Z \geq 5)$$

$$= P_r(0 \leq Z \leq \infty) - P_r(0 \leq Z \leq 5)$$

$$= 0.5 - 0.49999\cdots$$

$$\simeq 0$$

ⓒ
$$P_r(13000 \leq Y \leq 18000)$$

$$= P_r\left(\frac{13000-15000}{1000} \leq \frac{Y-15000}{1000} \leq \frac{18000-15000}{1000}\right)$$

$$= P_r(-2 \leq Z \leq 3)$$

$$= P_r(-2 \leq Z \leq 0) + P_r(0 \leq Z \leq 3)$$

$$= P_r(0 \leq Z \leq 2) + P_r(0 \leq Z \leq 3)$$

$$= 0.4772 + 0.49865$$

$$= 0.97585$$

(ii)ⓐ
$$P_r(Y \geq 18000) = P_r\left(\frac{Y-15000}{1000} \geq \frac{18000-15000}{1000}\right)$$

$$= P_r(Z \geq 3)$$

$$= P_r(0 \leq Z \leq \infty) - P_r(0 \leq Z \leq 3)$$

$$= 0.5 - 0.49865$$

$$=0.00135$$

∴該廠工人薪資大於 18000 元的約有

$$(100000) \cdot (0.00135) = 135 人$$

ⓑ $\quad P_r(16000 \leq Y \leq 18000)$

$$=P_r \left(\frac{16000 - 15000}{1000} \leq \frac{Y - 15000}{1000} \leq \frac{18000 - 15000}{1000} \right)$$

$$=P_r(1 \leq Z \leq 3)$$

$$=P_r(0 \leq Z \leq 3) - P_r(0 \leq Z \leq 1)$$

$$=0.49865 - 0.3413$$

$$=0.15735$$

∴該廠工人薪資介於 16000 元～18000 元的約有

$$(100000) \cdot (0.15735) = 15735 人$$

四、以常態分配做為二項分配的漸近分配

前面我們曾提及，常態分配之所以重要，其原因之一乃是在於**常態分配**可做為**二項分配**的**漸近分配**。而常態分配之所以能做為二項分配的漸近分配，則是根據中央極限定理而來（關於此點，下一章將簡要說明）。這裏我們擬先說明常態分配如何做為二項分配的漸近分配，並舉例介紹如何利用常態分配求有關二項隨機變數之機率的問題。

在 $n = 10$，$p = 0.5$ 的**百奴里試行**中，若定義 X 為成功的次數（$X = 0, 1, 2, \cdots, 10$)，則 X 的機率分配如表 6–3 或圖 6–7。

表6-3　二項隨機變數之機率分配 $(n = 10,\ p = 0.5)$

X	$f(x) = \dbinom{n}{x} p^x q^{n-x}$
0	.0010
1	.0098
2	.0439
3	.1172
4	.2051
5	.2461
6	.2051
7	.1172
8	.0439
9	.0098
10	.0010

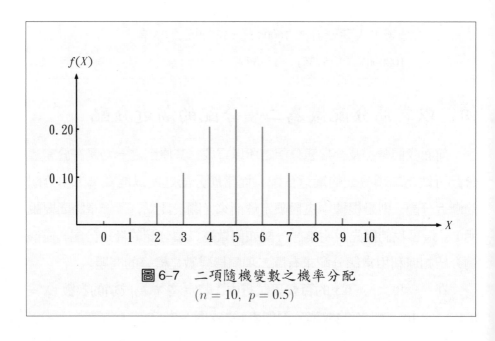

圖 6-7　二項隨機變數之機率分配
$(n = 10,\ p = 0.5)$

我們若將 X 連續化，並以相對次數直方圖（或機率直方圖）的方式表現 X 的機率分配，則如圖 6-8所示。如對該機率直方圖配以一條相對次數曲線，則我們將發現該曲線近似一條常態曲線。而要把該曲線視為常

態曲線以求二項隨機變數於各個特定值的漸近機率, 其方法如下:

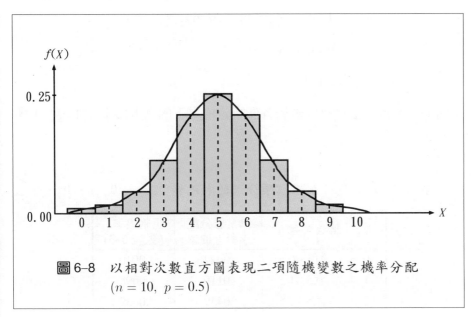

圖 6-8　以相對次數直方圖表現二項隨機變數之機率分配
$(n = 10, \ p = 0.5)$

當 $n = 10$, $p = 0.5$ 時, 二項隨機變數的平均數、變異數分別為:

$$E(X) = np = 5$$

$$V(X) = npq = 2.5$$

今以常態分配求二項漸近機率時, 此常態分配之平均數 $\mu_X = np = 5$, 變異數 $\sigma_X^2 = npq = 2.5$ 。而要以常態分配求二項隨機變數等於某一特定值 (例如 $X = 3$) 的機率時, 必須先進行連續化校正 (即 X 介於 2.5 至 3.5), 此乃是因為在連續隨機變數的分配下, X 等於任一特定值的機率為 0。因此,

$$P_r(X = 3) = P_r(2.5 \leq X \leq 3.5)$$

$$= P_r\left(\frac{2.5 - 5}{\sqrt{2.5}} \leq \frac{X - 5}{\sqrt{2.5}} \leq \frac{3.5 - 5}{\sqrt{2.5}} \right)$$

$$= P_r(-1.58 \leq Z \leq -0.95)$$

$$=P_r(0.95 \leq Z \leq 1.58)$$

$$=P_r(0 \leq Z \leq 1.58) - P_r(0 \leq Z \leq 0.95)$$

$$=0.4429 - 0.3289$$

$$=0.1140$$

如此依次求得二項隨機變數於各個特定值之下的漸近機率，如表 6-4 所示。

表 6-4 以常態分配求二項分配的漸近機率 ($n = 10$, $p = 0.5$)

X	將 X 連續化	以常態分配求漸近機率	正確機率(見表 6-3)
0	−0.5～0.5	.0022	.0010
1	0.5～1.5	.0110	.0098
2	1.5～2.5	.0439	.0439
3	2.5～3.5	.1140	.1172
4	3.5～4.5	.2034	.2051
5	4.5～5.5	.2510	.2461
6	5.5～6.5	.2034	.2051
7	6.5～7.5	.1140	.1172
8	7.5～8.5	.0439	.0439
9	8.5～9.5	.0110	.0098
10	9.5～10.5	.0022	.0010

當 $p = 0.5$ 時，二項隨機變數本身正是一個對稱分配，因此在 $n = 10$ 之下，以常態分配求二項分配之漸近機率，其與正確機率頗為接近，因此即常態分配於 $n = 10$, $p = 0.5$ 時，已經是二項分配的良好漸近分配；而隨著 n 越大其漸近程度將越好。又二項隨機變數 (X)，當 n 很大時，雖然 p 不等於 0.5，但只要 p 接近於 0.5 ($p \longrightarrow 0.5$)，則常態分配仍然可以用來求二項分配之漸近機率。例如 $n = 50$, $p = 0.40$，X 大於或等於

15（即 $X \geq 15$）的正確機率為 0.9461，而若我們以常態分配求其漸近機率，則為：

$$P_r(X \geq 15) = P_r(X \geq 14.5) \qquad （連續化）$$

$$= P_r\left(\frac{X - 20}{\sqrt{12}} \geq \frac{14.5 - 20}{\sqrt{12}}\right) \qquad （標準化）$$

而 $\qquad \begin{bmatrix} \mu_X = np = 20 \\ \sigma_X^2 = npq = 12 \end{bmatrix}$

$\therefore \qquad P_r(X \geq 15) = P_r(Z \geq -1.59)$

$$= 0.9441$$

當我們以常態分配求二項分配的漸近機率時，一定要進行連續化校正，因為就間斷的二項隨機變數而言，$P_r(X \geq 15) + P_r(X \leq 14) = 1$，而以常態分配做為二項分配的漸近分配時，若未進行連續化校正，則是以圖 6-9 常態曲線 $X = 15$ 右邊的面積做為二項隨機變數 $X \geq 15$ 的漸近機率，而以 $X = 14$ 左邊的面積做為 $X \leq 14$ 的漸近機率，此時將造成

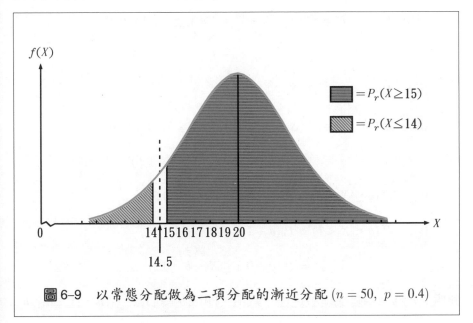

圖 6-9　以常態分配做為二項分配的漸近分配 $(n = 50, \ p = 0.4)$

$P_r(X \geq 15) + P_r(X \leq 14) < 1$ 的矛盾。因此無論如何應予以連續化校正。而連續化校正時，是以 X 度量單位的一半做為校正的標準，即以常態曲線 $15 - 0.5 = 14.5$ 右邊的面積做為 $X \geq 15$ 的漸近機率，而以常態曲線 $14 + 0.5 = 14.5$ 左邊的面積做為 $X \leq 14$ 的漸近機率。

上例中 $(n = 50, p = 0.40)$，以常態分配求 $X \geq 15$ 的漸近機率，我們若未經過連續化校正，則漸近機率為：

$$P_r(X \geq 15) = P_r\left(\frac{X - 20}{\sqrt{12}} \geq \frac{15 - 20}{\sqrt{12}}\right)$$

$$= P_r(Z \geq -1.44)$$

$$= 0.9251$$

則其對正確機率之漸近程度將較差。

以常態分配求二項分配 (X) 之漸近機率時，其連續化校正的方法如下：

(i) $P_r(X \geq a) = P_r(X \geq a - 0.5)$

(ii) $P_r(X > a) = P_r(X \geq a + 1) = P_r(X \geq a + 1 - 0.5)$

$$= P_r(X \geq a + 0.5)$$

(iii) $P_r(X \leq b) = P_r(X \leq b + 0.5)$

(iv) $P_r(X < b) = P_r(X \leq b - 1) = P_r(X \leq b - 1 + 0.5)$

$$= P_r(X \leq b - 0.5)$$

(v) $P_r(a \leq X \leq b) = P_r(a - 0.5 \leq X \leq b + 0.5)$

(vi) $P_r(a < X < b) = P_r(a + 1 \leq X \leq b - 1)$

$$= P_r(a + 0.5 \leq X \leq b - 0.5)$$

此處 a, b 為二項隨機變數之任一數值，即 $a, b = 0, 1, 2, \cdots, n$ 且 $a < b$

　　然而在 n 非常大的情況下，我們若以常態分配求二項分配的漸近機率，有無做連續化校正，求得的機率值差異將減小。例如 $n = 100$, $p = 0.4$ 的百奴里試行中，二項隨機變數 $50 \leq X \leq 100$ 的正確機率為 0.0271。而以常態分配求其漸近機率，若進行連續化校正，為：

$$P_r(50 \leq X \leq 100) = P_r(49.5 \leq X \leq 100.5)$$

$$= P_r\left(\frac{49.5 - 40}{\sqrt{24}} \leq \frac{X - 40}{\sqrt{24}} \leq \frac{100.5 - 40}{\sqrt{24}}\right)$$

$$(\because \mu_X = np = 40, \ \sigma_X^2 = npq = 24)$$

$$= P_r(1.94 \leq Z \leq 12.35)$$

$$= 0.0262$$

但若未進行連續化校正，則為：

$$P_r(50 \leq X \leq 100) = P_r\left(\frac{50 - 40}{\sqrt{24}} \leq \frac{X - 40}{\sqrt{24}} \leq \frac{100 - 40}{\sqrt{24}}\right)$$

$$= P_r(2.04 \leq Z \leq 12.25)$$

$$= 0.0207$$

於此情況下，我們發現其漸近程度雖不如有連續化校正時那麼良好，但與 $n = 50, p = 0.4$ 相較，差異已減小。又 n 要大到多大，p 要如何接近 0.5，我們才可以常態分配求二項分配的漸近機率呢？多數統計學家提出的法則是 n 要大到滿足下列兩個條件：①$np > 15$，②$nq > 15$，**常態分配才是二項分配之非常良好的漸近分配**。

　　下面的例子就是應用常態分配求有關二項分配之機率的問題。

【例 6-6】

根據以往的經驗知道某公司之產品有瑕疵的機率為 0.2。今從該公司之產品中隨機抽出 100 件，試答下列各題：

(i)瑕疵品少於 10 件的機率多大？

(ii)瑕疵品至少為 30 件的機率多大？

(iii)瑕疵品大於 25 件但小於或等於 30 件的機率多大？

【解】

令 X 為抽出 100 件產品中瑕疵品的件數，即

$$x = 0, 1, 2, \cdots, 100$$

X 為二項隨機變數，且 $\mu_X = np = 20$，$\sigma_X^2 = npq = 16$。由於 n 大，且 $np > 15$，$nq > 15$，$\therefore$ 應用常態分配求二項分配之漸近機率如下：

(i) $P_r(X < 10) = P_r(X \leq 9) = P_r(X \leq 9.5)$

$$= P_r\left(\frac{X - 20}{\sqrt{16}} \leq \frac{9.5 - 20}{\sqrt{16}}\right)$$

$$= P_r(Z \leq -2.63)$$

$$= 0.0043 \quad (\text{正確機率為 } 0.0024)$$

(ii) $P_r(X \geq 30) = P_r(X \geq 29.5)$

$$= P_r\left(\frac{X - 20}{\sqrt{16}} \geq \frac{29.5 - 20}{\sqrt{16}}\right)$$

$$= P_r(Z \geq 2.38)$$

$$= 0.0087 \quad (\text{正確機率為 } 0.0164)$$

(iii) $P_r(25 < X \leq 30) = P_r(26 \leq X \leq 30) = P_r(25.5 \leq X \leq 30.5)$

$$= P_r\left(\frac{25.5 - 20}{\sqrt{16}} \leq \frac{X - 20}{\sqrt{16}} \leq \frac{30.5 - 20}{\sqrt{16}}\right)$$

$$= P_r(1.38 \leq Z \leq 2.63)$$

$$= 0.0795 \quad (\text{正確機率為 } 0.0815)$$

第三節　指數分配

　　指數分配是連續隨機變數的另一個重要的分配。我們日常生活中，很多常見的現象即是呈指數分配，例如：

　　(i)高速公路出入口收費站，每輛車等待付過路費的時間。

　　(ii)超級市場付帳處每位顧客等待付帳的時間。

　　(iii)加油站每位顧客接受服務（完成加油）的時間。

　　(iv)診所病人等待看病的時間。

　　(v)走進銀行接受服務之顧客完成服務的時間。

一、指數隨機變數及其機率密度函數

> **定義 6-4　指數隨機變數及其機率密度函數**
>
> 連續隨機變數 Y，若其機率密度函數為：
>
> $$f(Y) = \begin{cases} \lambda e^{-\lambda Y}, & Y \geq 0 \\ 0, & \text{其他} \end{cases} \qquad (6\text{--}8)$$
>
> 此處，λ 為參數且為非負值，$e = 2.71828$，則 Y 稱為**指數隨機變數** (Exponential Random Variable)。

　　指數隨機變數之機率密度函數隨著 λ 值不同而不同，茲以 $\lambda = 0.5$, 1.0, 2.0 為例，列出指數隨機變數的機率密度函數於表 6-5，並將其對應的機率密度曲線繪於圖 6-10。

　　從表 6-5 或圖 6-10，我們知道**指數分配**在各種 λ 值之下，都是呈**右偏**的分配。

表6-5 指數隨機變數的機率密度函數 $(\lambda = 0.5, 1.0, 2.0)$

Y	$f(Y) = \lambda e^{-\lambda Y}$		
	$\lambda = 0.5$	$\lambda = 1.0$	$\lambda = 2.0$
0	0.5000	1.0000	2.0000
1	0.3033	0.3679	0.2707
2	0.1839	0.1353	0.0366
3	0.1116	0.0498	0.0050
4	0.0677	0.0183	0.0007
5	0.0410	0.0067	0.00009

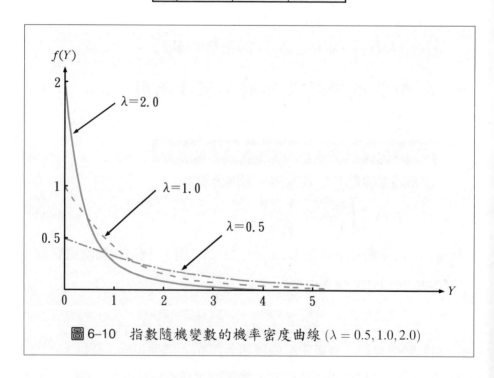

圖6-10 指數隨機變數的機率密度曲線 $(\lambda = 0.5, 1.0, 2.0)$

二、指數分配的平均數及變異數

指數隨機變數的機率密度函數, 符合連續隨機變數之機率密度函數的兩個條件, 即

(1)　$f(Y) = \lambda e^{-\lambda Y} \geq 0$

(2)　$\displaystyle\int_0^\infty f(Y)dY = \int_0^\infty \lambda e^{-\lambda Y} dY = \lambda \int_0^\infty e^{-\lambda Y} dY$

$$= [-e^{-\lambda Y}]_0^\infty = 1$$

指數隨機變數的平均數及變異數為（註4）：

平均數　$E(Y) = \mu_Y = \dfrac{1}{\lambda}$　　　　　　　　　　　　　　　　　　(6–9)

變異數　$V(Y) = \sigma_Y^2 = \dfrac{1}{\lambda^2}$　　　　　　　　　　　　　　　　(6–10)

　　若指數隨機變數 (Y) 的參數 λ（或其平均數 $E(Y) = \dfrac{1}{\lambda}$）為已知，則 Y 落於某一段區間（$a \leq Y \leq b$, a,b 均為非負值，且 $a < b$）的機率，事實上就等於其對應的機率密度曲線於 $a \sim b$ 區間的面積（如圖 6–11所示）。基本上，這個機率值我們可對其機率密度函數積分而獲得。諸如此類的機率，不同的 λ 值之下，就必須積分一次，相當繁瑣。然統計學家已針對各種 λ 值求 $\displaystyle\int_0^Y \lambda e^{-\lambda Y} dY$（即 $P_r(0 \leq Y \leq y)$）之值，並備一份表（如附錄表 (6)）供我們使用。茲以下例說明如何應用指數隨機變數機率分配表。

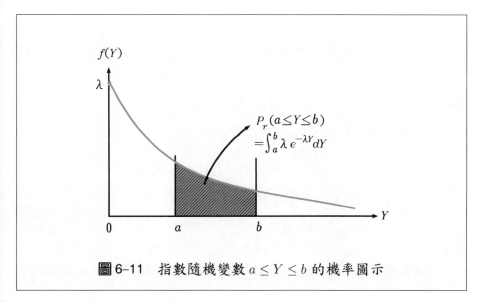

圖6-11　指數隨機變數 $a \leq Y \leq b$ 的機率圖示

【例6-7】

已知某加油站顧客接受服務（加油）的時間(Y)呈指數分配，且平均每位顧客加油時間長短為5分鐘。試問隨機觀察某顧客，其加油的時間小於1分鐘的機率多大？大於5分鐘的機率多大？介於2～3分鐘的機率如何？

【解】

Y為指數隨機變數，其平均數為：

$$E(Y) = \frac{1}{\lambda} = 5 \qquad \therefore \lambda = 0.2$$

則

(i) 　　　$P_r(Y < 1) = P_r(Y \leq 1) = P_r(\lambda Y \leq \lambda \cdot 1)$

　　　　　　　　$= P_r(\lambda y \leq 0.2)$

　　　　　　　　$= 0.181$（查附錄表(6)可得）

(ii) 　　　$P_r(Y > 5) = P_r(Y \geq 5) = P_r(\lambda Y \geq \lambda \cdot 5)$

　　　　　　　　$= P_r(\lambda y \geq 1)$

　　　　　　　　$= 1 - P_r(\lambda y \leq 1)$

　　　　　　　　$= 1 - 0.632$

　　　　　　　　$= 0.368$

(iii) 　　　$P_r(2 \leq Y \leq 3) = P_r(\lambda \cdot 2 \leq \lambda Y \leq \lambda \cdot 3)$

　　　　　　　　$= P_r(0.4 \leq \lambda y \leq 0.6)$

　　　　　　　　$= P_r(\lambda y \leq 0.6) - P_r(\lambda y \leq 0.4)$

　　　　　　　　$= 0.451 - 0.330$

　　　　　　　　$= 0.121$

　　有關指數隨機變數(Y)的機率問題，基本上，我們也可透過累加機

率密度函數$[F(Y = y) = F(y)]$，而以下面的方式求得：

$$F(y) = P_r(Y \le y) = \int_0^y f(Y)dY$$

$$= \int_0^y \lambda e^{-\lambda Y} dY$$

$$= -e^{-\lambda Y}\big]_0^y$$

$$= 1 - e^{-\lambda y}$$

因此，就（例6-7）而言，若我們要求算$P_r(Y < 1)$之值，則：

$$P_r(Y < 1) = P_r(Y \le 1)$$

$$= 1 - e^{-\lambda \times 1}$$

$$= 1 - e^{-0.2(1)}$$

$$= 1 - e^{-0.2} \text{ [查指數函數表（見：附錄表(7)）]}$$

$$= 1 - 0.8187$$

$$= 0.1813$$

三、指數分配與波阿松分配的密切關係

指數分配不但在機率理論有其重要地位，它與波阿松間斷隨機變數也有密切關聯，本節特提出說明。

若已知某單位時間內（例如1分鐘），特殊事件發生的次數呈波阿松分配，且此單位時間內，特殊事件發生次數的平均數為λ；今若我們定義Y為特殊事件發生之間隔時間的長短（即等待特殊事件發生之時間），則兩事件發生之間隔時間的長短超過y的機率為：

$$P_r(Y > y) = P_r \text{（在0到}y\text{這段時間內，不發生任何事件）}$$

由於「0 到 y 這段時間內」特殊事件發生的次數呈波阿松分配，且平均數為 $y \cdot \lambda$，而「在 0 到 y 這段時間內」，不發生任何事件即是指波阿松隨機變數之值為 0。因此，

$$P_r\,(\text{在 0 到 } y \text{ 這段時間內，不發生任何事件})$$

$$= \frac{e^{-(\lambda y)}(\lambda y)^0}{0!}$$

$$= e^{-\lambda y}$$

而當 $Y = y$ 時，其累加機率密度函數為：

$$F(Y = y) = F(y) = P_r(Y \le y) = 1 - P_r(Y > y)$$

$$= 1 - e^{-\lambda y}$$

$$= \int_0^y f(Y)dY \tag{6--11}$$

既然 Y 的累加機率密度函數如式 (6-11)，因此，當 $y \ge 0$，Y 的機率密度函數應為：

$$f(Y) = \lambda e^{-\lambda Y}$$

由此，我們可得證 Y 呈指數分配。茲舉一例說明指數分配與波阿松分配的密切關係。

【例 6-8】

已知顧客走進銀行接受服務之時間長度呈指數分配，且已知平均每位顧客接受服務之時間為 5 分鐘。試求顧客接受服務之時間少於 1 分鐘的機率多大？（分別以指數分配及波阿松分配求此機率。）

【解】

令 Y 為顧客走進銀行接受服務之時間長度，則

$$E(Y) = \frac{1}{\lambda} = 5\ (分)$$

$$\lambda = \frac{1}{5} = 0.2$$

此意謂著平均每分鐘服務 0.2 位顧客。

顧客接受服務之時間少於 1 分鐘的機率為:

$$P_r(Y < 1) = P_r(Y \leq 1) = P_r(\lambda Y \leq \lambda \cdot 1)$$

$$= P_r(\lambda y \leq 0.2)$$

$$= 0.181$$

此機率亦可利用波阿松分配去求算，說明如下:

$$\because P_r(Y < 1) = 1 - P_r(Y \geq 1)$$

而 $P_r(Y \geq 1) = P_r$（第 i 位顧客接受服務時間超過 1 分鐘）

$= P_r$（第 i 位顧客與下一位顧客之時間間隔超過 1 分鐘）

$= P_r$（1 分鐘內沒有人走進銀行接受服務）

今若令 X 為 1 分鐘內走進銀行接受服務之顧客人數，則 X 呈波阿松分配，且知 X 之平均數（即平均每分鐘服務之顧客人數）為:

$$E(X) = \lambda = 0.2$$

而「1 分鐘內沒有人走進銀行接受服務 (即 $X = 0$)」的機率為:

$$P_r(X = 0) = \frac{e^{-0.2}(0.2)^0}{0!} = 0.8187$$

$\therefore$ 顧客接受服務之時間少於 1 分鐘的機率為:

$$P_r(Y \leq 1) = 1 - P_r(Y \geq 1)$$

$$= 1 - P_r(X = 0)$$

$$= 1 - 0.8187$$

$$= 0.1813$$

　　由於指數分配與波阿松分配的密切關係，因此，一般說來，關於指數分配的機率問題，我們可利用波阿松分配求得。

　　除了以上所介紹的三個重要的連續隨機變數以外，其他例如**卡方分配**，t **分配**或 F **分配**等也都是連續隨機變數。這些分配本書將在適當的章節（第九章）再加以介紹。

附 註

註1: 關於常態分配為二項分配的漸近分配，將於本章第二節的第四小節說明。而「**中央極限定理**」將於下一章介紹。至於卡方及 t 分配將於第九章第一節介紹。

註2: 有一數學函數 $f(X)$，一般而言，若:

(a) $\dfrac{df(X)}{dX} = 0$, $\dfrac{d^2 f(X)}{dX^2} < 0$ **有極大值**

> 0 **有極小值**

(b) $\dfrac{d^2 f(X)}{dX^2} = 0$ 時, **有轉折點**

而常態機率密度函數:

$$f(X) = \frac{1}{\sigma_X \sqrt{2\pi}} e^{-\frac{1}{2}\left(\frac{X-\mu_X}{\sigma_X}\right)^2}$$

$$\frac{df(X)}{dX} = \frac{1}{\sigma_X \sqrt{2\pi}} \cdot \left(-\frac{X-\mu_X}{\sigma_X^2}\right) \cdot e^{-\frac{1}{2}\left(\frac{X-\mu_X}{\sigma_X}\right)^2} \quad\cdots\cdots\cdots\cdots\cdots ①$$

$$\frac{d^2 f(X)}{dX^2} = \frac{1}{\sigma_X \sqrt{2\pi}} \left(-\frac{X-\mu_X}{\sigma_X^2}\right) \cdot \frac{-(X-\mu_X)}{\sigma_X^2} \cdot e^{-\frac{1}{2}\left(\frac{X-\mu_X}{\sigma_X}\right)^2}$$

$$+ \frac{1}{\sigma_X \sqrt{2\pi}} \cdot e^{-\frac{1}{2}\left(\frac{X-\mu_X}{\sigma_X}\right)^2} \cdot \frac{-1}{\sigma_X^2}$$

$$= \frac{1}{\sigma_X^3 \sqrt{2\pi}} \cdot e^{-\frac{1}{2}\left(\frac{X-\mu_X}{\sigma_X}\right)^2} \cdot \left[\frac{(X-\mu_X)^2}{\sigma_X^2} - 1\right] \quad\cdots\cdots\cdots\cdots ②$$

令 ① $= 0$

得 $\dfrac{-(X-\mu_X)}{\sigma_X^2} = 0$, $X = \mu_X$, 此時② < 0

$\therefore$ 在 $X = \mu_X$ 時, $f(X)$ 有極大值。

令 ② $= 0$

得 $\quad \dfrac{(X - \mu_X)^2}{\sigma_X^2} - 1 = 0, \quad X = \mu_X \pm 1\sigma_X$

故得到當 $\quad X = \mu_X \pm 1\sigma_X$，即 X 在距離 μ_X 左右各 $1\sigma_X$ 處有轉折點。

註3: **標準常態機率密度函數為**:

$$f(Z) = \dfrac{1}{\sqrt{2\pi}} e^{-\frac{1}{2}Z^2}$$

$$\dfrac{df(Z)}{dZ} = \dfrac{1}{\sqrt{2\pi}}(-Z) \cdot e^{-\frac{1}{2}Z^2} \cdots\cdots\cdots\cdots ①$$

$$\dfrac{d^2 f(Z)}{dZ^2} = \dfrac{1}{\sqrt{2\pi}}(-Z) \cdot (-Z)e^{-\frac{1}{2}Z^2} + \dfrac{1}{\sqrt{2\pi}} e^{-\frac{1}{2}Z^2} \cdot (-1)$$

$$= \dfrac{1}{\sqrt{2\pi}} e^{-\frac{1}{2}Z^2}(Z^2 - 1) \cdots\cdots\cdots\cdots ②$$

令 $\quad ① = 0$，得 $\quad -Z = 0$，即 $\quad Z = 0$，此時 $\quad ② < 0$

$\therefore$ 在 $Z = 0$ 時，$f(Z)$ 有極大值。

令 $\quad ② = 0$，得 $Z^2 - 1 = 0$，$Z = \pm 1$

故得到當 $Z = \pm 1$ 時，$f(Z)$ 有轉折點。

註4:

$$E(Y) = \int_0^\infty Y \cdot f(Y)dY = \int_0^\infty Y \cdot \lambda e^{-\lambda Y} dY$$

$$= [-Ye^{-\lambda Y}]_0^\infty - \int_0^\infty (-e^{-\lambda Y})dY$$

$$= [-Ye^{-\lambda Y}]_0^\infty - \left[\dfrac{1}{\lambda} e^{-\lambda Y}\right]_0^\infty$$

$$= \dfrac{1}{\lambda}$$

$$E(Y^2) = \int_0^\infty Y^2 \cdot f(Y)dY = \int_0^\infty Y^2 \cdot \lambda e^{-\lambda Y} dY$$

$$= [-Y^2 e^{-\lambda Y}]_0^\infty - \int_0^\infty -2Y e^{-\lambda Y} dY$$

$$=[-Y^2 e^{-\lambda Y}]_0^\infty + 2 \int_0^\infty Y e^{-\lambda Y} dY$$

$$=[-Y^2 e^{-\lambda Y}]_0^\infty + 2 \cdot \frac{1}{\lambda} \int_0^\infty Y \lambda e^{-\lambda Y} dY$$

$$=[-Y^2 e^{-\lambda Y}]_0^\infty + 2 \cdot \frac{1}{\lambda} \cdot \frac{1}{\lambda} = 0 + \frac{2}{\lambda^2}$$

$$=\frac{2}{\lambda^2}$$

$$\therefore V(Y)=E(Y^2) - (E(Y))^2 = \frac{2}{\lambda^2} - \left(\frac{1}{\lambda}\right)^2 = \frac{1}{\lambda^2}$$

練 習 題

6–1　若 X 為連續隨機變數，其機率密度函數 (p.d.f.) 為 $f(X) = \dfrac{1}{b-a}$，
　　　$a \leq X \leq b$，請答下列各題：
　　　1. X 呈何種分配型態？試繪其機率分配圖。
　　　2. 求 $E(X), V(X), F(X)$。

6–2　某一律師每日往返位於市郊之寓所與位於市中心之事務所，設
　　　若其所花費之時間呈常態分配，平均單趟要花費 24 分，標準差
　　　3.8 分。試答下列各題：
　　　1. 單趟須花費 30 分鐘以上之機率多大。
　　　2. 事務所於 9 時開門，該律師每日上午 8 時 45 分出門，則遲到
　　　　次數之百分比為何？
　　　3. 事務所自早晨 8 時 50 分至 9 時為咖啡時間，如該律師於 8 時
　　　　35 分出門，則他喝不到咖啡的機率為何？

6–3　設某機器之裝配時間 $X \sim N(5, 0.16)$，調整時間 $Y \sim N(1.5, 0.09)$，
　　　單位皆以小時計算。求 $P(X + Y > 8) =?$（已知裝配時間 (X) 與
　　　調整時間 (Y) 彼此獨立。）

6–4　設 X 表示某漁船在淡水河口捕到之鮭魚的重量（單位以公斤計），
　　　設若已知 X 的平均數為 30，標準差為 5。請回答下列各題：
　　　1. 若未知 X 呈何種分配，試問 X 介於 20 公斤與 40 公斤之間的
　　　　機率至少為何？
　　　2. 若已知 X 呈**常態分配**，則該機率值為多大？

6–5　設若某對新婚夫婦預期生產 10 個小孩。試問 10 個小孩當中，多

於 6 名為男孩的機率是多少？請依據下列方法分別回答。

　1.利用二項分配求**精確值**。

　2.利用常態連續校正求**近似值**。

　3.何時利用**常態連續校正法**所求之近似值是一個好的近似值？

6-6　某產品有 4% 不合規格，今檢查 800 件，求少於 35 件不合規格之機率（寫出數學式子即可）？又不合規格之件數所形成的分配，可以**常態分配**做為其**漸近分配**嗎？為什麼？若可以，則請用常態分配（經過連續化校正）求此機率。

6-7　假定已知某廠商所生產之電子錶的耐用時間呈指數分配，且知其平均壽命為一年。今隨機觀察一個電子錶，試求算該電子錶的耐用時間：

　1.超過三年的機率多大？

　2.在一至三年內的機率多大？

6-8　已知某一售票亭，顧客到達的間隔時間呈**指數分配**。經長期觀察，間隔時間平均長度為 4 分鐘。今若第一位顧客已到達，則第二位顧客將在 2 分鐘以後到達的機率為何？若利用**波阿松**(Poisson)**分配**求算，則機率又為何？試利用本例簡單說明此二種機率分配之關係。

6-9　已知某電子交換機接收信號符合波氏過程，且知平均每小時接收到 5 次信號。試問：

　1.至少須要 15 分鐘才能接到下一次信號的機率？

　2.十分鐘內必須接到下一次信號之機率？

6-10　臺北市東區某綜合醫院的會計部門，就病患整理了應收帳款的帳齡資料。從收集的資料中發現，帳款的帳齡呈平均數為 21 天，標準差為 6 天的**常態分配**。試求：

　1.有多少%的帳款之帳齡介於 15 天至 33 天？

2.醫院的管理部主任想寄催繳信函給 10% 欠款最久的病患。則欠款多少天以上的病患將收到信函？

3.若醫院的管理部主任想對帳齡低於 10 天（亦即在第 10 天以前付款）的病患給予折扣，則該醫院有多少%的病人可享受此種折扣？

6–11 臺北市和平東路某超市對顧客調查的結果，發現平均每位顧客進入超市到結帳（即停留於超市）之時間長短為 8 分鐘。今若已知顧客停留於超市之時間長短呈指數分配，則某日隨機觀察一位進入該超市的顧客，試問其停留於超市的時間超過 16 分鐘的機率多大？低於 4 分鐘的機率多大？

6–12 設若 0 南公車每隔 20 分鐘有一班到達臺大站。今令 X 是於臺大站搭乘 0 南公車之乘客候車時間之長短，且知 X 呈連續單一分配 (Uniform Distribution)。請寫出描述 X 之機率分佈的數學函數。並繪出描述 X 之機率分佈的統計圖。

第七章　抽樣及抽樣分配

　　本書第一章曾提及由於時間、財力的限制，或由於資料的獲得可能牽涉到毀壞性的測試等情況，因此，我們常常不以普查的方式，而以抽樣的方式獲取資料。既然如此，則下面的問題：

　　(i)在時間、財力的限制下，如何抽樣才能抽得對母體具代表性之樣本？

　　(ii)以何種方法簡要而又清楚地描述樣本資料？

　　(iii)如何利用樣本資料對母體進行推論？又其可靠性如何？

成為非常重要。關於第(ii)個問題，本書在第二章已詳加介紹。本章首先將簡要介紹有關抽樣的方法及問題。此外，為探討分析上述第(iii)個問題，我們有必要先了解從母體所抽出之**樣本的行為**(Sample Behavior)，亦即先了解描述樣本分配之統計測定數，像樣本平均數或樣本變異數等的機率分配。而樣本平均數或樣本變異數的機率分配，事實上就是所謂的**抽樣分配**(Sampling Distribution)。

第一節　抽樣及其有關之問題

　　當我們基於時間、財力的限制或其他的原因而決定抽樣時，我們應如何抽樣？抽樣的方法從「與機率有無關聯」的角度而分，有**機率抽樣**(Probability Sampling)與**非機率抽樣**(Nonprobability Sampling)。機率抽樣又有很多種方法，其中以**簡單隨機抽樣**(Simple Random Sampling)最被常用。

一、簡單隨機抽樣

定義 7-1　簡單隨機抽樣

　　從有 N 個個體的母體中抽取 n 個個體（樣本數 $= n$），當抽第一個樣本時，母體中每一個個體被抽到的機會都相等 $\left(= \dfrac{1}{N} \right)$，而抽第二個樣本時，在①**抽出放回**(With Replacement)的情況下，母體中每一個個體被抽到的機率都相等 $\left(= \dfrac{1}{N} \right)$，②**抽出不放回**(Without Replacement)的情況下，母體中除了已被抽出的第一個個體外，其他每一個個體被抽到的機率都相等 $\left(= \dfrac{1}{N-1} \right)$，這種抽樣方法稱為**簡單隨機抽樣**，而以這種方法抽出之樣本稱為**簡單隨機樣本**(Simple Random Sample)。

根據上面的定義，我們知道簡單隨機抽樣就是從有 N 個個體的母體中抽 n 個個體（樣本數 $= n$），每一組可能的樣本組合 (Sample Combination)出現（或被抽到）的機率完全相等的抽樣方法，茲說明於下：

　　若母體 (X) 共有 N 個個體：$x_1, x_2, x_3, \cdots, x_N$，今從中抽 2 個個體（樣本數 $= 2$），在**抽出放回**的情況下，可能的成果或可能的樣本組合為：

可能的成果		可能的樣本組合
抽出之第一個 (X_1)	抽出之第二個 (X_2)	(X_1, X_2)

	x_1	(x_1, x_1)
	x_2	(x_1, x_2)
x_1	$\vdots$	$\vdots$
	x_N	(x_1, x_N)
	x_1	(x_2, x_1)
	x_2	(x_2, x_2)
x_2	$\vdots$	$\vdots$
	x_N	(x_2, x_N)
$\vdots$	$\vdots$	$\vdots$
$\vdots$	$\vdots$	$\vdots$
	x_1	(x_N, x_1)
	x_2	(x_N, x_2)
x_N	$\vdots$	$\vdots$
	x_N	(x_N, x_N)

共有 N^2(或 N^n)
組樣本組合

而每一組可能的樣本組合出現(被抽到)的機會都是 $\dfrac{1}{N^2}$ 即 $\dfrac{1}{N^n}$。再看
抽出不放回的情況下,可能的成果或可能的樣本組合則為:

	可能的成果	可能的樣本組合
抽出之第一個 (X_1)	抽出之第二個 (X_2)	(X_1, X_2)

$$x_1 \begin{cases} x_2 \\ x_3 \\ \vdots \\ x_N \end{cases}$$

x_2	(x_1, x_2)
x_3	(x_1, x_3)
$\vdots$	$\vdots$
x_N	(x_1, x_N)

$$x_2 \begin{cases} x_1 \\ x_3 \\ \vdots \\ x_N \end{cases}$$

x_1	(x_2, x_1)
x_3	(x_2, x_3)
$\vdots$	$\vdots$
x_N	(x_2, x_N)

$$x_N \begin{cases} x_1 \\ x_2 \\ \vdots \\ x_{N-1} \end{cases}$$

x_1	(x_N, x_1)
x_2	(x_N, x_2)
$\vdots$	$\vdots$
x_{N-1}	(x_N, x_{N-1})

共有 $N(N-1)$ $\left(\text{或}\, n!\dbinom{N}{n}\right)$ 組樣本組合

而每一組可能的樣本組合出現（被抽到）的機會都是 $\dfrac{1}{N(N-1)}$ 即 $\dfrac{1}{n!\binom{N}{n}}$。

二、其他抽樣方法

除了簡單隨機抽樣以外，與機率有關的抽樣方法尚有**分層抽樣**(Stratified Sampling)，**叢集抽樣**(Cluster Sampling)及**系統抽樣**(Systematic Sampling)等方法。

⑴分層抽樣

分層抽樣就是先將**母體**從某個角度分成 K 個不重複的小母體，稱為層(Strata)，而後以簡單隨機抽樣方法從每一個層分別抽出樣本。例如欲探討臺北市家庭生育、養育之小孩數目，而將臺北市按行政區劃分為十六區（層），然後從各區以簡單隨機抽樣方法各抽 n_i 個家庭（ n_i 可以相等，亦可以不相等，$i = 1, 2, \cdots, 16$ ）構成樣本。

⑵叢集抽樣

當我們從母體抽出 n 個個體時，很可能這些個體的居住處非常分散，獲取資料之費用相當高，此時我們可從某一個角度將**母體**分成 K 個**不重覆的小母體**，再以簡單隨機抽樣方法抽出 k 個小母體，而後對那些被抽到的小母體以**普查**的方式去獲取資料，這種抽樣的方法就是所謂的**叢集抽樣**。例如臺北市十六個行政區之下設若共有 1000 個里，今以簡單隨機抽樣（抽出不放回）方法抽十個里，而後對此十個里的每一戶家庭收集所要的資料(例如養育之孩子數目)。

⑶系統抽樣

系統抽樣是從母體中隨機抽出一個個體，而後**有系統**地每隔第 k 個個體即為樣本，直到構成所欲抽取之樣本數為止 (註1)。例如臺北市設若共 50000 個家庭，今若欲從中抽取 1000 戶觀察其養育之孩子數目，則我們先將 50000 個家庭編號 (00000, 00001, $\cdots$, 01235, 01236, $\cdots$, 49998, 49999)，其次以簡單隨機抽樣法抽出一個家庭，例如抽到 "00385"，而後每隔第 50 個家庭（ "00435" "00485" $\cdots$ ）即為所欲觀察之第 2 個、第 3 個、$\cdots\cdots$ 樣本家庭，如此直到抽滿 1000 個家庭為止，或者我們亦可從編號最前面的 50 個家庭 (00000, 00001, 00002, $\cdots$, 00049)以簡單隨機抽樣法抽出一個家庭，例如抽到 "00029"，而後每隔第 50 個家庭 ("00079" "00129" "00179" $\cdots$) 即為第 2 個、第 3 個、$\cdots\cdots$樣本家庭，如此以構成樣本。這種抽樣法不但簡單且方便，因此常被採用。由於 $k = \dfrac{N}{n}$，而

抽樣比例為 $\frac{n}{N} \cdot 100 = \frac{100}{k}$，因此這種抽樣法的樣本，稱為 $\frac{100}{k}$ %系統樣本（$\frac{100}{k}$ Percent Systematic Sample）。

上面所介紹的抽樣方法都是以機率為基礎的抽樣方法，而與機率無任何關聯的抽樣方法，主要的有**判斷抽樣**(Judgement Sampling)與**方便抽樣**(Convenience Sampling)。

判斷抽樣就是抽樣者完全根據自己主觀的判斷而從母體中選出對母體具代表性的樣本。此時樣本對母體之代表性多高，決定於抽樣者對母體內之個體之特性的了解有多深。例如某學者欲探討「表兄妹應否禁止結婚」的問題，該學者認為應從優生學的觀點去探討此問題，而學醫的人具備有優生學的知識，因此該學者乃以臺灣各醫學院醫科高年級學生為樣本，設計問卷，調查他們對「表兄妹應否禁止結婚」的看法。此種樣本就是「**判斷樣本**」(Judgement Sample)。判斷樣本很可能可以提供有用的訊息，但由於**抽樣偏差**（見下節的說明），可能因而造成對母體非常不具代表性的問題。再者「判斷樣本」不是以機率為基礎而獲得的樣本，因此不能利用統計方法對母體進行推論的工作。

方便抽樣是抽樣者基於自己的便利，而從母體中觀察某些就近方便取得資料的個體。例如某人欲探討分析「臺北市民對自動販賣機應否取締」的看法，某日乃在某一街角對經過的 n 位路人收集該項資料，這 n 位路過該街角的人即構成所謂的「**方便樣本**」(Convenience Sample)。方便抽樣僅管非常容易、省事、省錢，但此種方式所得到的樣本，將有嚴重之抽樣偏差，對母體不具代表性。「方便樣本」也不是以機率為基礎而得的樣本，當然也不適合以統計方法對母體進行統計推論的工作。

三、亂數表的使用

如上面所述，我們可發現凡是機率抽樣都必須用到簡單隨機抽樣

法，而簡單隨機抽樣法在實際執行時，可運用附錄表(11)之**亂數表**(Table of Random Digits)茲舉例說明如下：

設若某校共有 10000 名學生，並予編號，從 0000, 0001, 0002, …, 9998, 9999，今欲從中抽取 100 名學生觀察其家庭所得，則我們可利用亂數表選用四位數字（從第一行 1～5 欄選用前面四位數字，而後由第一列由上往下讀，必要時再換第二行 6～10 欄選用前面四位數字，由上往下讀）以選出樣本。茲列表於下：

表7-1 利用亂數表選樣本——樣本數為 100

列	1～5 欄數 字	樣本學生之編 號	列	1～5 欄數 字	樣本學生之編 號
1	10480	1048	51	16408	1640
2	22368	2236	52	18629	1862
3	24130	2413	53	73115	7311
⋮	⋮	⋮	⋮	⋮	⋮
⋮	⋮	⋮	⋮	⋮	⋮
50	15664	1566	100	38534	3853

簡單隨機抽樣法之所以可運用亂數表，乃是因為亂數表是利用電腦導出而具有兩個特質： (i)表中任何一個位置，"0, 1, 2, …, 9"十個數字當中，任何一個數字出現的機會完全相等， (ii)表中任一個位置出現哪一個數字 (0, 1, 2, … 或 9)與其他任一位置出現哪一個數字彼此獨立。使用亂數表時應注意下面幾點：

(1)若選用四位數字，我們可從 1～5欄選用前面四位數字，也可從 1～5欄選用後面四位數字。

(2)決定選用前面四位數字後，可從第一列由上向下讀，也可從第一列由左向右讀，即 1048, 1501, 0153, …，如此直到抽滿樣本為止。甚至可

以從表中任一個地方開始讀四位數字，而後以一致的方法讀出四位數字。

(3)若母體有500位學生，編號從000,001,002,…,499，遇有從亂數表讀出三位數字超過個體所編號者，則丟棄。例如132,212,990,001,605,…

$$\begin{matrix} & \uparrow & & \uparrow \\ & \text{丟} & & \text{丟} \\ & \text{棄} & & \text{棄} \end{matrix}$$

(4)若是採用「抽出不放回」之簡單隨機抽樣法，則當我們使用亂數表時，若遇有重覆出現之數字，則丟棄之。例如母體有 100 位學生，編號從 00, 01, 02, …, 99，今從中抽 20 名，而若我們按亂數表（附錄表(11)）的第一列各行前面兩位數字，第六列各行前面兩位數字，…，的方式取樣，則抽出之樣本學生編號為：

10	77
15	06
01	11
02	42
81	27
91	53
69	18
14	70
62	90
36	15 ← 重覆，丟棄
	28

四、抽樣誤差及非抽樣誤差

由於樣本只是母體全部個體當中的部分個體而已，除非對母體的每一個個體都加以觀察，否則不管以何種方法進行抽樣，所抽得的樣本都很難以完完全全正確地代表母體，其原因主要是來自於抽樣過程所引起

的**抽樣誤差**(Sampling Error)以及非因抽樣過程而引起的誤差，稱為**非抽樣誤差**(Nonsampling Error)。

抽樣誤差，具體的說就是指描述樣本資料分配之特性的統計測定數（像 $\overline{X}$, s_X^2）與描述母體資料分配之特性的統計測定數（像 μ_X, σ_X^2）之間的差距，亦即：

$$抽樣誤差 = \overline{X} - \mu_X$$

或　　　　$$抽樣誤差 = s_X^2 - \sigma_X^2$$

然而樣本平均數與母體平均數（或樣本變異數與母體變異數）之所以有差距，是下面兩個原因導致的：

(1)**隨機性的原因**：例如我們若欲了解本年度某校新生之身高，基於時間及財力的限制，我們以簡單隨機抽樣法抽取樣本（設若樣本數為 n），此時很可能剛剛好我們所觀察到的一組樣本，都是身高相對地較高（矮）的新生，因此這組樣本對應於母體也將是樣本平均數相對地較母體平均數為大（小），因而產生抽樣誤差，而這種誤差完全是觀測樣本的**隨機性** (Randomness or by Chance)導致的。再看另一個例子，若已知某牌汽水之顧客中，喜好瓶裝與喜好罐裝者各占一半（即母體中具有某種特性——喜好瓶裝——之個體所占之比例為 0.5），今從中以簡單隨機抽樣法抽出 10 位顧客，此時出現的樣本很可能是 8 位（或 9 位）喜好瓶裝的顧客，2 位（或 1 位）喜歡罐裝的顧客，即樣本中具有某種特性——喜好瓶裝——之個體所占之比例為 0.8（或 0.9），與母體情況有所不同，這種誤差是抽樣時的隨機性產生的。如果我們想要**減低此種誤差**，唯一的方法就是**加大樣本數**。

(2)**抽樣偏差**(Sampling Bias)的原因：這又可分成三種情況，即抽樣方法的不當、執行抽樣的不當以及問卷調查，被問者無回音。茲舉例說明如下：

(a)**抽樣方法的不當**：例如選舉前的選情調查，此時母體為具有選舉權的全部選民，而抽取樣本時，若採用判斷抽樣或方便抽樣的方法，則樣本對母體而言，必有所偏差，不具代表性。又若採簡單隨機抽樣法，但以電話號碼簿為抽樣根據，則選出之樣本對母體而言，將有所偏差，這乃是因為並非全部選民家中都裝有電話，而通常低所得選民家裏很可能沒有電話，因此樣本中低所得選民比例將偏低。設若低所得選民較支持某黨，則根據此樣本所得到的選情預測必不利於某黨。

(b)**執行抽樣的不當**：有時候抽樣方法雖然恰當，但執行時卻不恰當，因而造成樣本對母體的偏差。例如欲了解某校新生身高，此時母體為該校全體 N 個新生，今決定以簡單隨機抽樣法抽取樣本，因此將新生編號 $(0, 1, 2, \cdots, N-2, N-1)$ 並製做紙卡依序置入桶內，若抽取紙卡（每一張卡代表某一位新生）之前，未將桶內紙卡搖得非常均勻，則將造成所抽得之樣本大多數為編號號碼較大者，此種情況下所得到的樣本，對母體而言，將有所偏差，因而對母體不具代表性。

(c)以問卷方式（自己填表方法）收集樣本資料時，**被問者無回音造成的偏差**：通常母體中對於問卷**不回音**(Nonresponse)的一群個體，其資料特性與回音的一群相異，因此當被問者無回音而放棄該部分個體資料，僅以有回音的個體構成樣本時，樣本勢必對母體造成偏差，而對母體不具代表性。

為使樣本對其所來自的母體較具代表性，我們在收集樣本資料時應儘可能將抽樣偏差減至最小，也就是除了採用適當的抽樣方法外，在執行抽樣時，應避免造成執行的不當；再者，對於無回音的問卷，最好再郵寄第二次、第三次，……，甚至以電話訪問或個人訪問方式，以求取得回音。而若能將**抽樣偏差減至零**，則**抽樣誤差將完全來自於隨機性的原因**。

樣本之所以不能完完全全正確地代表母體，除了上述因抽樣過程而

導致的抽樣誤差外，尚有非因抽樣過程而造成的「非抽樣誤差」，像取得樣本資料時，可能登錄數字有誤，計算加工資料時，若需輸入電腦，可能數字打錯或小數點位置有誤等等。舉凡這些不是因為抽樣的過程而造成樣本對母體的誤差都稱為非抽樣誤差。如果我們要利用樣本資料對母體進行統計推論，毫無疑問地我們應注意把非抽樣誤差減至最低。

一般而言，我們之所以觀察樣本、收集樣本資料，其目的主要在於利用樣本對母體進行統計推論，因此抽樣時應採機率抽樣法。然而限於篇幅，本書以下在討論有關樣本統計量的機率分配（即抽樣分配）時，抽樣方法均局限於機率抽樣諸多方法中最被常用的簡單隨機抽樣法。

第二節 母體參數、樣本統計量及抽樣分配

本書在第三章曾對**母體參數**、**樣本統計量**加以區分，為加強讀者對這兩個名詞的了解，本節擬對這兩個名詞配合數學式子再予說明。

設若母體 (X) 共有 N 個個體，其值分別為 $x_1, x_2, \cdots, x_N$

即　　　　$X : x_1, x_2, \cdots, x_N$

今從中以**簡單隨機抽樣法**抽 n 個個體，並令 X_1 為抽出之第一個樣本，X_2 為抽出之第二個樣本，$\cdots\cdots$，X_i 為抽出之第 i 個樣本，$\cdots\cdots$，X_n 為抽出之第 n 個樣本，則 $(X_1, X_2, \cdots, X_n)$ 稱為**隨機樣本**(Random Sample)。而抽第一個樣本時，母體中每一個個體被抽到的機率都相等，亦即 X_1 的可能數值為 $x_1, x_2, \cdots, x_N$，

即　　　　$X_1 : x_1, x_2, \cdots, x_N$

而 X_2 的可能數值，在抽出放回情況下亦為 $x_1, x_2, \cdots, x_N$，

即　　　　$X_2 : x_1, x_2, \cdots, x_N$

依此類推。

就**母體**言，描述其分配**中心位置**及**分散度**的統計測定數為：

母體平均數　$\mu_X = \dfrac{1}{N} \sum\limits_{j=1}^{N} x_j$

母體變異數　$\sigma_X^2 = \dfrac{1}{N} \sum\limits_{j=1}^{N} (x_j - \mu_X)^2$

這些用以描述母體分配之特性（像中心位置或分散度等等）的統計測定數（即 μ_X, σ_X^2）都是**常數**。但一般而言，它們是**未知數**，稱之為**母體參數**，或簡稱為參數。再就樣本言，所有可能的樣本組合有 K 組（抽出放回情況下，$K = N^n$；抽出不放回情況下，$K = n! \dbinom{N}{n}$）。而每一組樣本組合都可算出其對應的樣本平均數之值 (Value of Sample Mean) 及樣本變異數之值 (Value of Sample Variance)，以 $\overline{x}_k$ 及 s_k^2 表示之 $(k = 1, 2, \cdots, K)$。例如某一組樣本組合為 $(x_3, x_4, \cdots, x_8)$，即第一個樣本數值為 x_3，第二個為 x_4，……，第 n 個為 x_8，而此特定組之樣本組合 $(x_3, x_4, \cdots, x_8)$ 稱為**觀察的隨機樣本** (Observed Random Sample)，其平均數及變異數之值為：

$$\overline{x}_k = \frac{1}{n}(x_3 + x_4 + \cdots + x_8)$$

$$s_k^2 = \frac{1}{n-1}[(x_3 - \overline{x}_k)^2 + (x_4 - \overline{x}_k)^2 + \cdots + (x_8 - \overline{x}_k)^2]$$

而若特定一組之樣本組合為 $(x_1, x_2, x_8, \cdots, x_3)$，則該組樣本之平均數及變異數之值為：

$$\overline{x}_k = \frac{1}{n}(x_1 + x_2 + x_8 + \cdots + x_3)$$

$$s_k^2 = \frac{1}{n-1}[(x_1 - \overline{x}_k)^2 + (x_2 - \overline{x}_k)^2 + (x_8 - \overline{x}_k)^2 + \cdots + (x_3 - \overline{x}_k)^2]$$

就各該特定一組樣本組合的樣本平均數 $(\overline{X})$、樣本變異數 (s_X^2) 而言，其計算公式如下：

$$\overline{X} = \frac{1}{n}(X_1 + X_2 + \cdots + X_n) = \frac{1}{n} \sum_{i=1}^{n} X_i \qquad (7\text{-}1)$$

$$s_X^2 = \frac{1}{n-1}[(X_1 - \overline{X})^2 + (X_2 - \overline{X})^2 + \cdots + (X_n - \overline{X})^2]$$

$$= \frac{1}{n-1} \sum_{i=1}^{n} (X_i - \overline{X})^2 \qquad (7\text{-}2)$$

此處，X_i 為抽出之第 i 個樣本 $(i=1, 2, \cdots, n)$，其可能數值為 $x_1, x_2, \cdots, x_N$，而對應於第 k 組樣本組合 $(k = 1, 2, \cdots, k)$，$\overline{X}$ 之值為 $\overline{x}_k$，s_X^2 之值為 s_k^2，即

$$\overline{x}_k = \frac{1}{n} \sum_{i=1}^{n} x_i$$

x_i 為抽出之第 i 個樣本（即 X_i）的數值。

$$s_k^2 = \frac{1}{n-1} \sum_{i=1}^{n} (x_i - \overline{x}_k)^2$$

這些用以描述樣本分配之特性的樣本平均數 $(\overline{X})$ 及樣本變異數 (s_X^2)，每當我們抽得一組樣本時，它們的值就可以計算而得，所以它們是已知數，然而它們的數值是隨著所抽到的樣本組合不同而不同，因此它們是變量，統計學家稱它們為樣本統計量(Sample Statistic)。

　　這些用以描述樣本分配之特性的樣本統計量（像樣本平均數 $(\overline{X})$ 或樣本變異數 (s_X^2) 等）是變數，對應於一組樣本，它們就有其對應的數值（例如 $\overline{X} : \overline{x}_1, \overline{x}_2, \cdots, \overline{x}_K$；$s_X^2 : s_1^2, s_2^2, \cdots, s_K^2$）及其對應的機率，進而有其機率分配。且在實際抽取一組樣本前，我們未知 $\overline{X}$（或 s_X^2）將出現那一個數值，因此它們是「隨機變數」。而任一樣本統計量的機率分配(Probability Distribution of Sample Statistic)在統計學上都稱為樣本統計量的抽樣分配(Sampling Distribution of Sample Statistic)，簡稱為抽樣分配。

第三節　樣本和及樣本平均數的抽樣分配

　　由於描述樣本分配之中心位置的樣本平均數是由樣本和(Sample Sum)

除以樣本數而得，因此本節擬先介紹樣本和的抽樣分配(Sampling Distribution of Sample Sum)，而後再介紹樣本平均數的抽樣分配(Sampling Distribution of Sample Mean)。

就母體 (X) 而言，若其有有限個（設為 N）的個體，且其值為 $x_1, x_2, \cdots, x_N$，而其平均數及變異數為：

$$\mu_X = \frac{1}{N} \sum_{j=1}^{N} x_j$$

$$\sigma_X^2 = \frac{1}{N} \sum_{j=1}^{N} (x_j - \mu_X)^2$$

即　　　$X \sim (\mu_X, \sigma_X^2)$

今從中以簡單隨機抽樣法抽出樣本（樣本數為 n），並令 X_1 為抽出的第一個樣本，X_2 為抽出之第二個樣本，……，X_n 為抽出之第 n 個樣本，若以 S 表示樣本和，則

$$S = X_1 + X_2 + \cdots + X_n = \sum_{i=1}^{n} X_i \qquad (7\text{--}3)$$

而描述樣本統計量之機率分配的最簡要方法就是以該統計量的平均數及變異數描述之，因此我們必須導出在①抽出放回與②抽出不放回情況下，「樣本和」及「樣本平均數」兩個統計量的平均數及變異數分別為如何。

一、抽出放回

X_1 為隨機變數，其可能數值為 $x_1, x_2, \cdots, x_N$，其平均數，變異數分別為：

$$\mu_{X_1} = E(X_1) = \frac{1}{N}(x_1 + x_2 + \cdots + x_N)$$

$$= \frac{1}{N} \sum_{j=1}^{N} x_j = \mu_X \qquad (7\text{--}4)$$

$$\sigma^2_{X_1} = V(X_1) = \frac{1}{N}[(X_1 - \mu_{X_1})^2 + (x_2 - \mu_{X_1})^2 + \cdots + (x_N - \mu_{X_1})^2]$$

$$= \frac{1}{N} \sum_{j=1}^{N} (x_j - \mu_{X_1})^2$$

$$= \frac{1}{N} \sum_{j=1}^{N} (x_j - \mu_X)^2$$

$$= \sigma^2_X \tag{7-5}$$

即　　　$X_1 \sim (\mu_X, \ \sigma^2_X)$

而 $X_2, X_3, \cdots, X_n$ 都是隨機變數，其可能數值為 $x_1, x_2, \cdots, x_N$，其平均數、變異數分別為：

$$\mu_{X_i} = E(X_i) = \mu_X, \quad i = 1, 2, \cdots, n \tag{7-6}$$

$$\sigma^2_{X_i} = V(X_i) = \sigma^2_X \tag{7-7}$$

而由於抽出放回，X_2 將出現那一個數值不受 X_1 出現那一個數值所影響，即 X_1, X_2 彼此獨立；同理 X_1、X_3，X_1、X_4，$\cdots$，X_i、$X_h(i \neq h)$ 彼此都獨立。因此應用第四章第五節所介紹之二元隨機變數的函數，我們可導出樣本和的平均數及變異數為：

$$\mu_S = E(S) = E(X_1 + X_2 + \cdots + X_n)$$

$$= E(X_1) + E(X_2) + \cdots + E(X_n)$$

$$= \mu_X + \mu_X + \cdots + \mu_X$$

$$= n\mu_X \tag{7-8}$$

$$\sigma^2_S = V(S) = V(X_1 + X_2 + \cdots + X_n)$$

$$= V(X_1) + V(X_2) + \cdots + V(X_n)$$

$$= \sigma^2_X + \sigma^2_X + \cdots + \sigma^2_X$$

$$=n\sigma_X^2 \tag{7-9}$$

即樣本和的機率分配是以 $n\mu_X$ 為中心位置，其分散度（以變異數測度之）為 $n\sigma_X^2$。由此可知，樣本和的機率分配之中心位置在原來母體的右方，且其絕對分散度較原來母體為大（一般而言，$n > 1$）。

有一點值得提醒讀者注意，即若母體平均數，變異數為已知的情況下，樣本和之平均數及變異數馬上可以根據上述結果（即 $\mu_S = n\mu_X$，$\sigma_S^2 = n\sigma_X^2$）計算而得。但若母體平均數、變異數之值未知，我們仍可利用平均數、變異數的定義公式計算出 $\mu_S =?$　$\sigma_S =?$　即

$$\mu_S = \frac{1}{K} \sum_{k=1}^{K} S_k$$

S_k 為第 k 組樣本組合之樣本和的數值

$$k = 1, 2, \cdots, K, \quad K = N^n$$

$$\sigma_S^2 = \frac{1}{K} \sum_{k=1}^{K} (S_k - \mu_S)^2$$

至於「樣本平均數」此統計量的平均數及變異數則為:

$$\mu_{\overline{X}} = E(\overline{X}) = E\left(\frac{1}{n} S\right)$$

$$= \frac{1}{n} E(S)$$

$$= \frac{1}{n} \cdot n\mu_X$$

$$= \mu_X \tag{7-10}$$

$$\sigma_{\overline{X}}^2 = V(\overline{X}) = V\left(\frac{1}{n} S\right)$$

$$= \frac{1}{n^2} V(S)$$

$$= \frac{1}{n^2} \cdot n\sigma_X^2$$

$$= \frac{\sigma_X^2}{n} \tag{7-11}$$

即樣本平均數的機率分配是以 μ_X 為中心位置，其分散度（以變異數測度之）為 $\dfrac{\sigma_{\overline{X}}^2}{n}$。由此可知，樣本平均數的機率分配之中心位置與原來母體的一致，而其分散度與母體比較，一般而言相對地為小 $\left(\because \dfrac{\sigma_{\overline{X}}}{\mu_{\overline{X}}} = \dfrac{\sigma_X / \sqrt{n}}{\mu_X}\right.$

$< \left. \dfrac{\sigma_X}{\mu_X}\right)$。當然，在 μ_X、σ_X^2 之值未知的情形下，「樣本平均數」之平均數及變異數可利用平均數及變異數的定義公式計算之，即

$$\mu_{\overline{X}} = \frac{1}{K} \sum_{k=1}^{K} \overline{x}_k$$

$\overline{x}_k$ 為第 k 組樣本組合之樣本平均數的數值

$$k = 1, 2, \cdots, K, \quad K = N^n$$

$$\sigma_{\overline{X}}^2 = \frac{1}{K} \sum_{k=1}^{K} (\overline{x}_k - \mu_{\overline{X}})^2$$

茲以下面例子（例 7-1）說明樣本和及樣本平均數在抽出放回情況下的機率分配及其應用。

【例 7-1】

已知甲乙丙三名學生，其口袋中分別有 50 元, 100元, 150元。今從中隨機抽出2 名學生（抽出放回），試答下列各題:

(1)抽出 2 名學生其口袋中「錢數和」的平均數、變異數為多少?

(2)抽出 2 名學生其口袋中「錢數之平均數」的平均數、變異數為多少?

(3)若實際抽得一組樣本為甲、丙兩名學生，試問「錢數和」、「錢數平均數」、「錢數之變異數」為多少?

(4)列出抽出 2名學生其口袋中「錢數和」「錢數之平均數」的機率分配，並利用該機率分配計算「錢數和」、「錢數平均數」的平均數及變異數。並驗證(1)及(2)小題。

(5)抽出之 2名學生，其口袋中「錢數和」介於 $200 \pm \dfrac{200}{\sqrt{3}}$ 的機率如何?

又「錢數平均數」小於 $100 - \dfrac{150}{\sqrt{3}}$ 或大於 $100 + \dfrac{150}{\sqrt{3}}$ 的機率如何?

【解】

令 X 為甲乙丙三名學生口袋中之錢數, 則

$$X : 50, 100, 150$$

$$\mu_X = \frac{1}{3}(50 + 100 + 150) = 100$$

$$\sigma_X^2 = \frac{1}{3}[(50 - 100)^2 + (100 - 100)^2 + (150 - 100)^2] = \frac{5000}{3}$$

令 S、$\overline{X}$ 分別為抽出之 2 名學生的「錢數和」及「錢數之平均數」, 則

(1)抽出 2 名學生其「錢數和」的平均數及變異數為:

$$\mu_S = n\mu_X = 2 \cdot 100 = 200 \text{ (元)}$$

$$\sigma_S^2 = n\sigma_X^2 = 2 \cdot \frac{5000}{3} = \frac{10000}{3}$$

(2)抽出 2 名學生其「錢數平均數」的平均數及變異數為:

$$\mu_{\overline{X}} = \mu_X = 100 \text{ (元)}$$

$$\sigma_{\overline{X}}^2 = \frac{\sigma_X^2}{n} = \frac{\frac{5000}{3}}{2} = \frac{2500}{3}$$

(3)實際抽得之樣本組合為甲、丙兩名學生, 則對應此組樣本 (第 k 組), 其錢數和, 錢數平均數, 錢數之變異數分別為:

錢數和　$S_k = 50 + 150 = 200 \text{ (元)}$

錢數平均數　$\overline{x}_k = \frac{1}{2}(50 + 150) = 100 \text{ (元)}$

錢數之變異數　$s_k^2 = \frac{1}{2-1}[(50 - 100)^2 + (150 - 100)^2]$

$$= 5000$$

(4)抽出2名學生其「錢數和」、「錢數平均數」之機率分配如表7–2。

表7–2　「樣本和」及「樣本平均數」之機率分配（例7–1）

樣本組合（學生）	樣本組合 (X_1, X_2)	樣本和 $S = X_1 + X_2$	樣本平均數 $\overline{X} = \frac{1}{2}(X_1 + X_2)$	S	$\overline{X}$	機率
（甲,甲）	(50,50)	100	50	100	50	$\frac{1}{9}$
（甲,乙）	(50,100)	150	75	150	75	$\frac{2}{9}$
（甲,丙）	(50,150)	200	100			
（乙,甲）	(100,50)	150	75	200	100	$\frac{3}{9}$
（乙,乙）	(100,100)	200	100			
（乙,丙）	(100,150)	250	125	250	125	$\frac{2}{9}$
（丙,甲）	(150,50)	200	100			
（丙,乙）	(150,100)	250	125	300	150	$\frac{1}{9}$
（丙,丙）	(150,150)	300	150			

∴「錢數和」的平均數為：

$$\mu_S = 100\left(\frac{1}{9}\right) + 150\left(\frac{2}{9}\right) + 200\left(\frac{3}{9}\right) + 250\left(\frac{2}{9}\right) + 300\left(\frac{1}{9}\right)$$

$$= \frac{1800}{9} = 200 = n\mu_X$$

「錢數和」的變異數為：

$$\sigma_S^2 = (100 - 200)^2 \left(\frac{1}{9}\right) + (150 - 200)^2 \left(\frac{2}{9}\right) + (200 - 200)^2 \left(\frac{3}{9}\right)$$

$$+ (250 - 200)^2 \left(\frac{2}{9}\right) + (300 - 200)^2 \left(\frac{1}{9}\right)$$

$$= \frac{30000}{9} = \frac{10000}{3} = n\sigma_X^2$$

「錢數平均數」的平均數為：

$$\mu_{\overline{X}} = 50\left(\frac{1}{9}\right) + 75\left(\frac{2}{9}\right) + 100\left(\frac{3}{9}\right) + 125\left(\frac{2}{9}\right) + 150\left(\frac{1}{9}\right)$$

$$= \frac{900}{9} = 100 = \mu_X$$

「錢數平均數」的變異數為：

$$\sigma_{\overline{X}}^2 = (50-100)^2\left(\frac{1}{9}\right) + (75-100)^2\left(\frac{2}{9}\right) + (100-100)^2\left(\frac{3}{9}\right)$$

$$+ (125-100)^2\left(\frac{2}{9}\right) + (150-100)^2\left(\frac{1}{9}\right)$$

$$= \frac{7500}{9} = \frac{2500}{3} = \frac{\sigma_X^2}{n}$$

(5)ⓐ「錢數和」介於 $200 \pm \dfrac{200}{\sqrt{3}}$，即是指

$$200 - \frac{200}{\sqrt{3}} \le S \le 200 + \frac{200}{\sqrt{3}}, \quad 亦即$$

$$\mu_S - 2\sigma_S \le S \le \mu_S + 2\sigma_S$$

根據柴比契夫定理：

$$P_r(\mu_S - 2\sigma_S \le S \le \mu_S + 2\sigma_S) \ge 1 - \frac{1}{2^2} = \frac{3}{4}$$

∴「錢數和」介於 $200 \pm \dfrac{200}{\sqrt{3}}$ 的機率至少為 $\dfrac{3}{4}$。

ⓑ「錢數平均數」小於 $100 - \dfrac{150}{\sqrt{3}}$ 或大於 $100 + \dfrac{150}{\sqrt{3}}$，即是指

$$\overline{X} < 100 - \frac{150}{\sqrt{3}} \quad 或 \quad \overline{X} > 100 + \frac{150}{\sqrt{3}}, \quad 亦即$$

$$\overline{X} < \mu_{\overline{X}} - 3\sigma_{\overline{X}} \quad 或 \quad \overline{X} > \mu_{\overline{X}} + 3\sigma_{\overline{X}}$$

根據柴比契夫定理：

$$P_r(\overline{X} < \mu_{\overline{X}} - 3\sigma_{\overline{X}} \quad 或 \quad \overline{X} > \mu_{\overline{X}} + 3\sigma_{\overline{X}})$$

$$= P_r(|\overline{X} - \mu_{\overline{X}}| > 3\sigma_{\overline{X}}) < \frac{1}{3^2} = \frac{1}{9}$$

∴「錢數平均數」小於 $100 - \dfrac{150}{\sqrt{3}}$ 或大於 $100 + \dfrac{150}{\sqrt{3}}$ 的機率至多為 $\dfrac{1}{9}$。

二、抽出不放回

X_1為隨機變數，其可能數值為 $x_1, x_2, \cdots, x_N$，其平均數、變異數分別為：

$$\mu_{X_1} = E(X_1) = \frac{1}{N}(x_1 + x_2 + \cdots + x_N) = \frac{1}{N}\sum_{j=1}^{N} x_j = \mu_X \qquad (7-12)$$

$$\begin{aligned}\sigma_{X_1}^2 = V(X_1) &= \frac{1}{N}[(x_1 - \mu_{X_1})^2 + (x_2 - \mu_{X_1})^2 + \cdots + (x_N - \mu_{X_1})^2] \\ &= \frac{1}{N}\sum_{j=1}^{N}(x_j - \mu_{X_1})^2 \\ &= \frac{1}{N}\sum_{j=1}^{N}(x_j - \mu_X)^2 = \sigma_X^2 \qquad (7-13)\end{aligned}$$

即 $\qquad X_1 \sim (\mu_X, \sigma_X^2)$

而 $X_2, X_3, \cdots, X_n$ 都是隨機變數，其可能數值為 $x_1, x_2, \cdots, x_N$，其平均數、變異數分別為：

$$\mu_{X_i} = E(X_i) = \mu_X, \quad i = 1, 2, \cdots, n \qquad (7-14)$$

$$\sigma_{X_i}^2 = V(X_i) = \sigma_X^2 \qquad (7-15)$$

就式 (7-14) 及 (7-15) 而言，茲以 X_2 說明如下：

由於**抽出不放回**，因此若抽出的第一個樣本 (X_1) 是 x_1，而第二個樣本 (X_2) 也是出現 x_1 的機率為 0，即

$$P(X_1 = x_1, \ X_2 = x_1) = P(X_1 = x_1) \cdot P(X_2 = x_1 | X_1 = x_1)$$

$$= \frac{1}{N}(0)$$

$$= 0$$

而若抽出的第一個樣本 (X_1) 是 x_1，第二個樣本 (X_2) 是出現 x_2 的機率則為 $\frac{1}{N} \cdot \frac{1}{N-1}$，即

$$P(X_1 = x_1, \ X_2 = x_2) = P(X_1 = x_1) \cdot P(X_2 = x_2 | X_1 = x_1)$$

$$= \frac{1}{N}\left(\frac{1}{N-1}\right)$$

依此類推，若抽出的第一個樣本 (X_1) 是 x_i，第二個樣本 (X_2) 是出現 x_h 的機率為

$$P(X_1 = x_i, \ X_2 = x_h) = \begin{cases} 0, & i = h \\ \dfrac{1}{N}\left(\dfrac{1}{N-1}\right), & i \neq h \end{cases}$$

所以 X_1, X_2 的聯合機率分配如表 7–3 所示。

表 7–3　X_1, X_2 的聯合機率分配表——抽出不放回

X_2 \ X_1	x_1	x_2	············	x_N	$P(X_2)$
x_1	0	$\frac{1}{N}\left(\frac{1}{N-1}\right)$	············	$\frac{1}{N}\left(\frac{1}{N-1}\right)$	$\frac{1}{N}$
x_2	$\frac{1}{N}\left(\frac{1}{N-1}\right)$	0	············	$\frac{1}{N}\left(\frac{1}{N-1}\right)$	$\frac{1}{N}$
$\vdots$	$\vdots$	$\vdots$	············	$\vdots$	$\vdots$
$\vdots$	$\vdots$	$\vdots$	············	$\vdots$	$\vdots$
$\vdots$	$\vdots$	$\vdots$	············	$\vdots$	$\vdots$
x_N	$\frac{1}{N}\left(\frac{1}{N-1}\right)$	$\frac{1}{N}\left(\frac{1}{N-1}\right)$	············	0	$\frac{1}{N}$
$P(X_1)$	$\frac{1}{N}$	$\frac{1}{N}$	············	$\frac{1}{N}$	1

從表 7–3，我們可得 X_2 的平均數、變異數分別為：

$$\mu_{X_2} = E(X_2) = x_1\left(\frac{1}{N}\right) + x_2\left(\frac{1}{N}\right) + \cdots + x_N\left(\frac{1}{N}\right)$$

$$=\frac{1}{N}\sum_{j=1}^{N}x_j=\mu_X \tag{7-16}$$

$$\sigma_{X_2}^2=V(X_2)=(x_1-\mu_{X_2})^2\frac{1}{N}+(x_2-\mu_{X_2})^2\frac{1}{N}+\cdots+(x_N-\mu_{X_2})^2\frac{1}{N}$$

$$=\frac{1}{N}\sum_{j=1}^{N}(x_j-\mu_{X_2})^2$$

$$=\frac{1}{N}\sum_{j=1}^{N}(x_j-\mu_X)^2$$

$$=\sigma_X^2 \tag{7-17}$$

同理可證得:

$$\mu_{X_3}=\mu_X,\ \sigma_{X_3}^2=\sigma_X^2,\cdots,\mu_{X_n},=\mu_X,\ \sigma_{X_n}^2=\sigma_X^2 \tag{7-18}$$

因此，樣本和 (S) 的平均數為

$$\mu_S=E(S)=E(X_1+X_2+\cdots+X_n)$$

$$=E(X_1)+E(X_2)+\cdots+E(X_n)$$

$$=\mu_X+\mu_X+\cdots+\mu_X$$

$$=n\mu_X \tag{7-19}$$

而在抽出不放回的情況下，由於 X_1、X_2 彼此不獨立，X_1、X_3 彼此不獨立，……，因此樣本和的變異數為:

$$\sigma_S^2=V(S)=V(X_1+X_2+\cdots+X_n)$$

$$=V(X_1)+V(X_2)+\cdots+V(X_n)+2\text{Cov}(X_1,X_2)$$

$$+2\text{Cov}(X_1,X_3)+\cdots+2\text{Cov}(X_{n-1},X_n)$$

$$=n\sigma_X^2+2\text{Cov}(X_1,X_2)+2\text{Cov}(X_1,X_3)+\cdots\cdots$$

然而 X_1、X_2 的共變異數為:

$$\text{Cov}(X_1, X_2) = E(X_1 - \mu_{X_1})(X_2 - \mu_{X_2})$$

$$= E(X_1 X_2) - \mu_{X_1}\mu_{X_2}$$

$$= E(X_1 X_2) - \mu_X^2$$

$$(\because \mu_{X_1} = \mu_{X_2} = \mu_X)$$

根據表 7-3，我們可得：

$$E(X_1 X_2) = x_1 \cdot x_1(0) + x_1 \cdot x_2 \left(\frac{1}{N} \cdot \frac{1}{N-1} \right) + \cdots + x_1 \cdot x_N \left(\frac{1}{N} \cdot \frac{1}{N-1} \right)$$

$$+ x_2 \cdot x_1 \left(\frac{1}{N} \cdot \frac{1}{N-1} \right) + x_2 \cdot x_2(0) + \cdots + x_2 \cdot x_N \left(\frac{1}{N} \cdot \frac{1}{N-1} \right)$$

$$+ \cdots\cdots\cdots\cdots\cdots$$

$$+ x_N \cdot x_1 \left(\frac{1}{N} \cdot \frac{1}{N-1} \right) + x_N \cdot x_2 \left(\frac{1}{N} \cdot \frac{1}{N-1} \right) + \cdots + x_N \cdot x_N(0)$$

$$= \frac{1}{N(N-1)} [x_1 x_2 + x_1 x_3 + \cdots + x_1 x_N + x_2 x_1 + x_2 x_3 + \cdots + x_2 x_N$$

$$+ \cdots + x_N x_1 + \cdots + x_N x_{N-1}]$$

$$= \frac{1}{N(N-1)} \sum_{j \neq l} \sum x_j x_l \quad j, \ l = 1, 2, \cdots, N$$

$$= \frac{1}{N(N-1)} [N^2 \mu_X^2 - N(\mu_X^2 + \sigma_X^2)] \text{ (註 2)}$$

因此，

$$\text{Cov}(X_1, X_2) = \frac{-\sigma_X^2}{N-1}$$

同理可得：

$$\text{Cov}(X_1, X_3) = \frac{-\sigma_X^2}{N-1}, \ \cdots$$

所以，

$$\sigma_S^2 = n\sigma_X^2 + \frac{-2\sigma_X^2}{N-1} \binom{n}{2}$$

$$=n\sigma_X^2 \left(\frac{N-n}{N-1} \right) \tag{7-20}$$

由上面的說明，我們得到**樣本和**在**抽出不放回**的情況下，其機率分配是以$n\mu_X$為**中心位置**，而其分散度（以變異數測度之）為$n\sigma_X^2 \left(\dfrac{N-n}{N-1} \right)$。

　　與抽出放回情況下相同，若母體平均數、變異數之值未知，我們仍可利用平均數、變異數的定義公式，就抽出不放回的情況去計算樣本和的平均數及變異數，即

$$\mu_S = \frac{1}{K} \sum_{k=1}^{K} S_k$$

　　　　S_k為第k組樣本組合之樣本和的數值

$$k = 1, 2, \cdots, K, \;\; K = n! \binom{N}{n}$$

$$\sigma_S^2 = \frac{1}{K} \sum_{k=1}^{K} (S_k - \mu_S)^2$$

在**抽出不放回**情況下，「**樣本平均數**」此統計量之機率分配的**平均數及變異數**為：

$$\mu_{\overline{X}} = E(\overline{X}) = E\left(\frac{1}{n} S \right)$$

$$= \frac{1}{n} E(S)$$

$$= \frac{1}{n} \cdot n\mu_X$$

$$= \mu_X \tag{7-21}$$

$$\sigma_{\overline{X}}^2 = V(\overline{X}) = V\left(\frac{1}{n} S \right)$$

$$= \frac{1}{n^2} V(S)$$

$$= \frac{1}{n^2} n\sigma_X^2 \left(\frac{N-n}{N-1} \right)$$

$$= \frac{\sigma_X^2}{n} \left(\frac{N-n}{N-1} \right) \tag{7-22}$$

下面的例 7–2 是從有限母體以抽出不放回方法，抽出樣本，其樣本和、樣本平均數的機率分配及其應用。

【例 7–2】

已知甲乙丙三名學生口袋中分別有 50 元，100 元，150 元，今從中抽出 2 名（抽出不放回），試答下列各題：

(1)抽出 2 名學生其口袋中「錢數和」的平均數、變異數各為多少？

(2)抽出 2 名學生其口袋中「錢數平均數」的平均數、變異數各為多少？

(3)若實際抽得一組樣本為甲乙兩名學生，試問「錢數和」、「錢數平均數」、「錢數之變異數」為多少？

(4)列出抽出 2 名學生其口袋中「錢數和」、「錢數平均數」的機率分配，並利用該機率分配計算「錢數和」及「錢數平均數」之平均數及變異數。並驗證(1)及(2)小題。

(5)抽出之 2 名學生，其「錢數和」介於 $200 \pm 3\sqrt{\frac{5000}{3}}$ 的機率如何？又「錢數平均數」小於 $100 - 2\sqrt{\frac{1250}{3}}$ 或大於 $100 + 2\sqrt{\frac{1250}{3}}$ 的機率如何？

【解】

令 X 為甲乙丙三名學生口袋中之錢數，則

$$X : 50, 100, 150$$

$$\mu_X = \frac{1}{3}(50 + 100 + 150) = 100$$

$$\sigma_X^2 = \frac{1}{3}[(50-100)^2 + (100-100)^2 + (150-100)^2] = \frac{5000}{3}$$

令 S、$\overline{X}$ 分別為以抽出不放回方法抽 2 名學生的「錢數和」及「錢數平均數」，則

(1)「錢數和」之平均數及變異數為：

$$\mu_S = n\mu_X = 2 \cdot 100 = 200 \text{ (元)}$$

$$\sigma_S^2 = n\sigma_X^2 \left(\frac{N-n}{N-1}\right) = 2 \cdot \frac{5000}{3} \left(\frac{3-2}{3-1}\right) = \frac{5000}{3}$$

(2)「錢數平均數」之平均數及變異數為:

$$\mu_{\overline{X}} = \mu_X = 100 \text{ (元)}$$

$$\sigma_{\overline{X}}^2 = \frac{\sigma_X^2}{n} \left(\frac{N-n}{N-1}\right) = \frac{5000/3}{2} \left(\frac{3-2}{3-1}\right) = \frac{1250}{3}$$

(3)實際抽得之樣本組合為甲、乙兩名學生, 則對應此組樣本 (第 k 組), 其錢數和, 錢數平均數, 錢數之變異數分別為:

錢數和　$S_k = 50 + 100 = 150$ (元)

錢數平均數　$\overline{x}_k = \frac{1}{2}(50 + 100) = 75$ (元)

錢數之變異數　$s_k^2 = \frac{1}{2-1}[(50-75)^2 + (100-75)^2]$

$$= 1250$$

(4)「錢數和」、「錢數平均數」之機率分配如表 7–4。

表7–4　「樣本和」及「樣本平均數」之機率分配 (例 7–2)

樣本組合 (學生)	樣本組合 (X_1, X_2)	樣本和 $S = X_1 + X_2$	樣本平均數 $\overline{X} = \frac{1}{2}(X_1 + X_2)$	S	$\overline{X}$	機　率
(甲,乙)	(50,100)	150	75	150	75	$\frac{2}{6} = \frac{1}{3}$
(甲,丙)	(50,150)	200	100			
(乙,甲)	(100,50)	150	75	200	100	$\frac{2}{6} = \frac{1}{3}$
(乙,丙)	(100,150)	250	125			
(丙,甲)	(150,50)	200	100	250	125	$\frac{2}{6} = \frac{1}{3}$
(丙,乙)	(150,100)	250	125			

∴「錢數和」之平均數為:

$$\mu_S = 150 \left(\frac{1}{3} \right) + 200 \left(\frac{1}{3} \right) + 250 \left(\frac{1}{3} \right) = \frac{600}{3} = 200 = n\mu_X$$

「錢數和」之變異數為:

$$\sigma_S^2 = (150-200)^2 \left(\frac{1}{3} \right) + (200-200)^2 \left(\frac{1}{3} \right) + (250-200)^2 \left(\frac{1}{3} \right)$$

$$= \frac{5000}{3} = n\sigma_X^2 \left(\frac{N-n}{N-1} \right)$$

「錢數平均數」之平均數為:

$$\mu_{\overline{X}} = 75 \left(\frac{1}{3} \right) + 100 \left(\frac{1}{3} \right) + 125 \left(\frac{1}{3} \right) = \frac{300}{3} = 100 = \mu_X$$

「錢數平均數」之變異數為:

$$\sigma_{\overline{X}}^2 = (75-100)^2 \left(\frac{1}{3} \right) + (100-100)^2 \left(\frac{1}{3} \right) + (125-100)^2 \left(\frac{1}{3} \right)$$

$$= \frac{1250}{3} = \frac{\sigma_X^2}{n} \left(\frac{N-n}{N-1} \right)$$

(5)ⓐ「錢數和」介於 $200 \pm 3\sqrt{\dfrac{5000}{3}}$,即是指

$$200 - 3\sqrt{\frac{5000}{3}} \le S \le 200 + 3\sqrt{\frac{5000}{3}}, \quad \text{亦即}$$

$$\mu_S - 3\sigma_S \le S \le \mu_S + 3\sigma_S$$

根據柴比契夫定理:

$$P_r(\mu_S - 3\sigma_S \le S \le \mu_S + 3\sigma_S) \ge 1 - \frac{1}{3^2} = \frac{8}{9}$$

∴「錢數和」介於 $200 \pm 3\sqrt{\dfrac{5000}{3}}$ 的機率至少為 $\dfrac{8}{9}$ 。

ⓑ「錢數平均數」小於 $100 - 2\sqrt{\dfrac{1250}{3}}$ 或大於 $100 + 2\sqrt{\dfrac{1250}{3}}$,即是指 $\overline{X} < 100 - 2\sqrt{\dfrac{1250}{3}}$ 或 $\overline{X} > 100 + 2\sqrt{\dfrac{1250}{3}}$,亦即

$$\overline{X} < \mu_{\overline{X}} - 2\sigma_{\overline{X}} \quad \text{或} \quad \overline{X} > \mu_{\overline{X}} + 2\sigma_{\overline{X}}$$

根據柴比契夫定理:

$$P_r(\overline{X} < \mu_{\overline{X}} - 2\sigma_{\overline{X}} \quad 或 \quad \overline{X} > \mu_{\overline{X}} + 2\sigma_{\overline{X}})$$

$$=P_r(|\overline{X} - \mu_{\overline{X}}| > 2\sigma_{\overline{X}}) < \frac{1}{2^2} = \frac{1}{4}$$

∴「錢數平均數」小於 $100 - 2\sqrt{\dfrac{1250}{3}}$ 或大於 $100 + 2\sqrt{\dfrac{1250}{3}}$ 的機率至多為 $\dfrac{1}{4}$。

從上面的說明，我們知道在簡單隨機抽樣方法下，樣本和的機率分配是以「原來母體平均數的 n 倍」$(n\mu_X)$ 為平均數，以「原來母體 變異數的 n 倍」$(n\sigma_X^2)$ 為變異數（若是抽出不放回，則為 $n\sigma_X^2 \left(\dfrac{N-n}{N-1} \right)$）；樣本平均數之機率分配的平均數、變異數則分別為：

$$\mu_{\overline{X}} = \mu_X$$

$$\sigma_{\overline{X}}^2 = \begin{cases} \dfrac{\sigma_X^2}{n}, & 抽出放回 \\[2mm] \dfrac{\sigma_X^2}{n} \left(\dfrac{N-n}{N-1} \right), & 抽出不放回 \end{cases}$$

而樣本平均數之標準差是樣本平均數之變異數開方取正值，即

$$\sigma_{\overline{X}} = \sqrt{\sigma_X^2}$$

基本上，$\sigma_{\overline{X}}$ 可用以測度樣本平均數機率分配之分散度，因此也稱之為樣本平均數的**標準誤** (Standard Error of Sample Mean)。至於樣本和或樣本平均數之**機率分配的型態**(Shape of Probability Distribution of Sample Sum or Sample Mean)，則是隨著它們來自何種分配型態的母體而異。關於此點，本書將於下面各節，予以說明。結束這一節之前，特再提出下列數點，請讀者注意：

(i)在**有限母體**（即母體內之個體數 (N) 為有限個）下，若抽出放回，樣本數(n) 可以大於母體數(N)；若抽出不放回，則樣本數(n)不可以大於母體數(N)。

(ii)若母體為**無限母體**（即母體內之個體數(N)為無限個），則抽樣時儘管是抽出不放回，樣本和或樣本平均數的機率分配與抽出放回時相同，此乃是

$$\because \frac{N-n}{N-1} = \frac{1-\frac{n}{N}}{1-\frac{1}{N}} \doteq 1$$

而若**母體**為**有限母體**，則在**抽出不放回**情況下，**樣本和**或**樣本平均數**的**變異數**分別為：

$$\sigma_S^2 = n\sigma_X^2 \left(\frac{N-n}{N-1}\right), \ \sigma_S = \sqrt{n}\sigma_X \cdot \sqrt{\frac{N-n}{N-1}}$$

$$\sigma_{\overline{X}}^2 = \frac{\sigma_X^2}{n} \left(\frac{N-n}{N-1}\right), \ \sigma_{\overline{X}} = \frac{\sigma_X}{\sqrt{n}}\sqrt{\frac{N-n}{N-1}}$$

"$\sqrt{\frac{N-n}{N-1}}$"稱為**有限母體校正因素**(Finite Population Correction Factor, FPC)。

(iii)統計學家認為在有限母體下，若樣本數相對於母體數而言，是相當的小，即**抽出率** $\left(=\frac{n}{N}\right)$ 小於 5%，則在**抽出不放回** 情況下，**FPC 可以忽略**，因此，樣本和、樣本平均數的變異數為：

$$\sigma_S^2 \doteqdot n\sigma_X^2, \ \sigma_s = \sqrt{n}\sigma_X$$

$$\sigma_{\overline{X}}^2 \doteqdot \frac{\sigma_X^2}{n}, \ \sigma_{\overline{X}} = \frac{\sigma_X}{\sqrt{n}}$$

(iv)隨著樣本數的擴大，樣本平均數機率分配之差異度（分散度）減小；而在有限母體下，若 $n = N$，且抽出不放回，則樣本平均數，樣本和的機率分配為：

$$\overline{X} \sim (\mu_X, 0)$$

$$S \sim (n\mu_X, 0)$$

此種情況如圖 7–1 所示。若母體為無限母體，則樣本數為非常大的情況

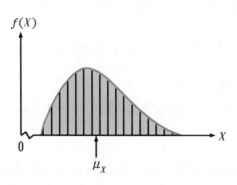

(a)母體 (X) 的機率分配

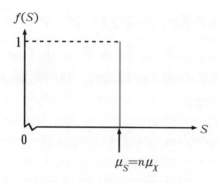

(b)樣本和 (S) 的機率分配

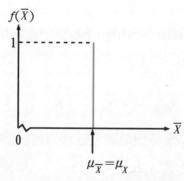

(c)樣本平均數$(\overline{X})$ 的機率分配

圖7-1　母體 (X)，樣本和 (S)，樣本平均數 $(\overline{X})$ 的機率分配——抽出不放回且 $n = N$

下，樣本平均數之機率分配的差異度幾乎為 0，這乃是因為：

$$\lim_{n \to \infty} (\sigma_{\overline{X}}^2) = 0 \quad \text{或} \quad \lim_{n \to \infty} \left(\frac{\sigma_X^2}{n} \right) = 0$$

第四節　常態母體的抽樣分配

若**母體** (X) 為**常態分配**，其平均數為 μ_X，變異數為 σ_X^2，即

$$X \sim N(\mu_X, \sigma_X^2) \tag{7-23}$$

今從中以**簡單隨機抽樣法**抽出 n 個樣本，並令 X_1 為抽出的第一個樣本，X_2 為第二個樣本，$\cdots\cdots, X_n$ 為第 n 個樣本，則 $X_1, X_2, \cdots, X_n$ 分別都是**隨機變數**，且根據第六章第二節的說明，我們知道 $X_1, X_2, \cdots, X_n$ 分別都是**常態隨機變數**，即

$$X_i \sim N(\mu_{X_i}, \sigma_{X_i}^2)$$

而　　　　$\mu_{X_i} = \mu_X, \ \sigma_{X_i}^2 = \sigma_X^2,$

所以　　　$X_i \sim N(\mu_X, \sigma_X^2)$

今若令 S 為抽出之 n 個樣本的和，$\overline{X}$ 為抽出之 n 個樣本的平均數，即

$$S = X_1 + X_2 + \cdots + X_n$$

$$\overline{X} = \frac{1}{n}(X_1 + X_2 + \cdots + X_n) = \frac{1}{n}S$$

則**樣本和** (S) 是 n 個常態隨機變數之**直線型函數**，因此必也是常態隨機變數，即 S 必呈常態分配，且平均數為 $n\mu_X$，變異數為 $n\sigma_X^2$，亦即

$$S \sim N(n\mu_X, n\sigma_X^2) \tag{7-24}$$

又**樣本平均數** $(\overline{X})$ 也是 n 個常態隨機變數之**直線型函數**（或為常態隨機變數 S 的直線型函數），因此它也是呈常態分配，其平均數為 $\mu_{\overline{X}} =$

μ_X，變異數為 $\sigma^2_{\overline{X}} = \dfrac{\sigma^2_{\overline{X}}}{n}$，即

$$\overline{X} \sim N\left(\mu_X, \frac{\sigma^2_{\overline{X}}}{n}\right) \tag{7-25}$$

以上的說明，事實上，正如圖 7-2所示。

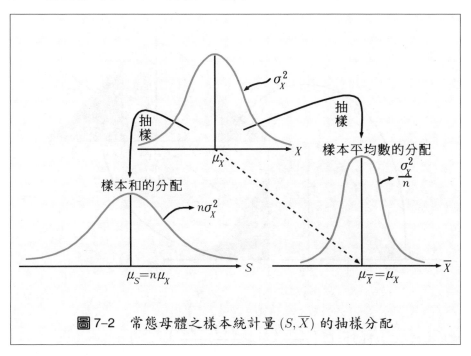

圖 7-2　常態母體之樣本統計量 $(S, \overline{X})$ 的抽樣分配

【**例** 7-3】

若已知大橋牌 10 公斤袋裝白米之重量呈常態分配，且平均重量為 9.9 公斤，標準差為 0.2 公斤。試答下列各題：

(1)隨機觀察 1000 袋，其中重量超過11.1 公斤的有幾袋？ 小於9.5 公斤的有幾袋？

(2)若隨機觀察 10 袋，則抽出之 10 袋「重量和」大於100 公斤的機率如何？ 介於 98～105 公斤之機率如何？

(3)該 10 袋「平均重量」大於 9.95 公斤的機率如何？ 小於 9.5 公斤的機

率如何？介於 9.5～10 公斤的機率又如何？

【解】

已知 $X \sim N(9.9, (0.2)^2)$

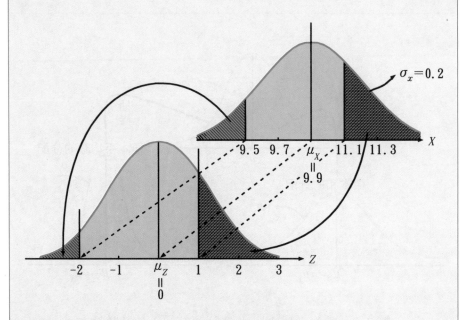

(1)ⓐ $P_r(X \geq 11.1) = P_r \left(\dfrac{X - \mu_X}{\sigma_X} \geq \dfrac{11.1 - 9.9}{0.2} \right)$

$\qquad\qquad\quad = P_r(Z \geq 1) = 0.1587$

$\quad\therefore$ 1000袋中，重量超過11.1公斤的約有 $1000(0.1587) \doteqdot 159$ （袋）

ⓑ $P_r(X \leq 9.5) = P_r \left(\dfrac{X - \mu_X}{\sigma_X} \leq \dfrac{9.5 - 9.9}{0.2} \right)$

$\qquad\qquad\quad = P_r(Z \leq -2) = 0.0228$

$\quad\therefore$ 1000袋中，重量小於 9.5 公斤的約有 $1000(0.0228) \doteqdot 23$ （袋）

(2)令 S 為抽出之 10 袋的「重量和」，則

$\qquad S \sim N(99, 10(0.2)^2)$

ⓐ重量和大於 100 公斤的機率為：

$$P_r(S \geq 100) = P_r\left(\frac{S - \mu_S}{\sigma_S} \geq \frac{100 - 99}{\sqrt{10(0.2)^2}}\right)$$

$$= P_r(z \geq 1.58)$$

$$= 0.0571$$

ⓑ重量和介於 98～105 公斤的機率為:

$$P_r(98 \leq S \leq 105) = P_r\left(\frac{98 - 99}{\sqrt{10(0.2)^2}} \leq \frac{S - \mu_S}{\sqrt{\sigma_S^2}} \leq \frac{105 - 99}{\sqrt{10(0.2)^2}}\right)$$

$$= P_r(-1.58 \leq Z \leq 9.49)$$

$$= 0.4429 + 0.5$$

$$= 0.9429$$

(3)令 $\overline{X}$ 為抽出之 10 袋的「平均重量」,則

$$\overline{X} \sim N\left(9.9, \frac{(0.2)^2}{10}\right)$$

ⓐ「平均重量」大於 9.95 公斤的機率為:

$$P_r(\overline{X} \geq 9.95) = P_r\left(\frac{\overline{X} - \mu_{\overline{X}}}{\sqrt{\sigma_{\overline{X}}^2}} \geq \frac{9.95 - 9.9}{\sqrt{\frac{(0.2)^2}{10}}}\right)$$

$$= P_r(Z \geq 0.79)$$

$$= 0.2148$$

ⓑ「平均重量」介於 9.5～10 公斤的機率為:

$$P_r(9.5 \leq \overline{X} \leq 10) = P_r\left(\frac{9.5 - 9.9}{\sqrt{\frac{(0.2)^2}{10}}} \leq \frac{\overline{X} - \mu_{\overline{X}}}{\sqrt{\sigma_{\overline{X}}^2}} \leq \frac{10 - 9.9}{\sqrt{\frac{(0.2)^2}{10}}}\right)$$

$$= P_r(-6.33 \leq Z \leq 1.58)$$

$$= 0.5 + 0.4429$$

$$= 0.9429$$

第五節 二項母體的抽樣分配

很多情況下，我們對母體所感興趣的是質化而非量化的特質，例如學生的性別，某百貨公司之顧客的性別，產品之有無瑕疵等等。諸如此類的例子，我們都可以將母體分成具有某種特質（稱為**成功** Success）與不具某種特質（稱為**失敗** Failure）兩種類別，此種母體即是所謂的**二項母體**(Binomial Population)。而二項母體內的個體數若為有限個，稱為**有限二項母體**；若為無限多個，則稱為**無限二項母體**。本節將先介紹有限二項母體的抽樣分配，而後介紹無限二項母體的抽樣分配。

一、有限二項母體的抽樣分配

若二項母體共有 N 個個體，其中具有某種特質的個體有 K 個，亦即母體中具有某種特質的個體所占的比例（稱為**母體比例**，Population Proportion）為 $\dfrac{K}{N} = p$。

今若以 X 表示有限二項母體，且令

$$X = \begin{cases} 1, & \text{若個體具某種特質} \\ 0, & \text{若個體不具某種特質} \end{cases}$$

則根據前面所述，X 的機率分配如下：

X	$f(X)$
1	$\dfrac{K}{N} = p$
0	$1 - \dfrac{K}{N} = 1 - p = q$

而**有限二項母體** (X) 的**平均數**、**變異數**分別為：

$$\mu_X = \sum x f(x) = 1 \cdot (p) + 0 \cdot (1 - p) = p$$

$$\sigma_X^2 = \sum (x - \mu_X)^2 f(x) = (1-p)^2 \cdot (p) + (0-p)^2 (1-p)$$

$$= p - 2p^2 + p^3 + p^2 - p^3$$

$$= p - p^2$$

$$= p(1-p)$$

$$= pq$$

上面所述的二項母體，可以表達為：

$$X \sim b(p, pq) \tag{7-26}$$

當我們以**簡單隨機抽樣法**，從**有限二項母體** (X) 抽樣（樣本數為 n），則樣本中具有某種特質之個體數及樣本中具有某種特質之個體所占的比例（稱為**樣本比例**, Sample Proportion），將隨樣本組合的不同而異。但只要抽得一組樣本，它們的數值即可計算而得，因此它們是已知數，它們是變量，即它們是所謂的統計量。而它們的機率分配將因**抽出放回**或**抽出不放回**而有所不同，茲說明於下。

(1)抽出放回

令 X_1 為抽出的第一個樣本， X_2 為抽出的第二個樣本， $\cdots\cdots, X_n$ 為抽出的第 n 個樣本，且令

$$X_1 = \begin{cases} 1, & \text{若抽出的第一個樣本為具某種特質之個體} \\ 0, & \text{若抽出的第一個樣本為不具某種特質之個體} \end{cases}$$

則 X_1 的機率分配為：

X_1	$f(X_1)$
1	$\dfrac{K}{N} = p$
0	$1 - \dfrac{K}{N} = 1 - p = q$

且 X_1 的平均數、變異數為：

$$\mu_{X_1} = p = \mu_X$$

$$\sigma^2_{X_1} = pq = \sigma^2_X$$

即 X_1 的分配與母體 X 的分配完全相同。同理可得 $X_2, X_3, \cdots, X_n$ 的分配與母體 X 的分配完全相同，即

$$X_i \sim b(p, pq), \quad i = 1, 2, \cdots, n \tag{7-27}$$

然而，若令 S 為樣本中具有某種特質之個體數，則 S 就等於 $X_1, X_2, \cdots, X_n$ 之和，即 $S = X_1 + X_2 + \cdots + X_n$。例如若抽出之第一個樣本為具某種特質之個體，而第二個，⋯⋯，第 n 個都是不具某種特質之個體，則對應此組樣本，S 之值為 1，或 X_1 之值為 $1, X_2, X_3, \cdots, X_n$ 之值都為 0，所以 S 之值是等於 $X_1, X_2, \cdots, X_n$ 之值的和。因此 S 相當於本章第三節所述的樣本和，所以在抽出放回的情況下，其平均數、變異數為：

$$\mu_S = n\mu_X = n \cdot p$$

$$\sigma^2_S = n\sigma^2_X = n \cdot pq$$

又在抽出放回的情況下，由於 $X_1, X_2, \cdots, X_n$ 彼此獨立，抽 n 個樣本的行動為百奴里試行（見第五章第二節），而樣本和 S 相當於 n 次試行中成功的次數，由於每次的試行彼此獨立，所以 S 呈二項分配，其機率分配如表 7-5。

事實上，S 的機率函數為：

$$f(S) = \binom{n}{S} p^S q^{n-S}, \quad S = 0, 1, 2, \cdots, n \tag{7-28}$$

又若令 p' 為樣本中具有某種特質之個體所占的比例，則 $p' = \dfrac{S}{n} = \dfrac{X_1 + X_2 + \cdots + X_n}{n}$，$p'$ 相當於本章第三節所述的樣本平均數。而在抽出放回的情況下，其平均數、變異數為：

表7-5　樣本和的機率分配（有限二項母體，抽出放回）

S	$f(S)$
0	$\dbinom{n}{0}p^0q^n$
1	$\dbinom{n}{1}p^1q^{n-1}$
2	$\dbinom{n}{2}p^2q^{n-2}$
3	$\dbinom{n}{3}p^3q^{n-3}$
$\vdots$	$\vdots$
n	$\dbinom{n}{n}p^nq^0$

$$\mu_{p'} = \mu_{\overline{X}} = \mu_X = p$$

$$\sigma^2_{p'} = \sigma^2_{\overline{X}} = \frac{\sigma^2_X}{n} = \frac{pq}{n}$$

而由於 $p' = \dfrac{S}{n}$，$\boldsymbol{p'}$ 是 S 的直線型函數，因此 p' 也是呈二項分配，其機率分配如表 7–6。

因此，p' 的機率函數為：

$$f(p')=f\left(\frac{S}{n}\right) = \binom{n}{S}p^S q^{n-S}, \quad S = 0, 1, 2, \cdots, n$$

$$=\binom{n}{np'}p^{np'}q^{n-np'}, \quad p' = 0, \frac{1}{n}, \frac{2}{n}, \cdots, 1 \tag{7-29}$$

表 7-6 樣本比例 (p') 的機率分配（有限二項母體，抽出放回）

$p' = \dfrac{S}{n}$	S	$f(S)$	$f(p')$
0	0	$\binom{n}{0}p^0 q^n$	$\binom{n}{0}p^0 q^n$
$\dfrac{1}{n}$	1	$\binom{n}{1}p^1 q^{n-1}$	$\binom{n}{1}p^1 q^{n-1}$
$\dfrac{2}{n}$	2	$\binom{n}{2}p^2 q^{n-2}$	$\binom{n}{2}p^2 q^{n-2}$
$\vdots$	$\vdots$	$\vdots$	$\vdots$
$\dfrac{n}{n}$	n	$\binom{n}{n}p^n q^0$	$\binom{n}{n}p^n q^0$

⑵抽出不放回

在抽出不放回的情況下，根據本章第三節的說明，樣本中具有某種特質之個體數（即樣本和, S）及樣本中具有某種特質之個體所占比例（即樣本比例或樣本平均數, p'）的平均數、變異數分別為：

樣本和 S: $\mu_S = n\mu_X = np$

$$\sigma_S^2 = n\sigma_X^2 \left(\frac{N-n}{N-1}\right) = npq\left(\frac{N-n}{N-1}\right)$$

樣本比例 p': $\mu_{p'} = \mu_{\overline{X}} = \mu_X = p$

$$\sigma_{p'}^2 = \sigma_{\overline{X}}^2 = \frac{\sigma_X^2}{n}\left(\frac{N-n}{N-1}\right) = \frac{pq}{n}\left(\frac{N-n}{N-1}\right)$$

又在抽出不放回的情況下，由於 $X_1, X_2, \cdots, X_n$ 彼此不獨立，抽 n 個樣本的行動不再是百奴里試行，而樣本和 S 雖然相當於 n 次試行中成功的次數，但由於每次的試行彼此不獨立，所以 S（或 $p' = \dfrac{S}{n}$）呈超幾何分配（見第五章第四節），其機率分配如表 7-7 所示。

表7-7　樣本和(S)、樣本比例(p')的機率分配（有限二項母體，抽出不放回，且$n \leq K$）

S	$f(S)$	$p' = \dfrac{S}{n}$	$f(p')$
0	$\dfrac{\dbinom{K}{0}\dbinom{N-K}{n-0}}{\dbinom{N}{n}}$	0	$\dfrac{\dbinom{K}{0}\dbinom{N-K}{n-0}}{\dbinom{N}{n}}$
1	$\dfrac{\dbinom{K}{1}\dbinom{N-K}{n-1}}{\dbinom{N}{n}}$	$\dfrac{1}{n}$	$\dfrac{\dbinom{K}{1}\dbinom{N-K}{n-1}}{\dbinom{N}{n}}$
2	$\dfrac{\dbinom{K}{2}\dbinom{N-K}{n-2}}{\dbinom{N}{n}}$	$\dfrac{2}{n}$	$\dfrac{\dbinom{K}{2}\dbinom{N-K}{n-2}}{\dbinom{N}{n}}$
$\vdots$	$\vdots$	$\vdots$	$\vdots$
$n \leq K$	$\dfrac{\dbinom{K}{n}\dbinom{N-K}{n-n}}{\dbinom{N}{n}}$	1	$\dfrac{\dbinom{K}{n}\dbinom{N-K}{n-n}}{\dbinom{N}{n}}$

所以，S 或 p' 的**機率函數**為：

$$f(S) = \frac{\dbinom{K}{S}\dbinom{N-K}{n-S}}{\dbinom{N}{n}}, \quad S = 0, 1, 2, \cdots, n, \quad \text{而}\, n \leq K \qquad (7\text{--}30)$$

$$f(p') = f\left(\frac{S}{n}\right) = \frac{\dbinom{K}{S}\dbinom{N-K}{n-S}}{\dbinom{N}{n}}, \quad S = 0, 1, 2, \cdots, n, \quad \text{而}\, n \leq K$$

$$=\frac{\binom{K}{np'}\binom{N-K}{n-np'}}{\binom{N}{n}},\quad p'=0,\frac{1}{n},\frac{2}{n}\cdots,1,\quad \text{而}\ n\le K \quad (7\text{--}31)$$

【例 7-4】

已知某電子加工廠，共有 200 個員工，其中有 160 位女性。若該公司決定從中隨機抽 25 名於春節各發放一筆幸運獎金，試答下列各題：

(A)若抽出放回（即員工可重覆獲得幸運獎金）：

  (1)25 名幸運者女性所占比例之抽樣分配如何？

  (2)女性所占比例大於或等於 0.80 的機率多大？小於 0.60 的機率如何？

  (3)女性所占比例介於 0.68～0.92 之間的機率如何？

(B)若抽出不放回 (即員工不可重覆獲得幸運獎金)：

  (1)25 名幸運者女性所占比例之抽樣分配如何？

  (2)女性所占比例介於 0.71～0.89 之間的機率如何？

【解】

令　　$X=\begin{cases}1,\ \text{若員工是女性}\\ 0,\ \text{若員工不是女性}\end{cases}$

母體 (X) 中，女性所占比例（母體比例）為 $p=\dfrac{160}{200}=0.8$

(A)抽出放回

  (1)抽出 25 名員工，女性所占比例（樣本比例，p'）之平均數及變異數為：

$$\mu_{p'}=p=0.8$$

$$\sigma_{p'}^2=\frac{pq}{n}=\frac{0.8(1-0.8)}{25}=\frac{0.16}{25}$$

又樣本比例或樣本和（即 25 名員工中，女性之人數）的機率分配

如下：

樣本比例 p'	樣本和 S	$f(p') = f(S)$
0	0	$\binom{25}{0}(0.8)^0(0.2)^{25}$
$\dfrac{1}{25}$	1	$\binom{25}{1}(0.8)^1(0.2)^{24}$
$\dfrac{2}{25}$	2	$\binom{25}{2}(0.8)^2(0.2)^{23}$
$\vdots$	$\vdots$	$\vdots$
1	25	$\binom{25}{25}(0.8)^{25}(0.2)^0$

即　$f(p') = \binom{n}{np'}p^{np'}q^{n-np'}$

而　$\begin{cases} n = 25 \\ p = 0.8, \ q = 0.2 \\ p' = 0, \dfrac{1}{25}, \dfrac{2}{25}, \cdots, 1 \end{cases}$

(2)　$\because p'$（或 S）呈二項分配

　　$\therefore$ ⓐ $P_r(p' \geq 0.80) = P_r(S \geq 20)$

　　　　　　　　$= 1 - P_r(S \leq 19)$

　　　　　　　　$= 1 - 0.383$

　　　　　　　　$= 0.617$

　　ⓑ $P_r(p' < 0.60) = P_r(S < 15)$

$$=P_r(S \leq 14)$$

$$=0.006$$

(3)女性所占比例介於 0.68～0.92, 即女性人數介於 17 人至 23 人之間, 所以

$$P_r(0.68 \leq p' \leq 0.92) = P_r(17 \leq S \leq 23)$$

$$= P_r(S \leq 23) - P_r(S \leq 16)$$

$$= 0.973 - 0.047$$

$$= 0.926$$

(B)抽出不放回

(1)抽出 25 名員工, 女性所占比例（樣本比例, p'）之平均數及變異數為:

$$\mu_{p'} = p = 0.8$$

$$\sigma_{p'}^2 = \frac{pq}{n}\left(\frac{N-n}{N-1}\right) = \frac{0.8(1-0.8)}{25}\left(\frac{200-25}{200-1}\right) = 0.005628$$

又樣本比例 p' 或樣本和 S （即 25 名員工中, 女性之人數）的機率分配如下:

樣本比例 p'	樣本和 S	$f(p') = f(S)$
0	0	$\dfrac{\binom{160}{0}\binom{40}{25}}{\binom{200}{25}}$
$\dfrac{1}{25}$	1	$\dfrac{\binom{160}{1}\binom{40}{24}}{\binom{200}{25}}$

樣本比例 p'	樣本和 S	$f(p') = f(S)$
$\dfrac{2}{25}$	2	$\dfrac{\binom{160}{2}\binom{40}{23}}{\binom{200}{25}}$
$\vdots$	$\vdots$	$\vdots$
1	25	$\dfrac{\binom{160}{25}\binom{40}{15}}{\binom{200}{25}}$

即　$f(p') = \dfrac{\binom{K}{np'}\binom{N-K}{n-np'}}{\binom{N}{n}}$

而 $\begin{cases} N = 200 \\ K = 160 \\ n = 25 \\ p = 0.8 \\ p' = 0, \dfrac{1}{25}, \dfrac{2}{25}, \cdots, 1 \end{cases}$

(2)女性所占比例介於 $0.71 \sim 0.89$，即是指 $0.71 \le p' \le 0.89$，

亦即　$0.80 - 0.09 \le p' \le 0.80 + 0.09$

而　$\sigma_{p'} = \sqrt{\sigma_{p'}^2} = 0.075$

　　$0.09 = 1.2(0.075) = 1.2\sigma_{p'}$

∴根據柴比契夫不等式定理：

　　$P_r(0.71 \le p' \le 0.89) = P_r(p - 1.2\sigma_{p'} \le p' \le p + 1.2\sigma_{p'})$

　　　　$\ge 1 - \dfrac{1}{(1.2)^2}$

因此，女性所占比例介於 0.71～0.89 的機率至少為：

$$1 - \frac{1}{(1.2)^2}, \quad 即 0.3056$$

二、無限二項母體的抽樣分配

若母體有無限多的個體，而就某種特質言，母體中的個體不是具有
該特質，就是不具有該特質（例如某工廠生產之產品不是有「瑕疵」，
就是沒有「瑕疵」），此種無限母體稱為**無限二項母體**(Infinite Binomial
Population)。今若以 X 表示無限二項母體，且令

$$X = \begin{cases} 1, & 若個體具有某種特質 \\ 0, & 若個體不具有某種特質 \end{cases}$$

若已知 X 的機率分配如下：

X	$f(X)$
1	p
0	$q = 1 - p$

則 X 的平均數 $\mu_X = p$，變異數 $\sigma_X^2 = pq$。今以簡單隨機抽樣法 (註3) 抽
取樣本（樣本數為 n），若令 X_i 為抽出之第 i 個樣本 $(i = 1, 2, \cdots, n)$，且
令

$$X_i = \begin{cases} 1, & 若抽出之第\,i\,個樣本為具某種特質之個體 \\ 0, & 若抽出之第\,i\,個樣本為不具某種特質之個體 \end{cases}$$

則不管抽出放回或不放回，樣本中具有某種特質之個體數（即樣本和
$S = X_1 + X_2 + \cdots + X_n$）及樣本中具有某種特質之個體所占比例（即樣
本比例 $p' = \dfrac{S}{n}$）的平均數、變異數分別為：

樣本和之平均數 $\quad \mu_S = n\mu_X = np$

樣本和之變異數　$\sigma_S^2 = n\sigma_X^2 = npq$

樣本比例之平均數　$\mu_{p'} = \mu_X = p$

樣本比例之變異數　$\sigma_{p'}^2 = \dfrac{\sigma_X^2}{n} = \dfrac{pq}{n}$

　　本書在第五章第二節所介紹的「投擲銅板之隨機試驗的二項隨機變數」的分配（含有 n 次試行的百奴里試行，出現「成功」（具某種特質）的次數），實際上就相當於從無限二項母體以簡單隨機抽樣法（抽出放回）抽樣（樣本數＝ n），樣本中具有某種特質之個體數（即樣本和）的分配。而 n 次試行中，「成功」次數所占比例就相當於所謂的樣本比例。

【例 7-5】

已知某工廠所生產之產品有瑕疵的機率為 0.1，今於某日隨機觀察生產線上之產品 36 件，試答下列各題：

(1)「36 件產品中有瑕疵者所占比例」之平均數、變異數如何？

(2)利用柴比契夫定理求「36 件產品中有瑕疵所占比例」介於 0.025～0.175 的機率。

【解】

令 $X = \begin{cases} 1, & \text{若產品有瑕疵} \\ 0, & \text{若產品沒有瑕疵} \end{cases}$

則母體 (X) 中，有瑕疵所占比例（母體比例）為 $p = 0.1$，今令 p' 為「抽出 36 件產品中有瑕疵所占比例」，則

(1)樣本比例 p' 的平均數及變異數為：

$$\mu_{p'} = p = 0.1$$

$$\sigma_{p'}^2 = \frac{pq}{n} = \frac{0.1(1-0.1)}{36} = \frac{0.09}{36}$$

即　　$\sigma_{p'} = \dfrac{0.3}{6} = \dfrac{0.1}{2} = 0.05$

(2)樣本比例 p' 介於 0.025～0.175 的機率為:

$$P_r(0.025 \le p' \le 0.175) = P_r(0.1 - 0.075 \le p' \le 0.1 + 0.075)$$

$$= P_r(p - 1.5\sigma_{p'} \le p' \le p + 1.5\sigma_{p'})$$

$$= P_r(|p' - p| \le 1.5\sigma_{p'})$$

$$\ge 1 - \frac{1}{(1.5)^2} = 0.5556$$

∴36件產品中有瑕疵所占比例介於 0.025～0.175的機率至少為 0.5556。

第六節　中央極限定理

　　樣本平均數的分配型態隨著原母體分配型態之不同而異。若原母體為常態分配，樣本平均數（或樣本和）也為常態分配，而若原母體為二項母體，則樣本平均數（即樣本比例）在抽出放回情況下呈二項分配，而在抽出不放回情況下呈超幾何分配。而若原母體不是常態分配，但只要以簡單隨機抽樣法抽樣，且樣本數非常大，則樣本平均數（或樣本和）的機率分配將接近於常態分配，此即所謂的中央極限定理(Central Limit Theorem)。

　　定理 7-1　中央極限定理

　　若母體 (X) 的平均數 μ_X 及標準差 σ_X 都是有限值 (finite value)，今從中以簡單隨機抽樣法抽樣，則只要樣本數 (n) 非常大（足夠大，Sufficiently Large），樣本平均數 $(\overline{X})$ 或樣本和 (S) 的機率分配都接

近於常態分配，而其平均數及標準差分別為：

$$\mu_{\overline{X}} = \mu_X, \qquad \sigma_{\overline{X}} = \frac{\sigma_X}{\sqrt{n}}$$

$$\mu_S = n\mu_X, \qquad \sigma_S = \sqrt{n}\sigma_X$$

又 $\qquad \dfrac{\overline{X} - \mu_X}{\dfrac{\sigma_X}{\sqrt{n}}} \sim N(0, 1), \qquad \dfrac{S - n\mu_X}{\sqrt{n}\sigma_X} \sim N(0, 1)$

中央極限定理在統計學上扮演著極為重要的角色。基本上，很多關於機率的問題，都可利用此定理，而且部分統計推論的工作也要利用此定理。關於此定理，下面數點特別值得我們注意：

⑴若原母體為常態分配，則不管樣本數大(Large Sample)或小(Small Sample)，樣本平均數或樣本和都是呈常態分配。

⑵若母體不是呈常態分配，但只要ⓐ母體之平均數及變異數為有限數值，且ⓑ樣本數非常大，則樣本平均數或樣本和接近於常態分配。然而既然樣本數必須非常大，則母體必須是無限母體，但實際上母體若為有限母體，而只要樣本數 (n) 足夠大，且相對於母體數 (N) 而言，仍算小（即 n 雖大，但 $\frac{n}{N}$ 小），此定理仍然適用。

⑶所謂「樣本數非常大」，是指 n 要多大才算非常大？亦即樣本數要多大，樣本平均數的分配才會接近常態分配？樣本數要多大完全取決於母體分配型態與常態分配相差多遠 (How far of the population shape deviates from the Normal?)。例如極偏與對稱分配，前者與常態相差遠，後者與常態相差較近，前者要求之樣本數比後者相對地為大，而一般說來（拇指法則），只要母體分配為單峰，且偏態情況不太嚴重時 (not have a heavy tail)，則在樣本數為大於或等於 30 時，就可看成樣本數為足夠大了。

　　茲以下面的例子說明中央極限定理。

【例 7–6】

(a)有限母體 X 為單一間斷分配如下:

X	$f(X)$
1	$\dfrac{1}{3}$
2	$\dfrac{1}{3}$
3	$\dfrac{1}{3}$

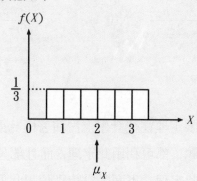

X 的平均數 $\mu_X = 2$, 變異數 $\sigma_X^2 = \dfrac{2}{3}$, 即

$$X \sim \left(2, \frac{2}{3}\right)$$

今從中以簡單隨機抽樣法（抽出放回）抽樣（樣本數為 n）, 則樣本和、樣本平均數的機率分配為:

①當 $n = 2$ 時:

$\overline{X}$	S	$f(\overline{X}) = f(S)$
1	2	$\dfrac{1}{9}$
1.5	3	$\dfrac{2}{9}$
2	4	$\dfrac{3}{9}$
2.5	5	$\dfrac{2}{9}$
3	6	$\dfrac{1}{9}$

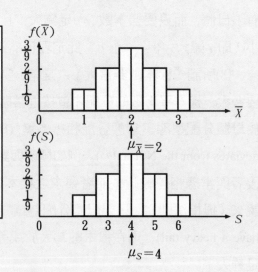

②當 $n = 3$ 時:

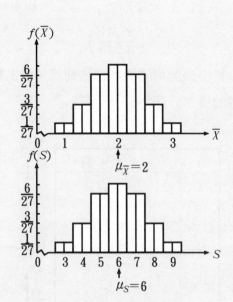

$\overline{X}$	S	$f(\overline{X}) = f(S)$
1	3	$\dfrac{1}{27}$
$\dfrac{4}{3}$	4	$\dfrac{3}{27}$
$\dfrac{5}{3}$	5	$\dfrac{6}{27}$
2	6	$\dfrac{7}{27}$
$\dfrac{7}{3}$	7	$\dfrac{6}{27}$
$\dfrac{8}{3}$	8	$\dfrac{3}{27}$
3	9	$\dfrac{1}{27}$

如此,我們可以繼續列出當 $n = 5, 10, 20, \cdots$,等情況下之 $\overline{X}$ 或 S 的分配。此例說明了一點,即原母體為間斷單一分配,而在 $n = 2$ 時,$\overline{X}$ 或 S 已呈對稱分配,且隨著 n 的增大,$\overline{X}$ 或 S 的機率直方圖(相對次數曲線)漸漸接近常態曲線。

(b)有限母體 X 為一偏態(左偏)分配如下:

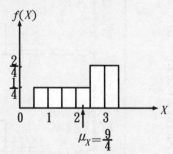

X	$f(X)$
1	$\dfrac{1}{4}$
2	$\dfrac{1}{4}$
3	$\dfrac{2}{4}$

$$X \text{ 的平均數 } \mu_X = \frac{9}{4}, \text{ 變異數 } \sigma_X^2 = \frac{11}{16}, \text{ 即}$$

$$X \sim \left(\frac{9}{4}, \frac{11}{16}\right)$$

今從中以簡單隨機抽樣法抽樣（樣本數為 n），則樣本和、樣本平均數的機率分配為：

①當 $n = 2$ 時：

$\overline{X}$	S	$f(\overline{X}) = f(S)$
1	2	$\frac{1}{16}$
1.5	3	$\frac{2}{16}$
2	4	$\frac{5}{16}$
2.5	5	$\frac{4}{16}$
3	6	$\frac{4}{16}$

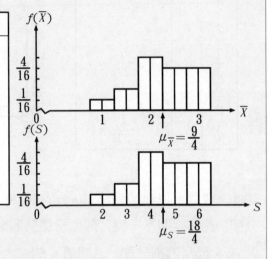

②當 $n = 3$ 時：

$\overline{X}$	S	$f(\overline{X}) = f(S)$
1	3	$\frac{1}{64}$
$\frac{4}{3}$	4	$\frac{3}{64}$
$\frac{5}{3}$	5	$\frac{9}{64}$
2	6	$\frac{13}{64}$
$\frac{7}{3}$	7	$\frac{18}{64}$
$\frac{8}{3}$	8	$\frac{12}{64}$
3	9	$\frac{8}{64}$

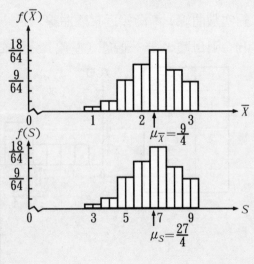

我們若繼續列出當 $n = 5, 10, 20, \cdots$ 等情況下之 $\overline{X}$ 或 S 的分配，則我們將發現原母體 X 雖為偏態分配，而在 $n = 2$ 時，$\overline{X}$ 或 S 雖然也是偏態分配，但偏態程度減低，而 $n = 3$ 時，$\overline{X}$ 或 S 的偏態程度更減低；隨著 n 的增大，$\overline{X}$ 或 S 之分配的偏態程度越來越減低而接近對稱分配。若 n 繼續增加，$\overline{X}$ 或 S 的機率直方圖（相對次數曲線）將漸漸接近常態曲線。

　　有興趣於中央極限定理的學者，甚且利用電腦從常態、非常態等各種不同分配型態的母體抽樣（樣本數 $n = 2, 3, 5, 10, 20, 30, \cdots$），觀察 100 組（或更多組）樣本，而後列出樣本平均數 $(\overline{X})$ 的相對次數分配、相對次數直方圖、相對次數曲線以證實中央極限定理（如圖 7–3所示）。

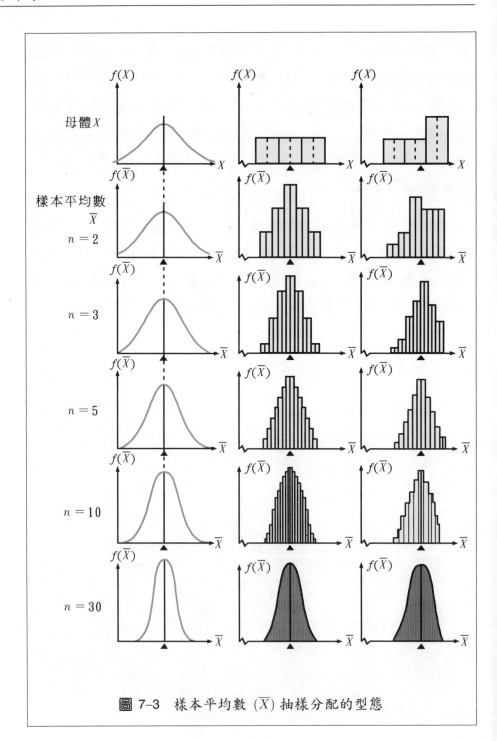

圖 7-3 樣本平均數 $(\overline{X})$ 抽樣分配的型態

　　日常生活中很多有關機率的問題，基本上可以透過中央極限定理加以回答。下面的例子即是**中央極限定理的應用**。

【例 7-7】

已知某地區成年人身高分配之平均數為 162 公分，標準差為 4 公分，試答下列各題：

(1)若隨機觀察 16 位成年人，其身高平均數為160～164 公分的機率若干?

(2)若隨機觀察 36 位成年人，其身高平均數為ⓐ 160～164 公分的機率若干? ⓑ大於 163 公分的機率若干? ⓒ 160.5～162 公分的機率若干?

【解】

令 X 為成年人之身高分配，X 之分配型態未知，但

$$\mu_X = 162, \quad \sigma_X = 4, \text{ 即}$$

$$X \sim (162, 4^2)$$

(1)隨機抽16 位成年人 $(n = 16)$，其身高平均數 $(\overline{X})$ 之分配型態未知，但

$$\mu_{\overline{X}} = 162, \ \sigma_{\overline{X}} = \frac{\sigma_X}{\sqrt{n}} = \frac{4}{\sqrt{16}} = 1, \text{ 即}$$

$$\overline{X} \sim (162, 1^2)$$

由於 $\overline{X}$ 的分配型態未知，所以 $160 \leq \overline{X} \leq 164$ 的確切機率無法求得，但可利用柴比契夫定理求得，即

$$P_r(160 \leq \overline{X} \leq 164) = P_r(\mu_{\overline{X}} - 2\sigma_{\overline{X}} \leq \overline{X} \leq \mu_{\overline{X}} + 2\sigma_{\overline{X}}) \geq 1 - \frac{1}{2^2}$$

即 16 位成年人身高平均數為 160～164公分的機率至少為 $\frac{3}{4}$。

(2)隨機抽36 位成年人 $(n = 36 > 30)$，其身高平均數 $(\overline{X})$ 接近常態分配（根據中央極限定理），且

$$\mu_{\overline{X}} = 162, \ \sigma_{\overline{X}} = \frac{\sigma_X}{\sqrt{n}} = \frac{4}{\sqrt{36}} = \frac{4}{6} = \frac{2}{3}, \ 即$$

$$\overline{X} \sim N\left(162, \left(\frac{2}{3}\right)^2\right)$$

因此,

(a)

$$P_r(160 \leq \overline{X} \leq 164) = P_r\left(\frac{160-162}{\frac{2}{3}} \leq \frac{\overline{X}-\mu_{\overline{X}}}{\sigma_{\overline{X}}} \leq \frac{164-162}{\frac{2}{3}}\right)$$

$$= P_r(-3 \leq Z \leq 3)$$

$$= 0.997$$

(b)

$$P_r(\overline{X} \geq 163) = P_r\left(\frac{\overline{X}-\mu_{\overline{X}}}{\sigma_{\overline{X}}} \geq \frac{163-162}{\frac{2}{3}}\right)$$

$$= P_r(Z \geq 1.5)$$

$$= 0.0668$$

(c)

$$P_r(160.5 \leq \overline{X} \leq 162) = P_r\left(\frac{160.5-162}{\frac{2}{3}} \leq \frac{\overline{X}-\mu_{\overline{X}}}{\sigma_{\overline{X}}} \leq \frac{162-162}{\frac{2}{3}}\right)$$

$$= P_r(-2.25 \leq Z \leq 0)$$

$$= 0.4878$$

根據本章第五節，我們若以簡單隨機抽樣法從有限二項母體（抽出放回）或從無限二項母體抽樣，樣本數為 n，則樣本和（具某種特質之個體數，以 S 表示之）或樣本比例（具某種特質之個體所占比例，以 p' 表示之），都呈二項分配，即：

$$S \sim b(np, npq)$$

$$p' \sim b\left(p, \frac{pq}{n}\right)$$

p 為母體中具某種特質之個體所占比例

然而再據本節所介紹的中央極限定理，我們知道，如果樣本數非常大 $(n > 30)$，儘管原母體為二項母體，但樣本和或樣本平均數的分配都將接近常態分配，即在 $n > 30$ 情況下，

$$S \overset{.}{\sim} N(np, npq)$$

$$p' \overset{.}{\sim} N\left(p, \frac{pq}{n}\right)$$

這即是在 n 大的情況下，我們可以**常態分配**做為**二項分配之漸近分配**（第六章第二節）的理由。

【例 7-8】

投擲一粒公平的骰子 54 次，若出現 1 點或 2 點為「成功」，其他的點數為「失敗」，試求:

(1)成功的次數為 10～20 的機率多大?

(2)成功的次數所占的比例小於或等於 $\frac{4}{9}$ 的機率多大?

【解】

此題相當於從一無限母體（母體中具有某特質（即 1 點或 2 點）之比例為 $\frac{2}{6}$）抽樣，樣本數為 54，令 S 為樣本中具有某種特質之個體數（即 54次中出現成功的次數），p' 為成功的次數所占的比例，則

$$S \sim b\left[54\left(\frac{1}{3}\right), 54\left(\frac{1}{3}\right)\left(\frac{2}{3}\right)\right]$$

$$p' \sim b\left[\frac{1}{3}, \frac{\left(\frac{1}{3}\right)\left(\frac{2}{3}\right)}{54}\right]$$

因此，

(1)成功的次數為 10~20 的機率為:

$$P_r(10 \leq S \leq 20) = \sum_{X=10}^{20} \binom{54}{X} \left(\frac{1}{3}\right)^X \left(\frac{2}{3}\right)^{54-X}$$

然而 $\quad \because n > 30, \quad \therefore S \sim N\left[54\left(\frac{1}{3}\right), 54\left(\frac{1}{3}\right)\left(\frac{2}{3}\right)\right]$

因此 $\quad P_r(10 \leq S \leq 20) = P_r\left(\frac{10-18}{\sqrt{12}} \leq \frac{S-\mu_S}{\sqrt{\sigma_S^2}} \leq \frac{20-18}{\sqrt{12}}\right)$

$$= P_r(-2.31 \leq Z \leq 0.58)$$

$$= 0.4896 + 0.2190$$

$$= 0.7086$$

若進行連續化校正, 則

$$P_r(10 \leq S \leq 20) = P_r\left(10-\frac{1}{2} \leq S \leq 20+\frac{1}{2}\right) = P_r(9.5 \leq S \leq 20)$$

$$= P_r\left(\frac{9.5-18}{\sqrt{12}} \leq \frac{S-\mu_S}{\sqrt{\sigma_S^2}} \leq \frac{20.5-18}{\sqrt{12}}\right)$$

$$= P_r(-2.46 \leq Z \leq 0.72)$$

$$= 0.4931 + 0.2642$$

$$= 0.7573$$

(2)成功的次數所占的比例小於或等於 $\frac{4}{9}$ 的機率為:

$$P_r\left(p' \leq \frac{4}{9}\right) = P_r(S \leq 24)$$

$$= P_r\left(\frac{S-\mu_S}{\sqrt{\sigma_S^2}} \leq \frac{24-18}{\sqrt{12}}\right)$$

$$= P_r(Z \leq 1.73)$$

$$= 0.9582$$

或　　$P_r\left(p' \leq \dfrac{4}{9}\right) = P_r\left(\dfrac{p' - \mu_{p'}}{\sqrt{\sigma_{p'}^2}} \leq \dfrac{\dfrac{4}{9} - \dfrac{1}{3}}{\sqrt{\dfrac{\left(\dfrac{1}{3}\right)\left(\dfrac{2}{3}\right)}{54}}}\right)$

$= P_r(Z \leq 1.73)$

$= 0.9582$

若進行連續化校正，則為：

$P_r\left(p' \leq \dfrac{4}{9}\right) = P_r\left(p' \leq \dfrac{24}{54}\right) = P_r\left(p' \leq \dfrac{24}{54} + \dfrac{1}{2}\left(\dfrac{1}{54}\right)\right)$

$= P_r\left(p' \leq \dfrac{24.5}{54}\right)$

$= P_r\left(\dfrac{p' - \mu_{p'}}{\sqrt{\sigma_{p'}^2}} \leq \dfrac{\dfrac{24.5}{54} - \dfrac{1}{3}}{\sqrt{\dfrac{\left(\dfrac{1}{3}\right)\left(\dfrac{2}{3}\right)}{54}}}\right)$

$= P_r(Z \leq 1.88)$

$= 0.9699$

第七節　其他抽樣分配

本章特別著重於介紹樣本和及樣本平均數的抽樣分配，然而除了樣本和及樣本平均數外，其他的統計量，像**樣本中位數**、**樣本變異數**、或**兩樣本平均數之差**、**兩樣本變異數之比** （當從兩母體抽樣）等都各自有其**抽樣分配**。

綜而言之，統計量的抽樣分配（統計量之機率分配的平均數、變異

數及分配型態）將因ⓐ不同的統計量，ⓑ不同的母體（來自何種母體？
常態？二項？或其他?）ⓒ不同的樣本數而異。因此當我們提及抽樣分
配時，我們一定要特別指明①那一個統計量？②它來自何種母體？③樣
本數多大？因為只要ⓐ，ⓑ，ⓒ三者中任一發生變化，抽樣分配將有所
不同，亦即統計量的平均數、變異數或其分配型態將有所不同。

　　抽樣分配的分配型態有很多種，然而較常遇到的是常態分配及二項
分配（本章已加以說明），以及下面各章將介紹的卡方分配、t 分配和
F 分配。

$$\boxed{\text{附 註}}$$

註1: k 的決定，一般採用下列方法: $k = \dfrac{N}{n}$，取整數（ N 為母體數，n 為樣本數）。

註2: $\displaystyle\sum_{j\neq l}\sum x_j x_l = N^2\mu_X^2 - N(\mu_X^2 + \sigma_X^2)$ 證明於下:

$$\because \mu_X = \frac{1}{N}\sum_{j=1}^{N} x_j$$

$$\mu_X^2 = \frac{1}{N^2}\left(\sum_{j=1}^{N} x_j^2 + \sum_{j\neq l}\sum x_j x_l\right)$$

$$\therefore \sum_{j\neq l}\sum x_j x_l = N^2\mu_X^2 - \sum_{j=1}^{N} x_j^2$$

$$\text{而} \quad \sigma_X^2 = \frac{1}{N}\sum_{j=1}^{N}(x_j - \mu_X)^2 = \frac{1}{N}[\sum_{j=1}^{N} x_j^2 - N\mu_X^2]$$

$$\sum x_j^2 = N\sigma_X^2 + N\mu_X^2 = N(\mu_X^2 + \sigma_X^2)$$

$$\text{因此} \quad \sum_{j\neq l}\sum x_j x_l = N^2\mu_X^2 - N(\mu_X^2 + \sigma_X^2)$$

註3: 當母體是無限母體時，實際上無法像有限母體予每個個體編號，以便進行簡單隨機抽樣，因此乃觀察 n 個個體以構成一組樣本。例如欲以簡單隨機抽樣法從某工廠生產線上的產品抽出 n 件，基本上，生產線上一直生產下去，產品有無限多件，吾人無法予以編號以進行抽樣，因此乃隨機觀察某日某一段時間所生產出來之 n 件產品以構成樣本。

練 習 題

7–1 解釋下列名詞:

　1.簡單隨機抽樣 (Simple Random Sampling, SRS)

　2.分層抽樣 (Stratified Sampling)

　3.叢集抽樣 (Cluster Sampling)

　4.系統抽樣 (Systematic Sampling)

7–2 何謂抽樣誤差(Sampling Error)? 如何減低它? 何謂非抽樣誤差 (Nonsampling Error)? 如何減低非抽樣誤差?

7–3 何謂母體參數? 何謂統計量? 樣本變異數是統計量嗎? 又母體變異數是參數抑或是統計量?

7–4 何謂抽樣分配? 試舉例說明。

7–5 某一袋中有大量圓球, 分成白、紅、黑三種顏色。令白球代表 1分, 紅球代表 3分, 黑球代表 5分。已知白球與紅球各佔全部圓球的 $\frac{2}{5}$, 而黑球佔全部圓球的 $\frac{1}{5}$。試以抽出放回與抽出不放回兩種方式分別求算下列各題:

　1.由袋中抽出 2 球, 請問 2 球分數和的平均數及標準差各為多少?

　2.所抽出之 2 球的平均分數的期望值和變異數各為多少?

7–6 是非題 (不論「是」或「非」, 均需說明理由):

　1.已知 $X \sim (\mu_X, \sigma_X^2)$。今由該母體中以 SRS 方式採抽出放回抽取樣本數為 n 的樣本, 並令 S 代表樣本和, 則不論是絕對或相對分散度而言, 隨機變數 S 均要較 X 來得大。

2.已知 $X \sim N(\mu_X, \sigma_X^2)$。今自 X 中隨機抽取 n 個樣本，並令 S 為樣本和，又令另一隨機變數 $W = nX$，則 S 與 W 均為常態分配，且其平均數和變異數均相等。

7-7　已知市售某品牌的食用米平均一袋重為 9.9 公斤，標準差為 0.2 公斤，且知其重量分配呈常態分配。今隨機抽取 10 袋米，試問:

  1.此 10 袋米重量和至少為 100 公斤的機率多大?

  2.此 10 袋米的平均重量超過 9.9 公斤的機率多大?

7-8　設若郵局以機器包裝某種包裹，並知其重量為常態分配，且平均數為25 公克，標準差為 2 公克。今若隨機抽 n 個包裹，試求 n 在下列各種情況下，包裹重量之平均數低於 24 公克的機率有多大?

  1. $n = 1$

  2. $n = 4$

  3. $n = 16$

  4. $n = 64$

7-9　某甲針對美麗國所生產的 160 種商品，分別求個別商品當期對基期的價格比，發現其分配接近常態分配，並經計算得其算術平均數為 1.148，標準差為 0.075。試問 160 種商品中將有多少種商品的價格較基期為高? （基期價格為 1）

7-10　何謂**中央極限定理**(Central Limit Theorem)? 若已知臺北市二十五歲以上之人口身高的分配為 $X \sim (162, 4^2)$ （單位: 公分），請答下列各題:

  1.若阿榮隨機觀察16 位該人口群的成人，且欲求算該16 位成人之身高的平均數介於 160～164 公分的機率，則你將建議他如何求算該機率的近似值? 理由?

  2.又若他所觀察的樣本數為1600，則針對第 1小題相同的問題，

你將如何求算該機率值？理由？

7–11 投擲一粒公平的骰子 400 次，請答下列各題：

1.令 Y 為出現奇數點的次數，請列出 Y 的機率函數，並求 $P(180 \leq Y \leq 400)$ =？（列出數學式即可，不必計算其值。）

2.令 $\overline{Y}$ 為出現奇數點次數占總次數的比例，列出 $\overline{Y}$ 的機率函數，並求 $P(\overline{Y} \leq 0.55)$ =？（列出數學式即可，不必計算其值。）

3.上述兩小題的機率值，甲認為可利用**常態分配**求其漸近值，乙認為應用**波阿松 (Poisson)分配**求之，丙認為可利用**柴比契夫不等式**求算，你以為呢？理由。並請你以你認為較為正確的方法求算前二小題的機率近似值。

第八章　估計─點估計

第一節　前言

　　本書第二章曾提到，對於母體資料而言，我們總是希望以簡單的**數據去描述母體分配的特性**。例如母體平均數 (μ_X)、母體變異數 (σ_X^2)，分別是描述母體 (X) 分配之**中心位置**及**分散度**的統計測定數。而這些描述母體分配之特性的統計測定數，稱為**母體參數**。它們雖然是**常數**，但一般而言，它們常常是**未知數**。例如某工廠生產之燈泡壽命的平均數，我們不可能觀察每一個燈泡的壽命而後計算其平均數，因為如果這樣做將毀壞該工廠所生產的所有的燈泡，又如果我們在收集資料時，不是涉及這種毀壞性的測試，常常也會因為時間或財力的限制，而無法對母體的每一個個體觀察以計算母體平均數。基於此，我們只好從母體以簡單隨機抽樣法抽取樣本（樣本數為 n），利用樣本平均數 ($\overline{X}$)、樣本變異數 (s_X^2) 對未知的母體平均數 (μ_X)、母體變異數 (σ_X^2) 去 **猜測**(Guess) 或**估計**(Estimation)。而描述樣本分配之特性的樣本平均數 ($\overline{X}$)、樣本變異數 (s_X^2)，稱為**樣本統計量**（簡稱為統計量）。一般說來，樣本統計量是構成隨機樣本之隨機變數 $X_1, X_2, \cdots, X_n$ 的函數，因此它們也是隨機變數，它們的值隨著不同的樣本組合而有所不同，它們是**變量**，但只要實際抽得一組樣本（觀察一組樣本），它們的數值即可計算而得。這些描述樣本分配之特性的統計量，像樣本平均數或樣本變異數是被用來猜測或估計**描述母體分配之特性**的**母體參數**（如母體平均數或母體變

異數），因此稱之為**估計式**(Estimator)。基本上，我們可以將上面的說明，用圖 8–1 來表示。

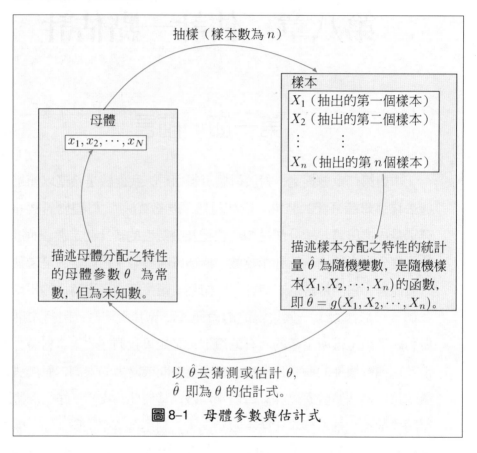

圖 8–1 中，θ 可為母體平均數、母體變異數、母體中位數等等。一般而言，若 θ 為母體平均數 (μ_X)，則估計式 $\hat{\theta}$ 為樣本平均數 $(\overline{X})$，而若 θ 為母體變異數 (σ_X^2)，則估計式 $\hat{\theta}$ 為樣本變異數 (s_X^2)，依此類推。

一、估計式與估計值

如上所述，若母體參數 θ 為母體平均數，則通常估計式 $\hat{\theta}$ 為樣本平均數 $(\overline{X})$。而樣本平均數是隨機樣本的函數，即 $\overline{X} = g(X_1, X_2, \cdots, X_n)$，

而且是以下面的公式計算的:

$$\overline{X} = \frac{1}{n}(X_1 + X_2 + \cdots + X_n) = \frac{1}{n}\sum_{i=1}^{n} X_i \tag{8-1}$$

　　X_i 為抽出的第 i 個樣本

　　X_i 的可能數值為 $x_1, x_2, \cdots, x_N$

　　估計式(Estimator)是隨機樣本的函數，也是隨機變數的函數，因此它當然是隨機變數; 更具體的說，估計式就是一個計算公式，它描述被選用來估計母體參數之統計量是隨機樣本的何種函數形式。而當我們實際抽取一組樣本，並按估計式 $(\hat{\theta})$ 之計算公式計算出其數值，我們即是以該數值去估計母體參數 (θ)，而該特定數值被稱為母體參數 (θ) 之估計值(Estimate)，以 $\hat{\theta}_o$ 表示之。

　　就母體平均數 μ_X 言，若我們選定以樣本平均數去估計它，則樣本統計量 $\overline{X} = \frac{1}{n}\sum_{i=1}^{n} X_i$ 為母體參數 μ_X 的估計式，而當我們實際抽得一組樣本，設若為 $(x_2, x_5, x_1, \cdots, x_8)$，即抽出之第一個樣本的值為 x_2，第二個樣本的值為 $x_5, \cdots$，第 n 個樣本的值為 x_8，則該組樣本之平均數為

$$\overline{X_o} = \overline{x} = \frac{1}{n}(x_2 + x_5 + x_1 + \cdots + x_8)$$

　　$\overline{x}$即為參數 μ_X 之估計值。

二、點估計與區間估計

　　利用樣本訊息（即利用樣本統計量）對母體參數進行估計的步驟，稱為統計估計 (Statistical Estimation)，簡稱為估計。估計的方法，可分為點估計(Point Estimation)及區間估計(Interval Estimation)。所謂點估計，就是以利用樣本資料計算而得的單一的一個數值去估計母體參數，即是以單一的一個數值做為母體參數的估計值。而區間估計則是以利用樣本資料計算而得的兩個數值（或一個數值），而構成一個區間 (Interval)，

然後以該區間去估計母體參數。若以兩個數值構成一個區間（即該區間有兩個端點），則稱為**兩端區間估計**(Two-Sided Interval Estimation)，而若以一個數值構成一個區間（即該區間只有一個端點），則稱為**一端區間估計** (One-Sided Interval Estimation)。例如從某廠生產之六十燭光燈泡隨機觀察 20 個，得到平均壽命為 500 小時，而ⓐ以此單一數值（500 小時）估計該廠生產之六十燭光燈泡壽命的平均數，即是點估計。ⓑ若以 500 小時 ± 20 小時，得到兩個數值（480 小時，520 小時），而利用此兩個數值構成一個區間（即 480～520 小時）去估計該廠生產之六十燭光燈泡壽命的平均數，則為兩端區間估計。ⓒ若以 500 小時 –40小時，得到一個數值（460 小時），而利用該數值構成一個區間（即 460 小時以上）去估計該廠生產之六十燭光燈泡壽命的平均數，則為一端區間估計。一端區間估計又可分成區間的端點在左端（即右端沒有端點，No Upper Bound）及端點在右端（即左端沒有端點，No Lower Bound）兩種情形。關於一端以及兩端區間估計，本書將在下一章介紹。本章先對點估計及點估計的方法等問題予以說明。

當我們欲以點估計方法去估計母體參數時，首先遭遇的問題就是要以那一個估計式計算母體參數之估計值？例如母體平均數 μ_X，我們既可以樣本平均數 $\overline{X} = \frac{1}{n} \sum\limits_{i=1}^{n} X_i$，也可以 $\hat{\mu} = \frac{1}{n-1} \sum\limits_{i=1}^{n} X_i$，或可以樣本中位數 m_e，甚至也可以 $\hat{\mu} = \frac{1}{2}(X_S + X_L)$，$(X_S, X_L$ 分別為樣本中之最小，最大值）等等的估計式，計算出其數值以估計 μ_X。而在這麼多估計式中，我們應如何選擇呢？事實上，我們必須有一些**準則**(Criteria) 做為選擇的根據，因此下節我們將介紹一個良好的點估計式所具備的重要性質。

第二節　點估計式的性質

一個**良好的點估計式**(Good Point Estimator)，理論上應具備有下面所要介紹的重要性質。

一、不偏誤性(Unbiasedness)

估計式既然是隨機樣本的函數，因此它是隨機變數。而其數值隨著觀察的樣本不同而不同，且不一定等於所欲估計之母體參數，但它有它的機率分配。然而，我們總是希望一個估計式其機率分配的期望值（即平均數）剛剛好等於所欲估計之母體參數。如果估計式的期望值等於所欲估計的母體參數，則此估計式稱為此母體參數之**不偏誤估計式**。

定義 8-1　不偏誤性，偏誤性

母體參數 θ 之估計式為 $\hat{\theta}$，而 $\hat{\theta} = g(X_1, X_2, \cdots, X_n)$，$X_i$ 為抽出之第 i 個樣本，今若

$$E(\hat{\theta}) = \theta$$

則 $\hat{\theta}$ 稱為 θ 的**不偏誤估計式**(Unbiased Estimator)，或稱 $\hat{\theta}$ 具**不偏誤性**。而若

$$E(\hat{\theta}) \neq \theta$$

則 $\hat{\theta}$ 稱為 θ 的**偏誤估計式**(Biased Estimator)，或稱 $\hat{\theta}$ 具**偏誤性**。

如果 $\hat{\theta}$，$\hat{\hat{\theta}}$ 都是母體參數 θ 的估計式，而

$$\hat{\theta}=g(X_1, X_2, \cdots, X_n)$$

$$\hat{\hat{\theta}}=h(X_1, X_2, \cdots, X_n)$$

則我們是選 $\hat{\theta}$ 去估計 θ 呢? 還是選 $\hat{\hat{\theta}}$ 去估計 θ? 由於 $\hat{\theta}$ 或 $\hat{\hat{\theta}}$ 都是隨機變數, 其值隨著樣本組合的不同而不同, 但一般而言, 我們希望其機率分配的中心位置 (即**期望值**) 越接近所欲估計之參數 θ 越好。例如若 $E(\hat{\theta}) = \theta$, 而 $E(\hat{\hat{\theta}}) \neq \theta$, 則我們選擇以 $\hat{\theta}$ 去估計 θ。而當我們實際觀察一組樣本, 分別按 $\hat{\theta}$, $\hat{\hat{\theta}}$ 的計算公式計算其值 (以 $\hat{\theta}_o$, $\hat{\hat{\theta}}_o$ 表示之), 此時我們不能確定估計值 $\hat{\theta}_o$ 是否一定比估計值 $\hat{\hat{\theta}}_o$ 更接近參數 θ。此種情況如圖 8-2 所示。

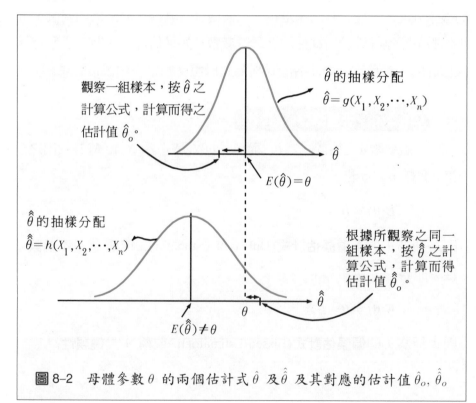

圖 8-2　母體參數 θ 的兩個估計式 $\hat{\theta}$ 及 $\hat{\hat{\theta}}$ 及其對應的估計值 $\hat{\theta}_o$, $\hat{\hat{\theta}}_o$

　　估計式的不偏誤性也可從抽樣誤差的角度加以了解。若母體參數 θ 的估計式為 $\hat{\theta}$，則**抽樣誤差**為 $\hat{\theta} - \theta$，而在簡單隨機抽樣方法下，抽樣誤差全來自於**隨機性**，抽樣誤差值 (Value of Sampling Error) 隨著樣本組合的不同而不同。**抽樣誤差**是隨機變數 $\hat{\theta}$ 的**直線型函數**，因此它也是**隨機變數**，它有它的機率分配，其機率分配的中心位置（即**期望值**）為 $E(\hat{\theta} - \theta) = E(\hat{\theta}) - \theta$。若 $\hat{\theta}$ 為參數 θ 的不偏誤估計式，則 $\hat{\theta}$ 的抽樣誤差之期望值為 0，即 $E(\hat{\theta} - \theta) = 0$；而若 $\hat{\theta}$ 為偏誤估計式，則 $E(\hat{\theta} - \theta) \neq 0$。

　　從前面一章，我們知道在簡單隨機抽樣方法下，樣本平均數此統計量之抽樣分配的期望值，**不管抽出放回與否**，都等於母體平均數，即

$$E(\overline{X}) = E\left(\frac{1}{n}\sum_{i=1}^{n} X_i\right) = \mu_X \quad （抽出放回或不放回）$$

所以**樣本平均數** $\overline{X}$ 是**母體平均數** μ_X 的**不偏誤估計式**。而 μ_X 的另一個估計式 $\hat{\mu} = \dfrac{1}{n-1}\sum\limits_{i=1}^{n} X_i$，由於

$$
\begin{aligned}
E(\hat{\mu}) &= E\left(\frac{1}{n-1}\sum_{i=1}^{n} X_i\right) \\
&= E\left(\frac{n}{n-1} \cdot \frac{1}{n}\sum_{i=1}^{n} X_i\right) \\
&= \frac{n}{n-1} E(\overline{X}) \\
&= \frac{n}{n-1} \mu_X \quad （抽出放回或不放回） \\
&\neq \mu_X
\end{aligned}
$$

因此 $\hat{\mu}$ 是母體平均數 μ_X 的偏誤估計式。

　　估計式之期望值與母體參數兩者之差，稱為該估計式的**偏誤**(Bias)，以數學式表示如下：

$$\text{Bias}(\hat{\theta}) = E(\hat{\theta}) - \theta \tag{8-2}$$

$$> \qquad \hat{\theta} \text{ 為 } \theta \text{ 的\textbf{正偏誤估計式}}$$

而若 $\quad$ Bias$(\hat{\theta})=0$, 則 $\hat{\theta}$ 為 θ 的**不偏誤估計式**

$$< \qquad \hat{\theta} \text{ 為 } \theta \text{ 的\textbf{負偏誤估計式}}$$

我們再看 μ_X 的另一個估計式 $\hat{\mu}$, 由於 $\hat{\mu}$ 的偏誤為:

$$\text{Bias}(\hat{\mu}) = E(\hat{\mu}) - \mu_X$$

$$= \frac{n}{n-1}\mu_X - \mu_X$$

$$= \left(\frac{n}{n-1} - 1\right)\mu_X$$

$$= \frac{1}{n-1}\mu_X > 0 \qquad (\text{一般而言}, \quad n > 1)$$

因此 $\hat{\mu}$ 是 μ_X 的正偏誤估計式。

接著我們再看**樣本變異數** s_X^2 或**樣本平均差方**(msd) 是否為**母體變異數** σ_X^2 的不偏誤估計式? 我們分別從抽出放回與不放回兩種情況加以檢視。

若 $\quad$ 母體 $\qquad X: x_1, x_2, \cdots, x_N$, 且

平均數 $\quad \mu_X = \frac{1}{N}\sum\limits_{i=1}^{N} x_i$

變異數 $\quad \sigma_X^2 = \frac{1}{N}\sum\limits_{i=1}^{N}(x_i - \mu_X)^2$

樣本變異數 s_X^2, 樣本平均差方 (msd) 分別為 σ_X^2 的估計式, 且

$$s_X^2 = \frac{1}{n-1}\sum\limits_{i=1}^{n}(X_i - \overline{X})^2 \qquad\qquad (8\text{--}3)$$

$$\begin{cases} X_i & \text{為抽出的第 } i \text{ 個樣本。} \\ \overline{X} & \text{為對應各該組樣本之平均數。} \\ n & \text{為樣本數。} \end{cases}$$

$$\text{msd} = \frac{1}{n}\sum\limits_{i=1}^{n}(X_i - \overline{X})^2 \qquad\qquad (8\text{--}4)$$

(1)抽出放回

$$E(s_X^2) = E\left[\frac{1}{n-1}\sum_{i=1}^{n}(X_i - \overline{X})^2\right]$$

$$= \frac{1}{n-1}E(\sum_{i=1}^{n}(X_i - \overline{X})^2)$$

$$= \frac{1}{n-1}E[\sum_{i=1}^{n}X_i^2 - n\overline{X}^2]$$

$$= \frac{1}{n-1}[E(\sum_{i=1}^{n}X_i^2) - nE(\overline{X}^2)]$$

而

$$E(\sum_{i=1}^{n}X_i^2) = E(X_1^2 + X_2^2 + \cdots + X_n^2)$$

$$= E(X_1^2) + E(X_2^2) + \cdots + E(X_n^2)$$

$$= E(X^2) + E(X^2) + \cdots + E(X^2)$$

$$(\because X_i \text{ 的分配與母體 } X \text{ 的分配完全一致。})$$

$$= nE(X^2)$$

$$= n[\sigma_X^2 + \mu_X^2] \tag{8-5}$$

$$(\because \sigma_X^2 = E(X - \mu_X)^2 = E(X^2) - \mu_X^2$$

$$\therefore E(X^2) = \sigma_X^2 + \mu_X^2)$$

又 $$E(\overline{X}^2) = E\left[\left(\frac{1}{n}\sum_{i=1}^{n}X_i\right)^2\right]$$

$$= E\left[\frac{1}{n^2}\left(\sum_{i=1}^{n}X_i^2 + \sum\sum_{i \neq j}X_iX_j\right)\right]$$

$$= \frac{1}{n^2}[E(\sum_{i=1}^{n}X_i^2) + E(\sum\sum_{i \neq j}X_iX_j)]$$

$$= \frac{1}{n^2}[n(\sigma_X^2 + \mu_X^2) + n(n-1)\mu_X^2] \text{ (註 1)}$$

$$=\frac{1}{n^2}[n\sigma_X^2 + n^2\mu_X^2]$$

$$=\frac{\sigma_X^2}{n} + \mu_X^2 \tag{8-6}$$

$$\therefore \quad E(s_X^2)=\frac{1}{n-1}\left[n(\sigma_X^2 + \mu_X^2) - n \cdot \left(\frac{\sigma_X^2}{n} + \mu_X^2\right)\right]$$

$$=\frac{1}{n-1}[n\sigma_X^2 - \sigma_X^2]$$

$$=\sigma_X^2 \tag{8-7}$$

因此樣本變異數 s_X^2 是母體變異數 σ_X^2 的**不偏誤估計式**。

$$\text{而}\because \quad E(\text{msd})=E\left[\frac{1}{n}\sum_{i=1}^{n}(X_i - \overline{X})^2\right]$$

$$=E\left[\frac{n-1}{n} \cdot \frac{1}{n-1}\sum_{i=1}^{n}(X_i - \overline{X})^2\right]$$

$$=\frac{n-1}{n}E\left[\frac{1}{n-1}\sum_{i=1}^{n}(X_i - \overline{X})^2\right]$$

$$=\frac{n-1}{n}E(s_X^2)$$

$$=\frac{n-1}{n}\sigma_X^2$$

$$\neq\sigma_X^2 \tag{8-8}$$

因此**樣本平均差方**(msd) 是母體變異數 σ_X^2 的**偏誤估計式**，且是**負偏誤的估計式**，其偏誤為：

$$\text{Bias}(\text{msd})=E(\text{msd}) - \sigma_X^2$$

$$=\frac{n-1}{n}\sigma_X^2 - \sigma_X^2$$

$$=-\frac{1}{n}\sigma_X^2 < 0 \tag{8-9}$$

⑵**抽出不放回**

　　從第七章第三節的說明，我們知道在抽出不放回情況下，抽出之第 i

個樣本 X_i 的分配與母體 X 的分配相同, 即

$$E(X_i) = \mu_X, \ i = 1, 2, \cdots, n$$

$$V(X_i) = \sigma_X^2$$

且　　　$E(X_i^2) = E(X^2) = \sigma_X^2 + \mu_X^2$

但 X_i 與 X_j 彼此不獨立, 所以其共變異數為:

$$\text{Cov}(X_i, X_j) = E(X_i X_j) - \mu_X^2, \ i \neq j$$

$$= \frac{-\sigma_X^2}{N - 1} \tag{8-10}$$

亦即　　　$E(X_i X_j) = \frac{-\sigma_X^2}{N - 1} + \mu_X^2 \tag{8-11}$

因此　　　$E(\overline{X}^2) = E\left[\left(\frac{1}{n}\sum_{i=1}^{n} X_i\right)^2\right]$

$$= \frac{1}{n^2} E\left[\sum_{i=1}^{n} X_i^2 + \sum_{i \neq j}\sum X_i X_j\right]$$

$$= \frac{1}{n^2}\left[E(\sum_{i=1}^{n} X_i^2) + E(\sum_{i \neq j}\sum X_i X_j)\right]$$

$$= \frac{1}{n^2}\left[n\left(\sigma_X^2 + \mu_X^2\right) + 2!\left(\binom{n}{2}\right) \cdot \left(\frac{-\sigma_X^2}{N-1} + \mu_X^2\right)\right]$$

$$= \frac{1}{n}\left[\sigma_X^2 + \mu_X^2 + \frac{n-1}{N-1}(-\sigma_X^2) + n\mu_X^2 - \mu_X^2\right]$$

$$= \left[\frac{N-n}{N-1}\frac{\sigma_X^2}{n}\right] + \mu_X^2 \tag{8-12}$$

所以　$E(s_X^2) = E\left[\frac{1}{n-1}\sum_{i=1}^{n}(X_i - \overline{X})^2\right]$

$$= \frac{1}{n-1}\left[E(\sum_{i=1}^{n} X_i^2) - nE(\overline{X}^2)\right]$$

$$= \frac{1}{n-1}\left[n(\sigma_X^2 + \mu_X^2) - n\left(\frac{N-n}{N-1} \cdot \frac{\sigma_X^2}{n} + \mu_X^2\right)\right]$$

$$= \frac{1}{n-1} \left[\frac{Nn - n - N + n}{N - 1} \sigma_X^2 \right]$$

$$= \frac{N}{N-1} \sigma_X^2 \tag{8-13}$$

$$\neq \sigma_X^2$$

由上面的證明，我們知道**樣本變異數** s_X^2 於**抽出不放回**情況下，是母體變異數 σ_X^2 的**偏誤估計式**，且是**正偏誤**的估計式，又其偏誤為：

$$\text{Bias}(s_X^2) = E(s_X^2) - \sigma_X^2$$

$$= \frac{N}{N-1} \sigma_X^2 - \sigma_X^2$$

$$= \frac{1}{N-1} \sigma_X^2 > 0 \tag{8-14}$$

而 $\because E(\text{msd}) = \frac{n-1}{n} E(s_X^2)$

$$= \frac{n-1}{n} \cdot \frac{N}{N-1} \sigma_X^2 \tag{8-15}$$

$$\neq \sigma_X^2 \quad (\text{除非 } n = N)$$

因此**樣本平均差方**於**抽出不放回**情況下，也是母體變異數 σ_X^2 的**偏誤估計式**，且為**負偏誤**的估計式，而其偏誤為：

$$\text{Bias}(\text{msd}) = E(\text{msd}) - \sigma_X^2$$

$$= \frac{n-1}{n} \cdot \frac{N}{N-1} \sigma_X^2 - \sigma_X^2$$

$$= \frac{n-N}{n(N-1)} \sigma_X^2 < 0 \quad (\text{除非 } n = N) \tag{8-16}$$

茲以下面的例子驗證樣本變異數於抽出放回（抽出不放回）情況下，為母體變異數的不偏誤（偏誤）估計式。

【例 8-1】

母體 $X: x_1 = 1,\ x_2 = 2,\ x_3 = 3$，從中以簡單隨機抽樣法抽二個個體 $(n = 2)$。試分別就抽出放回與抽出不放回，求算樣本平均數及樣本變異數的期望值，並驗證其是否為母體平均數及母體變異數的不偏誤估計式。

【解】

母體 X 的平均數　$\mu_X = \dfrac{1}{3}(1 + 2 + 3) = 2$

變異數　$\sigma_X^2 = \dfrac{1}{3}[(1 - 2)^2 + (2 - 2)^2 + (3 - 2)^2] = \dfrac{2}{3}$

(1)抽出放回

(X_1, X_2)	$\overline{X} = \dfrac{1}{n} \sum\limits_{i=1}^{n} X_i$	$s_X^2 = \dfrac{1}{n-1} \sum\limits_{i=1}^{n} (X_i - \overline{X})^2$
(1,1)	1.0	0.0
(1,2)	1.5	0.5
(1,3)	2.0	2.0
(2,1)	1.5	0.5
(2,2)	2.0	0.0
(2,3)	2.5	0.5
(3,1)	2.0	2.0
(3,2)	2.5	0.5
(3,3)	3.0	0.0

ⓐ　$E(\overline{X}) = \dfrac{1}{9}[1.0 + 1.5 + 2.0 + 1.5 + 2.0 + 2.5 + 2.0 + 2.5 + 3.0]$

$= 2 = \mu_X$

∴ $\overline{X}$ 為 μ_X 的不偏誤估計式。

ⓑ $\quad E(s_X^2) = \dfrac{1}{9}[0.0 + 0.5 + 2.0 + 0.5 + 0.0 + 0.5 + 2.0 + 0.5 + 0.0]$

$$= \dfrac{2}{3}$$

$$= \sigma_X^2$$

$\therefore s_X^2$ 為 σ_X^2 的不偏誤估計式。

(2)抽出不放回

(X_1, X_2)	$\overline{X} = \dfrac{1}{n}\sum\limits_{i=1}^{n} X_i$	$s_X^2 = \dfrac{1}{n-1}\sum\limits_{i=1}^{n} (X_i - \overline{X})^2$
(1,2)	1.5	0.5
(2,1)	1.5	0.5
(1,3)	2.0	2.0
(3,1)	2.0	2.0
(2,3)	2.5	0.5
(3,2)	2.5	0.5

ⓐ $\quad E(\overline{X}) = \dfrac{1}{6}[1.5 + 1.5 + 2.0 + 2.0 + 2.5 + 2.5]$

$$= 2 = \mu_X$$

$\therefore \overline{X}$ 為 μ_X 的不偏誤估計式。

ⓑ $\quad E(s_X^2) = \dfrac{1}{6}[0.5 + 0.5 + 2.0 + 2.0 + 0.5 + 0.5]$

$$= 1 = \dfrac{3}{3-1}\left(\dfrac{2}{3}\right) = \dfrac{N}{N-1}(\sigma_X^2) \neq \sigma_X^2$$

$\therefore s_X^2$ 不是 σ_X^2 的不偏誤估計式。

二、有效性 (Efficiency)

如果 $\hat{\theta}$、$\hat{\hat{\theta}}$ 都是母體參數 θ 的不偏誤估計式，則我們將如何選擇呢？又若 $\hat{\theta}$ 是不偏誤估計式，而 $\hat{\hat{\theta}}$ 是偏誤估計式，但 $\hat{\theta}$ 的變異數比 $\hat{\hat{\theta}}$ 的相

對為大，則我們又將如何選擇呢？而當 $\hat{\theta}$，$\hat{\hat{\theta}}$ 都是偏誤估計式時，我們
是選 $\hat{\theta}$ 或選 $\hat{\hat{\theta}}$ 去估計母體參數 θ 呢？為探討這些問題，我們介紹估計式
具備的另一個性質──**有效性**。

(1)絕對有效性（Absolutely Efficiency）

> **定義 8-2　絕對有效性**
>
> 　　若 $\hat{\theta}$ 為母體參數 θ 的所有的**不偏誤估計式**中，**變異數最小者**，
> 即
>
> $$V(\hat{\theta}) \leq V(\hat{\hat{\theta}}_i)$$
>
> $$\begin{cases} \hat{\theta} & \text{為 } \theta \text{ 的不偏估計式} \\ \hat{\hat{\theta}}_i & \text{為 } \theta \text{ 除了 } \hat{\theta} \text{ 以外之所有其他的不偏估計式} \end{cases}$$
>
> 則 $\hat{\theta}$ 稱為具**絕對有效性**，或稱 $\hat{\theta}$ 為 θ 的絕對有效（**最有效**）估計式
> (Absolutely Efficient Estimator or Most Efficient Estimator)，也稱 $\hat{\theta}$ 為
> θ 的**不偏變異數最小估計式** (Minimum Variance Unbiased Estimator,
> MVUE)。

(2)相對有效性（Relatively Efficiency）

　　從定義 8-2，我們知道絕對有效估計式不但具不偏誤性，而且又是
所有不偏誤估計式中變異數為最小者。然而，實際上我們很難找出母體
參數的不偏且變異數最小的估計式，因此我們很難判斷某一不偏估計式
是否具絕對有效性？而對於兩個同為母體參數 θ 之**不偏估計式**($\hat{\theta}$ 及 $\hat{\hat{\theta}}$) 而
言，我們乃選擇其抽樣分配較集中於參數 θ，亦即**分散度較小**（**變異數
較小**）者。而變異數相對地較小的估計式，我們稱它為具**相對有效性**。

定義 8-3　相對有效性

若 $\hat{\theta}$, $\hat{\hat{\theta}}$ 都是母體參數 θ 的**不偏誤估計式**, 而若

$$V(\hat{\theta}) < V(\hat{\hat{\theta}})$$

亦即　　　$\dfrac{V(\hat{\theta})}{V(\hat{\hat{\theta}})} < 1$

則稱 $\hat{\theta}$ 相對於 $\hat{\hat{\theta}}$ 而言, 具有效性, 或稱 $\hat{\theta}$ 具**相對有效性**。

相對有效性的估計式圖示如圖 8-3。

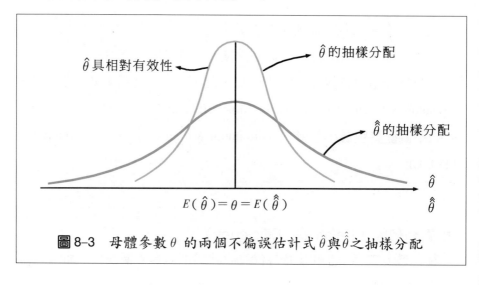

圖 8-3　母體參數 θ 的兩個不偏誤估計式 $\hat{\theta}$ 與 $\hat{\hat{\theta}}$ 之抽樣分配

以上所說明的是對於兩個不偏估計式如何選擇的問題。而當兩個估計式 $(\hat{\theta}, \hat{\hat{\theta}})$ 都是偏誤估計式, 或一個是不偏誤但變異數較大, 而另一個雖是偏誤但變異數較小, 此時又將如何選擇呢? 於此情況下, 我們最好不但顧及「不偏誤性」, 同時也兼顧「變異數越小越好」的原則, 因此我們就以「平均方誤差」(Mean Square Error) 做為選擇的標準。

定義 8-4 **平均方誤差及相對有效性**

若 $\hat{\theta}$ 為母體參數 θ 的估計式，則 $\hat{\theta}$ 的抽樣誤差平方的期望值稱為 $\hat{\theta}$ 的**平均方誤差**(Mean Square Error, MSE)。以數學式表示如下：

$$\text{MSE}(\hat{\theta}) = E(\hat{\theta} - \theta)^2$$

而若 $\quad \text{MSE}(\hat{\theta}) < \text{MSE}(\hat{\hat{\theta}})$

亦即 $\quad \dfrac{\text{MSE}(\hat{\theta})}{\text{MSE}(\hat{\hat{\theta}})} < 1, \quad \hat{\hat{\theta}}$ 為 θ 的另一估計式

則稱 $\hat{\theta}$ 相對於 $\hat{\hat{\theta}}$ 而言，具相對有效性，或稱 $\hat{\theta}$ 具**相對有效性**。

任何估計式的平均方誤差，我們可以將它分解為兩部分，即變異數與偏誤平方兩者之和。茲說明於下：

$$\text{MSE}(\hat{\theta}) = E(\hat{\theta} - \theta)^2$$
$$= E[(\hat{\theta} - E(\hat{\theta})) + (E(\hat{\theta}) - \theta)]^2$$
$$= E[(\hat{\theta} - E(\hat{\theta}))^2 + (E(\hat{\theta}) - \theta)^2 + 2(\hat{\theta} - E(\hat{\theta}))(E(\hat{\theta}) - \theta)]$$
$$= E(\hat{\theta} - E(\hat{\theta}))^2 + E(E(\hat{\theta}) - \theta)^2 + 2E[(\hat{\theta} - E(\hat{\theta}))(E(\hat{\theta}) - \theta)]$$
$$= E(\hat{\theta} - E(\hat{\theta}))^2 + (E(\hat{\theta}) - \theta)^2 + (E(\hat{\theta}) - E(\hat{\theta}))(E(\hat{\theta}) - \theta)$$
$$= E(\hat{\theta} - E(\hat{\theta}))^2 + (E(\hat{\theta}) - \theta)^2 + 0$$
$$= V(\hat{\theta}) + (\text{Bias}(\hat{\theta}))^2 \tag{8-17}$$

由上述關係，我們發現一個估計式若具不偏誤性，則其平均方誤差等於其變異數。

【例 8-2】

母體 $X \sim (\mu_X, \sigma_X^2)$，若採抽出放回之簡單隨機抽樣法，試就：

(1) μ_X 的估計式 $\begin{cases} \overline{X} = \dfrac{1}{n} \displaystyle\sum_{i=1}^{n} X_i \\[4mm] \hat{\mu} = \dfrac{1}{n-1} \displaystyle\sum_{i=1}^{n} X_i \end{cases}$

(2) σ_X^2 的估計式 $\begin{cases} s_X^2 = \dfrac{1}{n-1} \displaystyle\sum_{i=1}^{n} (X_i - \overline{X})^2 \\[4mm] \text{msd} = \dfrac{1}{n} \displaystyle\sum_{i=1}^{n} (X_i - \overline{X})^2 \end{cases}$

分別說明何者具相對有效性？

【解】

(1)　　　$\text{MSE}(\overline{X}) = V(\overline{X}) + (\text{Bias}(\overline{X}))^2$

$$= \frac{\sigma_X^2}{n} + 0$$

$$= \frac{\sigma_X^2}{n}$$

$$V(\hat{\mu}) = V\left(\frac{1}{n-1} \sum_{i=1}^{n} X_i \right)$$

$$= V\left(\frac{n}{n-1} \cdot \frac{1}{n} \sum_{i=1}^{n} X_i \right)$$

$$= V\left(\frac{n}{n-1} \cdot \overline{X} \right)$$

$$= \left(\frac{n}{n-1} \right)^2 V(\overline{X})$$

$$= \left(\frac{n}{n-1} \right)^2 \cdot \frac{\sigma_X^2}{n}$$

$$\text{Bias}(\hat{\mu}) = \frac{1}{n-1} \mu_X \qquad (參閱本章第二節)$$

$$\text{MSE}(\hat{\mu}) = V(\hat{\mu}) + (\text{Bias}(\hat{\mu}))^2$$

$$= \left(\frac{n}{n-1} \right)^2 \cdot \frac{\sigma_X^2}{n} + \left(\frac{1}{n-1} \mu_X \right)^2$$

而　$\because \text{①} \dfrac{n}{n-1} > 1, \ \left(\dfrac{n}{n-1}\right)^2 \dfrac{\sigma_X^2}{n} > \dfrac{\sigma_X^2}{n}$

$\qquad \text{②} \left(\dfrac{1}{n-1}\mu_X\right)^2 > 0$

$\qquad \therefore \text{MSE}(\hat{\mu}) > \text{MSE}(\overline{X})$

即　$\dfrac{\text{MSE}(\overline{X})}{\text{MSE}(\hat{\mu})} < 1$

因此 $\overline{X}$ 對 $\hat{\mu}$ 而言，具相對有效性。

(2)從本章第二節，我們知道在抽出放回的情況下：

$$E(s_X^2) = \sigma_X^2$$

$$E(\text{msd}) = \frac{n-1}{n}\sigma_X^2 \ \text{或 } \text{Bias}(\text{msd}) = -\frac{1}{n}\sigma_X^2$$

而下面一章我們將可證得：

$$V(s_X^2) = \frac{2\sigma_X^4}{n-1}$$

$$\therefore \ \text{MSE}(s_X^2) = \frac{2\sigma_X^4}{n-1}$$

而　$\begin{aligned} V(\text{msd}) &= V\left(\frac{1}{n}\sum_{i=1}^{n}(X_i - \overline{X})^2\right) \\ &= V\left(\frac{n-1}{n}\frac{1}{n-1}\sum_{i=1}^{n}(X_i - \overline{X})^2\right) \\ &= \left(\frac{n-1}{n}\right)^2 V(s_X^2) \\ &= \left(\frac{n-1}{n}\right)^2 \cdot \frac{2\sigma_X^4}{n-1} \end{aligned}$

$\begin{aligned} \therefore \ \text{MSE}(\text{msd}) &= V(\text{msd}) + (\text{Bias}(\text{msd}))^2 \\ &= \left(\frac{n-1}{n}\right)^2 \cdot \frac{2\sigma_X^4}{n-1} + \left(-\frac{1}{n}\sigma_X^2\right)^2 \\ &= \frac{(2n-1)\sigma_X^4}{n^2} \end{aligned}$

又 $\qquad \dfrac{(2n-1)\sigma_X^4}{n^2} < \dfrac{2n\sigma_X^4}{n^2} = \dfrac{2\sigma_X^4}{n} < \dfrac{2\sigma_X^4}{n-1}$

∴ $\quad$ MSE(msd) < MSE(s_X^2),即

$$\dfrac{\text{MSE(msd)}}{\text{MSE}(s_X^2)} < 1$$

因此 msd 對 s_X^2 而言,具相對有效性。

三、最佳直線不偏誤性 (Best Linear Unbiasedness)

定義 8-5 最佳直線不偏誤性

若 $\hat{\theta}$ 為母體參數 θ 的估計式,且 $\hat{\theta}$ 具備下列**三個條件**:

(1) $\hat{\theta}$ 為隨機樣本的**直線型函數**(Linear Function)。

(2) $\hat{\theta}$ 具**不偏誤性**(Unbiasedness)。

(3) $\hat{\theta}$ 是 θ 的所有**直線型不偏誤估計式**中,**變異數為最小者**,即
$V(\hat{\theta}) \le V(\hat{\theta}_i)$,$\hat{\theta}_i$ 是 θ 除了 $\hat{\theta}$ 以外之任何其他直線型不偏誤估計式。

則 $\hat{\theta}$ 稱為具「最佳直線不偏誤性」,或稱 $\hat{\theta}$ 為 θ 的**最佳直線不偏誤估計式**(Best Linear Unbiased Estimator, BLUE)。

　　一個估計式是否具**最佳直線不偏誤性**,可根據定義 8-3 的三個條件逐一加以檢查。例如例 8-2 中的 $\hat{\mu}$ 雖然具備第 (1) 條件,但不具第 (2) 條件($\because \hat{\mu}$ 不具不偏誤性),因此 $\hat{\mu}$ 不是 μ 的 **BLUE**,而 $\overline{X}$ 不但具第 (1) 條件,也具第 (2) 條件,而 $\overline{X}$ 是否是 μ 的所有直線不偏誤估計式中變異數為最小者?亦即 $\overline{X}$ 是否為 μ 的 BLUE?答案為肯定,關於此點,留待本章第三節再予說明。

四、漸近不偏誤性 (Asymptotic Unbiasedness)

> **定義 8-6　漸近不偏誤性**
>
> 　　若 $\hat{\theta}$ 為母體參數 θ 的估計式，而當**樣本數 (n) 非常大** 時，若 $\hat{\theta}$ 的**偏誤接近於** 0，則稱 $\hat{\theta}$ 具**漸近不偏誤性**，或稱 $\hat{\theta}$ 為 θ 的漸近不偏誤估計式。以數學式表示如下：
>
> 若　　　　$\displaystyle\lim_{n\to\infty} \text{Bias}(\hat{\theta}) = 0$
>
> 則 $\hat{\theta}$ 為 θ 的漸近不偏誤估計式。

　　由上述的定義，我們知道不偏誤估計式一定具「漸近不偏誤性」，但是漸近不偏誤估計式不一定具「不偏誤性」。例如母體平均數 μ_X 的估計式 $\overline{X}$，不但具「不偏誤性」，也具「漸近不偏誤性」，但估計式 $\hat{\mu}\left(=\dfrac{1}{n-1}\sum_{i=1}^{n} X_i\right)$，雖然具「漸近不偏誤性」，但却不具「不偏誤性」。

　　樣本變異數 (s_X^2)、樣本平均差方 (msd) 是否為母體變異數 (σ_X^2) 的漸近不偏誤估計式？在抽出放回情況下，樣本變異數具不偏誤性，故其是母體變異數 σ_X^2 的漸近不偏誤估計式。而樣本平均方差 (msd) 雖然具偏誤性，但其偏誤於 $n \longrightarrow \infty$ 時，接近於 0，即

$$\lim_{n\to\infty} \text{Bias}(\text{msd}) = \lim_{n\to\infty} \left(-\frac{1}{n}\sigma_X^2\right) = 0 \quad (\text{若 } \sigma_X^2 \text{ 為有限值})$$

因此 msd 也是母體變異數 σ_X^2 的漸近不偏誤估計式。

五、一致性 (Consistency)

　　母體參數之估計式是一統計量，其機率分配之分散度通常會受樣本數 (n) 的大小而影響（例如樣本平均數 $\overline{X}$ 的機率分配之變異數為 $\dfrac{\sigma_X^2}{n}$，

樣本數越大，樣本平均數之分配越向平均數（$\mu_{\overline{X}} = \mu_X$）集中，亦即分散度越小），因此，我們總是希望母體參數之估計式具有一個性質，即當樣本數增大時，估計式之機率分配越向被估計之母體參數集中，亦即當樣本數非常大 ($n \longrightarrow \infty$) 時，估計式之所有估計值幾乎都等於母體參數。

定義 8-7　一致性

若 $\hat{\theta}$ 為母體參數 θ 的估計式，而當**樣本數 (n) 非常大** 時，$\hat{\theta}$ 所產生的**估計值**都**接近於母體參數** θ，則稱 $\hat{\theta}$ 具**一致性**，或稱 $\hat{\theta}$ 為 θ 的一致性估計式 (Consistent Estimator)。以數學式表示如下：

若　　　　$n \longrightarrow \infty$, $\begin{cases} P(|\hat{\theta} - \theta| < \varepsilon) \longrightarrow 1 & \text{或} \\ P(|\hat{\theta} - \theta| > \varepsilon) \longrightarrow 0 \end{cases}$

亦即　　$\begin{cases} \lim\limits_{n \to \infty} P(|\hat{\theta} - \theta| < \varepsilon) = 1 & \text{或} \\ \lim\limits_{n \to \infty} P(|\hat{\theta} - \theta| > \varepsilon) = 0 \end{cases}$

　　　　ε 為任何大於 0 之微量

則稱 $\hat{\theta}$ 為母體參數 θ 之**一致性估計式**。

若我們欲按**一致性估計式**的定義去證明一個估計式是否具一致性，則這並不是一項簡單的工作。而實際上，我們常利用一致性估計式的充分（但不是必要）條件去檢查估計式是否具一致性。一致性估計式的**充分條件**如下：

當 $n \longrightarrow \infty$, $E(\hat{\theta} - \theta)^2 \longrightarrow 0$, 即 $\text{MSE}(\hat{\theta}) \longrightarrow 0$

亦即　　$\lim\limits_{n \to \infty} \text{MSE}(\hat{\theta}) = 0$, 或

$$\lim\limits_{n \to \infty} [V(\hat{\theta}) + (\text{Bias}(\hat{\theta}))^2] = 0$$

或　　　　(1) $\lim\limits_{n \to \infty} V(\hat{\theta}) = 0$, 且

　　　　(2) $\lim\limits_{n \to \infty} (\text{Bias}(\hat{\theta}))^2 = 0$, 即

　　　　　$\lim\limits_{n \to \infty} \text{Bias}(\hat{\theta}) = 0$

茲以下面的例子檢視估計式是否具一致性。

【例 8-3】

母體 $X \sim (\mu_X, \sigma_X^2)$, 且 μ_X, σ_X^2 為有限值, 若採抽出放回之簡單隨機抽樣法抽樣。試就:

(1) μ_X 的估計式 $\begin{cases} \overline{X} = \dfrac{1}{n} \sum\limits_{i-1}^{n} X_i \\[3mm] \hat{\mu} = \dfrac{1}{n-1} \sum\limits_{i=1}^{n} X_i \end{cases}$

(2) σ_X^2 的估計式 $\begin{cases} s_X^2 = \dfrac{1}{n-1} \sum\limits_{i=1}^{n} (X_i - \overline{X})^2 \\[3mm] \text{msd} = \dfrac{1}{n} \sum\limits_{i=1}^{n} (X_i - \overline{X})^2 \end{cases}$

分別說明何者具一致性?

【解】

(1)ⓐ∵　$\lim\limits_{n \to \infty} V(\overline{X}) = \lim\limits_{n \to \infty} \dfrac{\sigma_X^2}{n} = 0$

　　　$\lim\limits_{n \to \infty} \text{Bias}(\overline{X}) = \lim\limits_{n \to \infty} (0) = 0$

　∴　$\overline{X}$ 具一致性

　ⓑ∵　$\lim\limits_{n \to \infty} V(\hat{\mu}) = \lim\limits_{n \to \infty} \left[\left(\dfrac{n}{n-1} \right)^2 \dfrac{\sigma_X^2}{n} \right] = 0$

　　　$\lim\limits_{n \to \infty} \text{Bias}(\hat{\mu}) = \lim\limits_{n \to \infty} \left(\dfrac{1}{n-1} \mu_X \right) = 0$

∴ $\hat{\mu}$ 具一致性

(2)ⓐ∵ $\lim\limits_{n\to\infty} V(s_X^2) = \lim\limits_{n\to\infty} \dfrac{2\sigma_X^4}{n-1} = 0$

$\lim\limits_{n\to\infty} \text{Bias}(s_X^2) = \lim\limits_{n\to\infty}(0) = 0$

∴ s_X^2 是 σ_X^2 的一致性估計式。

ⓑ∵ $\lim\limits_{n\to\infty} V(\text{msd}) = \lim\limits_{n\to\infty} \left[\left(\dfrac{n-1}{n} \right)^2 \cdot \dfrac{2\sigma_X^4}{n-1} \right] = 0$

$\lim\limits_{n\to\infty} \text{Bias}(\text{msd}) = \lim\limits_{n\to\infty} \left(-\dfrac{1}{n}\sigma_X^2 \right) = 0$

∴ msd 也是 σ_X^2 的一致性估計式。

基本上，我們應注意的是 $\lim\limits_{n\to\infty} \text{MSE}(\hat{\theta}) = 0$ 只是一致性估計式的「充分條件」而非「必要條件」，因此我們若發現估計式的平均方誤差，在樣本數非常大的情況下並不等於 0（即 $\lim\limits_{n\to\infty} \text{MSE}(\hat{\theta}) \neq 0$），我們不能據此就判斷估計式 $\hat{\theta}$ 不具一致性。下面的例子 (例 8-4) 即是估計式雖具一致性，但其 MSE 在 $n \longrightarrow \infty$ 時，並不等於 0。

【例 8-4】

若 $\hat{\theta}$ 為母體參數 θ 的估計式，且已知其機率分配如下：（註 2）

$\hat{\theta}$	$f(\hat{\theta})$
θ	$1 - \dfrac{1}{n}$
n	$\dfrac{1}{n}$

$\hat{\theta}$ 只有兩個可能數值（θ 及 n），而當 $n \longrightarrow \infty$，$\hat{\theta} \longrightarrow \theta$，亦即若 $n \longrightarrow \infty$，$P(|\hat{\theta} - \theta| < \varepsilon) \longrightarrow 1$，因此 $\hat{\theta}$ 是 θ 的一致性估計式。但

$$\mathrm{MSE}(\hat{\theta}) = E(\hat{\theta} - \theta)^2 = \sum (\hat{\theta} - \theta)^2 f(\hat{\theta})$$

$$= (\theta - \theta)^2 \left(1 - \frac{1}{n}\right) + (n - \theta)^2 \left(\frac{1}{n}\right)$$

$$= n - 2\theta + \frac{\theta^2}{n}$$

$$\lim_{n \to \infty} \mathrm{MSE}(\hat{\theta}) = \lim_{n \to \infty} (n - 2\theta + \frac{\theta^2}{n}) \neq 0$$

六、漸近相對有效性(Asymptotic Relative Efficiency)

如果母體參數的兩個估計式都具漸近不偏誤性, 吾人應如何選擇呢? 毫無疑問地, 我們總是希望估計式在樣本數很大的情況下, 不但具不偏誤性, 而且其變異數越小越好, 因此我們將會選擇變異數(在樣本數非常大時) 相對為小的估計式。

定義 8-8 漸近相對有效性

若 $\hat{\theta}$, $\hat{\hat{\theta}}$ 分別是母體參數 θ 的漸近不偏誤估計式, 而當**樣本數** $n \longrightarrow \infty$ 時, 若

$$V(\hat{\theta}) < V(\hat{\hat{\theta}}), \text{即}$$

$$\frac{V(\hat{\theta})}{V(\hat{\hat{\theta}})} < 1$$

則稱 $\hat{\theta}$ 相對於 $\hat{\hat{\theta}}$ 而言, **具漸近相對有效性**。

當母體 X 為一對稱分配時, 母體平均數 (μ_X) 與母體中位數 (M_e) 一致, 此時我們將選擇樣本平均數 $(\overline{X})$ 或選擇樣本中位數 (m_e) 去估計 μ_X? 從本章第二節, 我們知道不管母體 X 分配型態如何 (對稱與否), 樣本平均數 $(\overline{X})$ 都具不偏誤性。而當母體 X 為對稱分配時, 樣本中位

數具漸近不偏誤性。因此我們可採「漸近相對有效性」做為選擇的一個
標準。茲將母體 (X) 為常態、單一、兩尾指數(Two-tailed Exponential) 及
高基(Cauchy) 等四種對稱分配下，樣本平均數及樣本中位數何者具漸近
相對有效性列於表 8–1。 (註 3)

七、充分性 (Sufficiency)

對於未知的母體參數而言，如果我們採簡單隨機抽樣法抽取樣本，
並以某一個樣本統計量去估計它時，我們最好要用盡樣本中所有有關
母體參數之訊息。而如果一個估計式 $(\hat{\theta})$ 係用盡隨機樣本中所有有關母
體參數 (θ) 之全部訊息，則稱 $\hat{\theta}$ 具充分性，或稱 $\hat{\theta}$ 是 θ 的充分性估計式
(Sufficient Estimator)。

母體 X 之平均數 μ_X 的估計式當中，像樣本平均數 $(\overline{X})$ 或
$\hat{\mu}\left(=\dfrac{1}{n-1}\sum\limits_{i=1}^{n}X_i\right)$，都是具充分性。而樣本中位數 (m_e)，或 $\hat{\mu}=\dfrac{1}{2}(X_S+$
$X_L)(X_S, X_L$ 分別為隨機樣本中之最小、最大值)，都沒有用盡樣本中所
有有關 μ_X 的訊息，因此它們不是 μ_X 的充分性估計式。再者，樣本變
異數 (s_X^2) 或樣本平均差方(msd) 都是母體變異數 (σ_X^2) 的充分性估計式，
但樣本全距則不具充分性。

一個統計量是否為母體參數的良好點估計式，我們可根據本節所
介紹的幾個性質加以測度。而對於面臨母體參數的兩個或以上的估計
式如何選擇的問題，本節所介紹的七個性質可供為選擇的標準。舉例
說，對於母體平均數 (μ_X) 的兩個估計式：(1) $\overline{X}=\dfrac{1}{n}\sum\limits_{i=1}^{n}X_i$ 及 (2) $\hat{\mu}=$
$\dfrac{1}{n-1}\sum\limits_{i=1}^{n}X_i$。前者 $(\overline{X})$ 具不偏性、相對有效性、最佳直線不偏誤性、漸
近不偏誤性、一致性、漸近相對有效性及充分性。而後者 $(\hat{\mu})$ 僅具漸近
不偏誤性、一致性及充分性。因此，相對於 $\hat{\mu}$ 而言，我們選擇以 $\overline{X}$ 去
估計母體平均數 μ_X（特別是在小樣本情況下）。

表 8-1 樣本平均數 ($\bar{X}$) 及樣本中位數 (m_e) 的漸近相對有效性——母體為以 "c" 為中心之對稱分配

母體 (X)	常 態 分 配	單 一 分 配 (矩 形 分 配)	兩 尾 指 數 分 配	高 基 分 配 (極 端 長 尾)
機率密度曲線				
機率密度函數	$f(X) = \dfrac{1}{\sigma_x \sqrt{2\pi}} e^{-\frac{1}{2}\left(\frac{X-\mu_X}{\sigma_X}\right)^2}$	$f(X) = \begin{cases} \dfrac{1}{2b}, & c-b < X < c+b \\ 0, & 其他 \end{cases}$	$f(X) = \dfrac{1}{2b} e^{\frac{-|X-c|}{b}}$	$f(X) = \left(\dfrac{b}{\pi}\right) \dfrac{1}{(X-c)^2 + b^2}$
當 $n \rightarrow \infty$, $\dfrac{V(\bar{X})}{V(m_e)}$	$\dfrac{\sigma^2/n}{\frac{\pi}{2}\frac{\sigma^2}{n}} = 0.64$	0.33	2.0	∞
$\bar{X}$ 或 m_e 何者具漸近相對有效性?	$\bar{X}$	$\bar{X}$	m_e	m_e

第三節　尋找良好點估計式的方法

　　我們對於良好點估計式具備的性質以及如何選擇估計式等問題，有所了解之後，進一步的一個問題就是「如何或以何種方法，去尋找具有前面一節所介紹的七個性質的估計式」？亦即「如何找出母體參數之良好點估計式」？其方法主要有下面幾種：(1)動差估計法(Moment Estimation Method, ME)，(2)最佳直線不偏估計法 (Best Linear Unbiased Estimation Method, BLUE)，(3)最小平方估計法 (Least-Square Estimation Method, LSE)，(4)最大概似估計法 (Maximum Likelihood Estimation Method, MLE)，及(5)貝氏估計法 (Bayesian Estimation Method)。本節將介紹動差估計法、最佳直線不偏估計法、及最大概似估計法。至於最小平方估計法，本書將在第十二章再予介紹，貝氏估計法本書不擬介紹，有興趣的讀者，請參見 Wonnacott and Wonnacott （ 1977，第十九章）的介紹。

一、動差估計法

　　就母體 X： $x_1, x_2, \cdots, x_N$ 而言，其平均數 μ_X，變異數 σ_X^2 通常為未知數，而平均數 $\mu_X = \frac{1}{N} \sum_{i=1}^{N} x_i = \frac{1}{N} \sum_{i=1}^{N} (x_i - 0)$ 就是以「0」為始點的第一級動差，因此，直覺地我們利用樣本資料以「0」為始點的第一級動差（即 $\frac{1}{n} \sum_{i=1}^{n} X_i$）去估計母體平均數，又母體變異數 $\sigma_X^2 = \frac{1}{N} \sum_{i=1}^{N} (x_i - \mu_X)^2$ 正是以「母體平均數 μ_X」為始點的第二級動差，因此我們對應地利用樣本資料以「樣本平均數 $\overline{X}$」為始點的第二級動差（即 $\frac{1}{n} \sum_{i=1}^{n} (X_i - \overline{X})^2$）去估計母體變異數。上述這種估計方法，基本上就是即母體參數是何種動差，我們就利用樣本資料以對應的動差去估計它，因此這種估計方法被稱為動差估計法。動差估計法以數學方式表達如下：

母體　$X \sim (\mu_X, \sigma_X^2)$

母體平均數　$\mu_X = E(X) = \dfrac{1}{N} \displaystyle\sum_{i=1}^{N} x_i$

　　　　　　以「0」為始點的第一級動差

母體變異數　$\sigma_X^2 = E(X - \mu_X)^2 = E(X^2) - \mu_X^2$

　　或　$E(X^2) = (\sigma_X^2 + \mu_X^2)$

　　　　　　以「0」為始點的第二級動差

今若令 $\hat{\mu}_{ME}$, $\hat{\sigma}_{ME}^2$ 分別為 μ_X, σ_X^2 的動差估計式，

則以樣本資料的 $\begin{cases} \dfrac{1}{n} \displaystyle\sum_{i=1}^{n} X_i \text{ 估計 } E(X) \\[3mm] \dfrac{1}{n} \displaystyle\sum_{i=1}^{n} X_i^2 \text{ 估計 } E(X^2) \end{cases}$

因此　　$\dfrac{1}{n} \displaystyle\sum_{i=1}^{n} X_i = \hat{\mu}_{ME}$, 即　$\hat{\mu}_{ME} = \overline{X}$　　　　　　(8–18)

　　　　$\dfrac{1}{n} \displaystyle\sum_{i=1}^{n} X_i^2 = \hat{\sigma}_{ME}^2 + \hat{\mu}_{ME}^2$

$\therefore$　$\hat{\sigma}_{ME}^2 = \dfrac{1}{n} \displaystyle\sum_{i=1}^{n} X_i^2 - \hat{\mu}_{ME}^2$

　　　　　$= \dfrac{1}{n} \displaystyle\sum_{i=1}^{n} X_i^2 - \left(\dfrac{1}{n} \displaystyle\sum_{i=1}^{n} X_i \right)^2$

　　　　　$= \dfrac{1}{n} [\displaystyle\sum_{i=1}^{n} X_i^2 - n\overline{X}^2]$

　　　　　$= \dfrac{1}{n} \displaystyle\sum_{i=1}^{n} (X_i - \overline{X})^2$　　　　　　(8–19)

　　　　　$= \text{msd}$

　　由上面，我們得到母體平均數、變異數的動差估計式的計算公式，同時我們也發現樣本平均數正是母體平均數的動差估計式，而樣本平均方差正是母體變異數的動差估計式。

　　以動差法得到的動差估計式雖然不一定具不偏性，但方法簡單，而

且通常都具漸近不偏性，因此是一個良好的估計式。

二、最佳直線不偏估計法

所謂最佳直線不偏估計法，事實上就是找出母體參數的最佳直線不偏誤估計式的方法。若母體 X 的平均數為 μ_X，變異數為 σ_X^2，茲將尋找 μ_X 之最佳直線不偏估計式(BLUE)方法說明如下：　(註4)

若我們令 $\tilde{\mu}$ 為母體平均數 μ_X 的 BLUE，則 $\tilde{\mu}$ 不但是隨機樣本 $(X_1, X_2, \cdots, X_n)$ 的直線型函數，而且具不偏性，同時又是 μ_X 所有的直線不偏估計式中變異數最小者，即

(1)　$\tilde{\mu} = \sum\limits_{i=1}^{n} a_i X_i$，$a_i$ 為任意常數

(2)　$E(\tilde{\mu}) = \mu_X$

(3)　$V(\tilde{\mu}) \leq V(\tilde{\mu}_i)$

$\tilde{\mu}_i$ 為 μ_X 除了 $\tilde{\mu}$ 以外的任何其他直線不偏估計式。

從 (2), 我們可得:

$$E(\tilde{\mu}) = E(\sum_{i=1}^{n} a_i X_i) = E(a_1 X_1 + a_2 X_2 + \cdots + a_n X_n)$$

$$= a_1 E(X_1) + a_2 E(X_2) + \cdots + a_n E(X_n)$$

$$= a_1 \mu_X + a_2 \mu_X + \cdots + a_n \mu_X$$

$$= \mu_X \sum_{i=1}^{n} a_i$$

$$= \mu_X$$

$$\therefore \quad \sum a_i = 1$$

而　　　$$V(\tilde{\mu}) = V(\sum_{i=1}^{n} a_i X_i) = V(a_1 X_1 + a_2 X_2 + \cdots + a_n X_n)$$

$$= a_1^2 V(X_1) + a_2^2 V(X_2) + \cdots + a_n^2 V(X_n) \ [\because 抽出放回]$$

$$=\sigma_X^2 \sum_{i=1}^{n} a_i^2 \ [\because V(X_i) = \sigma_X^2]$$

由 $(3) V(\tilde{\mu}) \leq V(\tilde{\mu}_i)$，即 $V(\tilde{\mu})$ 為最小。亦即 $\sigma_X^2 \sum_{i=1}^{n} a_i^2$ 為最小，或 $\sum_{i=1}^{n} a_i^2$ 為最小。因此 $\tilde{\mu}$ 要為 μ_X 的 BLUE，必是 $\sum_{i=1}^{n} a_i^2$ 為極小，但滿足 $\sum_{i=1}^{n} a_i = 1$ 的條件。因此解之如下：

令 $\qquad L = \sum_{i=1}^{n} a_i^2 - 2\lambda(\sum_{i=1}^{n} a_i - 1)$

而 $\quad \because \quad$
$$\begin{cases} \dfrac{\partial L}{\partial a_i} = 2a_i - 2\lambda = 0 & \Longrightarrow a_i = \lambda \\[3mm] \dfrac{\partial L}{\partial \lambda} = (\sum_{i=1}^{n} a_i - 1)(-2) = 0 \Longrightarrow \sum_{i=1}^{n} a_i = 1 \Longrightarrow \sum_{i=1}^{n} \lambda = 1 \end{cases}$$

$$\therefore \quad \lambda = \frac{1}{n}$$

因此 $\qquad \tilde{\mu} = \sum_{i=1}^{n} a_i X_i = \sum_{i=1}^{n} \frac{1}{n} X_i$

$$\qquad\qquad = \frac{1}{n} \sum_{i=1}^{n} X_i = \overline{X} \qquad\qquad\qquad (8-20)$$

由上所述，我們得到母體平均數 μ_X 之 BLUE 的計算公式，同時也證明了樣本平均數 $(\overline{X})$ 具最佳直線不偏誤性。

三、最大概似估計法

最大概似估計法係於 1920 年代由 R. A. Fisher 貢獻的一種估計方法。所謂最大概似估計法就是以「最可能產生我們所觀察之一組樣本的母體參數值做為母體參數的估計值」的估計方法。首先讓我們以二項母體做為例子，說明此種估計方法。

設消費者不是偏好 A 牌奶粉，就是不偏好 A 牌奶粉，而消費者中偏好 A 牌奶粉的比例（母體比例 p）是未知數，我們以哪一個數值去估計它呢？今若從消費者中以簡單隨機抽樣（抽出放回）方法抽 10 人，

而發現有 7 人偏好 A 牌奶粉（即觀察一組樣本，得樣本比例 (p') 之值為 $\frac{7}{10}$），則母體比例 (p) 於各種可能數值下，出現我們所觀察到的一組樣本的機率如下：

母體比例 (p) 的可能數值	出現樣本比例為 $\frac{7}{10}$ 的 機率 $= \binom{10}{7} p^7 q^3$
0.0	0.000
0.1	0.000
0.2	0.001
0.3	0.009
0.4	0.043
0.5	0.117
0.6	0.215
0.7	0.267
0.8	0.201
0.9	0.057
1.0	0.000

最可能出現我們所觀察之一組樣本的母體比例之值 → 0.7   0.267 ← 最大機率

　　由上面，我們發現當母體比例之值為 0.7 時，產生我們所觀察到的一組樣本（其樣本比例之值為 $\frac{7}{10}$）的機率為最大 (0.267)，我們即以該值 (0.7) 做為母體比例之估計值。然而最可能出現我們所觀察之一組樣本的母體比例之值隨著我們所觀察到的樣本不同而不同，例如若我們所觀察到的一組樣本是樣本比例之值為 $\frac{6}{10}$，則最可能產生此組樣本的母體比例之值為 0.6 （如下所示）：

母體比例 (p) 的可能數值	出現樣本比例為 $\frac{6}{10}$ 的 機率 $= \binom{10}{6} p^6 q^4$
0.0	0.000
0.1	0.000
0.2	0.005
0.3	0.036
0.4	0.111
0.5	0.205
0.6	0.251
0.7	0.200
0.8	0.088
0.9	0.011
1.0	0.000

最可能出現樣本比例為 $\frac{6}{10}$ 之一組樣本的母體比例之值 → 0.6

最大機率 ← 0.251

此時我們就以 0.6 做為母體比例的估計值。由此我們得到母體比例之最大概似估計值的計算公式,實際上正是樣本中具有某種特質之個體數所占之比例,即樣本比例 (p') 事實上就是母體比例 (p) 的最大概似估計式。

我們可利用數學方法(微積分)導出**二項母體之母體比例** (p) 的**最大概似估計式為樣本比例** (p'),**常態母體之母體平均數** (μ_X) **的最大概似估計式為樣本平均數** $(\overline{X})$。茲分別說明於下:

(1) X 為一間斷二項母體,其機率函數為:

$$f(X) = \begin{cases} p, & \text{若 } X = 1 \\ 1-p, & \text{若 } X = 0 \end{cases}, \quad \text{即} \begin{cases} f(X) = p^X(1-p)^{1-X}, X = \begin{cases} 1 \\ 0 \end{cases} \end{cases}$$

p 即是母體比例,亦即母體中具有某特質之個體所占比例,它是常數但未知。今從 X 母體以簡單隨機抽樣(抽出放回)方法抽出樣本(樣本數為 n),則樣本中具有某種特質之個體數(即樣本和 (S))或樣本中具有某種特質之個體數所占比例(即樣本比例 (p'))的機率函數為:

$$f(S) = f\left(p' = \frac{S}{n}\right) = \binom{n}{S} p^S (1-p)^{n-S}$$

此機率函數之值係由母體比例 (p) 所決定,我們將其寫成 $L(S;p)$ 或 $L(p';p)$,

並稱之為概似函數(Likelihood Function), 即

$$L(S;p) \quad 或 \quad L(p';p) = \binom{n}{S} p^S (1-p)^{n-S} \tag{8-21}$$

因此使此概似函數達到最大之母體比例就是對此概似函數微分, 並令其等於零, 即:

$$\frac{dL}{dp} = \binom{n}{S} [(1-p)^{n-S} \cdot Sp^{S-1} + p^S \cdot (n-S)(1-p)^{n-S-1} \cdot (-1)$$

$$=0 \tag{8-22}$$

解上面的數學式, 我們即可得母體比例的最大概似估計式 $(\hat{p}_{\text{MLE}})$ 為:

$$\hat{p}_{\text{MLE}} = \frac{S}{n} = p' \tag{8-23}$$

(2) X 為一連續常態母體, 平均數為 μ_X, 變異數為 σ_X^2, 即 $X \sim N(\mu_X, \sigma_X^2)$, 且其機率密度函數為:

$$f(X) = \frac{1}{\sigma_X \sqrt{2\pi}} e^{-\frac{1}{2}\left(\frac{X-\mu_X}{\sigma_X}\right)^2} = \frac{1}{\sqrt{\sigma_X^2} \sqrt{2\pi}} e^{-\frac{1}{2\sigma_X^2}(X-\mu_X)^2}$$

而母體平均數 μ_X 及母體變異數 σ_X^2 都是常數, 但未知。今從 X 常態母體以簡單隨機抽樣(抽出放回)方法抽出樣本(樣本數為 n), 並令 X_i 為抽出的第 i 個樣本, 則隨機樣本的聯合機率密度函數為:

$$f(X_1 X_2 \cdots X_n) = f(X_1)f(X_2)\cdots f(X_n)$$

而
$$f(X_i) = \frac{1}{\sqrt{\sigma_X^2} \sqrt{2\pi}} e^{-\frac{1}{2\sigma_X^2}(X_i-\mu_X)^2}$$

且 $f(X_i)$ 之值由 μ_X, σ_X^2 決定, 因此隨機樣本的概似函數為:

$$L(X_1 X_2 \cdots X_n; \mu_X, \sigma_X^2) = f(X_1)f(X_2)\cdots f(X_n)$$

$$= \left(\frac{1}{\sqrt{\sigma_X^2}}\right)^n \left(\frac{1}{\sqrt{2\pi}}\right)^n e^{-\frac{1}{2\sigma_X^2} \sum_{i=1}^{n}(X_i-\mu_X)^2}$$

$$=(2\pi)^{-\frac{n}{2}}(\sigma_X^2)^{-\frac{n}{2}}e^{-\frac{1}{2\sigma_X^2}\sum\limits_{i=1}^{n}(X_i-\mu_X)^2} \tag{8-24}$$

我們對式 (8-24) 取對數，得

$$\ln L = -\frac{n}{2}\ln(2\pi) - \frac{n}{2}\ln(\sigma_X^2) - \frac{1}{2\sigma_X^2}\sum_{i=1}^{n}(X_i-\mu_X)^2 \tag{8-25}$$

而 $\ln L$ 若最大，則 L 為最大。因此使概似函數 L 達到最大之母體平均數及母體變異數就是對 $\ln L$ 求偏微分，並令其等於零，即：

$$\frac{\partial \ln L}{\partial \mu_X} = (-2)\frac{1}{2\sigma_X^2}\sum_{i=1}^{n}(X_i-\mu_X)(-1) = 0 \tag{8-26}$$

$$\frac{\partial \ln L}{\partial \sigma_X^2} = -\frac{n}{2\sigma_X^2} + \frac{1}{2\sigma_X^4}\sum_{i=1}^{n}(X_i-\mu_X)^2 = 0 \tag{8-27}$$

解式 (8-26) 及 (8-27)，得母體平均數的最大概似估計式 $(\hat{\mu}_{\text{MLE}})$ 為：

$$\hat{\mu}_{\text{MLE}} = \frac{\sum\limits_{i=1}^{n}X_i}{n} = \overline{X} \tag{8-28}$$

母體變異數的最大概似估計式 $(\hat{\sigma}_{\text{MLE}}^2)$ 為：

$$\hat{\sigma}_{\text{MLE}}^2 = \frac{1}{n}\sum_{i=1}^{n}(X_i-\overline{X})^2 = \text{msd} \tag{8-29}$$

一般而言，以最大概似法求得之估計式，雖然**不一定**都**具不偏性**，但通常都具**一致性**、**漸近不偏性**及**漸近相對有效性**；然而，由於最大概似估計法方法本身非常**簡單**（只須對概似函數求微分），而且容易了解，因此這種方法常被採用。

第四節　母體平均數、母體比例、母體變異數或母體標準差等母體參數的點估計

對於未知的母體參數，我們如何進行點估計呢？首先我們可根據

前面各節的介紹，選擇一良好的點估計式，而後從母體隨機抽出一組樣本，按該良好點估計式的計算公式，計算其值以估計母體參數。茲分別就母體平均數、母體比例、母體變異數、或母體標準差等母體參數為例進行點估計。

【例8-5】

已知某菓園所生產之橘子重量呈常態分配，但平均重量未知。今從中隨機抽取 21 個橘子，發現橘子重量之標準差為 20 公克，且重量之平方和為 848000。試對該菓園生產之橘子的平均重量進行點估計。

【解】

$\because$ 已知橘子重量 (X) 呈常態分配，即 $X \sim N(\mu_X, \sigma_X^2)$，因此對於未知之母體平均數 μ_X，我們選擇樣本平均數 $(\overline{X})$ 為估計式。其次，根據所觀察之一組隨機樣本：

$$\begin{cases} s_X = 20 \text{（公克）} \\ \sum_{i=1}^{21} x_i^2 = 848000, \quad x_i \text{ 為觀察之第 } i \text{ 個橘子重量} \end{cases}$$

代入　　$s_X^2 = \dfrac{1}{n-1} \sum_{i=1}^{n} (x_i - \overline{X})^2 = \dfrac{1}{n-1} [\sum_{i=1}^{n} x_i^2 - n\overline{X}^2]$

解之，得 $\overline{X_o} = 200$（公克）

$\therefore$ 該菓園生產之橘子的平均重量估計值為 200 公克。

【例8-6】

若隨機觀察某廠生產之產品 50 件，發現其中 10 件有瑕疵。試對此工廠之產品有瑕疵者所占之比例進行點估計。

【解】

此工廠之產品有瑕疵者所占之比例（即母體比例，p 未知），我們選擇樣本比例 (p') 為估計式，因為樣本比例不但具不偏性，而且也是母

體比例的 MLE。其次，根據所觀察之一組樣本，得：

$$p'_o = \frac{10}{50} = 0.2$$

因此該廠之產品有瑕疵者所占比例之估計值為 0.2。

【例 8-7】

為了解某牌 60 燭光燈泡壽命的差異情形，今隨機觀察該牌 60 燭光燈泡 50 個，發現壽命之平均數為 80 小時，壽命之平方和為 320784。試對燈泡壽命之變異數及標準差進行點估計。

【解】

(1)ⓐ從不偏誤的角度，我們選擇樣本變異數為母體變異數的估計式。

根據所觀察之一組隨機樣本：

$$\begin{cases} \overline{X}_o = 80 \text{（小時）} \\ \sum x_i^2 = 320784, \quad x_i \text{為觀察之第 } i \text{ 個燈泡壽命} \end{cases}$$

代入

$$s_X^2 = \frac{1}{n-1} \sum_{i=1}^{n} (x_i - \overline{X})^2 = \frac{1}{n-1} [\sum_{i=1}^{n} x_i^2 - n\overline{X}^2]$$

得　$s_o^2 = 16$

因此燈泡壽命之變異數的估計值為 16。

ⓑ但從相對有效性的角度，我們將選擇樣本平均方差為母體變異數的估計式，且根據所觀察之一組隨機樣本，代入：

$$\text{msd} = \frac{1}{n} \sum_{i=1}^{n} (x_i - \overline{X})^2 = \frac{1}{n} [\sum_{i=1}^{n} x_i^2 - n\overline{X}^2]$$

得　$\text{msd}_o = 15.68$

因此燈泡壽命之變異數的估計值為 15.68。

(2)關於母體標準差 (σ_X) 之估計式，我們直覺地選擇樣本標準差，因為 σ_X 是 σ_X^2 開方取正值，因此就以 s_X^2 開方取正值估計之。但讀

者應注意雖然 s_X^2 是 σ_X^2 的不偏估計式，而 s_X 却不是 σ_X 的不偏
估計式 (註5)。根據所觀察之一組隨機樣本：

$$s_o^2 = 16$$

$$s_o = 4 \text{ (小時)}$$

因此燈泡壽命之標準差的估計值為 4 小時。

　　對於兩母體之參數（例如兩母體平均數之差，兩母體比例之差，或
兩母體變異數之比等等），我們應如何進行點估計呢？關於此點，本書
將於下一章（區間估計）再予說明。

附　註

註1:

$$E(\sum_{i \neq j} \sum X_i X_j) = E(X_1 X_2 + X_1 X_3 + \cdots + X_{n-1} X_n)$$

$$= E(X_1 X_2) + E(X_1 X_3) + \cdots + E(X_{n-1} X_n)$$

$$= E(X_1)E(X_2) + E(X_1)E(X_3) + \cdots + E(X_{n-1})E(X_n)$$

（抽出放回情況下 X_i 與 X_j 彼此獨立

$$\therefore E(X_i X_j) = E(X_i)E(X_j) = \mu_X^2)$$

$$= \mu_X^2 + \mu_X^2 + \cdots + \mu_X^2$$

$$= 2! \binom{n}{2} \mu_X^2$$

$$= n(n-1)\mu_X^2$$

註2:　例 8–4 係取自 J. Kmenta (1971), p. 166 。

註3:　參閱 T. H. Wonnacott and R. J. Wonnacott (1977), pp. 493–496 。

註4:　這裏是指抽出放回情況下尋找 BLUE 之方法。至於抽出不放回情況下尋找 BLUE 之方法，讀者可依同法獲得。

註5:　從本章第二節，我們知道於抽出放回情況下 $E(s_X^2) = \sigma_X^2$。
又若 X 為隨機變數，則

$$\sigma_X^2 = E(X^2) - \mu_X^2$$

即　$E(X^2) = \sigma_X^2 + \mu_X^2 = \sigma_X^2 + [E(X)]^2$

而 s_X^2 是隨機變數，s_X 也是隨機變數，因此

$$\sigma_X^2 = E[(s_X)^2] = \sigma_{s_X}^2 + \mu_{s_X}^2 = \sigma_{s_X}^2 + [E(s_X)]^2$$

而 $\because \quad \sigma_{s_X}^2 > 0$,

$\therefore [E(s_X)]^2 < \sigma_X^2 \Longrightarrow E(s_X) < \sigma_X$

因此, 一般而言, s_X 不是 σ_X 的不偏估計式。

8–1　何謂統計估計？估計在統計學上扮演何種角色？

8–2　解釋下列名詞：

　　1.估計式 (Estimator)，估計值 (Estimate)

　　2.點估計 (Point Estimation)，區間估計 (Interval Estimation)

　　3.最佳直線型不偏誤估計式 (BLUE)，不偏最小變異數估計式 (MVUE)

　　4.一致性估計式 (Consistent Estimator)

8–3　試證在抽出放回的抽樣方法之下：

　　1.樣本變異數 $s_X^2 = \dfrac{1}{n-1}\sum_{i=1}^{n}(X_i - \overline{X})^2$ 為母體參數 σ_X^2 的不偏誤估計式。

　　2.樣本 m.s.d. $\hat{\sigma}_X^2 = \dfrac{1}{n}\sum_{i=1}^{n}(X_i - \overline{X})^2$ 不為母體參數 σ_X^2 的不偏誤估計式。

8–4　某農田示範區共有100000塊正方形田地。今欲了解其邊長之平均值 (μ_X)，以作為再規劃時的參考。若從中隨機抽 n 筆田地（抽出放回），量其邊長，並分別以下列的估計式去估計 μ_X。

$$\overline{X}=\frac{1}{n}\sum_{i=1}^{n}X_i, \quad X_i \text{為抽出之第 } i \text{ 筆田地的邊長}$$

$$\hat{\mu}=\frac{1}{n-1}\sum_{i=1}^{n}X_i$$

$$\breve{\mu}=\frac{2}{n(n+1)}[X_1+2X_2+3X_3+\cdots+(n-1)X_{n-1}+nX_n]$$

$$\tilde{\mu}=\frac{1}{n+1}[2X_1+X_2+X_3+\cdots+X_n]$$

試回答下列各題:

1.$\overline{X}$, $\hat{\mu}$, $\acute{\mu}$, $\tilde{\mu}$ 都是 μ_X 的**不偏誤估計式**嗎? 為什麼?

2.$\overline{X}$ 與 $\tilde{\mu}$ 何者具**相對有效性**

3.$\tilde{\mu}$ 是否為 μ_X 的**一致性估計式**?

4.「若已知在抽出放回的情況下,樣本平均數 $\overline{X}$ 為 μ_X 的**BLUE**,則可知 $\overline{X}$ 也是 μ_X 的**絕對有效估計式**。」試對此敘述評論。

5.若抽出方式為抽出不放回,則 $\overline{X}$ 是否仍為 μ_X 的 BLUE? 為什麼?

6.$\overline{X}^2$ 是否為 μ_X^2 的**不偏**或**漸近不偏估計式**? 理由。(已知 $\sigma_X^2 > 0$)

7.若某甲主張以 $\overline{X}$ 估計 μ_X,某乙主張以 $\tilde{\mu}$ 估計 μ_X,今兩人以簡單隨機抽樣(抽出放回)的方法分別各觀察一組樣本(樣本數為 n),而得 $\overline{X}_o$ 及 $\tilde{\mu}_o$,則下列的敘述分別為正確嗎?

(1)$\overline{X}_o$ 必剛好等於 μ_X。

(2)$\overline{X}_o$ 比 $\tilde{\mu}_0$ 更接近 μ_X。

8-5 設某測量員欲了解某塊位於信義計畫區內的長方形土地的面積,因而以最新型的測量儀器加以測量,但量了非常多次之後,發現長度 (X) 及寬度 (Y) 的分配如下:

X	$f(X)$	Y	$f(Y)$
8	$\dfrac{1}{4}$	4	$\dfrac{1}{2}$
10	$\dfrac{1}{4}$	6	$\dfrac{1}{2}$
11	$\dfrac{1}{2}$		

今設若已知 X, Y 為獨立的隨機變數,而為了計算面積 $A = X \cdot Y$,以估計真正的面積,則若該塊土地真正的長度及寬度分別為 10 與

5, 請問:

1. X 是否為真正長度的不偏誤估計式?

2. Y 是否為真正寬度的不偏誤估計式?

3. A 是否為真正面積的不偏誤估計式?

4. A 的變異數是多少?

8–6 假若 θ 為母體參數, $\hat{\theta}$、$\tilde{\theta}$ 為估計式, 試問下列的敘述分別為正確嗎?

1. 若知 $\mathrm{Var}(\hat{\theta}) < \mathrm{Var}(\tilde{\theta})$, 則 $\hat{\theta}$ 對 $\tilde{\theta}$ 而言, 具**相對有效性**。

2. 若知 $\hat{\theta}$ 是 θ 的 **BLUE**, 則 $\hat{\theta}$ 必也是 θ 的**最有效估計式**(MVUE)。

3. 若知 $\tilde{\theta}$ 具不偏性, 且知 $\mathrm{MSE}(\hat{\theta}) < \mathrm{MSE}(\tilde{\theta})$, 則 $\mathrm{Var}(\hat{\theta}) < \mathrm{Var}(\tilde{\theta})$。

8–7 承上題, 「若已知 $\hat{\theta}$ 為一**漸近不偏**估計式, 則 $\hat{\theta}$ 必為**一致性**估計式; 反之, 若已知 $\hat{\theta}$ 為**一致性**估計式, 則 $\hat{\theta}$ 亦必為一**漸近不偏**估計式。」上述說法是否正確? 理由。

8–8 已知母體 X 為**波阿松**(Poisson)**分配**, 且平均數為 λ。今以簡單隨機抽樣法 **(SRS)**從 X 母體抽 n 個樣本, 若令 X_i 為抽出的第 i 個樣本, 試求母體參數 λ 的**最大概似估計式**。

8–9 假設隨機變數 Y 的機率函數為 $f(Y;\theta) = (1 - \theta)^{Y-1}\theta$, 請導出參數 θ 之**最大概似估計式**的計算公式。

8–10 假設一母體 X 服從**等機率分配**, 其機率函數為 $f(X) = \dfrac{1}{N}$, $X = 1, 2, \cdots, N$。現自其中獨立隨機抽取 n 個變量 $X_1, X_2, \cdots, X_n$ 為一組樣本, 試用**動差法**求母體參數「N」的估計式。

8–11 對於含有 n 次試行的隨機試驗而言, 若每次試行出現成功的機率都是 p, 且每次的試行彼此獨立。今若令 S 是 n 次試行中出現成功的次數, 則樣本比例 $p' = \dfrac{S}{n}$ 通常被用來作為成功機率 p 的估計式。現在若某甲改採用 $p^* = \dfrac{S+1}{n+2}$ 作為估計式。請答下列各題:

1.試求出 p^* 的平均數與變異數, 並進而求出 p^* 的 MSE。（假設以抽出放回的方式抽樣。）

2.求 p' 的 MSE。

3.利用前二小題導出的數學式, 比較當 $n = 10$, 及 $p = 0, 0.1, 0.2,$ $0.3, \cdots 1.0$ 時, p^* 及 p' 的 MSE, 並討論何時 p^* 較佳（即 MSE 較小）。

4.試簡單說明「在母體參數 p 之值不是很極端時, p^* 較 p' 為優」。

8–12　下列的敘述何者為「是」? 何者為「非」? 並說明理由。

1.不論母體呈何種分配, 樣本平均數總是較樣本中位數具漸近相對有效性。

2.已知樣本變異數 $s_X^2 = \dfrac{1}{n-1} \sum_{i=1}^{n} (X_i - \overline{X})^2$ 為母體變異數 σ_X^2 的不偏誤估計式, 則樣本標準差 s_X 亦為母體標準差 σ_X 的不偏誤估計式。（抽出放回）

3.所謂不偏誤估計式, 乃是指將各樣本資料代入估計式之計算公式中, 所得到的估計值一定都等於母體參數之值。

第九章　區間估計

從第八章的介紹，我們知道如何對母體參數進行**點估計**；點估計只是以「**一個數值**」（估計值）去估計母體參數，而此估計值不是等於、就是不等於母體參數的真值，也就是說點估計不是正確就是錯誤。假如我們一直繼續觀察樣本，並求得母體參數的點估計值，則在**長期**裡 (in the long run)，我們仍無法指出點估計是正確的機率有多大。關於此問題，其實就是**點估計**的缺點，而區間估計可以補救此缺點，因此，本章將介紹如何對母體參數進行**區間估計**。

第一節　母體平均數的區間估計

區間估計（兩端）既然是以一個區間（兩個端點）來估計母體參數，因此首先我們必須知道如何從觀察的隨機樣本得出該區間，也就是以何種計算公式，計算出該區間的兩個端點值。一般說來，我們都是**先找出母體參數的良好點估計式**，而後以該估計式加減一個數值，得出**區間估計式** (Interval Estimator)，最後再根據觀察的隨機樣本，代入區間估計式，以得到母體參數的**區間估計值** (Interval Estimate)。例如：對於 X 常態母體之平均數 (μ_X)，我們選擇點估計式 $\overline{X}$，而後以 $\overline{X} \pm 2\dfrac{\sigma_X}{\sqrt{n}}$ 為區間估計式，然後再根據觀察之隨機樣本，計算得到區間估計值 $\overline{X}_0 \pm 2\dfrac{\sigma_X}{\sqrt{n}}$（設若 σ_X^2 之值已知），並以它來估計母體參數 μ_X。至於為何我們如此對 μ_X 進行區間估計呢？其理論基礎乃是從 $\overline{X}$ 的抽樣分配導出來，茲說明於下。

　　X為常態母體，即 $X \sim N(\mu_X, \sigma_X^2)$，$\mu_X$ 未知，σ_X^2 值已知。今從中以簡單隨機抽樣法抽取樣本（**抽出放回**、且樣本數為 n），則樣本平均數 $\overline{X}$ 的分配為：

$$\overline{X} \sim N\left(\mu_X, \frac{\sigma_X^2}{n}\right)$$

或　　　　$$\frac{\overline{X} - \mu_X}{\frac{\sigma_X}{\sqrt{n}}} \sim N(0, 1)$$

因此，

$$P_r\left(-2 \leq \frac{\overline{X} - \mu_X}{\frac{\sigma_X}{\sqrt{n}}} \leq 2\right) = 0.954$$

或　　　　$$P_r\left(\mu_X - 2\frac{\sigma_X}{\sqrt{n}} \leq \overline{X} \leq \mu_X + 2\frac{\sigma_X}{\sqrt{n}}\right) = 0.954 \qquad (9\text{--}1)$$

式 (9–1)如圖 9–1 所示。而若 $\overline{X} \leq \mu_X + 2\frac{\sigma_X}{\sqrt{n}}$，則 $\overline{X} - 2\frac{\sigma_X}{\sqrt{n}} \leq \mu_X$，又若 $\mu_X - 2\frac{\sigma_X}{\sqrt{n}} \leq \overline{X}$，則 $\mu_X \leq \overline{X} + 2\frac{\sigma_X}{\sqrt{n}}$，因此，式 (9–1) 可以寫成：

$$P_r\left(\overline{X} - 2\frac{\sigma_X}{\sqrt{n}} \leq \mu_X \leq \overline{X} + 2\frac{\sigma_X}{\sqrt{n}}\right) = 0.954 \qquad (9\text{--}2)$$

式 (9–2)的 $\left(\overline{X} - 2\frac{\sigma_X}{\sqrt{n}} \sim \overline{X} + 2\frac{\sigma_X}{\sqrt{n}}\right)$ 即是μ_X的區間估計式。

　　式 (9–1) 及式 (9–2) 雖然都是以機率方式表達的兩個數學式子，但在解釋上有所不同。式 (9–1) 是指統計量（或隨機變數）$\overline{X}$落在 $\mu_X - 2\frac{\sigma_X}{\sqrt{n}}$ （即圖 9–1 的點 "A"）到 $\mu_X + 2\frac{\sigma_X}{\sqrt{n}}$ （即圖 9–1 的點 "B"）之間的機率為 0.954。而式 (9–2) 是指我們若以（ $\overline{X} - 2\frac{\sigma_X}{\sqrt{n}} \sim \overline{X} + 2\frac{\sigma_X}{\sqrt{n}}$，或寫成 $\overline{X} \pm 2\frac{\sigma_X}{\sqrt{n}}$）為 μ_X 的區間估計式，則在所有可能的樣本組合當中（設若共有 K 組。而在抽出放回情況下，$K = N^n$），根據 $\overline{X} \pm 2\frac{\sigma_X}{\sqrt{n}}$ 計算而得的 μ_X 之區間估計值（共有 K 個），將有百分之九十五點四個（即 $0.954K$ 個）會包含 μ_X 的真值。這乃是因為若根據一組隨機樣本，計算

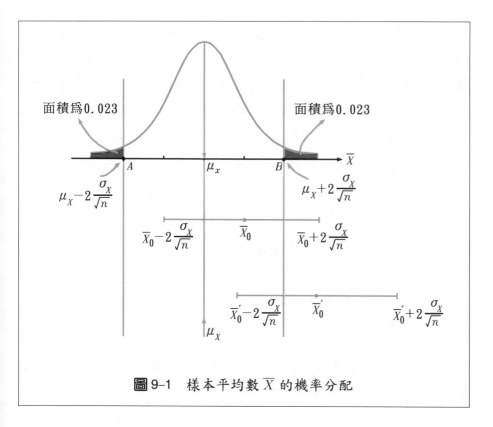

圖9-1 樣本平均數 $\overline{X}$ 的機率分配

得到的樣本平均數之值 $(\overline{X}_0)$，落在 A 點到 B 點之間（如圖 9-1 所示），則以 $\overline{X}_0$ 為中心，構成的 μ_X 之區間估計值 $\left(\overline{X}_0 \pm 2\dfrac{\sigma_X}{\sqrt{n}}\right)$ 會把 μ_X 真值包含在內；但若根據隨機樣本計算得到的樣本平均數之值 $(\overline{X}_0')$，落在 A 點到 B 點之外（如圖 9-1 所示），則以 $\overline{X}_0'$ 為中心，構成的 μ_X 之區間估計值 $\left(\overline{X}_0' \pm 2\dfrac{\sigma_X}{\sqrt{n}}\right)$ 就不會把 μ_X 的真值包含在內。而從式(9-1)，我們知道所有可能的隨機樣本中（K 組），有 $0.954K$ 組之樣本平均數落在 A 點到 B 點之間，這 $0.954K$ 組所構成之母體平均數的區間估計值會把 μ_X 的真值包含在內。而有 $0.046K$ 組的樣本平均數落在 A 點到 B 點之外，這 $0.046K$ 組所構成的母體平均數之區間估計值，不會把 μ_X 的真值包含在內。因此式 (9-2) 亦可解釋為：若我們繼續地觀察隨機樣本，並根據所

觀察的隨機樣本，以 $\overline{X} \pm 2\dfrac{\sigma_X}{\sqrt{n}}$ 去對 μ_X 進行區間估計，則在長期裡，有 95.4% 的區間估計是正確的。然而，實際上，我們不可能繼續地觀察隨機樣本，我們通常只觀察一組隨機樣本，並據以對 μ_X 進行區間估計，因此我們可以說：「根據所觀察之隨機樣本，以樣本平均數為中心構成一個區間 $\left(\overline{X} \pm 2\dfrac{\sigma_X}{\sqrt{n}}\right)$，利用該區間對 μ_X 進行區間估計是正確的機率為 0.954」。此時，0.954 被稱為「信任係數」（Confidence Coefficient, 簡寫為 C.C.）或「信任水準」(Confidence Level), 並以 $1 - \alpha$ 表示之。而 $\overline{X} \pm 2\dfrac{\sigma_X}{\sqrt{n}}$ 也因此被稱為信任係數 0.954 之下，μ_X 的「信任區間」(Confidence Interval, 簡寫為 C.I.)。

假如我們希望以 $\overline{X}$ 為中心，構成一個區間，利用該區間對 μ_X 進行區間估計是正確的機率為 0.99（即信任係數為 0.99），則 μ_X 在信任係數為 0.99 之下的信任區間是 $\overline{X} \pm 2.58\dfrac{\sigma_X}{\sqrt{n}}$，這是因為：

$$P_r(\mu_X - 2.58\frac{\sigma_X}{\sqrt{n}} \le \overline{X} \le \mu_X + 2.58\frac{\sigma_X}{\sqrt{n}}) = 0.99 \tag{9-3}$$

即

$$P_r(\overline{X} - 2.58\frac{\sigma_X}{\sqrt{n}} \le \mu_X \le \overline{X} + 2.58\frac{\sigma_X}{\sqrt{n}}) = 0.99 \tag{9-4}$$

由上面我們知道，隨著信任係數的不同，μ_X 的信任區間也跟著不同，而若以一般方式表達上面有關機率的兩個數學式，則為：

$$P_r\left(\mu_X - Z_{\frac{\alpha}{2}}\frac{\sigma_X}{\sqrt{n}} \le \overline{X} \le \mu_X + Z_{\frac{\alpha}{2}}\frac{\sigma_X}{\sqrt{n}}\right) = 1 - \alpha \tag{9-5}$$

式 (9-5) 可以如圖 9-2 所示。而式 (9-5) 亦可寫成：

$$P_r\left(\overline{X} - Z_{\frac{\alpha}{2}}\frac{\sigma_X}{\sqrt{n}} \le \mu_X \le \overline{X} + Z_{\frac{\alpha}{2}}\frac{\sigma_X}{\sqrt{n}}\right) = 1 - \alpha \tag{9-6}$$

因此，假如我們希望以 $\overline{X}$ 為中心，構成一個區間，利用該區間對 μ_X 進行區間估計是正確的機率為 $1 - \alpha$（即信任係數為 $1 - \alpha$），則 μ_X 在信任係數是 $1 - \alpha$ 之下的信任區間為 $\overline{X} \pm Z_{\frac{\alpha}{2}}\dfrac{\sigma_X}{\sqrt{n}}$。而 $\overline{X} - Z_{\frac{\alpha}{2}}\dfrac{\sigma}{\sqrt{n}}$ 及 $\overline{X} + Z_{\frac{\alpha}{2}}\dfrac{\sigma_X}{\sqrt{n}}$ 分別稱為 μ_X 之信任區間的下限(Lower Limit) 及上限 (Upper

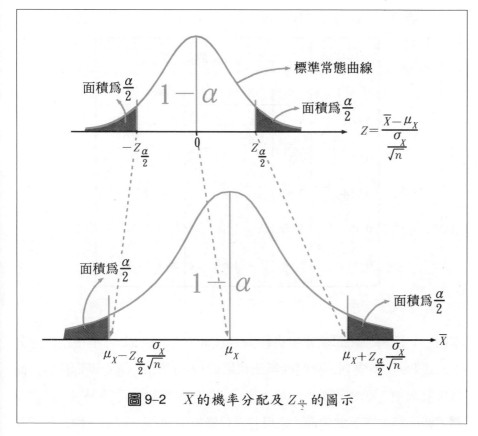

圖 9-2　$\overline{X}$ 的機率分配及 $Z_{\frac{\alpha}{2}}$ 的圖示

Limit)。至於信任區間從下限到上限之間的距離（即 $\left(\overline{X} + Z_{\frac{\alpha}{2}} \dfrac{\sigma_X}{\sqrt{n}}\right) -$

$\left(\overline{X} - Z_{\frac{\alpha}{2}} \dfrac{\sigma_X}{\sqrt{n}}\right) = 2Z_{\frac{\alpha}{2}} \dfrac{\sigma_X}{\sqrt{n}}$），則稱為信任區間的寬度 (Width of Confiden

ce Interval)。隨著信任係數的不同（ 0.997, 0.954 或 0.90），$Z_{\frac{\alpha}{2}}$ 的值將有

所不同，μ_X 的信任區間也跟著有所不同。表 9-1 即是常用之信任係數

下，$Z_{\frac{\alpha}{2}}$ 的值及 μ_X 的信任區間。

　　以上所介紹的母體平均數之區間估計，基本上必須在下面三項前提

下，才能利用樣本平均數之觀察值 $(\overline{X}_0)$，去得到 μ_X 的區間估計值。這

三項前提分別是：

　　(1)母體 X 必須是常態分配：假如母體 X 不是常態分配，則除非樣

表9-1 常用之信任係數下, $Z_{\frac{\alpha}{2}}$ 的值及 μ_X 的信任區間

信任係數 (C.C.)	$Z_{\frac{\alpha}{2}}$	μ_X 的信任區間	
		下限 (L)	上限 (U)
0.997	3	$\overline{X} - 3\dfrac{\sigma_X}{\sqrt{n}}$	$\overline{X} + 3\dfrac{\sigma_X}{\sqrt{n}}$
0.99	2.58	$\overline{X} - 2.58\dfrac{\sigma_X}{\sqrt{n}}$	$\overline{X} + 2.58\dfrac{\sigma_X}{\sqrt{n}}$
0.954	2	$\overline{X} - 2\dfrac{\sigma_X}{\sqrt{n}}$	$\overline{X} + 2\dfrac{\sigma_X}{\sqrt{n}}$
0.95	1.96	$\overline{X} - 1.96\dfrac{\sigma_X}{\sqrt{n}}$	$\overline{X} + 1.96\dfrac{\sigma_X}{\sqrt{n}}$
0.90	1.64	$\overline{X} - 1.64\dfrac{\sigma_X}{\sqrt{n}}$	$\overline{X} + 1.64\dfrac{\sigma_X}{\sqrt{n}}$

本數 (n) 足夠大（即除非中央極限定理成立），否則 $\overline{X}$ 不接近常態分配，式 (9-5) 不成立，我們就無法利用式 (9-6) 對 μ_X 進行區間估計。而當母體 X 既不是常態分配，樣本數 (n) 又不是足夠大之情況下，我們可利用柴比契夫不等式定理，求母體平均數 (μ_X) 的信任區間。由於樣本平均數 $(\overline{X})$ 是以 μ_X 為平均數，$\dfrac{\sigma_X}{\sqrt{n}}$ 為標準差的隨機變數，根據柴比契夫不等式，我們可得：

$$P_r\left(\mu_X - k\frac{\sigma_X}{\sqrt{n}} \leq \overline{X} \leq \mu_X + k\frac{\sigma_X}{\sqrt{n}}\right) \geq 1 - \frac{1}{k^2} \qquad (9-7)$$

$$P_r\left(\overline{X} - k\frac{\sigma_X}{\sqrt{n}} \leq \mu_X \leq \overline{X} + k\frac{\sigma_X}{\sqrt{n}}\right) \geq 1 - \frac{1}{k^2} \qquad (9-8)$$

式 (9-8) 是指我們若以樣本平均數為中心，去構成一個區間 $\left(\overline{X} \pm k\dfrac{\sigma_X}{\sqrt{n}}\right)$，利用該區間對母體平均數 μ_X 進行區間估計，則在所有可能樣本組合（設共有 K 組）中，至少有 $K\left(1 - \dfrac{1}{k^2}\right)$ 組所構成的區間估計值，會把 μ_X 的真值包含在內。因此在 X 母體不呈常態分配的情況下，我們可透

過柴比契夫不等式定理，得到母體平均數 μ_X 的區間估計式（信任水準為 $1 - \dfrac{1}{k^2}$，但 $k > 1$）為：

$$\overline{X} \pm k \frac{\sigma_X}{\sqrt{n}}$$

(2)**抽樣時是採簡單隨機抽樣法（抽出放回）**：若抽樣時雖採簡單隨機抽樣，但抽出不放回，則 $\overline{X}$ 雖呈常態分配，但其變異數應修正為 $\dfrac{\sigma_X^2}{n} \cdot \dfrac{N-n}{N-1}$。因此式 (9-5) 及 (9-6) 修正為：

$$P_r\left(\mu_X - Z_{\frac{\alpha}{2}} \frac{\sigma_X}{\sqrt{n}} \cdot \sqrt{\frac{N-n}{N-1}} \leq \overline{X} \leq \mu_X + Z_{\frac{\alpha}{2}} \frac{\sigma_X}{\sqrt{n}} \sqrt{\frac{N-n}{N-1}} \right) = 1 - \alpha \quad (9-9)$$

$$P_r\left(\overline{X} - Z_{\frac{\alpha}{2}} \frac{\sigma_X}{\sqrt{n}} \sqrt{\frac{N-n}{N-1}} \leq \mu_X \leq \overline{X} + Z_{\frac{\alpha}{2}} \frac{\sigma_X}{\sqrt{n}} \sqrt{\frac{N-n}{N-1}} \right) = 1 - \alpha \quad (9-10)$$

然而實際上母體既為常態，母體數 (N) 應為非常大，因此 $\mathrm{FPC}\left(= \dfrac{N-n}{N-1}\right)$ 接近於 1，所以我們仍可利用式 (9-6) 對 μ_X 進行區間估計。

(3)**母體變異數之值為已知**：若母體變異數之值未知，則我們無法利用樣本平均數之觀察值 $(\overline{X}_0)$ 得到 μ_X 的區間估計值。於此情況下，我們必須先對未知的母體變異數，加以估計（一般而言，我們以樣本變異數估計之），而後再對 μ_X 進行區間估計。而當我們以樣本變異數 (s_X^2) 估計母體變異數 (σ_X^2) 時，統計量 $\dfrac{\overline{X} - \mu_X}{\sqrt{\dfrac{s_X^2}{n}}} \left(= \dfrac{\overline{X} - \mu_X}{\dfrac{s_X}{\sqrt{n}}} \right)$ 不再是呈標準常態分配，而是呈所謂的 t 分配（見本章第二節的介紹）。不過，假如樣本數很大，則統計量 $\dfrac{\overline{X} - \mu_X}{\dfrac{s_X}{\sqrt{n}}}$ 接近於標準常態分配（此乃 t 分配的特性之一），即

$$\frac{\overline{X} - \mu_X}{\dfrac{s_X}{\sqrt{n}}} \sim N(0, 1)$$

則

$$P_r\left(\mu_X - Z_{\frac{\alpha}{2}}\frac{s_X}{\sqrt{n}} \leq \overline{X} \leq \mu_X + Z_{\frac{\alpha}{2}}\frac{s_X}{\sqrt{n}}\right) = 1 - \alpha \qquad (9\text{--}11)$$

$$P_r\left(\overline{X} - Z_{\frac{\alpha}{2}}\frac{s_X}{\sqrt{n}} \leq \mu_x \leq \overline{X} + Z_{\frac{\alpha}{2}}\frac{s_X}{\sqrt{n}}\right) = 1 - \alpha \qquad (9\text{--}12)$$

因此，只要抽樣時樣本數很大，我們可利用樣本變異數估計未知的母體變異數，並以式 (9–12) 對 μ_X 進行區間估計，這就是說，我們仍可利用 $\dfrac{\overline{X} - \mu_X}{\frac{s_X}{\sqrt{n}}}$ 呈**標準常態分配**，得到 μ_X 在信任係數為 $1 - \alpha$ 之下的信任區間為 $\overline{X} \pm Z_{\frac{\alpha}{2}}\dfrac{s_X}{\sqrt{n}}$。下面的兩個例子是母體變異數已知及未知情況下，母體平均數的區間估計。

【例 9–1】

已知某農場生產之橘子重量呈常態分配，且標準差為 10 公克。今隨機觀察 25 個橘子，發現其重量和為 5000 公克，試對該農場生產之橘子的平均重量進行區間估計 (C.C.= 0.95)。又若已知母體不呈常態分配，試求橘子平均重量的信任區間（信任水準 0.95）。

【解】

令 X 代表橘子重量，則

(a)已知 $X \sim N(\mu_X, \sigma_X^2 = (10)^2)$。據題意，

　　觀察一組隨機樣本 $(n = 25)$ 得樣本平均數為：

$$\overline{X}_0 = \frac{5000}{25} = 200 \text{（公克）}$$

　　C.C. $= 0.95$, $Z_{\frac{\alpha}{2}} = 1.96$

$$\therefore \begin{cases} L_0 = 200 - 1.96\dfrac{10}{\sqrt{25}} = 196.08 \\[3mm] U_0 = 200 + 1.96\dfrac{10}{\sqrt{25}} = 203.92 \end{cases}$$

　　因此根據所觀察之一組隨機樣本，該農場生產之橘子的平均重量是介於 196.08～203.92 公克 (C.C.= 0.95)。

(b)已知 X 不呈常態分配，但 $\sigma_X^2 = (10)^2$，μ_X 未知，因此利用式(9-8)

對 μ_X 進行區間估計。而根據題意：

$$1 - \frac{1}{k^2} = 0.95 \qquad \therefore k = 4.47$$

因此 μ_X 的信任區間是：

$$200 \pm 4.47 \frac{10}{\sqrt{25}}$$

即橘子的平均重量介於 $191.06 \sim 208.94$ 公克（信任水準 0.95）。

【例 9-2】

若已知 A 牌 1.5 伏特電池之壽命 (X) 呈常態分配。今隨機觀察 100 個

電池而有下面的訊息：

$$\sum_{i=1}^{100} x_i = 5000 \text{（小時）}, \; x_i \text{ 為觀察之第 } i \text{ 個電池的壽命}$$

$$\sum_{i=1}^{100} x_i^2 = 252475$$

試對 A 牌 1.5 伏特電池壽命之平均數進行區間估計 (C.C.= 0.98)。

【解】

已知 $X \sim N(\mu_X, \sigma_X^2)$，而 μ_X 未知，σ_X^2 之值也未知，因此以樣本變異數

(s_X^2) 估計母體變異數 (σ_X^2)。又因為樣本數 (n) 很大，因此

$$\frac{\overline{X} - \mu_X}{\frac{s_X}{\sqrt{n}}} \; \dot\sim \; N(0,1)$$

而根據所觀察之一組隨機樣本，得樣本平均數及樣本變異數之值為：

$$\overline{X}_0 = \frac{5000}{100} = 50 \text{（小時）}$$

$$s_0^2 = \frac{1}{100-1} \sum_{i=1}^{100} (x_i - \overline{X}_0)^2 = \frac{1}{99} [\sum x_i^2 - (100)\overline{X}_0^2]$$

$$= \frac{1}{99} [252475 - 100(50)^2]$$

$$= 25$$

又 ∵　C.C. = 0.98, $Z_{\frac{\alpha}{2}}$ = 2.33

∴　$L_0 = 50 - 2.33\dfrac{5}{\sqrt{100}} = 48.835$

$U_0 = 50 + 2.33\dfrac{5}{\sqrt{100}} = 51.165$

因此根據所觀察之一組隨機樣本，A牌 1.5 伏特電池壽命之平均數 (μ_X)，在信任係數為0.98 之下的區間估計值是 48.835 ～ 51.165 小時。

第二節　t分配及母體變異數未知且小樣本下母體平均數的區間估計

　　如前一節所述，若**母體變異數之值未知**，我們以樣本變異數估計之，此時統計量 $\dfrac{\overline{X} - \mu_X}{\frac{s_X}{\sqrt{n}}}$ 係呈所謂的 t **分配**。而於此種情況下，我們應如何利用 t 分配，並以 $\overline{X}$ 對 μ_X 進行區間估計呢？回答此問題之前，本節擬先對 t 分配加以介紹。然而 t **分配**又與**標準常態分配**及**卡方分配**有密切關聯，因此介紹 t 分配之前，必須先介紹卡方分配。

一、卡方分配

定義 9-1　卡方隨機變數及其機率密度函數

若 Y 為一連續隨機變數，且其機率密度函數為：

$$f(Y) = \begin{cases} \dfrac{1}{2^{\frac{\nu}{2}}\left(\frac{\nu}{2}-1\right)!}Y^{\frac{\nu}{2}-1}e^{-\frac{Y}{2}}, & 0 \le Y \le \infty \\ 0 & , \quad \text{其他} \end{cases}$$

$\nu > 0$，且 $e = 2.71828$

則 Y 稱為**卡方隨機變數** (Chi-square Random Variable)，或稱 Y 呈**卡方分配** (Chi-square Distribution, χ^2)。我們通常以 χ^2 代替 Y，即卡方隨機變數的**機率密度函數**為：

$$f(\chi^2) = \begin{cases} \dfrac{1}{2^{\frac{\nu}{2}}\left(\dfrac{\nu}{2}-1\right)!}(\chi^2)^{\frac{\nu}{2}-1}e^{-\frac{\chi^2}{2}}, & 0 \leq \chi^2 \leq \infty \\ 0 & ，\quad 其他 \end{cases}$$

上面定義中的 ν（讀成 nu）是卡方分配的**自由度** (Degree of Freedom, d.f.)。關於自由度，本書將在卡方分配及 t 分配都介紹完之後，再予簡要的介紹。基本上，卡方分配有下列的特性：

(1)卡方隨機變數的**值域**在 0 到 ∞ 之間。

(2)卡方分配的**機率密度曲線形狀**，隨自由度 ν 的不同而不同，如圖 9-3 所示。因此對於卡方分配而言，我們常把其自由度寫出，即 χ^2_ν。例如 χ^2_{10} 即表示卡方分配其自由度為 10。

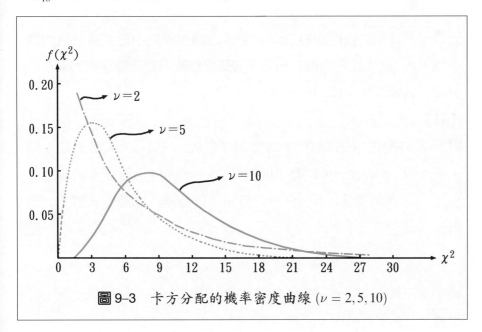

圖 9-3　卡方分配的機率密度曲線 $(\nu = 2, 5, 10)$

(3)卡方分配的**平均數**及**變異數**分別為ν及2ν，即

$$E(\chi^2_\nu) = \nu$$

$$V(\chi^2_\nu) = 2\nu$$

(4)卡方分配係**單峰**且呈**右偏**之分配。但隨著自由度ν的增大，卡方分配的偏態減緩；且在ν很大時，卡方分配趨近於常態分配（即$\chi^2_\nu \dot\sim N(\nu, 2\nu)$，當$\nu$很大）。但實際應用上，我們常在$\nu > 30$情況下，就以常態分配做為卡方分配的**漸近分配**。

卡方隨機變數大於某一特定值的機率、小於某一特定值的機率，統計學家已計算並列表（**卡方機率表**），如附錄表（**8A及8B**），以供我們使用。下面的例子，即是說明如何使用卡方機率表，並說明在自由度很大時，我們如何以常態分配做為卡方分配的漸近分配。

【例9-3】

已知卡方分配的自由度為 20，(a)若卡方隨機變數小於某特定值的機率為 0.05，試求該特定值。(b)若卡方隨機變數小於某特定值的機率是 0.025，試求該特定值。

【解】

附錄表 (8A)之卡方機率表的機率（最上一列，以 α 表示之，如 $\alpha = 0.001, 0.005, 0.010, 0.025, 0.050, 0.100$），是指 χ^2_ν 落在 0 到特定值 ($\chi^2_{\nu, 1-\alpha}$)之間的機率，即 χ^2_ν 小於特定值的機率。以數學式表示，則為：

$$P_r(0 \leq \chi^2_\nu \leq \chi^2_{\nu, 1-\alpha}) = \alpha$$

或 $\quad P_r(\chi^2_{\nu, 1-\alpha} \leq \chi^2_\nu \leq \infty) = 1 - \alpha$

如圖示。而卡方機率表的最左邊一欄是自由度，因此

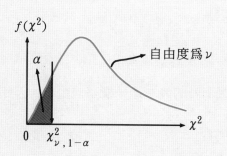

(a) $\qquad P_r(0 \le \chi^2_{20} \le \chi^2_{20,0.95}) = 0.05$

$\chi^2_{20,0.95}$ 之值，我們可查附錄表 (8A)，找到 $\nu = 20$，$\alpha = 0.05$，查出對應之值為 10.9，即

$$P_r(0 \le \chi^2_{20} \le 10.9) = 0.05$$

(b) $\qquad P_r(0 \le \chi^2_{20} \le \chi^2_{20,0.975}) = 0.025$

$\chi^2_{20,0.975}$ 之值，我們可查附錄表 (8A)，找到 $\nu = 20$，$\alpha = 0.025$，查出對應之值為 9.59，即

$$P_r(0 \le \chi^2_{20} \le 9.59) = 0.025$$

【例 9–4】

已知卡方分配的自由度為 10，(a)若卡方隨機變數大於某特定值的機率是0.01，試求該特定值。(b)若卡方隨機變數大於某特定值的機率是0.025，試求該特定值。

【解】

附錄表 (8B) 之卡方機率表的機率（最上一列，以 α 表示之，如 $\alpha = 0.100, 0.050, 0.025, 0.010, 0.005, 0.001$），是指 χ^2_ν 落在特定值 $(\chi^2_{\nu,\alpha})$ 到 ∞ 之間的機率，即 χ^2_ν 大於特定值的機率。以數學式表示，則為：

$$P_r(\chi^2_{\nu,\alpha} \le \chi^2_\nu \le \infty) = \alpha$$

或　　　$$P_r(0 \le \chi^2_\nu \le \chi^2_{\nu,\alpha}) = 1 - \alpha$$

如圖示。卡方機率表的最左邊一欄是自由度，因此

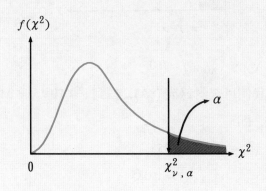

(a)　　　$$P_r(X^2_{10,0.01} \le \chi^2_{10} \le \infty) = 0.01$$

$\chi^2_{10,0.01}$ 之值，我們可查附錄表 (8B)，找到 $\nu = 10$, $\alpha = 0.01$，查出對應之值是 23.2，即

$$P_r(\chi^2_{10} \ge 23.2) = 0.01$$

(b)　　　$$P_r(\chi^2_{10,0.025} \le \chi^2_{10} \le \infty) = 0.025$$

$\chi^2_{10,0.025}$ 之值，我們查附錄表 (8B)，找到 $\nu = 10$, $\alpha = 0.025$，查出對應之值是 20.5，即

$$P_r(\chi^2_{10} \ge 20.5) = 0.025$$

【例 9–5】

已知卡方分配的自由度為 100，若卡方隨機變數大於某特定值的機率是 0.05，又若卡方隨機變數小於某特定值的機率是 0.025，試利用「常態分配是卡方分配的漸近分配」分別求該兩個特定值。

【解】

$\because \nu = 100 > 30, \therefore \chi^2_{100} \overset{.}{\sim} N(100, 200)$, 因此

(a)
$$P_r(\chi^2_{100} \geq \chi^2_{100,0.05}) \doteq P_r\left(\frac{\chi^2_{100} - 100}{\sqrt{200}} \geq \frac{\chi^2_{100,0.05} - 100}{\sqrt{200}} \right) = 0.05$$

即
$$P_r\left(Z \geq \frac{\chi^2_{100,0.05} - 100}{\sqrt{200}} \right) = 0.05$$

$$\therefore \quad \frac{\chi^2_{100,0.05} - 100}{\sqrt{200}} = 1.64$$

解之, 得

$$\chi^2_{100,0.05} = 123.19$$

該值與查附錄表 (8B) 得到之值 $\chi^2_{100,0.05} = 124.3$ 非常相近。

(b)
$$P_r(\chi^2_{100} \leq \chi^2_{100,0.975}) \doteq P_r\left(\frac{\chi^2_{100} - 100}{\sqrt{200}} \leq \frac{\chi^2_{100,0.975} - 100}{\sqrt{200}} \right)$$
$$= 0.025$$

即
$$P_r\left(Z \leq \frac{\chi^2_{100,0.975} - 100}{\sqrt{200}} \right) = 0.025$$

$$\therefore \quad \frac{\chi^2_{100,0.975} - 100}{\sqrt{200}} = -1.96$$

解之, 得

$$\chi^2_{100,0.975} = 72.28$$

該值與查附錄表 (8A) 得到之值 $\chi^2_{100,0.975} = 74.2$ 非常相近。

又若我們利用下面的公式:

$$\chi^2_{\nu,\alpha} \doteq \frac{1}{2}(Z_\alpha + \sqrt{2\nu - 1})^2, \quad 當 \nu \longrightarrow \infty$$

去求 $\chi^2_{\nu,\alpha}$ 的漸近值, 則其漸近程度更好。例如本題若利用上述公式求該兩個特定值, 得到:

(a)

$$\chi^2_{100,0.05} \doteq \frac{1}{2}(1.64 + \sqrt{200 - 1})^2 = 123.98$$

412 統 計 學

(b)
$$\chi^2_{100,0.975} \doteq \frac{1}{2}(-1.96 + \sqrt{200-1})^2 = 73.77$$

卡方分配與常態分配的關係及卡方分配的**加法性質**，分別如下面兩個定理所述（證明從略）。

定理 9-1　卡方分配與常態分配的關係

　　若隨機變數 **X** 呈**常態分配**，平均數為 μ_X，變異數為 σ_X^2，且 $\sigma_X^2 > 0$，即 $X \sim N(\mu_X, \sigma_X^2)$，則**隨機變數** $U = Z_X^2 = \left(\dfrac{X - \mu_X}{\sigma_X}\right)^2$ 呈**卡方分配**，其**自由度**是 1。即

$$\left(\frac{X - \mu_X}{\sigma_X}\right)^2 \sim \chi^2_1$$

定理 9-2　卡方分配的加法性質

　　若隨機變數 **U** 呈**卡方分配**，其自由度是 ν_1（即 $U \sim \chi^2_{\nu_1}$），而另一隨機變數 **V** 亦呈**卡方分配**，其自由度是 ν_2（即 $V \sim \chi^2_{\nu_2}$），且 U 與 V 彼此**獨立**，則隨機變數 $Y = U + V$ 呈**卡方分配**，其自由度是 $\nu_1 + \nu_2$，即

$$U + V \sim \chi^2_{\nu_1 + \nu_2}$$

　　應用上述定理，我們可以證明得到統計量 $\dfrac{(n-1)s_X^2}{\sigma_X^2}$ 呈卡方分配，而其自由度為 $n-1$。茲說明於下：

　　若已知 $X \sim N(\mu_X, \sigma_X^2)$，今從 X 以簡單隨機抽樣法抽樣（樣本數

為 n），令 X_i 為抽出之第 i 個樣本，則 $X_i \sim N(\mu_X, \sigma_X^2)$。今若令 $W = \sum_{i=1}^{n} \left(\frac{X_i - \mu_X}{\sigma} \right)^2$，則 W 是 n 個彼此獨立之標準常態隨機變數的平方之和，因此 W 呈卡方分配，其自由度是 n。而由於：

$$\frac{(n-1)s_X^2}{\sigma_X^2} = \frac{(n-1) \cdot \frac{1}{n-1} \sum_{i=1}^{n} (X_i - \overline{X})^2}{\sigma_X^2}$$

$$= \frac{1}{\sigma_X^2} \sum_{i=1}^{n} (X_i - \overline{X})^2$$

$$= \frac{1}{\sigma_X^2} \sum_{i=1}^{n} [(X_i - \mu_X) - (\overline{X} - \mu_X)]^2$$

$$= \frac{1}{\sigma_X^2} [\sum_{i=1}^{n} (X_i - \mu_X)^2 - 2\sum_{i=1}^{n} (X_i - \mu_X)(\overline{X} - \mu_X) + n(\overline{X} - \mu_X)^2]$$

$$= \frac{1}{\sigma_X^2} [\sum_{i=1}^{n} (X_i - \mu_X)^2 - n(\overline{X} - \mu_X)^2]$$

此乃因為：

$$2\sum_{i=1}^{n} (X_i - \mu_X)(\overline{X} - \mu_X) = 2(\overline{X} - \mu_X)(\sum_{i=1}^{n} X_i - \sum_{i=1}^{n} \mu_X)$$

$$= 2(\overline{X} - \mu_X)(n\overline{X} - n\mu_X)$$

$$= 2n(\overline{X} - \mu_X)^2$$

因此，　$\dfrac{1}{\sigma_X^2} \sum_{i=1}^{n} (X_i - \mu_X)^2 = \dfrac{(n-1)s_X^2}{\sigma_X^2} + \dfrac{1}{\sigma_X^2} n(\overline{X} - \mu_X)^2$

即　　　$\sum_{i=1}^{n} \left(\dfrac{X_i - \mu_X}{\sigma} \right)^2 = \dfrac{(n-1)s_X^2}{\sigma_X^2} + \left(\dfrac{\overline{X} - \mu_X}{\frac{\sigma}{\sqrt{n}}} \right)^2$

而　　　$\sum_{i=1}^{n} \left(\dfrac{X_i - \mu_X}{\sigma_X} \right)^2 = W$　呈卡方分配，自由度是 n，

另外，$\left(\dfrac{\overline{X} - \mu_X}{\frac{\sigma_X}{\sqrt{n}}} \right)^2 = (Z_{\overline{X}})^2$ 是 $\overline{X}$ 之標準化常態隨機變數的平方。根據定理 9–1，我們知道 $Z_{\overline{X}}^2$ 也呈卡方分配，自由度是 1。再者，由於 s_X^2 與

$\overline{X}$ 彼此獨立（證明從略），即 $\dfrac{(n-1)s_X^2}{\sigma_X^2}$ 與 $\left(\dfrac{\overline{X}-\mu_X}{\dfrac{\sigma}{\sqrt{n}}}\right)^2$ 彼此獨立，因

此根據定理 9-2，我們得到 $\dfrac{(n-1)s_X^2}{\sigma_X^2}$ 是呈卡方分配的隨機變數，而其自

由度是 $n-1$。即

$$\frac{(n-1)s_X^2}{\sigma_X^2} \sim \chi_{n-1}^2$$

除此之外，前面一章我們曾提及 $V(s_X^2) = \dfrac{2\sigma_X^4}{n-1}$，其理由事實上我

們可以利用 $\dfrac{(n-1)s_X^2}{\sigma_X^2} \sim \chi_{n-1}^2$ 而加以說明。茲證明如下：

$$E\left[\frac{(n-1)s_X^2}{\sigma_X^2}\right] = \nu = n-1$$

$$V\left[\frac{(n-1)s_X^2}{\sigma_X^2}\right] = 2\nu = 2(n-1)$$

而 $\because$　　$V\left[\dfrac{(n-1)s_X^2}{\sigma_X^2}\right] = \left(\dfrac{n-1}{\sigma_X^2}\right)^2 V(s_X^2)$

$$= \frac{(n-1)^2}{\sigma_X^4} V(s_X^2)$$

$$= 2(n-1)$$

因此，　　$V(s_X^2) = \dfrac{2\sigma_X^2}{n-1}$

二、t 分配

　　t 分配是西元 1908 年英國的統計學家 W. S.Gosset 發現的。當時
Gosset 係在愛爾蘭的一家酒廠做事，由於該酒廠員工的研究結果不得
採用真名發表，因此 Gosset 以筆名 "Student" 發表有關 t 分配的研究，後
來學者為紀念 Gosset 的貢獻，就稱該分配為 "Student's t 分配"，簡稱為
t 分配。

定義9-2　t 分配

　　若 U 是**標準常態隨機變數**，即 $U \sim N(0,1)$，又若隨機變數 V 是呈**卡方分配**其**自由度為** ν，而且 U 和 V 彼此獨立，則 $\dfrac{U}{\sqrt{\dfrac{V}{\nu}}}$ 呈 **t 分配**，而其**機率密度函數**為：

$$f(t) = \frac{1}{\sqrt{\nu\pi}} \frac{\left(\dfrac{\nu+1}{2}-1\right)!}{\left(\dfrac{\nu}{2}-1\right)!} \left(1+\frac{t^2}{\nu}\right)^{-\frac{\nu+1}{2}} , \quad -\infty \le t \le \infty$$

　　定義9-2中的 ν 是 t 分配的自由度。t 分配有下列的特性：

　　⑴ t 分配的**值域**在 $-\infty$ 到 $+\infty$ 之間。

　　⑵ t 分配的**機率密度曲線形狀**隨自由度 ν 的不同而不同，但不管 ν 大小如何，t 分配都是**對稱且呈鐘形**的分配，如圖9-4 所示。一般情況

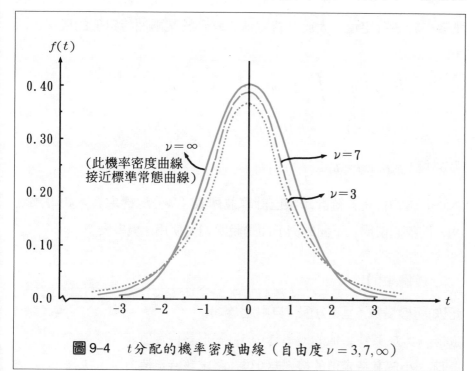

圖 9-4　t 分配的機率密度曲線（自由度 $\nu = 3, 7, \infty$）

下，我們把 t 分配的自由度也標示出來，例如 t_{20} 即表示自由度是 20 的 t 分配。

(3) t 分配的**平均數**、**變異數**分別為：

$$E(t_\nu) = 0$$

$$V(t_\nu) = \frac{\nu}{\nu - 2}, \ \text{當} \ \nu > 2$$

(4) t 分配與標準常態分配都是以 0 為中心、向左右兩端對稱延伸、且呈鐘形的分配，但 t 分配總是比標準常態曲線稍為平坦。不過當 t 分配的**自由度很大**時 $(\nu \longrightarrow \infty)$，$t$ 分配的變異數接近於 1，此時 **t 分配接近於標準常態分配**。即

$$t_\nu \overset{\cdot}{\sim} N(0,1), \ \text{當} \ \nu \longrightarrow \infty$$

基本上，我們可對 t 分配的機率密度函數加以積分，去求得 t 隨機變數小於某特定值、大於某特定值、或介於某兩個特定值的機率。例如：

$$P_r(t_\nu \le a) = \int_{-\infty}^{a} f(t)dt$$

$$P_r(t_\nu \ge b) = 1 - P_r(t \le b) = 1 - \int_{-\infty}^{b} f(t)dt$$

$$P_r(a \le t \le b) = \int_{a}^{b} f(t)dt$$

然而上述的機率，統計學家已計算並列表（**t 分配機率表**）如附錄表 (9)，供我們使用。下面的例子即是說明如何使用 t 機率表。

【例 9-6】

已知隨機變數 t 呈 t 分配，自由度為 20，

(a)若 t 大於某特定值的機率為 0.05，試求該特定值。

(b)若 t 小於某特定值的機率為 0.05，試求該特定值。

(c)若 t 大於某特定值的機率為 0.025，試求該特定值。

【解】

附錄表 (9) t 分配機率表的機率（最上一列，以 α 表示之，如 $\alpha = 0.10$, 0.05, 0.025, 0.01, 0.005），是指 t_ν 落在特定值 $(t_{\nu,\alpha})$ 到無限大之間的機率，即 t_ν 大於特定值的機率。以數學式表示，則為：

$$P_r(t_{\nu,\alpha} \leq t_\nu \leq \infty) = P_r(t_\nu \geq t_{\nu,\alpha}) = \alpha$$

如圖示。而 t 分配機率表的最左邊一欄是自由度，因此：

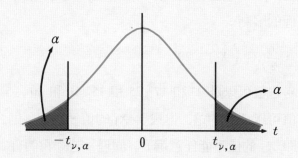

(a)　　　　$P_r(t_{20} \geq t_{20,0.05}) = 0.05$

　$t_{20,0.05}$ 之值，我們可查附錄表 (9)，找到自由度 $\nu = 20$, $\alpha = 0.05$，查出對應之值為 1.725，即

$$P_r(t_{20} \geq 1.725) = 0.05$$

(b)由於 t 分配是以 0 為中心之對稱分配，因此：

$$P_r(t_\nu \geq t_{\nu,\alpha}) = P_r(t_\nu \leq -t_{\nu,\alpha}) = \alpha$$

　根據(a)，我們可得：

$$P_r(t_{20} \leq -1.725) = 0.05$$

(c)　　　　$P_r(t_{20} \geq t_{20,0.025}) = 0.025$

　$t_{20,0.025}$ 之值，我們查附錄表 (9)，找到 $\nu = 20$, $\alpha = 0.025$，查出對應之值為 2.086，即

$$P_r(t_{20} \geq 2.086) = 0.025$$

三、自由度

前面所介紹的**卡方分配**、t **分配**及本章第七節將介紹的 F **分配**都涉及**自由度**的問題，因此本節將以簡單的例子，說明自由度的意義。

假如Ⓐ有兩個變數 X_1 及 X_2，而我們對 X_1 及 X_2 不給予任何限制，則我們對 X_1 或 X_2 都可以任意地選定任何數值，例如 $X_1 = 10$ 和 $X_2 = 8$，$X_1 = -8$ 和 $X_2 = 20, X_1 = 25$ 和 $X_2 = 50, \cdots\cdots$。Ⓑ但若我們對 X_1 及 X_2 給予限制，例如 X_1 與 X_2 之平均值為 20，則 X_1, X_2 之值不能全都任意選，而必須受下面的限制：

$$\overline{X} = \frac{1}{2}(X_1 + X_2) = 20$$

此時 X_1 和 X_2 之值可以是 23 和 17, 25 和 15 , 10 和 30 , -5 和 45, $\cdots\cdots$。因此 X_1 的值可以任意的選，但只要 X_1 的值一選定，則 X_2 的值自動地被決定（即 X_2 的值不能任意選）。同理，若Ⓒ我們有 $X_1, X_2, \cdots, X_n$ 個變數，而有一個限制，即 $\overline{X} = \frac{1}{n}(X_1 + X_2 + \cdots + X_n) = c$, 此處的 c 為任意的常數，則 $X_1, X_2, \cdots, X_n$ 等 n 個變數中，有 $n - 1$ 個變數的值可以任意選，但只要該 $n - 1$ 個變數的值選定，則最後第 n 個變數的值即自動地被決定。再看Ⓓ統計量 $\sum\limits_{i=1}^{n}(X_i - \overline{X})^2$，其中只有 $(n - 1)$ 個差值（即 $(X_i - \overline{X})$）的數值可以任意選定，而只要該 $(n - 1)$ 個差值的數值選定，則最後第 n 個差值的值即自動被決定，此乃因為 n 個差值的總和 $(\sum(X_i - \overline{X}))$ 一定要為 0。而統計學上的自由度即是指所有變數中，其數值可以自由選定之變數的個數。因此前述Ⓐ情況下的自由度是 2，Ⓑ情況下的自由度為 1，Ⓒ情況下的自由度是 $n - 1$，而Ⓓ情況下的自由度也是 $n - 1$。事實上，某統計量的自由度正是該統計量牽涉的隨機變數的個數減去加諸於該統計量的限制個數。

四、母體變異數未知且小樣本下母體平均數的區間估計

當**母體變異數之值未知**，若我們抽得一組隨機樣本並計算得到樣本平均數之值（以 $\overline{X}_0$ 表示之），我們仍然無法利用式(9-2) 找出母體平均數的區間估計值，因此我們以樣本變異數估計母體變異數，此時統計量 $\dfrac{\overline{X} - \mu_X}{\frac{s_X}{\sqrt{n}}}$ $\left(\text{或} \dfrac{\overline{X} - \mu_X}{\sqrt{\dfrac{s_X^2}{n}}}\right)$ 是呈 t **分配**，**自由度為** $n - 1$（註1），即

$$\frac{\overline{X} - \mu_X}{\sqrt{\dfrac{s_X^2}{n}}} \sim t_{n-1}$$

因此，

$$P_r\left(-t_{\frac{\alpha}{2}} \le \frac{\overline{X} - \mu_X}{\sqrt{\dfrac{s_X^2}{n}}} < t_{\frac{\alpha}{2}}\right) = 1 - \alpha \qquad (9\text{--}13)$$

式 (9-13) 如圖 9-5 所示。

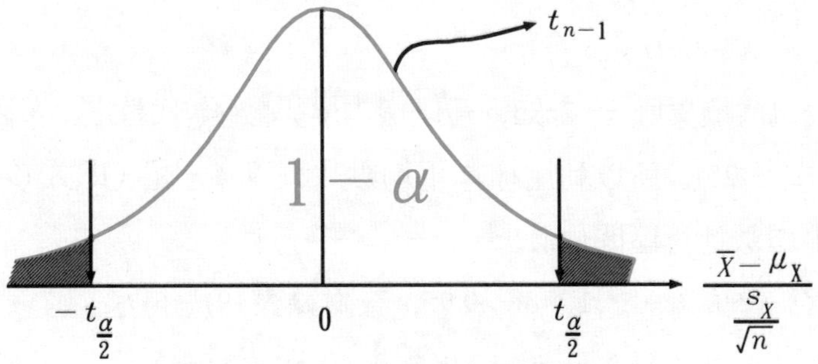

圖 9-5　統計量 $\dfrac{\overline{X} - \mu_X}{s_X/\sqrt{n}}$ 的分配

式 (9–13) 可表達如下式:

$$P_r\left(\mu_X - t_{\frac{\alpha}{2}}\frac{s_X}{\sqrt{n}} \le \overline{X} \le \mu_X + t_{\frac{\alpha}{2}}\frac{s_X}{\sqrt{n}}\right) = 1 - \alpha \qquad (9–13)'$$

而式 (9–13)′,亦可寫成:

$$P_r\left(\overline{X} - t_{\frac{\alpha}{2}}\frac{s_X}{\sqrt{n}} \le \mu_X \le \overline{X} + t_{\frac{\alpha}{2}}\frac{s_X}{\sqrt{n}}\right) = 1 - \alpha \qquad (9–14)$$

式 (9–14) 是指在母體變異數未知的情況下,我們以樣本變異數代替母體變異數,並以樣本平均數為中心構成一個區間,即 $\overline{X} \pm t_{\frac{\alpha}{2}}\frac{s_X}{\sqrt{n}}$,而以此區間去估計母體平均數,在長期裡(設若可能的樣本組合共有 K 個),將有 $(1-\alpha)K$ 個的區間估計值,會把 μ_X 的真值包含在內。

【例 9–7】

今於臺大法學院餐廳,隨機觀察 25 名學生之午餐消費額,發現他們午餐消費額之平均數為 N.T.$50,標準差為 N.T.$5。試利用此訊息對臺大法學院餐廳,學生午餐之平均消費額,進行信任水準為 0.95 的區間估計。(已知學生午餐消費額呈常態分配)。

【解】

令 X 為學生午餐消費額,則

$$X \sim N(\mu_X, \sigma_X^2)$$

而由於母體變異數 σ_X^2 未知,乃以樣本變異數 s_X^2 代替之。又因為樣本數小 $(n = 25)$,所以利用樣本平均數 $\overline{X}$,以 t 分配(即式 (9–14))對母體平均數進行區間估計。

已知 $\overline{X}_0 = 50, s_0^2 = 5^2, 1 - \alpha = 0.95$,查附錄表 (9),得 $t_{24,0.025} = 2.064$,

則 $\quad \overline{X}_0 \pm t_{\frac{\alpha}{2}}\frac{s_0}{\sqrt{n}} = 50 \pm 2.064\frac{5}{\sqrt{25}} = 50 \pm 2.064$

因此,在 0.95 的信任水準下,臺大法學院餐廳學生午餐之平均消費額是 N.T.$47.966～ N.T.$52.064。

第三節　兩母體平均數之差的區間估計

　　若有 X, Y 兩常態母體，且其平均數分別為 μ_X 及 μ_Y。此時我們很可能對**兩母體平均數之差**$(\mu_X - \mu_Y)$感興趣，而欲對其進行統計估計。然而不管是進行點估計或區間估計，我們首先必須找出估計式，而若欲進行區間估計，則必須進一步了解該估計式的抽樣分配。

　　由於 X, Y 兩母體彼此之間可能獨立、或不獨立，因此抽樣的方式也隨著不同。若 X, Y 彼此**獨立**，則從兩母體以「**彼此獨立的隨機抽樣方法**」(Independent Random Sampling) 抽取樣本。而若 X, Y 彼此**不獨立**，則以「**成對的隨機抽樣方法**」(Paired Random Sampling or Matched Random Sampling) 抽取樣本。又若欲進行區間估計，則我們將會因為兩母體變異數（ σ_X^2 及 σ_Y^2)的已知或未知，而分別採用不盡相同的區間估計式。本節擬就各種不同情況下，分別說明如何對兩母體平均數之差進行估計。

一、兩母體彼此獨立，且變異數已知

　　若已知 $X \sim N(\mu_X, \sigma_X^2), Y \sim N(\mu_Y, \sigma_Y^2)$，且 X, Y**彼此獨立**，σ_X^2、σ_Y^2 之值已知，但 μ_X、μ_Y 未知，而我們假如要對**兩母體平均數之差** $\mu_X - \mu_Y$ 進行估計，則於此情況下，我們可以分別從 X, Y 母體，以**彼此獨立的隨機抽樣方法** （即 X 母體的某一個體被抽中與否，不影響 Y 母體的某一個體是否被抽中），分別各抽出 n_X 個樣本及 n_Y 個樣本（ n_X 可以大於、等於、或小於 n_Y ），而後以 X 母體抽出之 n_X 個樣本的樣本平均數 $(\overline{X})$，及 Y 母體抽出之 n_Y 個樣本的樣本平均數 $(\overline{Y})$，兩者之差（即

$\overline{X} - \overline{Y}$），做為 $\mu_X - \mu_Y$ 的估計式。然而，如果我們要對 $\mu_X - \mu_Y$ 進行區間估計，則必須導出估計式的抽樣分配。由於：

$$E(\overline{X} - \overline{Y}) = E(\overline{X}) - E(\overline{Y}) = \mu_X - \mu_Y$$

$$V(\overline{X} - \overline{Y}) = V(\overline{X}) + V(\overline{Y}) - 2\text{Cov}(\overline{X}, \overline{Y})$$

$$= \frac{\sigma_X^2}{n_X} + \frac{\sigma_Y^2}{n_Y} - 2(0)$$

$$（\because 彼此獨立抽樣，\therefore \overline{X}, \overline{Y} 彼此獨立，$$

$$\therefore \text{Cov}(\overline{X}, \overline{Y}) = 0）$$

$$= \frac{\sigma_X^2}{n_X} + \frac{\sigma_Y^2}{n_Y}$$

因此，只要抽樣時係採彼此獨立的隨機抽樣法，且原二母體是呈常態分配，或雖不呈常態分配，但樣本數足夠大（即 $n_X, n_Y \longrightarrow \infty$），

則　　　$(\overline{X} - \overline{Y}) \sim N\left(\mu_X - \mu_Y, \frac{\sigma_X^2}{n_X} + \frac{\sigma_Y^2}{n_Y}\right)$

即　　　$\dfrac{(\overline{X} - \overline{Y}) - (\mu_X - \mu_Y)}{\sqrt{\dfrac{\sigma_X^2}{n_X} + \dfrac{\sigma_Y^2}{n_Y}}} \sim N(0, 1)$

由上面的分配，我們可得：

$$P_r\left[(\mu_X - \mu_Y) - Z_{\frac{\alpha}{2}}\sqrt{\frac{\sigma_X^2}{n_X} + \frac{\sigma_Y^2}{n_Y}} \leq \overline{X} - \overline{Y} \leq (\mu_X - \mu_Y) + Z_{\frac{\alpha}{2}}\sqrt{\frac{\sigma_X^2}{n_X} + \frac{\sigma_Y^2}{n_Y}}\right]$$

$= 1 - \alpha$ 　　　　　　　　　　　　　　　　　　　　　　　　　　　(9–15)

式 (9–15) 亦可寫成：

$$P_r\left[(\overline{X} - \overline{Y}) - Z_{\frac{\alpha}{2}}\sqrt{\frac{\sigma_X^2}{n_X} + \frac{\sigma_Y^2}{n_Y}} \leq \mu_X - \mu_Y \leq (\overline{X} - \overline{Y}) + Z_{\frac{\alpha}{2}}\sqrt{\frac{\sigma_X^2}{n_X} + \frac{\sigma_Y^2}{n_Y}}\right]$$

$= 1 - \alpha$ 　　　　　　　　　　　　　　　　　　　　　　　　　　　(9–16)

從式 (9–16)，我們得到兩母體平均數之差 $(\mu_X - \mu_Y)$，在信任水準為 $1 - \alpha$

之下的區間估計式為：

$$(\overline{X} - \overline{Y}) \pm Z_{\frac{\alpha}{2}} \sqrt{\frac{\sigma_X^2}{n_X} + \frac{\sigma_Y^2}{n_Y}}$$

【例 9-8】

某廠商以 A、B 兩部機器生產 40 燭光日光燈，已知兩部機器生產之日光燈壽命分別呈常態分配，且壽命之標準差分別為 10 小時及 5 小時。今從 A, B 兩部機器生產的日光燈分別獨立隨機觀察 64 隻及 25 隻，發現平均壽命分別為 200 小時及 180 小時。試對兩部機器所生產之日光燈平均壽命之差進行區間估計（信任係數為 0.99）。

【解】

令 X 為 A 部機器生產之日光燈的壽命，Y 為 B 部機器生產之日光燈的壽命，根據題意：

$$X \sim N(\mu_X, \sigma_X^2 = 10^2)$$

$$Y \sim N(\mu_Y, \sigma_Y^2 = 5^2)$$

且從 X、Y 彼此獨立隨機各抽 $n_X(= 64), n_Y(= 25)$ 個燈泡，得 $\overline{X}_0 = 200$, $\overline{Y}_0 = 180$，又 $1 - \alpha = 0.99$，$\therefore Z_{\frac{\alpha}{2}} = 2.58$

則　$\mu_X - \mu_Y$　的信任區間為：

$$(\overline{X}_0 - \overline{Y}_0) \pm Z_{\frac{\alpha}{2}} \sqrt{\frac{\sigma_X^2}{n_X} + \frac{\sigma_Y^2}{n_Y}} = (200 - 180) \pm 2.58 \sqrt{\frac{10^2}{64} + \frac{5^2}{25}}$$

因此，在 0.99 的信任水準下，兩部機器所生產之日光燈平均壽命之差是 15.87 小時～24.13 小時。

二、兩母體彼此獨立，但變異數之值未知

若兩常態母體變異數之值未知，但若已知 $\sigma_X^2 = \sigma_Y^2$ 或 $\sigma_X^2 \neq \sigma_Y^2$，則我們應如何估計 σ_X^2, σ_Y^2，進而對兩母體平均數之差進行區間估計？對於這個問題，本節將分別就已知 $\sigma_X^2 = \sigma_Y^2$ 或 $\sigma_X^2 \neq \sigma_Y^2$ 兩種情形加以說明。

(A)已知 $\sigma_X^2 = \sigma_Y^2$

雖然 σ_X^2, σ_Y^2 之值未知，但已知兩者相等，即 $\sigma_X^2 = \sigma_Y^2 = \sigma^2$，此時，$\sigma^2$ 稱為共同的母體變異數 (Common Population Variance)。然而 σ^2 之值未知，我們乃利用兩母體獨立隨機抽出之樣本（樣本數分別為 n_X 及 n_Y）的樣本變異數（分別以 s_X^2 及 s_Y^2 表示之），並以他們的自由度為權數，求出一個加權平均數，稱之為混合的樣本變異數 (Pooled Sample Variance, s_P^2)，即

$$s_P^2 = \frac{(n_X - 1)s_X^2 + (n_Y - 1)s_Y^2}{(n_X - 1) + (n_Y - 1)}$$

$$= \frac{1}{n_X + n_Y - 2}[(n_X - 1)s_X^2 + (n_Y - 1)s_Y^2]$$

或 $$= \frac{1}{n_X + n_Y - 2}\left[\sum_{i=1}^{n_X}(X_i - \overline{X})^2 + \sum_{j=1}^{n_Y}(Y_j - \overline{Y})^2\right]$$

數學上，我們能夠證明混合的樣本變異數 (s_P^2) 是共同的母體變異數的不偏誤估計式（註 2），而混合的樣本變異數，基本上也利用了「$\sigma_X^2 = \sigma_Y^2 = \sigma^2$」的訊息，因此，雖然 s_X^2 或 s_Y^2 都是 σ^2 的不偏估計式，但以兩者之中的任一個去估計 σ^2，都有缺點，因為其未充分利用已有的訊息（即 $\sigma_X^2 = \sigma_Y^2 = \sigma^2$），所以就 s_P^2、s_X^2、s_Y^2 三個估計式而言，我們將選擇以 s_P^2 去估計 σ^2。而統計量 $\dfrac{(\overline{X} - \overline{Y}) - (\mu_X - \mu_Y)}{\sqrt{\dfrac{\sigma_X^2}{n_X} + \dfrac{\sigma_Y^2}{n_Y}}}$ 或 $\dfrac{(\overline{X} - \overline{Y}) - (\mu_X - \mu_Y)}{\sqrt{\sigma^2\left(\dfrac{1}{n_X} + \dfrac{1}{n_Y}\right)}}$

中，若以 s_P^2 代替未知的 σ^2，則 $\dfrac{(\overline{X}-\overline{Y})-(\mu_X-\mu_Y)}{\sqrt{s_P^2\left(\dfrac{1}{n_X}+\dfrac{1}{n_Y}\right)}}$ 將呈 t 分配，而其

自由度是 n_X+n_Y-2。其理由如下：

$$\frac{(\overline{X}-\overline{Y})-(\mu_X-\mu_Y)}{\sqrt{s_P^2\left(\dfrac{1}{n_X}+\dfrac{1}{n_Y}\right)}}=\frac{\dfrac{(\overline{X}-\overline{Y})-(\mu_X-\mu_Y)}{\sqrt{\sigma^2(\dfrac{1}{n_X}+\dfrac{1}{n_Y})}}}{\sqrt{\dfrac{s_P^2}{\sigma^2}}}$$

$$=\frac{\dfrac{(\overline{X}-\overline{Y})-(\mu_X-\mu_Y)}{\sqrt{\dfrac{\sigma_X^2}{n_X}+\dfrac{\sigma_Y^2}{n_Y}}}}{\sqrt{\dfrac{\dfrac{(n_X+n_Y-2)s_P^2}{\sigma^2}}{(n_X+n_Y-2)}}}$$

$$(\because \sigma_X^2=\sigma_Y^2=\sigma^2)$$

上式右端的**分子係呈標準常態分配**，**分母**中的 $\dfrac{(n_X+n_Y-2)s_P^2}{\sigma^2}$ 是呈

卡方分配、且自由度為 n_X+n_Y-2 (註3)，因此上式即為：

$$\frac{N(0,1)}{\sqrt{\dfrac{\chi_{n_X+n_Y-2}^2}{(n_X+n_Y-2)}}}$$

且由於 $(\overline{X}-\overline{Y})$ 與 s_P^2 彼此獨立（證明從略），所以

$$\frac{(\overline{X}-\overline{Y})-(\mu_X-\mu_Y)}{\sqrt{s_P^2\left(\dfrac{1}{n_X}+\dfrac{1}{n_Y}\right)}}\sim t_{n_X+n_Y-2}$$

而從上面的分配，我們可得下面兩數學式：

$$P_r\left[(\mu_X-\mu_Y)-t_{\frac{\alpha}{2}}\sqrt{s_P^2\left(\frac{1}{n_X}+\frac{1}{n_Y}\right)}\le \overline{X}-\overline{Y}\le(\mu_X-\mu_Y)+t_{\frac{\alpha}{2}}\sqrt{s_P^2\left(\frac{1}{n_X}+\frac{1}{n_Y}\right)}\right]$$

$$=1-\alpha \tag{9-17}$$

$$P_r\left[(\overline{X}-\overline{Y})-t_{\frac{\alpha}{2}}s_P\sqrt{\frac{1}{n_X}+\frac{1}{n_Y}} \leq \mu_X-\mu_Y \leq (\overline{X}-\overline{Y})+t_{\frac{\alpha}{2}}s_P\sqrt{\frac{1}{n_X}+\frac{1}{n_Y}}\right]$$

$$=1-\alpha \qquad\qquad (9\text{--}18)$$

因此，在兩獨立常態母體之變異數數值未知，但已知兩母體變異數相等的情況下，我們是以：

$$(\overline{X}-\overline{Y}) \pm t_{\frac{\alpha}{2}}s_P\sqrt{\frac{1}{n_X}+\frac{1}{n_Y}}$$

對兩母體平均數之差進行信任水準為 $1-\alpha$ 之下的區間估計。

【例9-9】

已知臺北市、高雄市家庭所得分別都呈常態分配且變異數彼此相等。今分別從兩城市獨立隨機各抽 16 個家庭，發現各該 16 個家庭的所得平均數，標準差如下：

	臺北市	高雄市
平均數	34（N.T.千元）	29（N.T.千元）
標準差	2（N.T.千元）	1（N.T.千元）

試利用上述資料對兩城市家庭所得平均數之差進行區間估計（信任水準 0.95）。

【解】

令 X、Y 分別代表臺北市、高雄市之家庭所得。按題意：

$$\begin{aligned}X &\sim N(\mu_X,\sigma_X^2)\\Y &\sim N(\mu_Y,\sigma_Y^2)\end{aligned} \quad 且\ \sigma_X^2=\sigma_Y^2=\sigma^2，但值未知$$

今從 X、Y 兩母體彼此獨立抽樣，得

$$n_X=16,\ \overline{X}_0=34,\ s_X=2$$

$$n_Y=16,\ \overline{Y}_0=29,\ s_Y=1$$

$$\therefore s_P^2 = \frac{1}{n_X + n_Y - 2}[(n_X - 1)s_X^2 + (n_Y - 1)s_Y^2]$$

$$= \frac{1}{16 + 16 - 2}[(16 - 1) \cdot 2^2 + (16 - 1) \cdot 1^2]$$

$$= 2.5$$

$$s_P \doteq 1.58$$

又　　　$1 - \alpha = 0.95$

$$\therefore t_{n_X + n_Y - 2, \frac{\alpha}{2}} = t_{30, 0.025} = 2.042$$

則　　　$\mu_x - \mu_y$的信任區間為：

$$(\overline{X}_0 - \overline{Y}_0) \pm t_{\frac{\alpha}{2}} s_P \sqrt{\frac{1}{n_X} + \frac{1}{n_Y}}$$

$$= (34 - 29) \pm (2.042)(1.58)\sqrt{\frac{1}{16} + \frac{1}{16}}$$

$$= 5 \pm 1.1407$$

因此，在 0.95 的信任水準下，臺北市與高雄市家庭所得平均數之差是 3.8593（N.T.千元）$\sim$ 6.1407（N.T.千元）。

(B)已知$\sigma_X^2 \neq \sigma_Y^2$

　　由於σ_X^2、σ_Y^2之值未知，因此分別以其不偏誤的估計式 s_X^2、s_Y^2 估計之。於此情況下，統計量 $\dfrac{(\overline{X} - \overline{Y}) - (\mu_X - \mu_Y)}{\sqrt{\dfrac{s_X^2}{n_X} + \dfrac{s_Y^2}{n_Y}}}$ 不是呈標準常態分配，也不是呈自由度為 $n_X + n_Y - 2$的 t 分配。然而在「樣本數不是很小」的情況下（即 n_X, n_Y 都不是很小，通常要求 n_X, n_Y 都大於 25），統計學家發現 $\dfrac{(\overline{X} - \overline{Y}) - (\mu_X - \mu_Y)}{\sqrt{\dfrac{s_X^2}{n_X} + \dfrac{s_Y^2}{n_Y}}}$ 幾乎接近於 t 分配，其自由度為ϕ，而

$$\phi = \frac{\left(\dfrac{s_X^2}{n_X} + \dfrac{s_Y^2}{n_Y}\right)^2}{\dfrac{\left(\dfrac{s_X^2}{n_X}\right)^2}{n_X - 1} + \dfrac{\left(\dfrac{s_Y^2}{n_Y}\right)^2}{n_Y - 1}}$$

然而若 ϕ 的值不是整數，則我們以無條件捨去法，取整數做為它的近似值。例如，若計算得 $\phi = 50.76$，則以 "50" 當做 ϕ 的近似值。因此，在兩常態母體變異數未知、且 $\sigma_X^2 \neq \sigma_Y^2$ 場合下，**兩母體平均數**之差，在**信任係數**為 $1 - \alpha$ 之下的**信任區間**是：

$$(\overline{X} - \overline{Y}) \pm t_{\phi, \frac{\alpha}{2}} \sqrt{\frac{s_X^2}{n_X} + \frac{s_Y^2}{n_Y}}$$

而在**樣本數非常大**的情況下（ n_X, n_Y 都大於或等於 100），由於 s_X^2, s_Y^2 都具一致性，因此 s_X^2, s_Y^2 都分別接近於各自的母體變異數 σ_X^2, σ_Y^2，因此

$$\frac{(\overline{X} - \overline{Y}) - (\mu_X - \mu_Y)}{\sqrt{\dfrac{s_X^2}{n_X} + \dfrac{s_Y^2}{n_Y}}} \dot{\sim} N(0, 1)$$

所以 $\mu_X - \mu_Y$ 在信任水準為 $1 - \alpha$ 之下的信任區間是：

$$(\overline{X} - \overline{Y}) \pm Z_{\frac{\alpha}{2}} \sqrt{\frac{s_X^2}{n_X} + \frac{s_Y^2}{n_Y}}$$

【例 9-10】

某養雞場採用 A、B 兩種飼料，今分別獨立觀察餵 A 種飼料的雞 30 隻，餵 B 種飼料的雞 25 隻，而有下面的資料：

飼料 ＼ 雞重量	餵 A 種飼料	餵 B 種飼料
平均數	1.5 公斤	1.2 公斤
標準差	0.3 公斤	0.2 公斤

若已知餵 A、B 兩種飼料之雞的重量分別呈常態分配，而變異數彼此不相等。試利用上面資料對餵 A、B 兩種飼料之雞重量平均數之差進行區間估計（信任水準 0.95）。

【解】

令 X, Y 分別代表餵 A、B 兩種飼料之雞重量，已知 $X \sim N(\mu_X, \sigma_X^2)$，$Y \sim N(\mu_Y, \sigma_Y^2)$，且 $\sigma_X^2 \neq \sigma_Y^2$，又兩組獨立隨機樣本資料如下：

$$\overline{X}_0 = 1.5 \text{公斤}, \quad s_X^2 = (0.3)^2, \quad n_X = 30$$

$$\overline{Y}_0 = 1.2 \text{公斤}, \quad s_Y^2 = (0.2)^2, \quad n_Y = 25$$

$$\therefore \frac{(\overline{X} - \overline{Y}) - (\mu_X - \mu_Y)}{\sqrt{\dfrac{s_X^2}{n_X} + \dfrac{s_Y^2}{n_Y}}} \overset{.}{\sim} t_\phi$$

而

$$\phi = \frac{\left(\dfrac{s_X^2}{n_X} + \dfrac{s_Y^2}{n_Y}\right)^2}{\dfrac{\left(\dfrac{s_X^2}{n_X}\right)^2}{n_X - 1} + \dfrac{\left(\dfrac{s_Y^2}{n_Y}\right)^2}{n_Y - 1}}$$

$$= \frac{\left(\dfrac{0.09}{30} + \dfrac{0.04}{25}\right)^2}{\dfrac{\left(\dfrac{0.09}{30}\right)^2}{30 - 1} + \dfrac{\left(\dfrac{0.04}{25}\right)^2}{25 - 1}}$$

$$= 50.76$$

$$= 50$$

$$\therefore t_{\phi, \frac{\alpha}{2}} = t_{50, 0.025} = 2.01$$

$$\therefore \mu_X - \mu_Y \text{的信任區間為：}$$

$$(\overline{X}_0 - \overline{Y}_0) \pm t_{\phi, \frac{\alpha}{2}} \sqrt{\frac{s_X^2}{n_X} + \frac{s_Y^2}{n_Y}}$$

$$=(1.5 - 1.2) \pm 2.01 \sqrt{\frac{0.09}{30} + \frac{0.04}{25}}$$

$$=0.3 \pm 0.136$$

∴ 在信任水準為 0.95 之下，餵 A、B 兩種飼料之雞重量平均數之差
$(\mu_X - \mu_Y)$ 的信任區間是 0.164 公斤 ～ 0.436 公斤。

三、兩母體彼此不獨立

　　第三節之一、二小節都是以獨立隨機抽樣方法，從兩個彼此獨立之
母體抽取樣本，然後去對兩獨立常態母體平均數之差，進行區間估計。
然而很多場合下，兩母體彼此並不獨立，此時我們應以彼此相依的抽樣
方法（或稱「成對的抽樣」 Paired Sampling or Matched Sampling）抽取
樣本，而後對兩母體平均數之差進行區間估計。下面的例子都是以「成
對抽樣」的方法觀察樣本資料。

【例 9-11】

某醫生為探討 A 種減肥食譜的效果，乃從一大群肥胖者中隨機抽出
20 人，讓其試驗 A 種減肥食譜兩個月，試驗前度量該 20 人之體重，
試驗兩個月後再度量該 20 人之體重。並以該 20 個人試驗前、後平
均體重之差，對全體肥胖者（母體）進食 A 種減肥食譜前、後平均
體重之差，進行估計。

　　於此例子下，若以 X、Y 分別代表全體肥胖者（母體）每個人進
食 A 種減肥食譜之前及進食 A 種減肥食譜兩個月之後的體重。而某
一個人進食 A 種減肥食譜後的體重，一般而言，與其進食前的體重
有所關聯，換句話說即 Y 母體與 X 母體彼此有關聯（兩母體彼此並
不獨立）。又若 X, Y 兩母體分別都呈常態分配，則

$$X \sim N(\mu_X, \sigma_X^2)$$
$$Y \sim N(\mu_Y, \sigma_Y^2)$$
且 X, Y 彼此不獨立

而兩母體平均數之差 $(\mu_X - \mu_Y)$ 即是指全體肥胖者進食 A 種減肥食譜前、後平均體重之差。而被隨機抽中之 20 人，我們不但觀察其進食前 (X) 之體重，也觀察其進食後之體重 (Y)，因此這 20 人的體重不但組成了從 X 母體抽出之樣本，也組成了從 Y 母體抽出之樣本。上述情況就是從 X 及 Y 母體**成對的抽樣**（彼此相依的抽樣）。而我們即是利用該 20 人進食前體重之平均數 $(\overline{X})$ 與進食後體重之平均數 $(\overline{Y})$ 之差 $(\overline{X} - \overline{Y})$，對 $\mu_X - \mu_Y$ 進行點估計及區間估計。

【例 9-12】

某經濟學家想分析**夫妻都就業**之家庭，「性別」對「所得」之影響。乃從所有夫妻都就業之家庭中隨機抽出 100 個家庭，並觀察此 100 個家庭丈夫及其妻子之所得，而以此 100 個家庭丈夫所得之平均數 $(\overline{X})$ 與此 100 個家庭妻子所得之平均數 $(\overline{Y})$ 之差去估計**夫妻都就業**之全體家庭，丈夫平均所得 (μ_X) 與妻子平均所得 (μ_Y) 之差。

【例 9-13】

某甲為探討蘋果從梨山**產地**輸送至臺北**零售市場**，重量的**損耗**情形。乃隨機從產地抽取 50 個蘋果，並測其重量、求其平均數 $(\overline{X})$，而該 50 個蘋果輸送至臺北零售市場後，再測其重量、並求其平均數 $(\overline{Y})$。再以 $\overline{X} - \overline{Y}$ 估計蘋果於產地的平均重量 (μ_X)，與蘋果於零售市場的平均重量 (μ_Y) 之差，以探討其重量由產地到零售市場的損耗情形。

　　以上的三個例子都是 X、Y 二母體彼此不獨立情形下，以成對抽樣方法抽取樣本，然後以樣本平均數之差 $(\overline{X} - \overline{Y})$，對兩母體平均數之差 $(\mu_X - \mu_Y)$，進行估計。事實上，上面的例子都是 X 母體的每一個體，在 Y 母體上都有其對應的個體，因此我們基本上可以先將 X、Y 兩母體縮減為一個母體，稱為 D 母體($D = X - Y$)。設若 X 母體有 N 個個體，則這 N 個個體在 Y 母體上都有其對應的 Y 值，而縮減後的 D 母體，即是指每一個個體其 X 值與其對應的 Y 值之差，因此 D 母體也有 N 個個體，如下所示：

X	Y	$D = X - Y$
x_1	y_1	$d_1 = x_1 - y_1$
x_2	y_2	$d_2 = x_2 - y_2$
$\vdots$	$\vdots$	$\vdots$
x_N	y_N	$d_N = x_N - y_N$

而若 X、Y 都呈常態分配，且平均數、變異數分別為 μ_X、μ_Y 及 σ_X^2、σ_Y^2，即

$$X \sim N(\mu_X, \sigma_X^2)$$

$$Y \sim N(\mu_Y, \sigma_Y^2)$$

則 D 母體也呈常態分配，其平均數、變異數分別為：

平均數：$\mu_D = E(D) = E(X - Y) = E(X) - E(Y) = \mu_X - \mu_Y$

變異數：$\sigma_D^2 = V(D) = V(X - Y) = V(X) + V(Y) - 2\mathrm{Cov}(X, Y)$

$$= \sigma_X^2 + \sigma_Y^2 - 2\sigma_{XY}$$

即　　　$D \sim N(\mu_D = \mu_X - \mu_Y, \sigma_D^2 = \sigma_X^2 + \sigma_Y^2 - 2\sigma_{XY})$

如此，當我們把 X、Y 兩母體縮減為 D 母體後，從 X、Y 兩母體成對的抽樣（樣本數為n）就可視為從 D 母體抽取 n 個樣本，而樣本平均數 $\overline{D} = \dfrac{\sum\limits_{i=1}^{n} D_i}{n}$（$D_i$ 為抽出之第 i 個樣本，其 X 值與對應之 Y 值兩者之差），因此 $\overline{D} = \overline{X} - \overline{Y}$，且 $\overline{D}$ 的分配如下：

$$\overline{D} \sim N(\mu_{\overline{D}} = \mu_D, \sigma_{\overline{D}}^2 = \frac{\sigma_D^2}{n})$$

或　　　$$\frac{\overline{D} - \mu_D}{\sqrt{\dfrac{\sigma_D^2}{n}}} \sim N(0,1)$$

因此，對於兩彼此不獨立的常態母體而言，它們的平均數之差（μ_D 或$\mu_X - \mu_Y$）在信任水準$1 - \alpha$ 之下的信任區間，就如下面所示：

(1)σ_D^2值已知或σ_X^2、σ_Y^2 及 σ_{XY} 值都已知情況下，兩不獨立常態母體平均數之差（μ_D 或$\mu_X - \mu_Y$）的信任區間為：

$$\overline{D} \pm Z_{\frac{\alpha}{2}} \sqrt{\frac{\sigma_D^2}{n}} \quad 或 \quad (\overline{X} - \overline{Y}) \pm Z_{\frac{\alpha}{2}} \sqrt{\frac{\sigma_X^2 + \sigma_Y^2 - 2\sigma_{XY}}{n}}$$

（兩母體若不呈常態分配，但樣本數足夠大情況下，上面所述，仍然成立）。

(2)σ_D^2值未知或σ_X^2、σ_Y^2 及 σ_{XY} 值未知情況下，我們以 $s_D^2 \Big(= \dfrac{1}{n-1} \sum\limits_{i=1}^{n}$ $(D_i - \overline{D})^2 \Big)$ 估計 σ_D^2，此時統計量 $\dfrac{\overline{D} - \mu_D}{\sqrt{\dfrac{s_D^2}{n}}}$是呈 t分配，其自由度為$n-1$。

於此情況時，兩彼此不獨立常態母體平均數之差的信任區間是：

$$\overline{D} \pm t_{\frac{\alpha}{2}} \sqrt{\frac{s_D^2}{n}}$$

或　　　$$(\overline{X} - \overline{Y}) \pm t_{\frac{\alpha}{2}} \sqrt{\frac{s_X^2 + s_Y^2 - 2s_{XY}}{n}} \ \text{(註 4)}$$

【例 9-14】

已知臺北市**夫妻都就業**的家庭中，丈夫月所得的標準差為N.T.\$3000，妻子月所得的標準差為 N.T.\$2000，且丈夫與妻子所得的**共變異數**為(N.T. \$1500)^2。今從這些家庭中隨機抽出 100 個家庭，發現丈夫所得平均數為N.T.\$23000，妻子所得平均數為 N.T.\$18000。試利用此資料估計臺北市夫妻都就業之家庭，丈夫與妻子月所得平均水準之差（信任係數為 0.954）。

【解】

令 X、Y 分別代表臺北市夫妻都就業之家庭丈夫及妻子的月所得。根據題意：

$$X \sim (\mu_X, \sigma_X^2 = (3000)^2)$$

$$Y \sim (\mu_Y, \sigma_Y^2 = (2000)^2)$$

且 X、Y 彼此不獨立，其 $\sigma_{XY} = (1500)^2$

若令 $D = X - Y$，則

$$D \sim (\mu_X - \mu_Y, \sigma_D^2 = (3000)^2 + (2000)^2 - 2(1500)^2 = 8500000)$$

從 D 母體抽樣（樣本數 $n = 100$），得

$$\overline{X} = 23000, \ \overline{Y} = 18000$$

即　　　$\overline{D_0} = \overline{X} - \overline{Y} = 5000$

而 C.C.= 0.954, $Z_{\frac{\alpha}{2}} = 2$。又樣本數足夠大，因此，$\mu_X - \mu_Y$ 在信任係數 0.954 之下的信任區間是：

$$5000 \pm 2\sqrt{\frac{8500000}{100}} = 5000 \pm 583$$

即　　　N.T.\$4417 ~ N.T.\$5583

【例 9-15】

已知蘋果於**產地**及輸送至臺北**零售市場**之重量，分別都呈**常態分配**。
今於產地隨機抽出 10 個蘋果，測其重量，並將該 10 個蘋果於輸送至
臺北零售市場後，再測其重量，分別得到資料如下：

樣本蘋果	蘋果於產地之重量 (X)	蘋果於輸送至臺北零售市場時之重量 (Y)	$D = X - Y$	$D - \overline{D}$
第 1 個	159 公克	150 公克	9 公克	4 公克
2	130	125	5	0
3	167	160	7	2
4	145	142	3	−2
5	160	154	6	1
6	160	152	8	3
7	141	141	0	−5
8	155	150	5	0
9	163	159	4	−1
10	138	135	3	−2

試利用上述資料，對蘋果於**產地**之平均重量與於臺北市**零售市場**之平
均重量之差，進行區間估計 (C.C.= 0.95)。

【解】

令 $D = X - Y$，則 10 個樣本蘋果之 D 值如上：

$$\therefore \overline{D} = \frac{9+5+7+3+6+8+0+5+4+3}{10} = 5$$

$$s_D^2 = \frac{1}{10-1}[(9-5)^2 + (5-5)^2 + \cdots + (3-5)^2] = \frac{64}{9}$$

由於 σ_D^2 未知，$\therefore$ 以 s_D^2 估計之，而

$$\therefore \frac{\overline{D} - \mu_D}{\sqrt{\dfrac{s_D^2}{n}}} \sim t_{n-1}$$

$$\text{C.C.} = 0.95, \ t_{9,0.025} = 2.262$$

因此，蘋果於產地之平均重量 (μ_X) 與於臺北市零售市場之平均重量 (Y) 之差（即 μ_D 或 $\mu_X - \mu_Y$），在信任水準 0.95 之下的信任區間是：

$$5 \pm 2.262 \sqrt{\frac{64/9}{10}} = 5 \pm 1.907$$

即　　　　3.093 公克～6.907 公克

第四節　母體比例的區間估計

二項母體中，具有某特性之個體所占的比例（即母體比例，以 p 表示之）雖然是常數，但其值往往未知。設若我們從二項母體隨機抽取樣本（樣本數 n），則樣本中具有某特性之個體所占比例（樣本比例，以 p' 表示之），是母體比例的不偏誤估計式，因此我們通常選擇以「樣本比例」構成一個區間，並以該區間對母體比例進行區間估計。

由於樣本比例的抽樣分配，是間斷的二項分配，如下所示：

$$p' \sim b(p, \frac{pq}{n}), \ q = 1 - p$$

因此統計學家利用二項分配，以樣本比例對母體比例進行區間估計，其方法將於本章第四節之二加以介紹。然而由於在樣本數很大的情況下，樣本比例 p' 接近常態分配，因此在大樣本下，我們可以 p' 並採用常態分配，對母體比例 p 進行區間估計。

一、大樣本下母體比例的信任區間

根據中央極限定理，在樣本數很大 $(n \geq 100)$ 的情況下，樣本比例接近於常態分配，即

$$p' \stackrel{.}{\sim} N\left(p, \frac{pq}{n}\right), \quad n \geq 100$$

因此可得:

$$P_r\left(p' - Z_{\frac{\alpha}{2}}\sqrt{\frac{pq}{n}} \leq p \leq p' + Z_{\frac{\alpha}{2}}\sqrt{\frac{pq}{n}}\right) = 1 - \alpha \qquad (9-19)$$

或 $\qquad P_r\left(p' - Z_{\frac{\alpha}{2}}\sqrt{\frac{p(1-p)}{n}} \leq p \leq p' + Z_{\frac{\alpha}{2}}\sqrt{\frac{p(1-p)}{n}}\right) = 1 - \alpha \qquad (9-19)'$

上式中, p' 的標準差 $\left(\sqrt{\dfrac{p(1-p)}{n}}\right)$ 決定於未知數 p, 因此我們必須先加

以估計。一般而言, 我們以 $\sqrt{\dfrac{p'(1-p')}{n}}$ 估計之, 所以, **母體比例**在信任

係數 $1 - \alpha$ 之下的**漸近信任區間**是:

$$p' \pm Z_{\frac{\alpha}{2}}\sqrt{\frac{p'(1-p')}{n}}, \quad n \geq 100$$

【例 9-16】

若從臺灣各醫學院醫科學生中, 隨機抽取 100 名, 發現其中有 20 名是
因為自己的興趣而選擇了醫科。試問臺灣的醫科學生中, 以興趣取向
的比例如何? (信任係數 95.4%)

【解】

按題意:

$$p' = 0.2, \quad \sqrt{\frac{p'(1-p')}{n}} = \sqrt{\frac{0.2(0.8)}{100}} = 0.04$$

$$Z_{\frac{\alpha}{2}} = Z_{0.023} = 2$$

∴母體比例 p 的信任區間是 $0.2 \pm 2(0.04)$。

因此, 臺灣的醫科學生中, 以興趣取向的比例在信任水準 95.4% 下,
是介於 $0.12 \sim 0.28$ 之間。

二、母體比例信任區間圖解法——大樣本或小樣本

不管樣本數大或小，對於某一信任水準（例如 95% 下），母體比例之信任區間的求算，我們可以利用 Clopper and Pearson (1934)的方形圖解得。例如我們若隨機觀察某廠產品 20 件，而發現其中有 8 件為不良品，今若欲對該廠產品不良率進行區間估計，則我們可先根據觀察之樣本，計算樣本比例 $p' = \dfrac{8}{20} = 0.4$，而後在 Clopper and Pearson 圖（如圖 9-6）的橫軸 (p') 找到 $p' = 0.4$，並畫一垂直線。其次找出該垂直線與 $n = 20$ 的兩條信任帶 (Confidence Belt) 相交的 A, B 兩點，並讀出該兩點對應於縱軸 (p) 之數值，分別是 0.18 和 0.65，而該兩數值即為母體比例信任區間的下限和上限，因此某廠產品不良率在信任水準 95% 下，其信任區間是：

$$0.18 \leq p \leq 0.65$$

至於 $n = 20$（或 $n = 10, 15, 30, \cdots, 1000$）之下，該兩條信任帶是如何構成？又我們為何可以 A, B 兩點對應縱軸之數值，去構成母體比例之信任區間？這些問題，簡要說明於下：

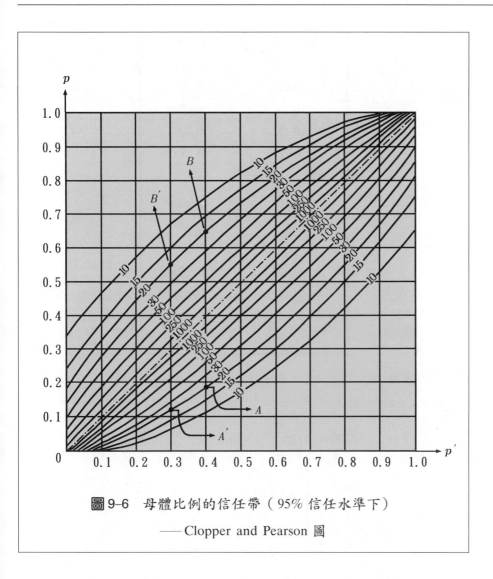

圖 9-6 母體比例的信任帶（95% 信任水準下）

——Clopper and Pearson 圖

若已知母體比例 $p = 0.2$，則從母體隨機抽取 20 個個體，樣本比例 p' 的機率分配如下：

樣本比例 p'	機率
0.00	0.0115
0.05	0.0576
0.10	0.1369
0.15	0.2054
0.20	0.2182
$\vdots$	$\vdots$
0.50	0.0020
0.55	0.0005
0.60	0.0001
0.65	0.0000
0.70	0.0000
$\vdots$	$\vdots$
1.00	0.0000

或如圖 9–7 所示。

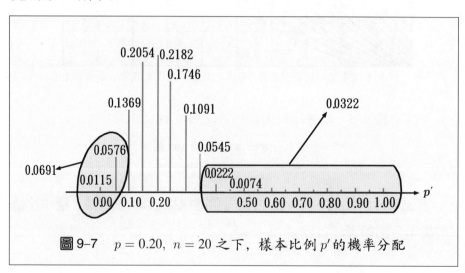

圖 9–7　$p = 0.20$, $n = 20$ 之下，樣本比例 p' 的機率分配

而若　　　$P_r(a < p' < b) = 0.95$

即　　　$\begin{cases} P_r(p' \le a) = 0.025 \\ P_r(p' \ge b) = 0.025 \end{cases}$，則我們可以**粗略補插法**找出 a, b 值。

從 p' 的機率分配：

$$P_r(p' \le 0.00) = 0.0115$$

$$P_r(p' \le 0.05) = 0.0691$$

因此 a 值必介於 0.00 與 0.05 之間。補插結果，我們發現 $a \doteq 0.012$

又　　　$P_r(p' \ge 1.00) = 0.0000$

$$P_r(p' \ge 0.65) = 0.0000$$

$$P_r(p' \ge 0.60) = 0.0001$$

$$P_r(p' \ge 0.55) = 0.0006$$

$$P_r(p' \ge 0.50) = 0.0026$$

$$P_r(p' \ge 0.45) = 0.0100$$

$$P_r(p' \ge 0.40) = 0.0322$$

因此 b 值必介於 0.45 與 0.40 之間。補插結果，我們得到 $b \doteq 0.416$。

其次再求 $n = 20$ 之下，母體比例 p 若為 0.3（或 $p = 0.4, 0.5, 0.6, \cdots$），其樣本比例 p' 落在 a 與 b 之間的機率為 0.95 時，a, b 之值各為多少？如此把 $n = 20$ 時，某一個母體比例數值之下，對應的 a 值（$P_r(p' \le a) = 0.025$）連成圓滑的曲線，也把該母體比例數值下，對應的 b 值（$P_r(p' \ge b) = 0.025$）連成圓滑的曲線。這兩條曲線即是 $n = 20$ 之下，**母體比例的信任帶**（信任水準 0.95）。

從上面的說明，若已知母體比例 $p = 0.2$，在 $n = 20$ 之下，則樣本比例 p' 介於 $a(= 0.012)$ 到 $b(= 0.416)$ 之間的機率為 0.95。於此情況下，假如

觀察一組樣本，其樣本比例$p' = 0.30, (a < p' = 0.30 < b)$，並從 $p' = 0.30$ 處畫一垂直線，該垂直線與兩條信任帶的交點為 A', B'（見圖 9-6）。並以 A', B' 兩點讀出其對應之縱軸的數值（分別為 0.12 及 0.55），而構成一個區間，則此區間會把母體比例的真值 (0.2) 包含在內。又若觀察一組樣本，其樣本比例$p' = 0.10$，$(a < p' = 0.10 < b)$，則用上述方法構成一個區間 $(0.02 \sim 0.32)$，此區間也會把母體比例的真值包含在內。但若觀察一組樣本，其樣本比例 $p' = 0.80(> b)$，即 p' 不落在 a 至 b 之間，則用上述方法構成一個區間 $(0.55 \sim 0.95)$，此區間不會把母體比例的真值包含在內。綜言之，只要觀察到的樣本比例，落在 a 至 b 之間，則用上述方法對母體比例構成的信任區間，都會把母體比例的真值包含在內，而若觀察到的樣本比例，落在 a 至 b 以外，則用上述方法對母體比例構成信任區間，此區間將不會把母體比例的真值包含在內。然而，所有可能的樣本組合中，有 95% 的樣本組合，其樣本比例介於 a 至 b 之間，因此在長期下，如果我們採用上述的方法，對母體比例進行區間估計，則將有 95% 的信任區間會把母體比例的真值包含在內。

從上面的說明，我們知道「為何我們可以運用 Clopper and pearson 圖，去求算母體比例的區間估計值」，不過，當我們利用「Clopper and Pearson 圖」，以樣本比例對母體比例進行區間估計時，有兩點值得注意：

⑴母體比例 p 之信任區間，並不是以樣本比例 p' 為中心點。換句話說，母體比例之信任區間的上下限，並不對稱於樣本比例。如前述，在樣本數 $n = 20$，觀察到的樣本比例為 $p' = 0.40$ 的例子下，母體比例 p 的信任區間（信任水準 95%）為：

$$0.18 \leq p \leq 0.65$$

而 0.18 至 0.65 此區間的中心點為 0.415，並不等於樣本比例 0.40。或者

說，母體比例的上限與樣本比例觀察值的距離 (0.65 − 0.40 = 0.25)，並不等於其下限與樣本比例觀察值的距離 (0.40 − 0.18 = 0.22)。這種現象乃是因為樣本比例的機率分配並不呈對稱分配（除非原母體比例為 0.5、或樣本數非常大，樣本比例才呈對稱分配）。

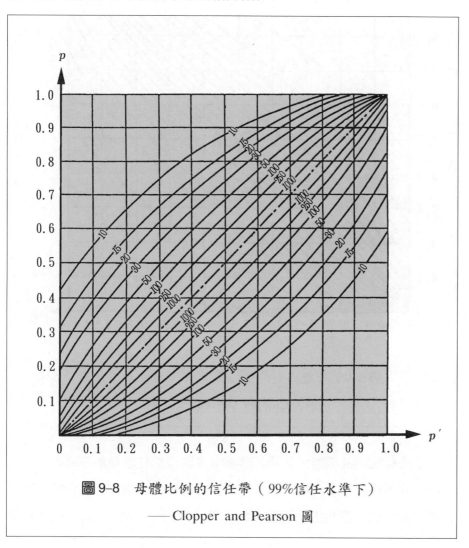

圖 9-8　母體比例的信任帶（99%信任水準下）

——Clopper and Pearson 圖

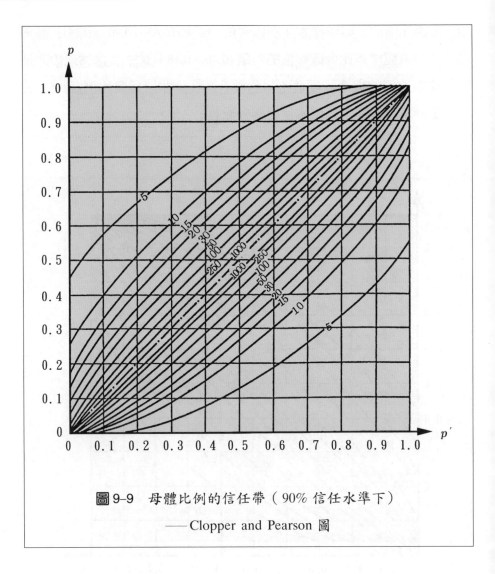

圖9-9　母體比例的信任帶（90% 信任水準下）
——Clopper and Pearson 圖

　　(2)母體比例的兩條信任帶，隨著樣本數或信任水準的不同而不同。在固定的信任水準下，樣本數若增大，母體比例的信任帶將內縮。讀者可思考其原因。而在固定的樣本數之下（例如 $n = 20$），若信任水準增大（由 95% 增為 99%），則母體比例的信任帶外擴，因此對母體比例進行區間估計時，若信任水準為 99%（或 90%），圖 9-6 不再適用，而應改用圖 9-8（或圖9-9）的「Clopper and Pearson 圖」。

第五節　兩母體比例之差的區間估計

前面曾說明如何對兩常態母體平均數之差 $(\mu_X - \mu_Y)$ 進行區間估計（見本章三節）。今若兩母體不是常態母體，而都是二項母體且彼此獨立，其母體比例分別為 p_1, p_2，則對於**兩母體比例之差** $(p_1 - p_2)$ 而言，我們應如何進行估計呢？首先我們必須找出其**點估計式**，並求此點估計式的**抽樣分配**，而後再進行區間估計。

若從兩獨立二項母體彼此獨立地各抽 n_1, n_2 個個體，並以**兩樣本比例**（分別為 p'_1, p'_2）**之差**，做為 $p_1 - p_2$ 之點估計式。然而，我們選「$p'_1 - p'_2$」做為點估計式，乃因為兩樣本比例之差 $(p'_1 - p'_2)$ 是兩母體比例之差 $(p_1 - p_2)$ 的不偏誤估計式，即

$$E(p'_1 - p'_2) = E(p'_1) - E(p'_2)$$

$$= p_1 - p_2$$

而 $p'_1 - p'_2$ 的**變異數**為：

$$V(p'_1 - p'_2) = V(p'_1) + V(p'_2)$$

$$= \frac{p_1(1 - p_1)}{n_1} + \frac{p_2(1 - p_2)}{n_2}$$

因此，若 n_1, n_2 都非常大，則 $p'_1 - p'_2$ 的抽樣分配幾乎接近常態分配，而如下所示：

$$p'_1 - p'_2 \sim N(p_1 - p_2, \frac{p_1(1 - p_1)}{n_1} + \frac{p_2(1 - p_2)}{n_2})$$

因此我們可得：

$$P_r \left[(p'_1 - p'_2) - Z_{\frac{\alpha}{2}} \sqrt{\frac{p_1(1 - p_1)}{n_1} + \frac{p_2(1 - p_2)}{n_2}} \le (p_1 - p_2) \right.$$

$$\leq (p_1' - p_2') + Z_{\frac{\alpha}{2}} \sqrt{\frac{p_1(1-p_1)}{n_1} + \frac{p_2(1-p_2)}{n_2}} \,\Bigg] = 1 - \alpha \qquad (9\text{--}20)$$

上式中，$p_1' - p_2'$ 的標準差 $\left(\sqrt{\frac{p_1(1-p_1)}{n_1} + \frac{p_2(1-p_2)}{n_2}} \right)$ 決定於未知數 p_1 及 p_2，因此必須先加以估計。一般情況下，我們以 p_1' 估計 p_1，以 p_2' 估計 p_2。因此，**兩母體比例之差**（在信任係數 $1 - \alpha$ 之下）的漸近信任區間是：

$$(p_1' - p_2') \pm Z_{\frac{\alpha}{2}} \sqrt{\frac{p_1'(1-p_1')}{n_1} + \frac{p_2'(1-p_2')}{n_2}}$$

但 n_1, n_2 非常大 $(n_1, n_2 \geq 100)$。

【例 9-17】

有人認為，臺電公司員工中「贊成興建核四廠的比例」是否足以代表全體住民的看法，應參考「臺電公司員工贊成的比例 (p_1)，與非臺電公司員工贊成的比例 (p_2)，兩者之差，即 $p_1 - p_2$」。今若從臺電公司隨機觀察 100 名員工，發現其中 40 名贊成興建核四廠。再從非臺電員工之住民中，獨立地隨機抽 500 名，發現有 50 名住民贊成興建核四廠。試對 $p_1 - p_2$ 構成 95% 信任水準下的信任區間。

【解】

按題意：

$$p_1' = \frac{40}{100} = 0.4$$

$$p_2' = \frac{50}{500} = 0.1$$

$$\sqrt{\frac{p_1'(1-p_1')}{n_1} + \frac{p_2'(1-p_2')}{n_2}} = \sqrt{\frac{0.4(0.6)}{100} + \frac{0.1(0.9)}{500}} = 0.051$$

$$Z_{\frac{\alpha}{2}} = Z_{0.025} = 1.96$$

因此，兩母體比例之差 $(p_1 - p_2)$ 的信任區間（在信任水準 95% 之下）

是：

$$(0.4 - 0.1) \pm 1.96(0.051)$$

或　　　　0.3 ± 0.1

亦即　　　$0.2 \sim 0.4$

第六節　母體變異數的區間估計

許多情況下，我們很可能想要對母體變異數進行區間估計。例如欲對光泉盒裝（236c.c.）鮮奶容量的變異數估計，以了解其自動化裝奶機器是否正常運作，或對臺灣地區家庭所得的變異數估計，以了解家庭所得分配不均度的情形。

一般而言，我們選擇具不偏性的樣本變異數，做為母體變異數的點估計式。但母體變異數之區間估計式是否以樣本變異數為基礎而構成，將因母體平均數之值的未知或已知而有所不同，以下就母體平均數之值為未知，或已知，分別說明如何對母體變異數進行區間估計。

一、母體平均數未知情況下母體變異數的區間估計

若 X 為常態或接近常態之母體，其平均數為 μ_X，變異數為 σ_X^2（即 $X \sim N(\mu_X, \sigma_X^2)$），但 μ_X 之值未知。於此情況下，我們以樣本變異數 (s_X^2) 為基礎，對母體變異數構成區間估計式。由於統計量 $\dfrac{(n-1)s_X^2}{\sigma_X^2}$ 係呈自由度為 $n-1$ 之卡方分配（見本章第二節，又 n 為樣本數），即：

$$\frac{(n-1)s_X^2}{\sigma_X^2} \sim \chi_{n-1}^2$$

因此,

$$P_r\left(\chi^2_{n-1,1-\frac{\alpha}{2}} \leq \frac{(n-1)s^2_X}{\sigma^2_X} \leq \chi^2_{n-1,\frac{\alpha}{2}}\right) = 1 - \alpha \qquad (9\text{--}21)$$

上式可寫成:

$$P_r\left(\frac{(n-1)s^2_X}{\chi^2_{n-1,\frac{\alpha}{2}}} \leq \sigma^2_X \leq \frac{(n-1)s^2_X}{\chi^2_{n-1,1-\frac{\alpha}{2}}}\right) = 1 - \alpha \qquad (9\text{--}22)$$

式 (9–22) 即是在**母體平均數之值未知**情況下，我們以**樣本變異數**為基礎，構成一個區間，即

$$\frac{(n-1)s^2_X}{\chi^2_{n-1,\frac{\alpha}{2}}} \sim \frac{(n-1)s^2_X}{\chi^2_{n-1,1-\frac{\alpha}{2}}}$$

並以該區間對**母體變異數**進行**區間估計**（信任水準為 $1 - \alpha$）。

【例 9–18】

若光泉公司新購一部自動化裝奶機器，以注裝 236c.c. 盒裝之鮮奶。此機器若在正常運作情況下，則所注裝之各盒鮮奶的標準差不得超過 1.5c.c., 亦即變異數小於 (1.5c.c.)^2。今觀察 30 盒鮮奶，發現其變異數為 2.5，試對該機器所注裝之各盒鮮奶的變異數進行區間估計（信任水準 90%）。

【解】

令 X 為該部機器所注裝之各盒鮮奶容量（單位: c.c.）。若 X 為常態分配，則 $X \sim N(\mu_X, \sigma^2_X)$，$\mu_X$ 之值未知，因此採式 (9–20) 求母體變異數之信任區間。按題意:

樣本數 $n = 30$

樣本變異數 $s^2_X = 2.5$

查附錄表 (8B) 及 (8A), 得

$$\begin{cases} \chi^2_{29,0.05} = 42.6 \\ \chi^2_{29,1-0.05} = \chi^2_{29,0.95} = 17.7 \end{cases}$$

所以，母體變異數 σ_X^2 的信任區間是：

$$\frac{(30-1)(2.5)}{42.6} \sim \frac{(30-1)(2.5)}{17.7}$$

亦即該機器所注裝之各盒鮮奶的變異數，在信任水準 90% 之下，其信任區間是：

$$1.702 \le \sigma_X^2 \le 4.096$$

二、母體平均數已知情況下母體變異數的區間估計

若 $X \sim N(\mu_X, \sigma_X^2)$，而 μ_X 之值已知。於此情況下，為充分運用已有的訊息（已知之 μ_X），我們將選擇以 $\overset{\Delta}{\sigma_x^2}\left[=\frac{1}{n}\sum\limits_{i=1}^{n}(x_i-\mu_x)^2\right]$ 為基礎，對母體變異數進行區間估計。而統計量 $\frac{n\overset{\Delta}{\sigma_x^2}}{\sigma_x^2}\left[=\sum\limits_{i=1}^{n}\left(\frac{X_i-\mu_X}{\sigma_X}\right)^2\right]$ 係呈自由度為 n 之卡方分配（見本章第二節，又 X_i 是抽出之第 i 個樣本），即

$$\sum_{i=1}^{n}\left(\frac{X_i-\mu_X}{\sigma_X}\right)^2 = \frac{\sum\limits_{i=1}^{n}(X_i-\mu_X)^2}{\sigma_X^2} \sim \chi_n^2$$

因此，

$$P_r\left(\chi_{n,1-\frac{\alpha}{2}}^2 \le \frac{\sum\limits_{i=1}^{n}(X_i-\mu_X)^2}{\sigma_X^2} \le \chi_{n,\frac{\alpha}{2}}^2\right) = 1-\alpha \tag{9-23}$$

$$P_r\left(\frac{\sum\limits_{i=1}^{n}(X_i-\mu_X)^2}{\chi_{n,\frac{\alpha}{2}}^2} \le \sigma_X^2 \le \frac{\sum\limits_{i=1}^{n}(X_i-\mu_X)^2}{\chi_{n,1-\frac{\alpha}{2}}^2}\right) = 1-\alpha \tag{9-24}$$

所以，若母體平均數之值為已知，在充分運用已有訊息的條件下，我們是以如下的區間：

$$\frac{\sum\limits_{i=1}^{n}(X_i - \mu_X)^2}{\chi^2_{n,\frac{\alpha}{2}}} \sim \frac{\sum\limits_{i=1}^{n}(X_i - \mu_X)^2}{\chi^2_{n,1-\frac{\alpha}{2}}}$$

去估計母體變異數（信任水準為 $1 - \alpha$）。

【例 9-19】

已知臺灣某社區家庭所得呈常態分配，且平均數為 300 千元。今若隨機抽取 10 個家庭，其所得（單位：N.T. 千元）為 208, 360, 480, 250, 295, 285, 180, 330, 412, 305。試據此資料求該社區家庭所得變異數的信任區間（信任水準 95%）。

【解】

令 X 為臺灣某社區之家庭所得，則

$$X \sim N(\mu_X, \sigma_X^2)，且 \ \mu_X = 300$$

由於母體平均數之值已知，因此採用式 (9-22) 求母體變異數之信任區間。

根據題意，得到：

X_i	$X_i - \mu_X$	$(X_i - \mu_X)^2$
208	−92	8464
360	60	3600
480	180	32400
250	−50	2500
295	−5	25
285	−15	225
180	−120	14400
330	30	900
212	−88	7744
305	5	25

$$\sum_{i=1}^{10} (X_i - \mu_X)^2 = 70283$$

查附錄表 (8B) 及 (8A)，得

$$\begin{cases} \chi^2_{10,0.025} = 20.5 \\ \chi^2_{10,1-0.025} = \chi^2_{10,0.975} = 3.25 \end{cases}$$

∴母體變異數 σ_X^2 的信任區間為：

$$\frac{70283}{20.5} \sim \frac{70283}{3.25}$$

亦即，該社區家庭所得變異數的信任區間（信任水準為 95%）是：

$$3428(千元)^2 \sim 21626(千元)^2$$

從上面的說明，以及例題的演算，我們知道如何對母體變異數進行區間估計。然而，當我們以樣本變異數對母體變異數進行區間估計時，下列數點我們仍須加以注意：

(1)**母體變異數** σ_X^2**的信任區間，並不以樣本變異數** s_X^2 **為中心點，**亦即母體變異數之信任區間的上下限，並不對稱於樣本變異數。如前例 9–15，在樣本數 $n = 30$，觀察到的樣本變異數為 $s_X^2 = 2.5$ 情況下，母體變異數的信任區間（信任水準 90%）為：

$$1.702 \le \sigma_X^2 \le 4.096$$

而 1.702 至 4.096 此區間的中心點為 2.899，並不等於樣本變異數 2.5。換句話說，母體變異數的上限與樣本變異數觀察值的距離 (4.096 − 2.5 = 1.596) 並不等於其下限與樣本變異數觀察值的距離(2.5 − 1.702 = 0.798)。此乃因為 $\dfrac{(n-1)s_X^2}{\sigma_X^2}$ 的抽樣分配是呈右偏的卡方分配之故。

(2)由於 $\dfrac{(n-1)s_X^2}{\sigma_X^2}$ 呈自由度為 $(n{-}1)$ 的卡方分配，其平均數為$(n-1)$，

變異數為 $2(n-1)$。而當樣本數 n 大時，統計量 $\dfrac{(n-1)s_X^2}{\sigma_X^2}$ 接近常態分配，即

$$\frac{(n-1)s_X^2}{\sigma_X^2} \dot{\sim} N((n-1), 2(n-1)),\ n\ 大$$

因此，若抽樣時，**樣本數 n 大**，我們可利用樣本變異數，採用**常態分配**以構成**母體變異數的信任區間**。從 $\dfrac{(n-1)s_X^2}{\sigma_X^2}$ 的接近常態分配，我們可得：

$$P_r\left((n-1)-Z_{\frac{\alpha}{2}}\sqrt{2(n-1)} \le \frac{(n-1)s_X^2}{\sigma_X^2} \le (n-1)+Z_{\frac{\alpha}{2}}\sqrt{2(n-1)}\right)$$
$$= 1-\alpha \tag{9-25}$$

$$P_r\left(\frac{(n-1)s_X^2}{(n-1)+Z_{\frac{\alpha}{2}}\sqrt{2(n-1)}} \le \sigma_X^2 \le \frac{(n-1)s_X^2}{(n-1)-Z_{\frac{\alpha}{2}}\sqrt{2(n-1)}}\right)$$
$$= 1-\alpha \tag{9-26}$$

或 $\qquad P_r\left(\dfrac{s_X^2}{1+Z_{\frac{\alpha}{2}}\sqrt{\dfrac{2}{n-1}}} \le \sigma_X^2 \le \dfrac{s_X^2}{1-Z_{\frac{\alpha}{2}}\sqrt{\dfrac{2}{n-1}}}\right) = 1-\alpha \qquad (9-26)'$

所以，**樣本數 n 大**情況下，**母體變異數**在**信任水準 $1-\alpha$ 之下的信任區間**是：

$$\frac{s_X^2}{1+Z_{\frac{\alpha}{2}}\sqrt{\dfrac{2}{n-1}}} \sim \frac{s_X^2}{1-Z_{\frac{\alpha}{2}}\sqrt{\dfrac{2}{n-1}}}$$

【例 9-20】

若臺北電信局隨機觀察 101 通市內電話之通話時間長度，發現其變異數為（ 0.5 分）²。試對臺北市內電話之通話時間長度的變異數，進行區間估計（信任係數 95%）。

【解】

令 X 為臺北市內電話之通話時間長度（單位: 分）。且若 $X \sim N(\mu_X, \sigma_X^2)$, 但 μ_X 之值未知。按題意:

$$\begin{cases} 樣本數 \quad n = 101 \\ 樣本變異數 \quad s_X^2 = (0.5)^2 = 0.25 \end{cases}$$

(a)查附錄表 (8B) 及 (8A), 得

$$\begin{cases} \chi^2_{100,0.025} = 129.6 \\ \chi^2_{100,1-0.025} = \chi^2_{100,0.975} = 74.2 \end{cases}$$

所以, 臺北市內電話通話時間長度的變異數 σ_X^2（在 95% 信任水準下）的信任區間是:

$$\frac{(101-1)(0.25)}{129.6} \sim \frac{(101-1)(0.25)}{74.2}$$

即 $\quad 0.1929 （分）^2 \leq \sigma_X^2 \leq 0.3369 （分）^2$

(b)由於 $n = 101$, 樣本數大, 因此可用式 (9-26)′ 對母體變異數 σ_X^2 進行區間估計。而 $Z_{0.025} = 1.96$, 因此臺北市內電話通話時間長度的變異數 σ_X^2（在 95% 信任水準下）的信任區間是:

$$\frac{0.25}{1 + 1.96\sqrt{\dfrac{2}{101-1}}} \sim \frac{0.25}{1 - 1.96\sqrt{\dfrac{2}{101-1}}}$$

即 $\quad 0.1957 （分）^2 \leq \sigma_X^2 \leq 0.3459 （分）^2$

　　(3)樣本標準差 s_X 雖然不是母體標準差 σ_X的不偏誤估計式 (註5), 但一般而言, 我們直覺地總是以樣本標準差去估計母體標準差。母體標準差於小樣本下, 其「確切」信任區間 (Exact Confidence Interval) 的導出過程, 相當複雜, 本書不擬介紹。而母體標準差 σ_X 於信任水準 $1-\alpha$ 之下「約略的」信任區間 (Approximate Confidence Interval), 則是將式 (9-20) 母體變異數之信任區間的下限及上限, 分別開方取正值, 即

$$\sqrt{\frac{(n-1)s_X^2}{\chi_{n-1,\frac{\alpha}{2}}^2}} \leq \sigma_X \leq \sqrt{\frac{(n-1)s_X^2}{\chi_{n-1,1-\frac{\alpha}{2}}^2}}$$

因此，就例 9–18 而言，光泉公司該機器所注裝之各盒鮮奶的標準差，在信任水準 90% 下的「漸近」信任區間為:

$$1.305\text{c.c.} = \sqrt{1.702} \leq \sigma_X \leq \sqrt{4.096} = 2.024\text{c.c.}$$

然而由於大樣本下，樣本標準差 s_X 接近於常態分配，且平均數為 σ_X，變異數為 $\frac{\sigma_X^2}{2n}$，即

$$s_X \mathrel{\dot\sim} N(\sigma_X, \frac{\sigma_X^2}{2n}), \ n \ 大 \ (註\,6)$$

所以，

$$\frac{s_X - \sigma_X}{\frac{\sigma_X}{\sqrt{2n}}} \mathrel{\dot\sim} N(0,1), \ n \ 大\,(n \geq 100)$$

因此我們可得:

$$P_r\left[-Z_{\frac{\alpha}{2}} \leq \frac{s_X - \sigma_X}{\frac{\sigma_X}{\sqrt{2n}}} \leq Z_{\frac{\alpha}{2}} \right] = 1 - \alpha \qquad (9-27)$$

$$P_r\left[\frac{s_X}{1 + \frac{Z_{\frac{\alpha}{2}}}{\sqrt{2n}}} \leq \sigma_X \leq \frac{s_X}{1 - \frac{Z_{\frac{\alpha}{2}}}{\sqrt{2n}}} \right] = 1 - \alpha \qquad (9-28)$$

因此，在大樣本時，我們可用式 (9–28) 對母體標準差進行區間估計。

【例 9–21】

若隨機觀察臺灣某大醫院的 100 名新生兒，發現其體重之標準差為 50 公克。試對該醫院新生兒體重之標準差進行區間估計（信任水準 95.4%）。

【解】

令 X 為某大醫院新生兒的體重，且若

$$X \sim N(\mu_X, \sigma_X^2)$$

而按題意：

樣本數　　$n = 100$（n 大）

樣本標準差　$s_X = 50$ 公克

$$Z_{\frac{\alpha}{2}} = Z_{0.023} = 2.0$$

因此，該醫院新生兒體重標準差 σ_X 的信任區間（信任水準 95.4%）是

$$\frac{50}{1 + \dfrac{2}{\sqrt{2(100)}}} \sim \frac{50}{1 - \dfrac{2}{\sqrt{2(100)}}}$$

即　　43.806 公克 $\leq \sigma_X \leq$ 58.234 公克

第七節　F 分配及兩母體變異數之比的區間估計

本章第三節我們曾述及在某些情況下，我們可能想了解 X, Y 兩獨立母體平均數之差值 $(\mu_X - \mu_Y)$ 的大小如何。同樣地，在另外的情況下，我們很可能也想探討 X, Y 兩獨立母體變異數之差值 $(\sigma_X^2 - \sigma_Y^2)$ 的問題。例如若已知 A、B 兩種品牌燈泡壽命之平均數彼此相等，此時消費者很可能想知道 A、B 兩種品牌燈泡壽命之變異數的差值如何？何者為小？以做為購買何種品牌之燈泡的參考。又如某生產袖珍型計算機之廠商，

若有 I 、II 兩部生產產品之機器，且已知 I 、II 兩部機器所生產之計算機的平均壽命，彼此相等，此時若廠商欲提供品質較整齊之產品，則有必要了解 I 、II 兩部機器生產之計算機壽命的變異數何者較大？何者較小？以做為決定「採用哪一部機器去生產產品」時的參考。凡此種種，我們都有必要了解 X, Y 兩母體變異數之差值的情形。

在統計學上，有關 X, Y 兩母體變異數之推論問題，我們是以 X, Y **兩母體變異數之比** $\left(\dfrac{\sigma_X^2}{\sigma_Y^2}\right)$，而不以兩母體變異數之差值 $(\sigma_X^2 - \sigma_Y^2)$，做為推論的對象。至於兩母體變異數之比 $\left(\dfrac{\sigma_X^2}{\sigma_Y^2}\right)$ 如何去估計的問題，首先我們必須選擇其**點估計式**，而後再決定其**區間估計式**。直覺地，我們是以 X, Y 兩母體**獨立隨機抽樣**而得之**兩樣本變異數之比** $\left(\dfrac{s_X^2}{s_Y^2}\right)$，做為**兩母體變異數之比** $\left(\dfrac{\sigma_X^2}{\sigma_Y^2}\right)$ 的點估計式，並據以對兩母體變異數之比構成某一信任水準之下的**信任區間**。即

兩 樣 本 變 異 數 之 比 $\left(\dfrac{s_X^2}{s_Y^2}\right)$（但獨立隨機抽樣）	估計 $\longrightarrow$	兩母體變異數之比 $\left(\dfrac{\sigma_X^2}{\sigma_Y^2}\right)$

然而，欲知如何利用兩樣本變異數之比 $(\dfrac{s_X^2}{s_Y^2})$，對兩母體變異數之比 $(\dfrac{\sigma_X^2}{\sigma_Y^2})$ 進行區間估計，勢必先了解 $\dfrac{s_X^2}{s_Y^2}$ 的**抽樣分配**。然而，我們能夠證明得到**統計量** $\dfrac{s_X^2/\sigma_X^2}{s_Y^2/\sigma_Y^2}$ 係呈所謂的 F **分配**，因此本節擬先介紹 F 分配，而後再介紹兩母體變異數之比 $(\dfrac{\sigma_X^2}{\sigma_Y^2})$ 的區間估計方法。

一、F 分配

> ### 定義 9-3　　F 分配
>
> 　　若隨機變數 U 呈**卡方分配**，其自由度為 ν_1，即 $U \sim \chi^2_{\nu_1}$，又若隨機變數 V 亦呈**卡方分配**，其自由度為 ν_2，即 $V \sim \chi^2_{\nu_2}$，而且 U 和 V 彼此**獨立**，則 $\dfrac{\dfrac{U}{\nu_1}}{\dfrac{V}{\nu_2}}$ 呈 **F 分配**，其**機率密度函數**為：
>
> $$f(F) = \frac{\left(\dfrac{\nu_1 + \nu_2}{2} - 1\right)!}{\left(\dfrac{\nu_1}{2} - 1\right)! \left(\dfrac{\nu_2}{2} - 1\right)!} \left(\frac{\nu_1}{\nu_2}\right)^{\frac{\nu_1}{2}} \frac{F^{\frac{\nu_1}{2} - 1}}{\left(1 + \dfrac{\nu_1 F}{\nu_2}\right)^{\frac{\nu_1 + \nu_2}{2}}}$$
>
> $0 \le F \le \infty$

　　F 分配是一連續隨機變數的機率分配，它是在 1920 年代初期，由英國統計學家 R. A. Fisher 導出的。為紀念 Fisher 的貢獻，因而名為 F 分配。F 隨機變數（或 F 分配），基本上有下列的特性：

　　⑴ F 隨機變數為非負值，即 F 分配的**值域**為 $0 \le F \le \infty$，此乃因為卡方隨機變數為非負值。

　　⑵ F 分配的**機率密度曲線**的形狀，隨自由度 ν_1（或 ν_2）的不同而不同，但都是呈**右偏**的分配，如圖 9-10 所示。而隨著自由度 ν_1（或 ν_2）的增大，F 分配的偏態程度減緩。此外，值得注意的是：F 隨機變數**分子**的**自由度**若為 4，**分母**的**自由度**若為 8，其機率密度曲線與另一 F 隨機變數（分子的自由度為 8，分母的自由度為 4）的機率密度曲線，彼此並不一致（彼此不重合）。因此，我們特別把 F 分配之分子及分母的自由

度標示出來。例如 $F_{4,8}$ 表示此 F 分配分子的自由度為 4，分母的自由度為 8。$F_{8,4}$ 則表示 F 分配分子的自由度為 8，分母的自由度為 4。

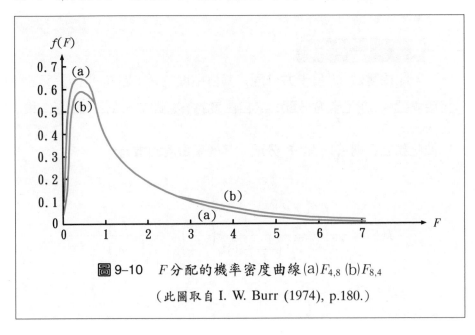

圖 9–10　F 分配的機率密度曲線 (a) $F_{4,8}$ (b) $F_{8,4}$

(此圖取自 I. W. Burr (1974), p.180.)

(3) F 分配的平均數及變異數分別為：

$$E(F) = \frac{\nu_2}{\nu_2 - 2}, \ \ 當 \nu_2 > 2$$

$$V(F) = \frac{2\nu_2^2(\nu_1 + \nu_2 - 2)}{\nu_1(\nu_2 - 2)^2(\nu_2 - 4)}, \ \ 當 \ \nu_2 > 4$$

如圖 9–10 中：

(a) $F_{4,8}$ $\begin{cases} E(F) = \mu_F = 1.33 \\ V(F) = \sigma_F^2 = 2.22 \end{cases}$

(b) $F_{8,4}$ $\begin{cases} E(F) = \mu_F = 2.00 \\ V(F) = \sigma_F^2 = \infty \end{cases}$

(4) F 分配具倒數性質 (Reciprocal Property)。基本上，所謂 F 分配具

倒數性質，是指若隨機變數（以 F 表示之）呈 F 分配，即

$$F = \frac{U/\nu_1}{V/\nu_2} \ \sim \ F_{\nu_1, \nu_2}$$

（U, V 分別是卡方分配，自由度分別為 ν_1 及 ν_2，且 U, V 彼此獨立），則該隨機變數的倒數（以 $\frac{1}{F}$ 表示之），亦呈 F 分配，但分子的自由度為 ν_2，分母的自由度為 ν_1，此乃因為:

$$\frac{1}{F} = \frac{1}{\dfrac{U/\nu_1}{V/\nu_2}} = \frac{\dfrac{V}{\nu_2}}{\dfrac{U}{\nu_1}} \ \sim \ F_{\nu_2, \nu_1}$$

(5) F **分配**與 t **分配**之間，具有如下的關係:

$$t_\nu^2 \sim F_{1,\nu}$$

換句話說，對於某一呈 t 分配的隨機變數而言，其自由度若為 ν（以 t_ν 表示之），則此隨機變數的平方將呈 F 分配，其分子的自由度是 1，分母的自由度是 ν。這是因為:

$$t_\nu = \frac{N(0,1)}{\sqrt{\dfrac{\chi_\nu^2}{\nu}}}$$

而
$$t_\nu^2 = \left(\frac{N(0,1)}{\sqrt{\dfrac{\chi_\nu^2}{\nu}}} \right)^2 = \frac{(N(0,1))^2}{\dfrac{\chi_\nu^2}{\nu}}$$

然而，標準常態隨機變數的平方 $\left((N(0,1))^2 \right)$ 是呈自由度為 1 的卡方分配，因此

$$t_\nu^2 = \frac{\dfrac{\chi_1^2}{1}}{\dfrac{\chi_\nu^2}{\nu}} \ \sim \ F_{1,\nu}$$

當我們想要求算 F 隨機變數從 0 到某一特定值的機率、或從某一特定值到 ∞ 之間的機率，我們可對 F 隨機變數的機率密度函數積分以獲

得。而若已知 F 隨機變數大於某一特定值（即介於某一特定值到 ∞ 之間）的機率為 α，即

$$Pr(F \geq F_{\nu_1, \nu_2; \alpha}) = Pr(F_{\nu_1, \nu_2; \alpha} \leq F \leq \infty) = \alpha$$

則我們亦可利用數學方法求出該特定值 $(F_{\nu_1, \nu_2; \alpha})$。但統計學家們已針對各種 α, ν_1, ν_2 組合下，求出該特定值，並列表（ **F 機率表**）如**附錄表(10)**，供我們參考。附錄表 (10) 最上一列是 F 隨機變數分子的自由度，最左一欄是分母的自由度。F 機率密度曲線右邊斜線的面積是機率值 (α)。若我們找出附錄表 (10) 最上一列的數字是 8，最左一欄的數字是 20，機率值是 0.05 之下對應的數字為 2.45，則此數值即是指 F 隨機變數（分子的自由度為 8，分母的自由度為 20），大於此特定值(2.45) 的機率是0.05，亦即:

$$Pr(F > F_{8, 20; 0.05} = 2.45) = 0.05 \text{（如圖示）} 。$$

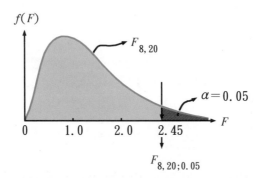

【例 9-22】

若 F 隨機變數分子的自由度為 10，分母的自由度為 15。今已知 F 隨機變數大於某特定值的機率是 0.025，試求該特定值。

【解】

按題意，$P_r(F \geq F_{10,15;0.025}) = 0.025$

查附錄表 (10)，分子自由度為 10，分母自由度為 15，機率值 $\alpha =$ 0.025，其對應之數值是 3.06，因此該特定值為：

$$F_{10,15;0.025} = 3.06$$

又若已知 F 隨機變數介於 0 到某特定值之間的機率為 α ($\alpha =$ 0.001, 0.005, 0.01, 0.025, $\cdots$)，亦即 F 隨機變數大於某特定值的機率為 $1 - \alpha$，如下所示：

$$P_r(F \geq F_{\nu_1,\nu_2;1-\alpha}) = 1 - \alpha$$

或 $\qquad P_r(F \leq F_{\nu_1,\nu_2;1-\alpha}) = \alpha$（如圖示），

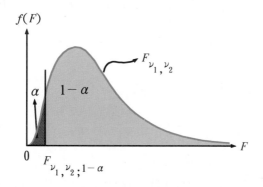

則該特定值是多少？此時，該特定值我們無法直接從附錄表 (10) 獲得，而必須利用前述 F 分配的**倒數性質**以求得。茲說明於下：

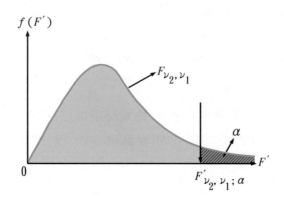

　　由於 F 隨機變數呈 F 分配，分子的自由度是 ν_1，分母的自由度是
ν_2。根據 F 分配的倒數性質，F 隨機變數的倒數（以 F' 表示之，而
$F' = \dfrac{1}{F}$）亦呈 F 分配，但分子的自由度是 ν_2，分母的自由度是 ν_1。
即

$$F' = \frac{1}{F} \sim F_{\nu_2, \nu_1}$$

而若　　$P_r(F \leq F_{\nu_1, \nu_2; 1-\alpha}) = \alpha$，則

$$P_r\left(\frac{1}{F} \geq \frac{1}{F_{\nu_1, \nu_2; 1-\alpha}} \right) = \alpha$$

即　　　$P_r(F' \geq 某特定值) = \alpha$

沿用本節所用符號，上式中某特定值即是 $F'_{\nu_2, \nu_1; \alpha}$，其值我們可從附錄
表 (10) 查得。而因為：

$$\frac{1}{F_{\nu_1, \nu_2; 1-\alpha}} = F'_{\nu_2, \nu_1; \alpha}$$

亦即

$$F_{\nu_1, \nu_2; 1-\alpha} = \frac{1}{F'_{\nu_2, \nu_1; \alpha}}$$

因此 $F_{\nu_1, \nu_2; 1-\alpha}$ 之值，可先從附錄表 (10) 查得 $F'_{\nu_2, \nu_1; \alpha}$，而後再取倒數以
獲得。

【例 9-23】

前例中，若已知 F 隨機變數，

ⓐ小於某特定值的機率是 0.025。

ⓑ介於 0 到某特定值之間的機率是 0.10，試求各該特定值。

【解】

按題意，F 隨機變數分子的自由度為 10，分母的自由度為 15，且

ⓐ $\qquad P_r(F \leq F_{10,15;0.975}) = 0.025$

查附錄表 (10)，得

$\qquad F'_{15,10;0.025} = 3.52$

因此，

$$F_{10,15;0.975} = \frac{1}{F'_{15,10;0.025}}$$

$$= \frac{1}{3.52}$$

$$= 0.284（如圖示）。$$

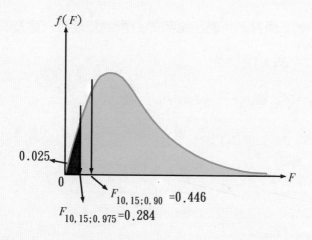

ⓑ $\qquad P_r(F \leq F_{10,15;0.90}) = 0.10$

查附錄表 (10)，得

$$F'_{15,10;0.10} = 2.24$$

因此，

$$F_{10,15;0.90} = \frac{1}{F'_{15,10;0.10}} = \frac{1}{2.24} = 0.446 \quad (如圖示)。$$

二、 F 分配與卡方 (χ^2)、t 及標準常態 (Z) 分配的關係

基本上，F 分配是由卡方分配定義而得，而卡方分配又與標準常態及 t 分配有關，因此 **F 分配**與 χ^2、t 及 Z 都有密切關係。其關係簡述如下：

(1)　$(t_\nu)^2 = F_{1,\nu}$

(2)　$(Z)^2 \doteq F_{1,\infty}$

(3)　$\dfrac{\chi^2_{\nu_1}}{\nu_1} \doteq F_{\nu_1,\infty}$

對於 $(t_\nu)^2 = F_{1,\nu}$ 而言，我們在說明 F 分配的特性時已述及。而因為：

$$t_\infty \overset{.}{\sim} N(0,1)$$

即　　　$t_\nu = Z$，當 $\nu \longrightarrow \infty$，即 $t_\infty \doteq Z$

因此，

$$t_\infty^2 \doteq Z^2$$

而

$$\because t_\infty^2 = F_{1,\infty}$$

$$\therefore Z^2 \doteq F_{1,\infty}$$

又根據定義 9–3，

$$\frac{\frac{\chi^2_{\nu 1}}{\nu_1}}{\frac{\chi^2_{\nu_2}}{\nu_2}} \sim F_{\nu_1, \nu_2}$$

而當 $\nu_2 \longrightarrow \infty$，從附錄表 (8A) 及 (8B)，我們發現 $\frac{\chi^2_{\nu_2}}{\nu_2} \longrightarrow 1$，

因此，當 $\nu_2 \longrightarrow \infty$，我們可得：

$$\frac{\frac{\chi^2_{\nu_1}}{\nu_1}}{\frac{\chi^2_{\nu_2}}{\nu_2}} \doteq \frac{\chi^2_{\nu_1}}{\nu_1} \doteq F_{\nu_1, \infty}$$

上述的關係，可圖示如圖 9-11。今若我們手中僅有 F 機率表，我們就可利用上述的關係去求得 t 值、Z 值或 χ^2 值的漸近值。

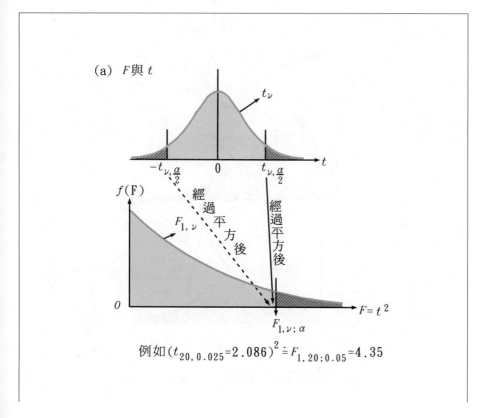

(a) F 與 t

例如 $(t_{20, 0.025} = 2.086)^2 \doteq F_{1, 20; 0.05} = 4.35$

(b) F 與 Z

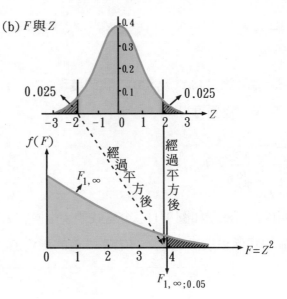

例如 $(Z_{0.025}=1.96)^2 \doteq F_{1,\infty;0.05} = 3.84$

(c) F 與 χ^2

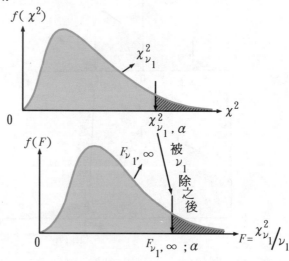

例如 $\dfrac{\chi_{\nu_1=10,\ \alpha=0.05}}{\nu_1} = \dfrac{18.3}{10} = 1.83 \doteq F_{10,\infty;0.05}$

圖 9-11 F 與 χ^2、t、及 Z 的關係

【例 9-24】

試利用 F 機率表求:

(a) $t_{10,0.05}$

(b) $Z_{0.05}$

(c) $\chi^2_{8,0.025}$

【解】

(a)　　$\because (t_{\nu,\frac{\alpha}{2}})^2 = F_{1,\nu;\alpha}$

　　查附錄表 (10)，得 $F_{1,10;0.10} = 3.29$

　　$\therefore t_{10,0.05} = \sqrt{3.29} = 1.813$

(b)　　$\because (Z_{\frac{\alpha}{2}})^2 = F_{1,\infty;\alpha}$

　　查附錄表 (10)，得 $F_{1,\infty;0.10} = 2.71$

　　$\therefore Z_{0.05} \doteq \sqrt{2.71} = 1.646$

(c)　　$\because \dfrac{\chi^2_{\nu_1,\alpha}}{\nu_1} = F_{\nu_1,\infty;\alpha}$

　　查附錄表 (10)，得 $F_{8,\infty;0.025} = 2.19$

　　$\therefore \chi^2_{8,0.025} \doteq (2.19)(8) = 17.52$

三、兩母體變異數之比的區間估計

　　若 $X \sim N(\mu_X, \sigma_X^2), Y \sim N(\mu_Y, \sigma_Y^2)$，且 X, Y 彼此獨立。今從 X 及 Y 母體採獨立隨機抽樣法，各抽 n_X、n_Y 個樣本，並進一步以兩樣本變異數之比 $\left(\dfrac{s_X^2}{s_Y^2}\right)$，對兩母體變異數之比 $\left(\dfrac{\sigma_X^2}{\sigma_Y^2}\right)$ 進行區間估計。由於統計量 $\dfrac{(n_X-1)s_X^2}{\sigma_X^2}$ 及統計量 $\dfrac{(n_Y-1)s_Y^2}{\sigma_Y^2}$ 都呈卡方分配，自由度分別是 $\nu_1 = n_X - 1$ 及 $\nu_2 = n_Y - 1$，且該兩個統計量彼此獨立。因此，經由它們而導出的另一個統計量（如下所示），將呈 F 分配，即:

$$\frac{\dfrac{(n_X-1)s_X^2}{\sigma_X^2}\Big/(n_X-1)}{\dfrac{(n_Y-1)s_Y^2}{\sigma_Y^2}\Big/(n_Y-1)}=\frac{\dfrac{\chi_{\nu_1}^2}{\nu_1}}{\dfrac{\chi_{\nu_2}^2}{\nu_2}}\sim F_{\nu_1,\nu_2}$$

亦即,　$\dfrac{\dfrac{s_X^2}{\sigma_X^2}}{\dfrac{s_Y^2}{\sigma_Y^2}}=\dfrac{s_X^2}{s_Y^2}\cdot\dfrac{\sigma_Y^2}{\sigma_X^2}\sim F_{n_X-1,n_Y-1}$

所以,

$$P_r\left[F_{n_X-1,n_Y-1;1-\frac{\alpha}{2}}\le\frac{s_X^2}{s_Y^2}\frac{\sigma_Y^2}{\sigma_X^2}\le F_{n_X-1,n_Y-1;\frac{\alpha}{2}}\right]=1-\alpha \quad (9\text{–}29)$$

$$P_r\left[\frac{s_X^2}{s_Y^2}\cdot\frac{1}{F_{n_X-1,n_Y-1;\frac{\alpha}{2}}}\le\frac{\sigma_X^2}{\sigma_Y^2}\le\frac{s_X^2}{s_Y^2}\cdot\frac{1}{F_{n_X-1,n_Y-1;1-\frac{\alpha}{2}}}\right]=1-\alpha \qquad (9\text{–}30)$$

或

$$P_r\left[\frac{s_X^2}{s_Y^2}\cdot\frac{1}{F_{n_X-1,n_Y-1;\frac{\alpha}{2}}}\le\frac{\sigma_X^2}{\sigma_Y^2}\le\frac{s_X^2}{s_Y^2}\cdot F_{n_Y-1,n_X-1;\frac{\alpha}{2}}\right]=1-\alpha \qquad (9\text{–}30)'$$

因此,我們可以運用式(9–30)或(9–30)′對兩個母體變異數之比$\left(\dfrac{\sigma_X^2}{\sigma_Y^2}\right)$,進行區間估計。

【例 9–25】

若獨立隨機觀察 A、B 兩種品牌之六十燭光燈泡各 21 個及 31 個,且發現 A 牌 21 個燈泡壽命之標準差為 0.5 小時,B 牌為 0.6 小時。試對 A、B 兩牌燈泡壽命變異數之比,進行區間估計(信任水準 95%)。

【解】

令 X,Y 分別代表 A、B 兩牌六十燭光燈泡之壽命(單位: 小時),若

$$X\sim N(\mu_X,\sigma_X^2),\ Y\sim N(\mu_Y,\sigma_Y^2),\ \text{而且}\ X,Y\ \text{獨立}。$$

今獨立隨機觀察 $n_X=21,\ n_Y=31$ 個燈泡,發現:

$$s_X^2=(0.5)^2,\ s_Y^2=(0.6)^2$$

查附錄表 (10)，得

$$F_{20,30;0.025}=2.20$$

$$F_{20,30;0.975}=\frac{1}{F_{30,20;0.025}}=\frac{1}{2.35}=0.426$$

因此 A、B 兩牌燈泡壽命變異數之比 $\left(\dfrac{\sigma_X^2}{\sigma_Y^2}\right)$，在信任水準 95% 之下的

信任區間是：

$$\frac{(0.5)^2}{(0.6)^2}\cdot\frac{1}{2.20}\leq\frac{\sigma_X^2}{\sigma_Y^2}\leq\frac{(0.5)^2}{(0.6)^2}\cdot\frac{1}{0.426}$$

即

$$0.316\leq\frac{\sigma_X^2}{\sigma_Y^2}\leq1.630$$

F 分配的用途，除了可應用於兩母體變異數之比的區間估計外，其他像檢定有關兩母體變異數是否相等的假設、變異數分析、迴歸及相關分析等統計方法，都要用到 F 分配。這些統計方法將在以下各章逐一說明。

第八節　一端區間估計

我們在第八章第一節曾說明：母體參數的區間估計，有**兩端區間估計**及**一端區間估計**。一般說來，我們都採兩端區間估計方法，但特殊情況下，我們卻以一端區間估計方法去估計母體參數。例如消費者想知道，某牌 1.5 伏特電池之平均壽命，至少是多少小時，以做為購買時的參考；或某生產衛生紙之廠商想知道，他們所生產之捲筒裝衛生紙平均重量之最大值是多大？對於這些問題而言，我們應對母體參數進行只有下限（或只有上限）之一端區間估計。

　　對母體參數進行一端區間估計時，我們是把信任水準 $1-\alpha$ 的 α 全部置於樣本統計量（即被選為母體參數之點估計式）抽樣分配之一端，進而導出一端區間估計式。例如 $X \sim N(\mu_X, \sigma_X^2)$，我們選擇樣本平均數 $\overline{X}$ 做為母體平均數 μ_X 的點估計式。而在 σ_X^2 已知情況下，

$$\frac{\overline{X} - \mu_X}{\frac{\sigma_X}{\sqrt{n}}} \sim N(0,1), \ n \text{ 為樣本數}$$

因此可得：

$$P_r(\frac{\overline{X} - \mu_X}{\frac{\sigma_X}{\sqrt{n}}} \geq Z_\alpha) = \alpha$$

即　　　$$P_r\left(\frac{\overline{X} - \mu_X}{\frac{\sigma_X}{\sqrt{n}}} \leq Z_\alpha\right) = 1 - \alpha$$

亦即　　$$P_r\left(\overline{X} \leq \mu_X + Z_\alpha \frac{\sigma_X}{\sqrt{n}}\right) = 1 - \alpha \tag{9-31}$$

式 (9-31) 圖示如下：

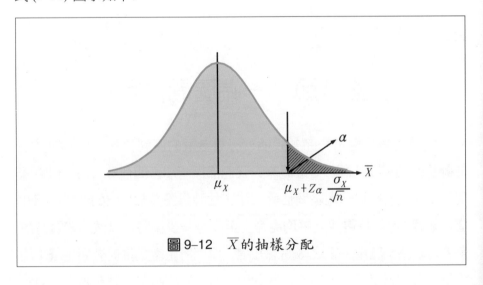

圖 9-12　$\overline{X}$ 的抽樣分配

而式 (9-31) 可以寫成：

$$P_r \left(\mu_X \geq \overline{X} - Z_\alpha \frac{\sigma_X}{\sqrt{n}} \right) = 1 - \alpha \qquad (9-32)$$

式 (9-32) 是指我們若以**只有下限** $\left(\overline{X} - Z_\alpha \frac{\sigma_X}{\sqrt{n}} \right)$ 的**一端區間估計方法**，去估計 μ_X，則在長期下，區間估計值會把 μ_x 的真值包含在內的機率為 $1 - \alpha$。因此在 $1 - \alpha$ 信任水準下，母體平均數 μ_X「只有下限」的區間估計式為：

$$\mu_X \geq \overline{X} - Z_\alpha \frac{\sigma_X}{\sqrt{n}}$$

又因為 $P_r \left(\dfrac{\overline{X} - \mu_X}{\dfrac{\sigma_X}{\sqrt{n}}} \leq -Z_\alpha \right) = \alpha$，即 $P_r \left(\dfrac{\overline{X} - \mu_X}{\dfrac{\sigma_X}{\sqrt{n}}} \geq -Z_\alpha \right) = 1 - \alpha$

亦即 $\qquad P_r \left(\overline{X} \geq \mu_X - Z_\alpha \frac{\sigma_X}{\sqrt{n}} \right) = 1 - \alpha \qquad (9-33)$

$$P_r \left(\mu_X \leq \overline{X} + Z_\alpha \frac{\sigma_X}{\sqrt{n}} \right) = 1 - \alpha \qquad (9-34)$$

從式 (9-34)，我們知道在 $1 - \alpha$ 之信任水準下，**母體平均數** μ_X「**只有上限（最大值）」的一端區間估計式**為：

$$\mu_X \leq \overline{X} + Z_\alpha \frac{\sigma_X}{\sqrt{n}}$$

至於 σ_X^2 未知情況下，母體平均數 μ_X 的一端區間估計式、母體變異數 σ_X^2 的一端區間估計式、或其他母體參數的一端區間估計式，我們都可依上述方法求得。例如：

(a)σ_X^2**未知，母體平均數** μ_X 的一端區間估計式（信任水準 $1 - \alpha$ ）如下：

只有下限： $\quad \mu_X \geq \overline{X} - t_{\nu, \alpha} \frac{s_X}{\sqrt{n}} \qquad (9-35)$

只有上限： $\quad \mu_X \leq \overline{X} + t_{\nu, \alpha} \frac{s_X}{\sqrt{n}} \qquad (9-36)$

(b)**母體平均數** μ_X **未知情況下，母體變異數** σ_X^2 **的一端區間估計式**

（信任水準 $1 - \alpha$）如下：

只有下限： $\sigma_X^2 \geq \dfrac{(n-1)s_X^2}{\chi_{n-1,\alpha}^2}$ (9–37)

只有上限： $\sigma_X^2 \leq \dfrac{(n-1)s_X^2}{\chi_{n-1,1-\alpha}^2}$ (9–38)

【例 9-26】

若已知某牌 1.5 伏特電池之壽命呈常態分配，且標準差為 5 小時。今隨機觀察 25 個該牌電池，發現平均壽命為 108 小時，試問在信任水準 99% 之下，該牌 1.5 伏特電池之平均壽命至少是多少小時？

【解】

令 X 代表某牌 1.5 伏特電池之壽命（單位：小時）。

已知 $X \sim N(\mu_X, \sigma_X^2 = 5^2)$，且

據題意，知 $n = 25$, $\overline{X} = 108$

$$1 - \alpha = 0.99, \ \alpha = 0.01, \ Z_{0.01} = 2.33$$

因此，μ_X 只有下限的信任區間是：

$$\mu_X \geq 108 - 2.33 \cdot \frac{5}{\sqrt{25}}$$

即該牌 1.5 伏特電池之平均壽命，在信任水準 99% 之下，至少是 105.67 小時。

第九節　樣本數的決定問題

從本章的介紹，我們發現樣本數的大小，在統計估計工作上，扮演著重要的角色。事實上，決定最適樣本數 (Optimal Sample Size) 是抽

樣研究中重要的一環。因為樣本數如果大過於最適樣本數，則在收集資料時就要花費更多不必花費的時間與金錢。反之，樣本數如果小於最適樣本數，則又無法達到既定的目標。本節以母體平均數及母體比例的估計，說明如何決定最適樣本數。

一、估計母體平均數時，最適樣本數的決定

在 $X \sim N(\mu_X, \sigma_X^2)$ 之下，我們選擇樣本平均數 $\overline{X}$，對未知的母體平均數 μ_X 估計，但在求得 μ_X 的區間估計值之前，我們必須先決定樣本數的大小。若我們要求從 X 母體隨機抽出之樣本，其平均數 $(\overline{X})$ 與母體平均數 (μ_X) 之真值的差值（即抽樣誤差）之絕對值，在 100 組樣本中有 $100(1 - \alpha)$ 組不得超過 A，則我們可利用 $\overline{X}$ 的抽樣分配去決定樣本數的大小。$\overline{X}$ 的抽樣分配如圖 9–13。

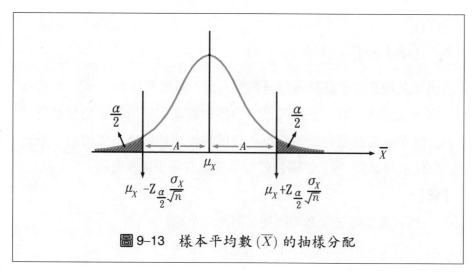

圖9–13　樣本平均數 $(\overline{X})$ 的抽樣分配

如果我們要求 $\overline{X}$ 與 μ_X 之真值的差值之絕對值，在 100 組隨機樣本中有 $100(1 - \alpha)$ 組不超過 A，則：

$$Z_{\frac{\alpha}{2}} \frac{\sigma_X}{\sqrt{n}} \leq A$$

解上式，我們可得到：

$$n \geq \left(\frac{Z_{\frac{\alpha}{2}} \sigma_X}{A} \right)^2 \tag{9-39}$$

因此，**最適樣本數**為 $n \doteq \left(\frac{Z_{\frac{\alpha}{2}} \sigma_X}{A} \right)^2$。事實上，所謂「樣本平均數 ($\overline{X}$) 與母體平均數 ($\mu_X$) 之真值的**差值之絕對值**，在 100 組隨機樣本當中，有 $100(1-\alpha)$ 組不得超過 A」，實際上就相當於「在信任水準 $1-\alpha$ 之下，母體平均數 (μ_X) 信任區間之寬度不得超過 $2A$」，即

$$\left(\overline{X} + Z_{\frac{\alpha}{2}} \frac{\sigma_X}{\sqrt{n}} \right) \quad - \quad \left(\overline{X} - Z_{\frac{\alpha}{2}} \frac{\sigma_X}{\sqrt{n}} \right) \leq 2A$$

$\qquad\qquad \uparrow \qquad\qquad\qquad\qquad \uparrow$

$\qquad \mu_X$ 信任區間的上限 $\quad \mu_X$ 信任區間的下限

而上式即為 $\quad Z_{\frac{\alpha}{2}} \dfrac{\sigma_X}{\sqrt{n}} \leq A$

下面我們舉一個例子，說明最適樣本數的決定。

【例 9-27】

若已知某地區之家庭其所得呈常態分配，標準差為 20 千元。今若欲抽取一組樣本家庭，並以其平均所得對該區家庭所得平均數進行估計，但希望估計值與母體參數之真值的差值絕對值不得超過 2 千元（信任水準為 95.4%），則我們至少應抽取多少樣本家庭？

【解】

令 X 代表某地區之家庭的所得（單元：千元）。

已知　　$X \sim N(\mu_X, \sigma_X^2 = (20)^2)$，且

按題意：

$$Z_{\frac{\alpha}{2}} \frac{\sigma_X}{\sqrt{n}} \leq 2$$

而　　　$Z_{\frac{\alpha}{2}} = 2.0, \ \sigma_X = 20$

$$\therefore n \geq \left(\frac{2(20)}{2} \right)^2$$

即至少應抽 400 個樣本家庭。

從上面的介紹以及所舉的例子，我們知道**最適樣本數** (n) 受下面**三個因素**影響：

(a)**最大容許**估計值與母體平均數真值之**差值的絕對值** (A) 是多少？亦即最大容許母體平均數**信任區間的寬度** $(2A)$ 是多少？

(b)**信任水準** $(1 - \alpha)$ 的大小。

(c)**母體標準差** (σ_X) 的大小。

而如果信任水準增大、或母體標準差增大，則都會導致最適當樣本數的增大。反之，A 的增大將導致 n 的減小。再者，若母體變異數 (σ_X^2) 之值未知，則最適樣本數的決定較為複雜，本書不擬介紹。

二、估計母體比例時，最適樣本數的決定

與母體平均數的估計完全相同，當我們要對未知的母體比例 (p) 估計時，在求得 p 的區間估計值之前，首先必須決定樣本數。假如我們選擇樣本比例 (p') 做為估計式，並要求估計值與母體參數之真值的**差值**（即**抽樣誤差**）之**絕對值**，在 100 組隨機樣本中有 $100(1 - \alpha)$ 組不得超過 A，則我們可利用 p' 的抽樣分配，來決定樣本數的大小。從第七章的第五節，我們知道 p' 是以 p 為平均數，以 $\dfrac{pq}{n}$ 為變異數的**二項分配**，但在 n 足夠大的情況下，p' **接近於常態分配**，如圖 9–14 所示。

因此若 100 組隨機樣本中，要求 $100(1 - \alpha)$ 組的抽樣誤差絕對值不得大於 A，則

$$Z_{\frac{\alpha}{2}} \sqrt{\frac{pq}{n}} \leq A$$

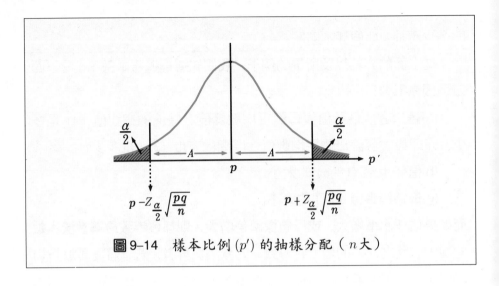

圖 9-14 樣本比例 (p') 的抽樣分配（n 大）

解上式，得

$$n \geq \frac{Z_{\frac{\alpha}{2}}^2 \, pq}{A^2} \tag{9-40}$$

但由於 p 及 q 之值未知，而在沒有其他訊息的情況下，通常我們採用最保守的方法估計它們，亦即以 $\frac{1}{2}$ 做為 p 及 q 的估計值，並因而得到最適樣本數為：

$$n \doteq \frac{Z_{\frac{\alpha}{2}}^2 \left(\frac{1}{2}\right)\left(\frac{1}{2}\right)}{A^2}$$

【例 9-28】

某電子零件廠為了解其品管情形，而欲對其產品之瑕疵率進行估計。若該廠希望在 95% 信任水準下，抽樣誤差之絕對值不得超過 0.05，(1) 試問該廠應抽多少件產品？(2)又若該廠先試抽 30 件產品，發現 3 件產品有瑕疵，試問該廠應抽多少件產品以便對產品之瑕疵率進行估計？

【解】

令 p 為該廠產品之瑕疵率（即母體比例）。今若選擇樣本比例 (p') 為 p 的估計式，則按題意:

$$Z_{\frac{\alpha}{2}} \sqrt{\frac{pq}{n}} \leq 0.05$$

而 $Z_{\frac{\alpha}{2}} = 1.96$　但 p 未知, q 未知

(1)以 $\frac{1}{2}$ 估計未知之 p 及 q, 則

$$n \geq \frac{(1.96)^2 \left(\frac{1}{2}\right) \left(\frac{1}{2}\right)}{(0.05)^2}$$

$$n \geq 384.16$$

即該廠應抽 385 件產品。

又設若該廠之瑕疵率小至 0.02, 在 $n = 385$ 下, $\because np > 5, nq > 5$, $\therefore$ 可以利用常態分配做為二項分配的漸近分配。

(2)以試抽之樣本而得之樣本比例 $\left(\frac{3}{30}\right)$ 去估計 p , 並以 $\left(1 - \frac{3}{30}\right)$ 去估計 q,

因此可得:

$$n \geq \frac{(1.96)^2 \left(\frac{3}{30}\right) \left(1 - \frac{3}{30}\right)}{(0.05)^2}$$

$$n \geq 107.56$$

即該廠應抽 108 件產品。而當 $n = 108$, 該廠之瑕疵率若真為 0.1, 則 $np > 5, nq > 5$, 因此可利用常態分配做為二項分配的漸近分配。

　　以上兩章（第八、九章），我們不但介紹如何選擇母體參數之估計式，並介紹如何利用該估計式對未知之母體參數，進行區間估計。而區間估計除了可以補救點估計的缺點外，我們還可以利用求得之母體參數的信任區間，對有關母體參數之假設進行檢定。關於此點，我們將在下

一章詳細說明。結束本章之前，我們特別提出下面兩點提醒讀者注意：

(1)對母體參數進行區間估計時，我們總是希望**信任水準**越大越好。但是在其他條件不變情況下，信任水準 $(1-\alpha)$ 越大，**信任區間的寬度**將越大，因而**精確度** (Precision) 降低。以母體平均數 μ_X 的區間估計為例，我們知道在信任水準 $1-\alpha$ 之下，μ_X 之信任區間的寬度 (W) 是：

$$W = \left(\overline{X} + Z_{\frac{\alpha}{2}} \frac{\sigma_X}{\sqrt{n}} \right) - \left(\overline{X} - Z_{\frac{\alpha}{2}} \frac{\sigma_X}{\sqrt{n}} \right)$$

$$= 2Z_{\frac{\alpha}{2}} \frac{\sigma_X}{\sqrt{n}}$$

而若 $1-\alpha$ 增大，$Z_{\frac{\alpha}{2}}$ 的值跟著增大，因此 W 也增大。

(2)母體參數信任區間的寬度 (W) 可能是常數，但也有可能不是常數。例如母體平均數 μ_X 信任區間的寬度在ⓐ母體變異數已知情況下，為 $W = 2Z_{\frac{\alpha}{2}} \frac{\sigma_X}{\sqrt{n}}$，所以 W 是常數。但在ⓑ母體變異數未知情況下，為 $W = 2t_{\frac{\alpha}{2}} \frac{s_X}{\sqrt{n}}$，而 s_X 之值隨著隨機樣本的不同而異，W 之值也因而隨著不同，因此 W 不是常數。

$$\fbox{附 註}$$

註1: $\dfrac{\overline{X} - \mu_X}{\sqrt{\dfrac{s_X^2}{n}}}$ 呈 t **分配**，**自由度**是 $n-1$，證明於下：

$$\frac{\overline{X} - \mu_X}{\sqrt{\dfrac{s_X^2}{n}}} = \frac{\dfrac{\overline{X} - \mu_X}{\sqrt{\dfrac{\sigma_X^2}{n}}}}{\sqrt{\dfrac{s_X^2}{\sigma_X^2}}}$$

上式右端分子部分，即 $\dfrac{\overline{X} - \mu_X}{\sqrt{\dfrac{\sigma_X^2}{n}}}$，是呈 $N(0,1)$，而分母部分，

即 $\sqrt{\dfrac{s_X^2}{\sigma_X^2}}$ 是 $\sqrt{\dfrac{\chi_\nu^2}{\nu}}$ ，$\nu = n-1$，此乃因為：

$$\sqrt{\frac{s_X^2}{\sigma_X^2}} = \sqrt{\frac{\dfrac{(n-1)s_X^2}{\sigma_X^2}}{(n-1)}}$$

而

$$\frac{(n-1)s_X^2}{\sigma_X^2} \sim \chi_{n-1}^2 \quad （見本章第二節之一）$$

因此，

$$\sqrt{\frac{s_X^2}{\sigma_X^2}} = \sqrt{\frac{\chi_{n-1}^2}{(n-1)}}$$

再者，$\overline{X}$ 與 s_X^2 彼此獨立（證明從略），即 $\dfrac{\overline{X} - \mu_X}{\sqrt{\dfrac{\sigma_X^2}{n}}}$ 與 $\sqrt{\dfrac{s_X^2}{\sigma_X^2}}$ 彼

此獨立，所以

$$\frac{\overline{X} - \mu_X}{\sqrt{\frac{s_X^2}{n}}} = \frac{\frac{\overline{X} - \mu_X}{\sqrt{\frac{\sigma_X^2}{n}}}}{\sqrt{\frac{s_X^2}{\sigma_X^2}}} = \frac{N(0,1)}{\sqrt{\frac{\chi_{n-1}^2}{(n-1)}}} \sim t_{n-1}$$

註2:　　s_p^2 是 σ^2 **的不偏估計式，** 證明如下：

$$\because E(s_P^2) = E\left[\frac{1}{n_X + n_Y - 2}[(n_X - 1)s_X^2 + (n_Y - 1)s_Y^2]\right]$$

$$= \frac{1}{n_X + n_Y - 2}\left[(n_X - 1)E(s_X^2) + (n_Y - 1)E(s_Y^2)\right]$$

$$= \frac{1}{n_X + n_Y - 2}\left[(n_X - 1)\sigma_X^2 + (n_Y - 1)\sigma_Y^2\right]$$

$$= \frac{1}{n_X + n_Y - 2}\left[(n_X - 1)\sigma^2 + (n_Y - 1)\sigma^2\right]$$

$$= \frac{\sigma^2}{n_X + n_Y - 2}(n_X + n_Y - 2)$$

$$= \sigma^2$$

$\therefore s_P^2$ 是 σ^2 的不偏誤估計式。

註3:　　$\dfrac{(n_X + n_Y - 2)s_P^2}{\sigma^2}$ 呈卡方分配，自由度是 $n_X + n_Y - 2$ ，證明於下：

$$\frac{(n_X + n_Y - 2)s_P^2}{\sigma^2} = \frac{(n_X + n_Y - 2) \cdot \dfrac{1}{n_X + n_Y - 2}[(n_X - 1)s_X^2 + (n_Y - 1)s_Y^2]}{\sigma^2}$$

$$= \frac{(n_X - 1)s_X^2}{\sigma^2} + \frac{(n_Y - 1)s_Y^2}{\sigma^2}$$

$$= \frac{(n_X - 1)s_X^2}{\sigma_X^2} + \frac{(n_Y - 1)s_Y^2}{\sigma_Y^2}$$

$$(\because \sigma_X^2 = \sigma_Y^2 = \sigma^2)$$

上面等式右端：

$$\frac{(n_X - 1)s_X^2}{\sigma_X^2} \sim \chi_{n_X - 1}^2$$

$$\frac{(n_Y - 1)s_Y^2}{\sigma_Y^2} \sim \chi_{n_Y-1}^2$$

且由於彼此獨立抽樣，s_X^2 與 s_Y^2 也彼此獨立，因此，根據卡方的加法性質，得

$$\frac{(n_X + n_Y - 2)s_p^2}{\sigma^2} \sim \chi_{(n_X-1)+(n_Y-1)}^2，即 \quad \chi_{n_X+n_Y-2}^2$$

註4：

$$s_D^2 = \frac{1}{n-1} \sum_{i=1}^{n} (D_i - \overline{D})^2$$

$$= \frac{1}{n-1} \sum [(X_i - Y_i) - (\overline{X} - \overline{Y})]^2$$

$$= \frac{1}{n-1} \sum [(X_i - \overline{X}) - (Y_i - \overline{Y})]^2$$

$$= \frac{1}{n-1} \sum [(X_i - \overline{X})^2 + (Y_i - \overline{Y})^2 - 2(X_i - \overline{X})(Y_i - \overline{Y})]$$

$$= \frac{1}{n-1} \sum (X_i - \overline{X})^2 + \frac{1}{n-1} \sum (Y_i - \overline{Y})^2$$

$$\qquad\qquad - 2[\frac{1}{n-1} \sum (X_i - \overline{X})(Y_i - \overline{Y})]$$

$$= s_X^2 + s_Y^2 - 2s_{XY}$$

註5：　**樣本標準差 s_X 不是母體標準差 σ_X 的不偏誤估計式，證明於下：**

若已知 X 為隨機變數，則

$$\sigma_X^2 = V(X) = E(X - \mu_X)^2 = E(X^2) - \mu_X^2$$

即

$$E(X^2) = \sigma_X^2 + \mu_X^2 = V(X) + (E(X))^2$$

而樣本變異數 s_X^2 是隨機變數，樣本標準差 s_X 也是隨機變數，因此，

$$E[(s_X)^2] = V(s_X) + [E(s_X)]^2$$

但

$$E[(s_X)^2] = E(s_X^2) = \sigma_X^2$$

（∵樣本變異數是母體變異數的不偏誤估計式）

$$\therefore V(s_X) + [E(s_X)]^2 = \sigma_X^2$$
$$[E(s_X)]^2 = \sigma_X^2 - V(s_X)$$
$$< \sigma_X^2$$

（∵一般言 $V(s_X > 0)$ ）

將上面不等式左右兩端開方，得:

$$E(s_X) < \sigma_X$$

因此， s_X 不是 σ_X 的不偏誤估計式，且 s_X 是 σ_X 的負偏誤估計式。

註6: 參見 I. W. Burr: (1974), p.206.

練習題

9–1 設調查參加某聯歡晚會的 12 名學生，該 12 名學生當晚每人平均花用 80 元，標準差為 17.5 元。試以**信任係數**為 90% 的**信任區間**，去估計所有當晚參加晚會的人每人平均花費所在的範圍（假設母體為常態分配）。

9–2 某人類學家自某一母體中以簡單隨機抽樣法（**抽出放回**），抽出 100 名男子，並量其身高（以吋計），得其樣本平均數為 71.3。若已知母體變異數 $\sigma^2 = 9$，試求整個母體平均身高 μ 之 95% 及 99% 的**信任區間**。

9–3 已知 X 為一**非常態**的隨機變數，平均數 μ 之值未知，但其變異數 $\sigma^2 = 5^2$。今從其中隨機抽取 100 個樣本，求得之樣本平均數為 24，請答下列各題：

　1. 在 95% 的信任水準下，請利用**柴比契夫不等式**求取 μ 的信任區間。並請問在此情況下，須利用母體為常態分配的假定嗎？

　2. 在 95% 的信任水準下，是否可利用**中央極限定理**求取 μ 的信任區間？理由？若可，請求算出該信任區間。

　3. 一般說來，在同一信任水準之下，信任區間的寬度愈小，表示精確度愈高。請先計算前二小題的信任區間寬度，並據此說明在精確度的要求下，那一種方法較佳？

9–4 設母體平均數為 μ，標準差為 σ，抽出樣本個數為 $n(n \geq 30)$，而由 n 個樣本所得到之樣本平均數為 $\overline{X}$，則在信任係數為 $1 - \alpha$ 時，

用 $\overline{X}$ 去估計 μ，若要求其差值之絕對值必不大於 $Z_{\frac{\alpha}{2}} \dfrac{\sigma}{\sqrt{n}}$，即:

$$|\overline{X} - \mu| \le Z_{\frac{\alpha}{2}} \frac{\sigma}{\sqrt{n}}$$

亦即

$$\frac{|\overline{X} - \mu|}{\dfrac{\sigma}{\sqrt{n}}} \le Z_{\frac{\alpha}{2}}$$

試求:

1. $n = 100$, $\sigma = 15$ 及 $1 - \alpha = 0.95$ 時之差值 e 為多少?

2. 欲差值之絕對值小於 2，則 n 至少為多少? ($\sigma = 15$, $1 - \alpha = 0.95$)

9–5 一咖啡自動販賣機所販賣的每杯飲料重量（單位: 兩）呈常態分配，亦即 $N(\mu, 0.25)$。今隨機抽驗 36 杯，計算得每杯平均重量為 7.4 兩，試對該販賣機每杯飲料的平均重量(μ) 進行區間估計（信任係數95.4%）。又若要求樣本平均數 $\overline{X}$ 與母體平均數 μ 之差值絕對值在 0.2 兩之內，則所取之樣本個數應至少是多少?

9–6 已知 χ_ν^2 為一卡方隨機變數，其自由度 $\nu = 100$，若 $P(\chi_\nu^2 \ge a) = 0.01$，請答下列各題:

1. 利用查表法求 a 之值。

2. 利用常態分配漸近法求 a 之值。

3. 利用公式 $\chi_{\nu,\alpha}^2 \doteq \dfrac{1}{2}(Z_\alpha + \sqrt{2\nu - 1})^2$ 去求 a 之值。

9–7 已知 A 班學生之 IQ (X) 與 B 班學生之 IQ (Y) 均呈常態分配，且彼此互為統計獨立。現已知 X 的母體平均數為 106，母體變異數為 9, Y 的母體平均數為 110，母體變異數為 16，請問:

1. 自 A、B 班獨立隨機各抽取一位學生，則兩位學生之 IQ 平均數大於 112 之機率為何?

2. 現若令 $Z_1 = \dfrac{X - \mu_X}{\sigma_X}$, $Z_2 = \dfrac{Y - \mu_Y}{\sigma_Y}$，則 $Z_1^2 + Z_2^2$ 為何種分配? 又 $Z_1^2 + Z_2^2$ 小於 5.99 之機率為何?

9–8　下面是取自兩常態且彼此獨立之母體的隨機樣本的資料：

$$n_1 = 25 \quad \overline{X}_1 = 60 \quad s_1 = 12$$

$$n_2 = 15 \quad \overline{X}_2 = 68 \quad s_2 = 10$$

今若已知 $\sigma_1 = \sigma_2 = \sigma$，而 σ 之值未知。試求算 $(\mu_1 - \mu_2)$ 在 95% 信任水準下的**信任區間**。

9–9　由臺大及榮總兩醫院各獨立抽取 35 張及 30 張帳單，核算其平均數及變異數分別為 $\overline{X}_1 = 700$, $\overline{X}_2 = 600$, $s_1^2 = 200$, $s_2^2 = 100$。在 $\sigma_1^2 \neq \sigma_2^2$ 之下，試對臺大醫院及榮總醫院醫療費用平均數之差 $\mu_1 - \mu_2$ 進行**區間估計**。信任係數為 90%。（設二母體均**近似常態分配**）。

9–10　設若定義家庭所得 ＝丈夫所得 ＋妻子所得（所得單位是千元）。今若已知臺北市各家庭丈夫所得 (X) 的平均數為 60 千元，標準差為 1 千元，妻子所得 (Y) 的平均數為 40 千元，標準差為 2 千元，丈夫所得與妻子所得的**共變異數**是 2（千元）^{2}。請依序回答下列各題：（已知丈夫所得、妻子所得分別都呈常態分配）

　1.若隨機觀察一個臺北市家庭，試問其家庭所得介於 94 千元至 106 千元之間的機率多大？為什麼？

　2.若從臺北市家庭中，以 SRS 抽 16 個家庭，試問該 16 個家庭之家庭所得的平均數小於 98.5 千元或大於 101.5 千元機率多大？理由。

　3.若從臺北市家庭中，以 SRS 抽 144 個家庭，試問該 144 個家庭之家庭所得的平均數(a)介於 99 千元～101 千元的機率多大？(b)大於 100.645 千元的機率多大？

　4.（續 3），丈夫所得平均數與妻子所得平均數兩者之差，至少是 20.25 千元的機率多大？為什麼？

5.若丈夫所得（或妻子所得）的平均數及標準差之值均未知，試說明如何對「家庭所得的平均數」進行區間估計？

9-11 樣本比例 p' 之變異數的估計式 $\dfrac{p'q'}{n}$ 是否具不偏誤性？若不是，請寫出 $\dfrac{pq}{n}$ 的不偏誤估計式。

9-12 已知母體比例 $p = 0.4$，樣本數 $n = 15$，試以補差法求滿足 $P_r(a < p' < b) = 0.90$ 時的 a 與 b 值。

9-13 某環保學者為調查市民對垃圾收取是否需付費的看法，因而分別獨立抽樣訪問二社區居民，訪問的結果顯示：250 個花園新城居民中有18 個人表示反對，而 300 個南機場社區的居民中有 51 個人表示反對。試求南機場之居民較花園新城之居民反對垃圾收費之比例之差的信任區間。（信任係數為90%）

9-14 若隨機從某品牌香煙抽出 10 支當做樣本，知其尼古丁之平均含量為 18.6 毫克，標準差為 2.4 毫克。試對此品牌香煙尼古丁含量之變異數進行區間估計。信任係數為 98%。（假設其母體分配近於常態分配）。

9-15 試利用下列訊息分別求出下列各題之答案，並請說明理由。

1.已知 $t_{10;0.025} = 2.228$，求算 $F_{1,10;0.05}$。理由？並請查表驗證。

2.已知 $Z_{0.025} = 1.96$，求算 $F_{1,\infty;0.05}$。理由？並請查表驗證。

3.已知 $F_{10,\infty;0.1} = 1.60$，求算 $\chi^2_{10,0.1}$。理由？並請查表驗證。

4.已知 $F_{20,10;0.01} = 4.41$，求算 $F_{10,20;0.99}$。理由？並請查表驗證。

9-16 解釋下列名詞：

1.信任水準 (Confidence Level)

2.信任區間 (Confidence Interval)

附　錄

【統　計　表】

表 (1)　對數表（$\log_{10} N$ 的尾數數值）

N	0	1	2	3	4	5	6	7	8	9
0	$-\infty$	00000	30103	47712	60206	69897	77815	84510	90309	95424
10	00000	00432	00860	01284	01703	02119	02531	02938	03342	03743
11	04139	04532	04922	05308	05690	06070	06446	06819	07188	07555
12	07918	08279	08636	08991	09342	09691	10037	10380	10721	11059
13	11394	11727	12057	12385	12710	13033	13354	13672	13988	14301
14	14613	14922	15229	15534	15836	16137	16435	16732	17026	17319
15	17609	17898	18184	18469	18752	19033	19312	19590	19866	20140
16	20412	20683	20952	21219	21484	21748	22011	22272	22531	22789
17	23045	23300	23533	23805	24055	24304	24551	24797	25042	25285
18	25527	25768	26007	26245	26482	26717	26951	27184	27416	27646
19	27875	28103	28330	28556	28780	29003	29226	29447	29667	29885
20	30103	30320	30535	30750	30963	31175	31387	31597	31806	32015
21	32222	32428	32634	32838	33041	33244	33445	33646	33846	34044
22	34242	34439	34635	34830	35025	35218	35411	35603	35793	35984
23	36173	36361	36549	36736	36922	37107	37291	37475	37658	37840
24	38021	38202	38382	38561	38739	38917	39094	39270	39445	39620
25	39794	39967	40140	40312	40483	40654	40824	40993	41162	41330
26	41497	41664	41830	41996	42160	42325	42488	42651	42813	42975
27	43136	43297	43457	43616	43775	43933	44091	44248	44404	44560
28	44716	44871	45025	45179	45332	45484	45637	45788	45939	46090
29	46240	46389	46538	46687	46835	46982	47129	47276	47422	47567
30	47712	47857	48001	48144	48287	48430	48572	48714	48855	48996
31	49136	49276	49415	49554	49693	49831	49969	50106	50243	50379
32	50515	50651	50786	50920	51055	51188	51322	51455	51587	51720
33	51851	51983	52114	52244	52375	52504	52634	52763	52892	53020
34	53148	53275	53403	53529	53656	53782	53908	54033	54158	54283
35	54407	54531	54654	54777	54900	55023	55145	55267	55388	55509
36	55630	55751	55871	55991	56110	56229	56348	56467	56585	56703
37	56820	56937	57054	57171	57287	57403	57519	57634	57749	57864
38	57978	58092	58206	58320	58433	58546	58659	58771	58883	58995
39	59106	59218	59329	59439	59550	59660	59770	59879	59988	60097
40	60206	60314	60423	60531	60638	60746	60853	60959	61066	61172

N	0	1	2	3	4	5	6	7	8	9
41	61278	61384	61490	61595	61700	61805	61909	62014	62118	62221
42	62325	62428	62531	62634	62737	62839	62941	63043	63144	63246
43	63347	63448	63548	63649	63749	63849	63949	64048	64147	64246
44	64345	64444	64542	64640	64738	64836	64933	65031	65128	65225
45	65321	65418	65514	65610	65706	65801	65896	65992	66087	66181
46	66276	66370	66464	66558	66652	66745	66839	66932	67025	67117
47	67210	67302	67394	67486	67578	67669	67761	67852	67943	68034
48	68124	68215	68305	68395	68485	68574	68664	68753	68842	68931
49	69020	69108	69197	69285	69373	69461	69548	69636	69723	69810
50	69897	69984	70070	70157	70243	70329	70415	70501	70586	70672
51	70757	70842	70927	71012	71096	71181	71265	71349	71433	71517
52	71600	71684	71767	71850	71933	72016	72099	72181	72263	72346
53	72428	72509	72591	72673	72754	72835	72916	72997	73078	73159
54	73239	73320	73400	73480	73560	73640	73719	73799	73878	73957
55	74036	74115	74194	74273	74351	74429	74507	74586	74663	74741
56	74819	74896	74974	75051	75128	75205	75282	75358	75435	75511
57	75587	75664	75740	75815	75891	75967	76042	76118	76193	76268
58	76343	76418	76492	76567	76641	76716	76790	76864	76938	77012
59	77085	77159	77232	77305	77379	77452	77525	77597	77670	77743
60	77815	77887	77960	78032	78104	78176	78247	78319	78390	78462
61	78533	78604	78675	78746	78817	78888	78958	79029	79099	79169
62	79239	79309	79379	79449	79518	79588	79657	79727	79796	79865
63	79934	80003	80072	80140	80209	80277	80346	80414	80482	80550
64	80618	80686	80754	80821	80889	80956	81023	81090	81158	81224
65	81291	81358	81425	81491	81558	81624	81690	81757	81823	81889
66	81954	82020	82086	82151	82217	82282	82347	82413	82478	82543
67	82607	82672	82737	82802	82866	82930	82995	83059	83123	83187
68	83251	83315	83378	83442	83506	83569	83632	83696	83759	83822
69	83885	83948	84011	84073	84136	84198	84261	84323	84386	84448
70	84510	84572	84634	84696	84757	84819	84880	84942	85003	85065
71	85126	85187	85248	85309	85370	85431	85491	85552	85612	85673
72	85733	85794	85854	85914	85974	86034	86094	86153	86213	86273
73	86332	86392	86451	86510	86570	86629	86688	86747	86806	86864
74	86923	86982	87040	87099	87157	87216	87274	87332	87390	87448
75	87506	87564	87622	87679	87737	87795	87852	87910	87967	88024

N	0	1	2	3	4	5	6	7	8	9
76	88081	88138	88195	88252	88309	88366	88423	88480	88536	88593
77	88649	88705	88762	88818	88874	88930	88986	89042	89098	89154
78	89209	89265	89321	89376	89432	89487	89542	89597	89653	89708
79	89763	89818	89873	89927	89982	90037	90091	90146	90200	90255
80	90309	90363	90417	90472	90526	90580	90634	90687	90741	90795
81	90849	90902	90956	91009	91062	91116	91169	91222	91275	91328
82	91381	91434	91487	91540	91593	91645	91698	91751	91803	91855
83	91908	91960	92012	92065	92117	92169	92221	92273	92324	92376
84	92428	92480	92531	92583	92634	92686	92737	92788	92840	92891
85	92942	92993	93044	93095	93146	93197	93247	93298	93349	93399
86	93450	93500	93551	93601	93651	93702	93752	93802	93852	93902
87	93952	94002	94052	94101	94151	94201	94250	94300	94349	94399
88	94448	94498	94547	94596	94645	94694	94743	94792	94841	94890
89	94939	94988	95036	95085	95134	95182	95231	95279	95328	95376
90	95424	95472	95521	95569	95617	95665	95713	95761	95809	95856
91	95904	95952	95999	96047	96095	96142	96190	96237	96284	96332
92	96379	96426	96473	96520	96567	96614	96661	96708	96755	96802
93	96848	96895	96942	96988	97035	97081	97128	97174	97220	97267
94	97313	97359	97405	97451	97497	97543	97589	97635	97681	97727
95	97772	97818	97864	97909	97955	98000	98046	98091	98137	98182
96	98227	98272	98318	98363	98408	98453	98498	98543	98588	98632
97	98677	98722	98767	98811	98856	98900	98945	98989	99034	99078
98	99123	99167	99211	99255	99300	99344	99388	99432	99476	99520
99	99564	99607	99651	99695	99739	99782	99826	99870	99913	99957

資料來源: 取自 Pfaffenberger and Patterson (1987), Appendix Table B.8.

表(2)　二項機率表 $\left[f(x) = \begin{pmatrix} n \\ x \end{pmatrix} p^x q^{n-x}, \ x = 0, 1, 2, \cdots, n \right]$

n	x	p									
		.05	.10	.15	.20	.25	.30	.35	.40	.45	.50
1	0	.9500	.9000	.8500	.8000	.7500	.7000	.6500	.6000	.5500	.5000
	1	.0500	.1000	.1500	.2000	.2500	.3000	.3500	.4000	.4500	.5000
2	0	.9025	.8100	.7225	.6400	.5625	.4900	.4225	.3600	.3025	.2500
	1	.0950	.1800	.2550	.3200	.3750	.4200	.4550	.4800	.4950	.5000
	2	.0025	.0100	.0225	.0400	.0625	.0900	.1225	.1600	.2025	.2500
3	0	.8574	.7290	.6141	.5120	.4219	.3430	.2746	.2160	.1664	.1250
	1	.1354	.2430	.3251	.3840	.4219	.4410	.4436	.4320	.4084	.3750
	2	.0071	.0270	.0574	.0960	.1406	.1890	.2389	.2880	.3341	.3750
	3	.0001	.0010	.0034	.0080	.0156	.0270	.0429	.0640	.0911	.1250
4	0	.8145	.6561	.5220	.4096	.3164	.2401	.1785	.1296	.0915	.0625
	1	.1715	.2916	.3685	.4096	.4219	.4116	.3845	.3456	.2995	.2500
	2	.0135	.0486	.0975	.1536	.2109	.2646	.3105	.3456	.3675	.3750
	3	.0005	.0036	.0115	.0256	.0469	.0756	.1115	.1536	.2005	.2500
	4	.0000	.0001	.0005	.0016	.0039	.0081	.0150	.0256	.0410	.0625
5	0	.7738	.5905	.4437	.3277	.2373	.1681	.1160	.0778	.0503	.0312
	1	.2036	.3280	.3915	.4096	.3955	.3602	.3124	.2592	.2059	.1562
	2	.0214	.0729	.1382	.2048	.2637	.3087	.3364	.3456	.3369	.3125
	3	.0011	.0081	.0244	.0512	.0879	.1323	.1811	.2304	.2757	.3125
	4	.0000	.0004	.0022	.0064	.0146	.0284	.0488	.0768	.1128	.1562
	5	.0000	.0000	.0001	.0003	.0010	.0024	.0053	.0102	.0185	.0312
6	0	.7351	.5314	.3771	.2621	.1780	.1176	.0754	.0467	.0277	.0156
	1	.2321	.3543	.3993	.3932	.3560	.3025	.2437	.1866	.1359	.0938
	2	.0305	.0984	.1762	.2458	.2966	.3241	.3280	.3110	.2780	.2344
	3	.0021	.0146	.0415	.0819	.1318	.1852	.2355	.2765	.3032	.3125
	4	.0001	.0012	.0055	.0154	.0330	.0595	.0951	.1382	.1861	.2344
	5	.0000	.0001	.0004	.0015	.0044	.0102	.0205	.0369	.0609	.0938
	6	.0000	.0000	.0000	.0001	.0002	.0007	.0018	.0041	.0083	.0156
7	0	.6983	.4783	.3206	.2097	.1335	.0824	.0490	.0280	.0152	.0078
	1	.2573	.3720	.3960	.3670	.3115	.2471	.1848	.1306	.0872	.0547
	2	.0406	.1240	.2097	.2753	.3115	.3177	.2985	.2613	.2140	.1641
	3	.0036	.0230	.0617	.1147	.1730	.2269	.2679	.2903	.2918	.2734

n	x					p					
		.05	.10	.15	.20	.25	.30	.35	.40	.45	.50
	4	.0002	.0026	.0109	.0287	.0577	.0972	.1442	.1935	.2388	.2734
	5	.0000	.0002	.0012	.0043	.0115	.0250	.0466	.0774	.1172	.1641
	6	.0000	.0000	.0001	.0004	.0013	.0036	.0084	.0172	.0320	.0547
	7	.0000	.0000	.0000	.0000	.0001	.0002	.0006	.0016	.0037	.0078
8	0	.6634	.4305	.2725	.1678	.1001	.0576	.0319	.0168	.0084	.0039
	1	.2793	.3826	.3847	.3355	.2670	.1977	.1373	.0896	.0548	.0312
	2	.0515	.1488	.2376	.2936	.3115	.2965	.2587	.2090	.1569	.1094
	3	.0054	.0331	.0839	.1468	.2076	.2541	.2786	.2787	.2568	.2188
	4	.0004	.0046	.0815	.0459	.0865	.1361	.1875	.2322	.2627	.2734
	5	.0000	.0004	.0026	.0092	.0231	.0467	.0808	.1239	.1719	.2188
	6	.0000	.0000	.0002	.0011	.0038	.0100	.0217	.0413	.0703	.1094
	7	.0000	.0000	.0000	.0001	.0004	.0012	.0033	.0079	.0164	.0312
	8	.0000	.0000	.0000	.0000	.0000	.0001	.0002	.0007	.0017	.0039
9	0	.6302	.3874	.2316	.1342	.0751	.0404	.0207	.0101	.0046	.0020
	1	.2985	.3874	.3679	.3020	.2253	.1556	.1004	.0605	.0339	.0176
	2	.0629	.1722	.2597	.3020	.3003	.2668	.2162	.1612	.1110	.0703
	3	.0077	.0446	.1069	.1762	.2336	.2668	.2716	.2508	.2119	.1641
	4	.0006	.0074	.0283	.0661	.1168	.1715	.2194	.2508	.2600	.2461
	5	.0000	.0008	.0050	.0165	.0389	.0735	.1181	.1672	.2128	.2461
	6	.0000	.0001	.0006	.0028	.0087	.0210	.0424	.0743	.1160	.1641
	7	.0000	.0000	.0000	.0003	.0012	.0039	.0098	.0212	.0407	.0703
	8	.0000	.0000	.0000	.0000	.0001	.0004	.0013	.0035	.0083	.0176
	9	.0000	.0000	.0000	.0000	.0000	.0000	.0001	.0003	.0008	.0020
10	0	.5987	.3487	.1969	.1074	.0563	.0282	.0135	.0060	.0025	.0010
	1	.3151	.3874	.3474	.2684	.1877	.1211	.0725	.0403	.0207	.0098
	2	.0746	.1937	.2759	.3020	.2816	.2335	.1757	.1209	.0763	.0439
	3	.0105	.0574	.1298	.2013	.2503	.2668	.2522	.2150	.1665	.1172
	4	.0010	.0112	.0401	.0881	.1460	.2001	.2377	.2508	.2384	.2051
	5	.0001	.0015	.0085	.0264	.0584	.1029	.1536	.2007	.2340	.2461
	6	.0000	.0001	.0012	.0055	.0162	.0368	.0689	.1115	.1596	.2051
	7	.0000	.0000	.0001	.0008	.0031	.0090	.0212	.0425	.0746	.1172
	8	.0000	.0000	.0000	.0001	.0004	.0014	.0043	.0106	.0229	.0439
	9	.0000	.0000	.0000	.0000	.0000	.0001	.0005	.0016	.0042	.0098
	10	.0000	.0000	.0000	.0000	.0000	.0000	.0000	.0001	.0003	.0010
11	0	.5688	.3138	.1673	.0859	.0422	.0198	.0088	.0036	.0014	.0005

n	x					p					
		.05	.10	.15	.20	.25	.30	.35	.40	.45	.50
	1	.3293	.3835	.3248	.2362	.1549	.0932	.0518	.0266	.0125	.0054
	2	.0867	.2131	.2866	.2953	.2581	.1998	.1395	.0887	.0513	.0269
	3	.0137	.0710	.1517	.2215	.2581	.2568	.2254	.1774	.1259	.0806
	4	.0014	.0158	.0536	.1107	.1721	.2201	.2428	.2365	.2060	.1611
	5	.0001	.0025	.0132	.0388	.0803	.1321	.1830	.2207	.2360	.2256
	6	.0000	.0003	.0023	.0097	.0268	.0566	.0985	.1471	.1931	.2256
	7	.0000	.0000	.0003	.0017	.0064	.0173	.0379	.0701	.1128	.1611
	8	.0000	.0000	.0000	.0002	.0011	.0037	.0102	.0234	.0462	.0806
	9	.0000	.0000	.0000	.0000	.0001	.0005	.0018	.0052	.0126	.0269
	10	.0000	.0000	.0000	.0000	.0000	.0000	.0002	.0007	.0021	.0054
	11	.0000	.0000	.0000	.0000	.0000	.0000	.0000	.0000	.0002	.0005
12	0	.5404	.2824	.1422	.0687	.0317	.0138	.0057	.0022	.0008	.0002
	1	.3413	.3766	.3012	.2062	.1267	.0712	.0368	.0174	.0075	.0029
	2	.0988	.2301	.2924	.2835	.2323	.1678	.1088	.0639	.0339	.0161
	3	.0173	.0852	.1720	.2362	.2581	.2397	.1954	.1419	.0923	.0537
	4	.0021	.0213	.0683	.1329	.1936	.2311	.2367	.2128	.1700	.1208
	5	.0002	.0038	.0193	.0532	.1032	.1585	.2039	.2270	.2225	.1934
	6	.0000	.0005	.0040	.0155	.0401	.0792	.1281	.1766	.2124	.2256
	7	.0000	.0000	.0006	.0033	.0115	.0291	.0591	.1009	.1489	.1934
	8	.0000	.0000	.0001	.0005	.0024	.0078	.0199	.0420	.0762	.1208
	9	.0000	.0000	.0000	.0001	.0004	.0015	.0048	.0125	.0277	.0537
	10	.0000	.0000	.0000	.0000	.0000	.0002	.0008	.0025	.0068	.0161
	11	.0000	.0000	.0000	.0000	.0000	.0000	.0001	.0003	.0010	.0029
	12	.0000	.0000	.0000	.0000	.0000	.0000	.0000	.0000	.0001	.0002
13	0	.5133	.2542	.1209	.0550	.0238	.0097	.0037	.0013	.0004	.0001
	1	.3512	.3672	.2774	.1787	.1029	.0540	.0259	.0113	.0045	.0016
	2	.1109	.2448	.2937	.2680	.2059	.1388	.0836	.0453	.0220	.0095
	3	.0214	.0997	.1900	.2457	.2517	.2181	.1651	.1107	.0660	.0349
	4	.0028	.0277	.0838	.1535	.2097	.2337	.2222	.1845	.1350	.0873
	5	.0003	.0055	.0266	.0691	.1258	.1803	.2154	.2214	.1989	.1571
	6	.0000	.0008	.0063	.0230	.0559	.1030	.1546	.1968	.2169	.2095
	7	.0000	.0001	.0011	.0058	.0186	.0442	.0833	.1312	.1775	.2095
	8	.0000	.0000	.0001	.0011	.0047	.0142	.0336	.0656	.1089	.1571
	9	.0000	.0000	.0000	.0001	.0009	.0034	.0101	.0243	.0495	.0873
	10	.0000	.0000	.0000	.0000	.0001	.0006	.0022	.0065	.0162	.0349
	11	.0000	.0000	.0000	.0000	.0000	.0001	.0003	.0012	.0036	.0095

n	x	p									
		.05	.10	.15	.20	.25	.30	.35	.40	.45	.50
	12	.0000	.0000	.0000	.0000	.0000	.0000	.0000	.0001	.0005	.0016
	13	.0000	.0000	.0000	.0000	.0000	.0000	.0000	.0000	.0000	.0001
14	0	.4877	.2288	.1028	.0440	.0178	.0068	.0024	.0008	.0002	.0001
	1	.3593	.3559	.2539	.1539	.0832	.0407	.0181	.0073	.0027	.0009
	2	.1229	.2570	.2912	.2501	.1802	.1134	.0634	.0317	.0141	.0056
	3	.0259	.1142	.2056	.2501	.2402	.1943	.1366	.0845	.0462	.0222
	4	.0037	.0348	.0998	.1720	.2202	.2290	.2022	.1549	.1040	.0611
	5	.0004	.0078	.0352	.0860	.1468	.1963	.2178	.2066	.1701	.1222
	6	.0000	.0013	.0093	.0322	.0734	.1262	.1759	.2066	.2088	.1833
	7	.0000	.0002	.0019	.0092	.0280	.0618	.1082	.1574	.1952	.2095
	8	.0000	.0000	.0003	.0020	.0082	.0232	.0510	.0918	.1398	.1833
	9	.0000	.0000	.0000	.0003	.0018	.0066	.0183	.0408	.0762	.1222
	10	.0000	.0000	.0000	.0000	.0003	.0014	.0049	.0136	.0312	.0611
	11	.0000	.0000	.0000	.0000	.0000	.0002	.0010	.0033	.0093	.0222
	12	.0000	.0000	.0000	.0000	.0000	.0000	.0001	.0005	.0019	.0056
	13	.0000	.0000	.0000	.0000	.0000	.0000	.0000	.0001	.0002	.0009
	14	.0000	.0000	.0000	.0000	.0000	.0000	.0000	.0000	.0000	.0001
15	0	.4633	.2059	.0874	.0352	.0134	.0047	.0016	.0005	.0001	.0000
	1	.3658	.3432	.2312	.1319	.0668	.0305	.0126	.0047	.0016	.0005
	2	.1348	.2669	.2856	.2309	.1559	.0916	.0476	.0219	.0090	.0032
	3	.0307	.1285	.2184	.2501	.2252	.1700	.1110	.0634	.0318	.0139
	4	.0049	.0428	.1156	.1876	.2252	.2186	.1792	.1268	.0780	.0417
	5	.0006	.0105	.0449	.1032	.1651	.2061	.2123	.1859	.1404	.0916
	6	.0000	.0019	.0132	.0430	.0917	.1472	.1906	.2066	.1914	.1527
	7	.0000	.0003	.0030	.0138	.0393	.0811	.1319	.1771	.2013	.1964
	8	.0000	.0000	.0005	.0035	.0131	.0348	.0710	.1181	.1647	.1964
	9	.0000	.0000	.0001	.0007	.0034	.0116	.0298	.0612	.1048	.1527
	10	.0000	.0000	.0000	.0001	.0007	.0030	.0096	.0245	.0515	.0916
	11	.0000	.0000	.0000	.0000	.0001	.0006	.0024	.0074	.0191	.0417
	12	.0000	.0000	.0000	.0000	.0000	.0001	.0004	.0016	.0052	.0139
	13	.0000	.0000	.0000	.0000	.0000	.0000	.0001	.0003	.0010	.0032
	14	.0000	.0000	.0000	.0000	.0000	.0000	.0000	.0000	.0001	.0005
	15	.0000	.0000	.0000	.0000	.0000	.0000	.0000	.0000	.0000	.0000
16	0	.4401	.1853	.0743	.0281	.0100	.0033	.0010	.0003	.0001	.0000
	1	.3706	.3294	.2097	.1126	.0535	.0228	.0087	.0030	.0009	.0002

n	x	.05	.10	.15	.20	p .25	.30	.35	.40	.45	.50
	2	.1463	.2745	.2775	.2111	.1336	.0732	.0353	.0150	.0056	.0018
	3	.0359	.1423	.2285	.2463	.2079	.1465	.0888	.0468	.0215	.0085
	4	.0061	.0514	.1311	.2001	.2252	.2040	.1553	.1014	.0572	.0278
	5	.0008	.0137	.0555	.1201	.1802	.2099	.2008	.1623	.1123	.0667
	6	.0001	.0028	.0180	.0550	.1101	.1649	.1982	.1983	.1684	.1222
	7	.0000	.0004	.0045	.0197	.0524	.1010	.1524	.1889	.1969	.1746
	8	.0000	.0001	.0009	.0055	.0197	.0487	.0923	.1417	.1812	.1964
	9	.0000	.0000	.0001	.0012	.0058	.0185	.0442	.0840	.1318	.1746
	10	.0000	.0000	.0000	.0002	.0014	.0056	.0167	.0392	.0755	.1222
	11	.0000	.0000	.0000	.0000	.0002	.0013	.0049	.0142	.0337	.0667
	12	.0000	.0000	.0000	.0000	.0000	.0002	.0011	.0040	.0115	.0278
	13	.0000	.0000	.0000	.0000	.0000	.0000	.0002	.0008	.0029	.0085
	14	.0000	.0000	.0000	.0000	.0000	.0000	.0000	.0001	.0005	.0018
	15	.0000	.0000	.0000	.0000	.0000	.0000	.0000	.0000	.0001	.0002
	16	.0000	.0000	.0000	.0000	.0000	.0000	.0000	.0000	.0000	.0000
17	0	.4181	.1668	.0631	.0225	.0075	.0023	.0007	.0002	.0000	.0000
	1	.3741	.3150	.1893	.0957	.0426	.0169	.0060	.0019	.0005	.0001
	2	.1575	.2800	.2673	.1914	.1136	.0581	.0260	.0102	.0035	.0010
	3	.0415	.1556	.2359	.2393	.1893	.1245	.0701	.0341	.0144	.0052
	4	.0076	.0605	.1457	.2093	.2209	.1868	.1320	.0796	.0411	.0182
	5	.0010	.0175	.0668	.1361	.1914	.2081	.1849	.1379	.0875	.0472
	6	.0001	.0039	.0236	.0680	.1276	.1784	.1991	.1839	.1432	.0944
	7	.0000	.0007	.0065	.0267	.0668	.1201	.1685	.1927	.1841	.1484
	8	.0000	.0001	.0014	.0084	.0279	.0644	.1134	.1606	.1883	.1855
	9	.0000	.0000	.0003	.0021	.0093	.0276	.0611	.1070	.1540	.1855
	10	.0000	.0000	.0000	.0004	.0025	.0095	.0263	.0571	.1008	.1484
	11	.0000	.0000	.0000	.0001	.0005	.0026	.0090	.0242	.0525	.0944
	12	.0000	.0000	.0000	.0000	.0001	.0006	.0024	.0081	.0215	.0472
	13	.0000	.0000	.0000	.0000	.0000	.0001	.0005	.0021	.0068	.0182
	14	.0000	.0000	.0000	.0000	.0000	.0000	.0001	.0004	.0016	.0052
	15	.0000	.0000	.0000	.0000	.0000	.0000	.0000	.0001	.0003	.0010
	16	.0000	.0000	.0000	.0000	.0000	.0000	.0000	.0000	.0000	.0001
	17	.0000	.0000	.0000	.0000	.0000	.0000	.0000	.0000	.0000	.0000
18	0	.3972	.1501	.0536	.0180	.0056	.0016	.0004	.0001	.0000	.0000
	1	.3763	.3002	.1704	.0811	.0338	.0126	.0042	.0012	.0003	.0001
	2	.1683	.2835	.2556	.1723	.0958	.0458	.0190	.0069	.0022	.0006

n	x	p									
		.05	.10	.15	.20	.25	.30	.35	.40	.45	.50
	3	.0473	.1680	.2406	.2297	.1704	.1046	.0547	.0246	.0095	.0031
	4	.0093	.0700	.1592	.2153	.2130	.1681	.1104	.0614	.0291	.0117
	5	.0014	.0218	.0787	.1507	.1988	.2017	.1664	.1146	.0666	.0327
	6	.0002	.0052	.0301	.0816	.1436	.1873	.1941	.1655	.1181	.0708
	7	.0000	.0010	.0091	.0350	.0820	.1376	.1792	.1892	.1657	.1214
	8	.0000	.0002	.0022	.0120	.0376	.0811	.1327	.1734	.1864	.1669
	9	.0000	.0000	.0004	.0033	.0139	.0386	.0794	.1284	.1694	.1855
	10	.0000	.0000	.0001	.0008	.0042	.0149	.0385	.0771	.1248	.1669
	11	.0000	.0000	.0000	.0001	.0010	.0046	.0151	.0374	.0742	.1214
	12	.0000	.0000	.0000	.0000	.0002	.0012	.0047	.0145	.0354	.0708
	13	.0000	.0000	.0000	.0000	.0000	.0002	.0012	.0044	.0134	.0327
	14	.0000	.0000	.0000	.0000	.0000	.0000	.0002	.0011	.0039	.0117
	15	.0000	.0000	.0000	.0000	.0000	.0000	.0000	.0002	.0009	.0031
	16	.0000	.0000	.0000	.0000	.0000	.0000	.0000	.0001	.0001	.0006
	17	.0000	.0000	.0000	.0000	.0000	.0000	.0000	.0000	.0000	.0001
	18	.0000	.0000	.0000	.0000	.0000	.0000	.0000	.0000	.0000	.0000
19	0	.3774	.1351	.0456	.0144	.0042	.0011	.0003	.0001	.0000	.0000
	1	.3774	.2852	.1529	.0685	.0268	.0093	.0029	.0008	.0002	.0000
	2	.1787	.2852	.2428	.1540	.0803	.0358	.0138	.0046	.0013	.0003
	3	.0533	.1796	.2428	.2182	.1517	.0869	.0422	.0175	.0062	.0018
	4	.0112	.0798	.1714	.2182	.2023	.1491	.0909	.0467	.0203	.0074
	5	.0018	.0266	.0907	.1636	.2023	.1916	.1468	.0933	.0497	.0222
	6	.0002	.0069	.0374	.0955	.1574	.1916	.1844	.1451	.0949	.0518
	7	.0000	.0014	.0122	.0443	.0974	.1525	.1844	.1797	.1443	.0961
	8	.0000	.0002	.0032	.0166	.0487	.0981	.1489	.1797	.1771	.1442
	9	.0000	.0000	.0007	.0051	.0198	.0514	.0980	.1464	.1771	.1762
	10	.0000	.0000	.0001	.0013	.0066	.0220	.0528	.0976	.1449	.1762
	11	.0000	.0000	.0000	.0003	.0018	.0077	.0233	.0532	.0970	.1442
	12	.0000	.0000	.0000	.0000	.0004	.0022	.0083	.0237	.0529	.0961
	13	.0000	.0000	.0000	.0000	.0001	.0005	.0024	.0085	.0233	.0518
	14	.0000	.0000	.0000	.0000	.0000	.0001	.0006	.0024	.0082	.0222
	15	.0000	.0000	.0000	.0000	.0000	.0000	.0001	.0005	.0022	.0074
	16	.0000	.0000	.0000	.0000	.0000	.0000	.0000	.0001	.0005	.0018
	17	.0000	.0000	.0000	.0000	.0000	.0000	.0000	.0000	.0001	.0003
	18	.0000	.0000	.0000	.0000	.0000	.0000	.0000	.0000	.0000	.0000
	19	.0000	.0000	.0000	.0000	.0000	.0000	.0000	.0000	.0000	.0000

n	x	p									
		.05	.10	.15	.20	.25	.30	.35	.40	.45	.50
20	0	.3585	.1216	.0388	.0115	.0032	.0008	.0002	.0000	.0000	.0000
	1	.3774	.2702	.1368	.0576	.0211	.0068	.0020	.0005	.0001	.0000
	2	.1887	.2852	.2293	.1369	.0669	.0278	.0100	.0031	.0008	.0002
	3	.0596	.1901	.2428	.2054	.1339	.0716	.0323	.0123	.0040	.0011
	4	.0133	.0898	.1821	.2182	.1897	.1304	.0738	.0350	.0139	.0046
	5	.0022	.0319	.1028	.1746	.2023	.1789	.1272	.0746	.0365	.0148
	6	.0003	.0089	.0454	.1091	.1686	.1916	.1712	.1244	.0746	.0370
	7	.0000	.0020	.0160	.0545	.1124	.1643	.1844	.1659	.1221	.0739
	8	.0000	.0004	.0046	.0222	.0609	.1144	.1614	.1797	.1623	.1201
	9	.0000	.0001	.0011	.0074	.0271	.0654	.1158	.1597	.1771	.1602
	10	.0000	.0000	.0002	.0020	.0099	.0308	.0686	.1171	.1593	.1762
	11	.0000	.0000	.0000	.0005	.0030	.0120	.0336	.0710	.1185	.1602
	12	.0000	.0000	.0000	.0001	.0008	.0039	.0136	.0355	.0727	.1201
	13	.0000	.0000	.0000	.0000	.0002	.0010	.0045	.0146	.0366	.0739
	14	.0000	.0000	.0000	.0000	.0000	.0002	.0012	.0049	.0150	.0370
	15	.0000	.0000	.0000	.0000	.0000	.0000	.0003	.0013	.0049	.0148
	16	.0000	.0000	.0000	.0000	.0000	.0000	.0000	.0003	.0013	.0046
	17	.0000	.0000	.0000	.0000	.0000	.0000	.0000	.0000	.0002	.0011
	18	.0000	.0000	.0000	.0000	.0000	.0000	.0000	.0000	.0000	.0002
	19	.0000	.0000	.0000	.0000	.0000	.0000	.0000	.0000	.0000	.0000
	20	.0000	.0000	.0000	.0000	.0000	.0000	.0000	.0000	.0000	.0000

資料來源: 取自 Lee (1993), Appendix Table A1.

表 (3)　累加二項機率表 $\left[F(x) = \Sigma_{X \leq x} \binom{n}{X} p^X q^{n-X}\right]$

				p			
n	x	.05	.10	.20	.30	.40	.50
1	0	.9500	.9000	.8000	.7000	.6000	.5000
	1	1.0000	1.0000	1.0000	1.0000	1.0000	1.0000
2	0	.9025	.8100	.6400	.4900	.3600	.2500
	1	.9975	.9900	.9600	.9100	.8400	.7500
	2	1.0000	1.0000	1.0000	1.0000	1.0000	1.0000
3	0	.8574	.7290	.5120	.3430	.2160	.1250
	1	.9927	.9720	.8960	.7840	.6480	.5000
	2	.9999	.9990	.9920	.9730	.9360	.8750
	3	1.0000	1.0000	1.0000	1.0000	1.0000	1.0000
4	0	.8145	.6561	.4096	.2401	.1296	.0625
	1	.9860	.9477	.8192	.6517	.4752	.3125
	2	.9995	.9963	.9728	.9163	.8208	.6875
	3	1.0000	.9999	.9984	.9919	.9744	.9375
	4		1.0000	1.0000	1.0000	1.0000	1.0000
5	0	.7738	.5905	.3277	.1681	.0778	.0313
	1	.9774	.9185	.7373	.5282	.3370	.1875
	2	.9988	.9914	.9421	.8369	.6826	.5000
	3	1.0000	.9995	.9933	.9692	.9130	.8125
	4		1.0000	.9997	.9976	.9898	.9688
	5			1.0000	1.0000	1.0000	1.0000
6	0	.7351	.5314	.2621	.1176	.0467	.0156
	1	.9672	.8857	.6554	.4202	.2333	.1094
	2	.9978	.9841	.9011	.7443	.5443	.3438
	3	.9999	.9987	.9830	.9295	.8208	.6563
	4	1.0000	.9999	.9984	.9891	.9590	.8906
	5		1.0000	.9999	.9993	.9959	.9844
	6			1.0000	1.0000	1.0000	1.0000
7	0	.6983	.4783	.2097	.0824	.0280	.0078
	1	.9556	.8503	.5767	.3294	.1586	.0625
	2	.9962	.9743	.8520	.6471	.4199	.2266
	3	.9998	.9973	.9667	.8740	.7102	.5000

n	x	.05	.10	.20	.30	.40	.50
					p		
	4	1.0000	.9998	.9953	.9712	.9037	.7734
	5		1.0000	.9996	.9962	.9812	.9375
	6			1.0000	.9998	.9984	.9922
	7				1.0000	1.0000	1.0000
8	0	.6634	.4305	.1678	.0576	.0168	.0039
	1	.9428	.8131	.5033	.2553	.1064	.0352
	2	.9942	.9619	.7969	.5518	.3154	.1445
	3	.9996	.9950	.9437	.8059	.5941	.3633
	4	1.0000	.9996	.9896	.9420	.8263	.6367
	5		1.0000	.9988	.9887	.9502	.8555
	6			.9999	.9987	.9915	.9648
	7			1.0000	.9999	.9993	.9961
	8				1.0000	1.0000	1.0000
9	0	.6302	.3874	.1342	.0404	.0101	.0020
	1	.9288	.7748	.4362	.1960	.0705	.0195
	2	.9916	.9470	.7382	.4628	.2318	.0898
	3	.9994	.9917	.9144	.7297	.4826	.2539
	4	1.0000	.9991	.9804	.9012	.7334	.5000
	5		.9999	.9969	.9747	.9006	.7461
	6		1.0000	.9997	.9957	.9750	.9102
	7			1.0000	.9996	.9962	.9805
	8				1.0000	.9997	.9980
	9					1.0000	1.0000
10	0	.5987	.3487	.1074	.0282	.0060	.0010
	1	.9139	.7361	.3758	.1493	.0464	.0107
	2	.9885	.9298	.6778	.3828	.1673	.0547
	3	.9990	.9872	.8791	.6496	.3823	.1719
	4	.9999	.9984	.9672	.8497	.6331	.3770
	5	1.0000	.9999	.9936	.9526	.8338	.6230
	6		1.0000	.9991	.9894	.9452	.8281
	7			.9999	.9999	.9877	.9453
	8			1.0000	1.0000	.9983	.9893
	9					.9999	.9990
	10					1.0000	1.0000

					p		
n	*x*	.05	.10	.20	.30	.40	.50
11	0	.5688	.3138	.0859	.0198	.0036	.0005
	1	.8981	.6974	.3221	.1130	.0302	.0059
	2	.9848	.9104	.6174	.3127	.1189	.0327
	3	.9984	.9815	.8369	.5696	.2963	.1133
	4	.9999	.9972	.9496	.7897	.5328	.2744
	5	1.0000	.9997	.9883	.9218	.7535	.5000
	6		1.0000	.9980	.9784	.9006	.7256
	7			.9998	.9957	.9707	.8867
	8			1.0000	.9994	.9941	.9673
	9				1.0000	.9993	.9941
	10					1.0000	.9995
	11						1.0000
12	0	.5404	.2824	.0687	.0138	.0022	.0002
	1	.8816	.6590	.2749	.0850	.0196	.0032
	2	.9804	.8891	.5583	.2528	.0834	.0193
	3	.9978	.9744	.7946	.4925	.2253	.0730
	4	.9998	.9957	.9274	.7237	.4382	.1938
	5	1.0000	.9995	.9806	.8821	.6652	.3872
	6		.9999	.9961	.9614	.8418	.6128
	7		1.0000	.9994	.9905	.9427	.8062
	8			.9999	.9983	.9847	.9270
	9			1.0000	.9998	.9972	.9807
	10				1.0000	.9997	.9968
	11					1.0000	.9998
	12						1.0000
13	0	.5133	.2542	.0550	.0097	.0013	.0001
	1	.8646	.6213	.2336	.0637	.0126	.0017
	2	.9755	.8661	.5017	.2025	.0579	.0112
	3	.9969	.9658	.7473	.4206	.1686	.0461
	4	.9997	.9935	.9009	.6543	.3530	.1334
	5	1.0000	.9991	.9700	.8346	.5744	.2905
	6		.9999	.9930	.9376	.7712	.5000
	7		1.0000	.9988	.9818	.9023	.7095
	8			.9998	.9960	.9679	.8666

n	x	.05	.10	.20	.30	.40	.50
							p
	9			1.0000	.9993	.9922	.9539
	10				.9999	.9987	.9888
	11				1.0000	.9999	.9983
	12					1.0000	.9999
	13						1.0000
14	0	.4877	.2288	.0440	.0068	.0008	.0001
	1	.8470	.5846	.1979	.0475	.0081	.0009
	2	.9699	.8416	.4481	.1608	.0398	.0065
	3	.9958	.9559	.6982	.3552	.1243	.0287
	4	.9996	.9908	.8702	.5842	.2793	.0898
	5	1.0000	.9985	.9561	.7805	.4859	.2120
	6		.9998	.9884	.9067	.6925	.3953
	7		1.0000	.9976	.9685	.8499	.6047
	8			.9996	.9917	.9417	.7880
	9			1.0000	.9983	.9825	.9102
	10				.9998	.9961	.9713
	11				1.0000	.9994	.9935
	12					.9999	.9991
	13					1.0000	.9999
	14						1.0000
15	0	.4633	.2059	.0352	.0047	.0005	.0000
	1	.8290	.5490	.1671	.0353	.0052	.0005
	2	.9638	.8159	.3980	.1268	.0271	.0037
	3	.9945	.9444	.6482	.2969	.0905	.0176
	4	.9994	.9873	.8358	.5155	.2173	.0592
	5	.9999	.9978	.9389	.7216	.4032	.1509
	6	1.0000	.9997	.9819	.8689	.6098	.3036
	7		1.0000	.9958	.9500	.7869	.5000
	8			.9992	.9848	.9050	.6964
	9			.9999	.9963	.9662	.8491
	10			1.0000	.9993	.9907	.9408
	11				.9999	.9981	.9824
	12				1.0000	.9997	.9963
	13					1.0000	.9995

				p			
n	*x*	.05	.10	.20	.30	.40	.50
	14						1.0000
16	0	.4401	.1853	.0281	.0033	.0003	.0000
	1	.8108	.5147	.1407	.0261	.0033	.0003
	2	.9571	.7892	.3518	.0994	.0183	.0021
	3	.9930	.9316	.5981	.2459	.0651	.0106
	4	.9991	.9830	.7982	.4499	.1666	.0384
	5	.9999	.9967	.9183	.6598	.3288	.1051
	6	1.0000	.9995	.9733	.8247	.5272	.2272
	7		.9999	.9930	.9256	.7161	.4018
	8		1.0000	.9985	.9743	.8577	.5982
	9			.9998	.9929	.9417	.7728
	10			1.0000	.9984	.9809	.8949
	11				.9997	.9951	.9616
	12				1.0000	.9991	.9894
	13					.9999	.9979
	14					1.0000	.9997
	15						1.0000
17	0	.4181	.1668	.0225	.0023	.0002	.0000
	1	.7922	.4818	.1182	.0193	.0021	.0001
	2	.9497	.7618	.3096	.0774	.0123	.0012
	3	.9912	.9174	.5489	.2019	.0464	.0064
	4	.9988	.9779	.7582	.3887	.1260	.0245
	5	.9999	.9953	.8943	.5968	.2639	.0717
	6	1.0000	.9992	.9623	.7752	.4478	.1662
	7		.9999	.9891	.8954	.6405	.3145
	8		1.0000	.9974	.9597	.8011	.5000
	9			.9995	.9873	.9081	.6855
	10			.9999	.9968	.9652	.8338
	11			1.0000	.9993	.9894	.9283
	12				.9999	.9975	.9755
	13				1.0000	.9995	.9936
	14					.9999	.9988
	15					1.0000	.9999
	16						1.0000

				p			
n	x	.05	.10	.20	.30	.40	.50
18	0	.3972	.1501	.0180	.0016	.0001	.0000
	1	.7735	.4503	.0991	.0142	.0013	.0001
	2	.9419	.7338	.2713	.0600	.0082	.0007
	3	.9891	.9018	.5010	.1646	.0328	.0038
	4	.9985	.9718	.7164	.3327	.0942	.0154
	5	.9998	.9936	.8671	.5344	.2088	.0481
	6	1.0000	.9988	.9487	.7217	.3743	.1189
	7		.9998	.9837	.8593	.5634	.2403
	8		1.0000	.9957	.9404	.7368	.4073
	9			.9991	.9790	.8653	.5927
	10			.9998	.9939	.9424	.7597
	11			1.0000	.9986	.9797	.8811
	12				.9997	.9942	.9519
	13				1.0000	.9987	.9846
	14					.9998	.9962
	15					1.0000	.9993
	16						.9999
	17						1.0000
19	0	.3774	.1351	.0144	.0011	.0001	.0000
	1	.7547	.4203	.0829	.0104	.0008	.0000
	2	.9335	.7054	.2369	.0462	.0055	.0004
	3	.9868	.8850	.4551	.1332	.0230	.0022
	4	.9980	.9648	.6733	.2822	.0696	.0096
	5	.9998	.9914	.8369	.4739	.1629	.0318
	6	1.0000	.9983	.9324	.6655	.3081	.0835
	7		.9997	.9767	.8180	.4878	.1796
	8		1.0000	.9933	.9161	.6675	.3238
	9			.9984	.9674	.8139	.5000
	10			.9997	.9895	.9115	.6762
	11			.9999	.9972	.9648	.8204
	12			1.0000	.9994	.9884	.9165
	13				.9999	.9969	.9682
	14				1.0000	.9994	.9904
	15					.9999	.9978

n	x	.05	.10	.20	.30	.40	.50
					p		
	16					1.0000	.9996
	17						1.0000
20	0	.3585	.1216	.0115	.0008	.0000	.0000
	1	.7358	.3917	.0692	.0076	.0005	.0000
	2	.9245	.6769	.2061	.0355	.0036	.0002
	3	.9841	.8670	.4114	.1071	.0160	.0013
	4	.9974	.9568	.6296	.2375	.0510	.0059
	5	.9997	.9887	.8042	.4164	.1256	.0207
	6	1.0000	.9976	.9133	.6080	.2500	.0577
	7		.9996	.9679	.7723	.4159	.1316
	8		.9999	.9900	.8867	.5956	.2517
	9		1.0000	.9974	.9520	.7553	.4119
	10			.9994	.9829	.8725	.5881
	11			.9999	.9949	.9435	.7483
	12			1.0000	.9987	.9790	.8684
	13				.9997	.9935	.9423
	14				1.0000	.9984	.9793
	15					.9997	.9941
	16					1.0000	.9987
	17						.9998
	18						1.0000
50	0	.0769	.0052	.0000	.0000	.0000	.0000
	1	.2794	.0338	.0002	.0000	.0000	.0000
	2	.5405	.1117	.0013	.0000	.0000	.0000
	3	.7604	.2503	.0057	.0000	.0000	.0000
	4	.8964	.4312	.0185	.0002	.0000	.0000
	5	.9622	.6161	.0480	.0007	.0000	.0000
	6	.9882	.7702	.1034	.0025	.0000	.0000
	7	.9968	.8779	.1904	.0073	.0001	.0000
	8	.9992	.9421	.3073	.0183	.0002	.0000
	9	.9998	.9755	.4437	.0402	.0008	.0000
	10	1.0000	.9906	.5836	.0789	.0022	.0000
	11		.9968	.7107	.1390	.0057	.0000
	12		.9990	.8139	.2229	.0133	.0002

n	x	.05	.10	.20	.30	.40	.50
					p		
	13		.9997	.8894	.3279	.0280	.0005
	14		.9999	.9393	.4468	.0540	.0013
	15		1.0000	.9692	.5692	.0955	.0033
	16			.9856	.6839	.1561	.0077
	17			.9937	.7822	.2369	.0164
	18			.9975	.8594	.3356	.0325
	19			.9991	.9152	.4465	.0595
	20			.9997	.9522	.5610	.1013
	21			.9999	.9749	.6701	.1611
	22			1.0000	.9877	.7660	.2399
	23				.9944	.8438	.3359
	24				.9976	.9022	.4439
	25				.9991	.9427	.5561
	26				.9997	.9686	.6641
	27				.9999	.9840	.7601
	28				1.0000	.9924	.8389
	29					.9966	.8987
	30					.9986	.9405
	31					.9995	.9675
	32					.9998	.9836
	33					.9999	.9923
	34					1.0000	.9967
	35						.9987
	36						.9995
	37						.9998
	38						1.0000
100	0	.0059	.0000	.0000	.0000	.0000	.0000
	1	.0371	.0003	.0000	.0000	.0000	.0000
	2	.1183	.0019	.0000	.0000	.0000	.0000
	3	.2578	.0078	.0000	.0000	.0000	.0000
	4	.4360	.0237	.0000	.0000	.0000	.0000
	5	.6160	.0576	.0000	.0000	.0000	.0000
	6	.7660	.1172	.0001	.0000	.0000	.0000
	7	.8720	.2061	.0003	.0000	.0000	.0000

n	x	p					
		.05	.10	.20	.30	.40	.50
	8	.9369	.3209	.0009	.0000	.0000	.0000
	9	.9718	.4513	.0023	.0000	.0000	.0000
	10	.9885	.5832	.0057	.0000	.0000	.0000
	11	.9957	.7030	.0126	.0000	.0000	.0000
	12	.9985	.8018	.0253	.0000	.0000	.0000
	13	.9995	.8761	.0469	.0001	.0000	.0000
	14	.9999	.9274	.0804	.0002	.0000	.0000
	15	1.0000	.9601	.1285	.0004	.0000	.0000
	16		.9794	.1923	.0010	.0000	.0000
	17		.9900	.2712	.0022	.0000	.0000
	18		.9954	.3621	.0045	.0000	.0000
	19		.9980	.4602	.0089	.0000	.0000
	20		.9992	.5595	.0165	.0000	.0000
	21		.9997	.6540	.0288	.0000	.0000
	22		.9999	.7389	.0479	.0001	.0000
	23		1.0000	.8109	.0755	.0003	.0000
	24			.8686	.1136	.0006	.0000
	25			.9125	.1631	.0012	.0000
	26			.9442	.2244	.0024	.0000
	27			.9658	.2964	.0046	.0000
	28			.9800	.3768	.0084	.0000
	29			.9888	.4623	.0148	.0000
	30			.9939	.5491	.0248	.0000
	31			.9969	.6331	.0398	.0001
	32			.9984	.7107	.0615	.0002
	33			.9993	.7793	.0913	.0004
	34			.9997	.8371	.1303	.0009
	35			.9999	.8839	.1795	.0018
	36			.9999	.9201	.2386	.0033
	37			1.0000	.9470	.3068	.0060
	38				.9660	.3822	.0105
	39				.9790	.4621	.0176
	40				.9875	.5433	.0284
	41				.9928	.6225	.0443

n	x	p					
		.05	.10	.20	.30	.40	.50
	42				.9960	.6967	.0666
	43				.9979	.7635	.0967
	44				.9989	.8211	.1356
	45				.9995	.8689	.1841
	46				.9997	.9070	.2421
	47				.9999	.9362	.3086
	48				.9999	.9577	.3822
	49				1.0000	.9729	.4602
	50					.9832	.5398
	51					.9900	.6178
	52					.9942	.6914
	53					.9968	.7579
	54					.9983	.8159
	55					.9991	.8644
	56					.9996	.9033
	57					.9998	.9334
	58					.9999	.9557
	59					1.0000	.9716
	60						.9824
	61						.9895
	62						.9940
	63						.9967
	64						.9982
	65						.9991
	66						.9996
	67						.9998
	68						.9999
	69						1.0000

資料來源: 取自 Heinz Kohler (1994), Appendix Table D.

表 (4)　波阿松機率表

$$\left[f(x) = \frac{e^{-\lambda}\lambda^x}{x!}, \ x = 0, 1, 2, \cdots, \infty \right]$$

x	.1	.2	.3	.4	.5	.6	.7	.8	.9	1.0
0	.9048	.8187	.7408	.6703	.6065	.5488	.4966	.4493	.4066	.3679
1	.0905	.1637	.2222	.2681	.3033	.3293	.3476	.3595	.3659	.3679
2	.0045	.0164	.0333	.0536	.0758	.0988	.1217	.1438	.1647	.1839
3	.0002	.0011	.0033	.0072	.0126	.0198	.0284	.0383	.0494	.0613
4	.0000	.0001	.0003	.0007	.0016	.0030	.0050	.0077	.0111	.0153
5	.0000	.0000	.0000	.0001	.0002	.0004	.0007	.0012	.0020	.0031
6	.0000	.0000	.0000	.0000	.0000	.0000	.0001	.0002	.0003	.0005
7	.0000	.0000	.0000	.0000	.0000	.0000	.0000	.0000	.0000	.0001

x	1.1	1.2	1.3	1.4	1.5	1.6	1.7	1.8	1.9	2.0
0	.3329	.3012	.2725	.2466	.2231	.2019	.1827	.1653	.1496	.1353
1	.3662	.3614	.3543	.3452	.3347	.3230	.3106	.2975	.2842	.2707
2	.2014	.2169	.2303	.2417	.2510	.2584	.2640	.2678	.2700	.2707
3	.0738	.0867	.0998	.1128	.1255	.1378	.1496	.1607	.1710	.1804
4	.0203	.0260	.0324	.0395	.0471	.0551	.0636	.0723	.0812	.0902
5	.0045	.0062	.0084	.0111	.0141	.0176	.0216	.0260	.0309	.0361
6	.0008	.0012	.0018	.0026	.0035	.0047	.0061	.0078	.0098	.0120
7	.0001	.0002	.0003	.0005	.0008	.0011	.0015	.0020	.0027	.0034
8	.0000	.0000	.0001	.0001	.0001	.0002	.0003	.0005	.0006	.0009
9	.0000	.0000	.0000	.0000	.0000	.0000	.0001	.0001	.0001	.0002

x	2.1	2.2	2.3	2.4	2.5	2.6	2.7	2.8	2.9	3.0
0	.1225	.1108	.1003	.0907	.0821	.0743	.0672	.0608	.0550	.0498
1	.2572	.2438	.2306	.2177	.2052	.1931	.1815	.1703	.1596	.1494
2	.2700	.2681	.2652	.2613	.2565	.2510	.2450	.2384	.2314	.2240
3	.1890	.1966	.2033	.2090	.2138	.2176	.2205	.2225	.2237	.2240
4	.0992	.1082	.1169	.1254	.1336	.1414	.1488	.1557	.1622	.1680
5	.0417	.0476	.0538	.0602	.0668	.0735	.0804	.0872	.0940	.1008
6	.0146	.0174	.0206	.0241	.0278	.0319	.0362	.0407	.0455	.0504

x	2.1	2.2	2.3	2.4	2.5	λ 2.6	2.7	2.8	2.9	3.0
7	.0044	.0055	.0068	.0083	.0099	.0118	.0139	.0163	.0188	.0216
8	.0011	.0015	.0019	.0025	.0031	.0038	.0047	.0057	.0068	.0081
9	.0003	.0004	.0005	.0007	.0009	.0011	.0014	.0018	.0022	.0027
10	.0001	.0001	.0001	.0002	.0002	.0003	.0004	.0005	.0006	.0008
11	.0000	.0000	.0000	.0000	.0000	.0001	.0001	.0001	.0002	.0002
12	.0000	.0000	.0000	.0000	.0000	.0000	.0000	.0000	.0000	.0001

x	3.1	3.2	3.3	3.4	3.5	λ 3.6	3.7	3.8	3.9	4.0
0	.0450	.0408	.0369	.0334	.0302	.0273	.0247	.0224	.0202	.0183
1	.1397	.1304	.1217	.1135	.1057	.0984	.0915	.0850	.0789	.0733
2	.2165	.2087	.2008	.1929	.1850	.1771	.1692	.1615	.1539	.1465
3	.2237	.2226	.2209	.2186	.2158	.2125	.2087	.2046	.2001	.1954
4	.1734	.1781	.1823	.1858	.1888	.1912	.1931	.1944	.1951	.1954
5	.1075	.1140	.1203	.1264	.1322	.1377	.1429	.1477	.1522	.1563
6	.0555	.0608	.0662	.0716	.0771	.0826	.0881	.0936	.0989	.1042
7	.0246	.2078	.0312	.0348	.0385	.0425	.0466	.0508	.0551	.0595
8	.0095	.0111	.0129	.0148	.0169	.0191	.0215	.0241	.0269	.0298
9	.0033	.0040	.0047	.0056	.0066	.0076	.0089	.0102	.0116	.0132
10	.0010	.0013	.0016	.0019	.0023	.0028	.0033	.0039	.0045	.0053
11	.0003	.0004	.0005	.0006	.0007	.0009	.0011	.0013	.0016	.0019
12	.0001	.0001	.0001	.0002	.0002	.0003	.0003	.0004	.0005	.0006
13	.0000	.0000	.0000	.0000	.0001	.0001	.0001	.0001	.0002	.0002
14	.0000	.0000	.0000	.0000	.0000	.0000	.0000	.0000	.0000	.0001

x	4.1	4.2	4.3	4.4	4.5	λ 4.6	4.7	4.8	4.9	5.0
0	.0166	.0150	.0136	.0123	.0111	.0101	.0091	.0082	.0074	.0067
1	.0679	.0630	.0583	.0540	.0500	.0462	.0427	.0395	.0365	.0337
2	.1393	.1323	.1254	.1188	.1125	.1063	.1005	.0948	.0894	.0842
3	.1904	.1852	.1798	.1743	.1687	.1631	.1574	.1517	.1460	.1404
4	.1951	.1944	.1933	.1917	.1898	.1875	.1849	.1820	.1789	.1755
5	.1600	.1633	.1662	.1687	.1708	.1725	.1738	.1747	.1753	.1755
6	.1093	.1143	.1191	.1237	.1281	.1323	.1362	.1398	.1432	.1462
7	.0640	.0686	.0732	.0778	.0824	.0869	.0914	.0959	.1002	.1044

					λ					
x	4.1	4.2	4.3	4.4	4.5	4.6	4.7	4.8	4.9	5.0
8	.0328	.0360	.0393	.0428	.0463	.0500	.0537	.0575	.0614	.0653
9	.0150	.0168	.0188	.0209	.0232	.0255	.0280	.0307	.0334	.0363
10	.0061	.0071	.0081	.0092	.0104	.0118	.0132	.0147	.0164	.0181
11	.0023	.0027	.0032	.0037	.0043	.0049	.0056	.0064	.0073	.0082
12	.0008	.0009	.0011	.0014	.0016	.0019	.0022	.0026	.0030	.0034
13	.0002	.0003	.0004	.0005	.0006	.0007	.0008	.0009	.0011	.0013
14	.0001	.0001	.0001	.0001	.0002	.0002	.0003	.0003	.0004	.0005
15	.0000	.0000	.0000	.0000	.0001	.0001	.0001	.0001	.0001	.0002

					λ					
x	5.1	5.2	5.3	5.4	5.5	5.6	5.7	5.8	5.9	6.0
0	.0061	.0055	.0050	.0045	.0041	.0037	.0033	.0030	.0027	.0025
1	.0311	.0287	.0265	.0244	.0225	.0207	.0191	.0176	.0162	.0149
2	.0793	.0746	.0701	.0659	.0618	.0580	.0544	.0509	.0477	.0446
3	.1348	.1293	.1239	.1185	.1133	.1082	.1033	.0985	.0938	.0892
4	.1719	.1681	.1641	.1600	.1558	.1515	.1472	.1428	.1383	.1339
5	.1753	.1748	.1740	.1728	.1714	.1697	.1678	.1656	.1632	.1606
6	.1490	.1515	.1537	.1555	.1571	.1584	.1594	.1601	.1605	.1606
7	.1086	.1125	.1163	.1200	.1234	.1267	.1298	.1326	.1353	.1377
8	.0692	.0731	.0771	.0810	.0849	.0887	.0925	.0962	.0998	.1033
9	.0392	.0423	.0454	.0486	.0519	.0552	.0586	.0620	.0654	.0688
10	.0200	.0220	.0241	.0262	.0285	.0309	.0334	.0359	.0386	.0413
11	.0093	.0104	.0116	.0129	.0143	.0157	.0173	.0190	.0207	.0225
12	.0039	.0045	.0051	.0058	.0065	.0073	.0082	.0092	.0102	.0113
13	.0015	.0018	.0021	.0024	.0028	.0032	.0036	.0041	.0046	.0052
14	.0006	.0007	.0008	.0009	.0011	.0013	.0015	.0017	.0019	.0022
15	.0002	.0002	.0003	.0003	.0004	.0005	.0006	.0007	.0008	.0009
16	.0001	.0001	.0001	.0001	.0001	.0002	.0002	.0002	.0003	.0003
17	.0000	.0000	.0000	.0000	.0000	.0000	.0001	.0001	.0001	.0001

					λ					
x	6.1	6.2	6.3	6.4	6.5	6.6	6.7	6.8	6.9	7.0
0	.0022	.0020	.0018	.0017	.0015	.0014	.0012	.0011	.0010	.0009
1	.0137	.0126	.0116	.0106	.0098	.0090	.0082	.0076	.0070	.0064
2	.0417	.0390	.0364	.0340	.0318	.0296	.0276	.0258	.0240	.0223

					λ					
x	6.1	6.2	6.3	6.4	6.5	6.6	6.7	6.8	6.9	7.0
3	.0848	.0806	.0765	.0726	.0688	.0652	.0617	.0584	.0552	.0521
4	.1294	.1249	.1205	.1162	.1118	.1076	.1034	.0992	.0952	.0912
5	.1579	.1549	.1519	.1487	.1454	.1420	.1385	.1349	.1314	.1277
6	.1605	.1601	.1595	.1586	.1575	.1562	.1546	.1529	.1511	.1490
7	.1399	.1418	.1435	.1450	.1462	.1472	.1480	.1486	.1489	.1490
8	.1066	.1099	.1130	.1160	.1188	.1215	.1240	.1263	.1284	.1304
9	.0723	.0757	.0791	.0825	.0858	.0891	.0923	.0954	.0985	.1014
10	.0441	.0469	.0498	.0528	.0558	.0588	.0618	.0649	.0679	.0710
11	.0245	.0265	.0285	.0307	.0330	.0353	.0377	.0401	.0426	.0452
12	.0124	.0137	.0150	.0164	.0179	.0194	.0210	.0227	.0245	.0264
13	.0058	.0065	.0073	.0081	.0089	.0098	.0108	.0119	.0130	.0142
14	.0025	.0029	.0033	.0037	.0041	.0046	.0052	.0058	.0064	.0071
15	.0010	.0012	.0014	.0016	.0018	.0020	.0023	.0026	.0029	.0033
16	.0004	.0005	.0005	.0006	.0007	.0008	.0010	.0011	.0013	.0014
17	.0001	.0002	.0002	.0002	.0003	.0003	.0004	.0004	.0005	.0006
18	.0000	.0001	.0001	.0001	.0001	.0001	.0001	.0002	.0002	.0002
19	.0000	.0000	.0000	.0000	.0000	.0000	.0000	.0001	.0001	.0001

					λ					
x	7.1	7.2	7.3	7.4	7.5	7.6	7.7	7.8	7.9	8.0
0	.0008	.0007	.0007	.0006	.0006	.0005	.0005	.0004	.0004	.0003
1	.0059	.0054	.0049	.0045	.0041	.0038	.0035	.0032	.0029	.0027
2	.0208	.0194	.0180	.0167	.0156	.0145	.0134	.0125	.0116	.0107
3	.0492	.0464	.0438	.0413	.0389	.0366	.0345	.0324	.0305	.0286
4	.0874	.0836	.0799	.0764	.0729	.0696	.0663	.0632	.0602	.0573
5	.1241	.1204	.1167	.1130	.1094	.1057	.1021	.0986	.0951	.0916
6	.1468	.1445	.1420	.1394	.1367	.1339	.1311	.1282	.1252	.1221
7	.1489	.1486	.1481	.1474	.1465	.1454	.1442	.1428	.1413	.1396
8	.1321	.1337	.1351	.1363	.1373	.1382	.1388	.1392	.1395	.1396
9	.1042	.1070	.1096	.1121	.1144	.1167	.1187	.1207	.1224	.1241
10	.0740	.0770	.0800	.0829	.0858	.0887	.0914	.0941	.0967	.0993
11	.0478	.0504	.0531	.0558	.0585	.0613	.0640	.0667	.0695	.0722
12	.0283	.0303	.0323	.0344	.0366	.0388	.0411	.0434	.0457	.0481
13	.0154	.0168	.0181	.0196	.0211	.0227	.0243	.0260	.0278	.0296

					λ					
x	7.1	7.2	7.3	7.4	7.5	7.6	7.7	7.8	7.9	8.0
14	.0078	.0086	.0095	.0104	.0113	.0123	.0134	.0145	.0157	.0169
15	.0037	.0041	.0046	.0051	.0057	.0062	.0069	.0075	.0083	.0090
16	.0016	.0019	.0021	.0024	.0026	.0030	.0033	.0037	.0041	.0045
17	.0007	.0008	.0009	.0010	.0012	.0013	.0015	.0017	.0019	.0021
18	.0003	.0003	.0004	.0004	.0005	.0006	.0006	.0007	.0008	.0009
19	.0001	.0001	.0001	.0002	.0002	.0002	.0003	.0003	.0003	.0004
20	.0000	.0000	.0001	.0001	.0001	.0001	.0001	.0001	.0001	.0002
21	.0000	.0000	.0000	.0000	.0000	.0000	.0000	.0000	.0001	.0001

					λ					
x	8.1	8.2	8.3	8.4	8.5	8.6	8.7	8.8	8.9	9.0
0	.0003	.0003	.0002	.0002	.0002	.0002	.0002	.0002	.0001	.0001
1	.0025	.0023	.0021	.0019	.0017	.0016	.0014	.0013	.0012	.0011
2	.0100	.0092	.0086	.0079	.0074	.0068	.0063	.0058	.0054	.0050
3	.0269	.0252	.0237	.0222	.0208	.0195	.0183	.0171	.0160	.0150
4	.0544	.0517	.0491	.0466	.0443	.0420	.0398	.0377	.0357	.0337
5	.0882	.0849	.0816	.0784	.0752	.0722	.0692	.0663	.0635	.0607
6	.1191	.1160	.1128	.1097	.1066	.1034	.1003	.0972	.0941	.0911
7	.1378	.1358	.1338	.1317	.1294	.1271	.1247	.1222	.1197	.1171
8	.1395	.1392	.1388	.1382	.1375	.1366	.1356	.1344	.1332	.1318
9	.1256	.1269	.1280	.1290	.1299	.1306	.1311	.1315	.1317	.1318
10	.1017	.1040	.1063	.1084	.1104	.1123	.1140	.1157	.1172	.1186
11	.0749	.0776	.0802	.0828	.0853	.0878	.0902	.0925	.0948	.0970
12	.0505	.0530	.0555	.0579	.0604	.0629	.0654	.0679	.0703	.0728
13	.0315	.0334	.0354	.0374	.0395	.0416	.0438	.0459	.0481	.0504
14	.0182	.0196	.0210	.0225	.0240	.0256	.0272	.0289	.0306	.0324
15	.0098	.0107	.0116	.0126	.0136	.0147	.0158	.0169	.0182	.0194
16	.0050	.0055	.0060	.0066	.0072	.0079	.0086	.0093	.0101	.0109
17	.0024	.0026	.0029	.0033	.0036	.0040	.0044	.0048	.0053	.0058
18	.0011	.0012	.0014	.0015	.0017	.0019	.0021	.0024	.0026	.0029
19	.0005	.0005	.0006	.0007	.0008	.0009	.0010	.0011	.0012	.0014
20	.0002	.0002	.0002	.0003	.0003	.0004	.0004	.0005	.0005	.0006
21	.0001	.0001	.0001	.0001	.0001	.0002	.0002	.0002	.0002	.0003
22	.0000	.0000	.0000	.0000	.0001	.0001	.0001	.0001	.0001	.0001

x	λ 9.1	9.2	9.3	9.4	9.5	9.6	9.7	9.8	9.9	10.0
0	.0001	.0001	.0001	.0001	.0001	.0001	.0001	.0001	.0001	.0000
1	.0010	.0009	.0009	.0008	.0007	.0007	.0006	.0005	.0005	.0005
2	.0046	.0043	.0040	.0037	.0034	.0031	.0029	.0027	.0025	.0023
3	.0140	.0131	.0123	.0115	.0107	.0100	.0093	.0087	.0081	.0076
4	.0319	.0302	.0285	.0269	.0254	.0240	.0226	.0213	.0201	.0189
5	.0581	.0555	.0530	.0506	.0483	.0460	.0439	.0418	.0398	.0378
6	.0881	.0851	.0822	.0793	.0764	.0736	.0709	.0682	.0656	.0631
7	.1145	.1118	.1091	.1064	.1037	.1010	.0982	.0955	.0928	.0901
8	.1302	.1286	.1269	.1251	.1232	.1212	.1191	.1170	.1148	.1126
9	.1317	.1315	.1311	.1306	.1300	.1293	.1284	.1274	.1263	.1251
10	.1198	.1210	.1219	.1228	.1235	.1241	.1245	.1249	.1250	.1251
11	.0991	.1012	.1031	.1049	.1067	.1083	.1098	.1112	.1125	.1137
12	.0752	.0776	.0799	.0822	.0844	.0866	.0888	.0908	.0928	.0948
13	.0526	.0549	.0572	.0594	.0617	.0640	.0662	.0685	.0707	.0729
14	.0342	.0361	.0380	.0399	.0419	.0439	.0459	.0479	.0500	.0521
15	.0208	.0221	.0235	.0250	.0265	.0281	.0297	.0313	.0330	.0347
16	.0118	.0127	.0137	.0147	.0157	.0168	.0180	.0192	.0204	.0217
17	.0063	.0069	.0075	.0081	.0088	.0095	.0103	.0111	.0119	.0128
18	.0032	.0035	.0039	.0042	.0046	.0051	.0055	.0060	.0065	.0071
19	.0015	.0017	.0019	.0021	.0023	.0026	.0028	.0031	.0034	.0037
20	.0007	.0008	.0009	.0010	.0011	.0012	.0014	.0015	.0017	.0019
21	.0003	.0003	.0004	.0004	.0005	.0006	.0006	.0007	.0008	.0009
22	.0001	.0001	.0002	.0002	.0002	.0002	.0003	.0003	.0004	.0004
23	.0000	.0001	.0001	.0001	.0001	.0001	.0001	.0001	.0002	.0002
24	.0000	.0000	.0000	.0000	.0000	.0000	.0000	.0001	.0001	.0001

x	λ 11	12	13	14	15	16	17	18	19	20
0	.0000	.0000	.0000	.0000	.0000	.0000	.0000	.0000	.0000	.0000
1	.0002	.0001	.0000	.0000	.0000	.0000	.0000	.0000	.0000	.0000
2	.0010	.0004	.0002	.0001	.0000	.0000	.0000	.0000	.0000	.0000
3	.0037	.0018	.0008	.0004	.0002	.0001	.0000	.0000	.0000	.0000
4	.0102	.0053	.0027	.0013	.0006	.0003	.0001	.0001	.0000	.0000
5	.0224	.0127	.0070	.0037	.0019	.0010	.0005	.0002	.0001	.0001

	λ									
x	11	12	13	14	15	16	17	18	19	20
6	.0411	.0255	.0152	.0087	.0048	.0026	.0014	.0007	.0004	.0002
7	.0646	.0437	.0281	.0174	.0104	.0060	.0034	.0018	.0010	.0005
8	.0888	.0655	.0457	.0304	.0194	.0120	.0072	.0042	.0024	.0013
9	.1085	.0874	.0661	.0473	.0324	.0213	.0135	.0083	.0050	.0029
10	.1194	.1048	.0859	.0663	.0486	.0341	.0230	.0150	.0095	.0058
11	.1194	.1144	.1015	.0844	.0663	.0496	.0355	.0245	.0164	.0106
12	.1094	.1144	.1099	.0984	.0829	.0661	.0504	.0368	.0259	.0176
13	.0926	.1056	.1099	.1060	.0956	.0814	.0658	.0509	.0378	.0271
14	.0728	.0905	.1021	.1060	.1024	.0930	.0800	.0655	.0514	.0387
15	.0534	.0724	.0885	.0989	.1024	.0992	.0906	.0786	.0650	.0516
16	.0367	.0543	.0719	.0866	.0960	.0992	.0963	.0884	.0772	.0646
17	.0237	.0383	.0550	.0713	.0847	.0934	.0963	.0936	.0863	.0760
18	.0145	.0256	.0397	.0554	.0706	.0830	.0909	.0936	.0911	.0844
19	.0084	.0161	.0272	.0409	.0557	.0699	.0814	.0887	.0911	.0888
20	.0046	.0097	.0177	.0286	.0418	.0559	.0692	.0798	.0866	.0888
21	.0024	.0055	.0109	.0191	.0299	.0426	.0560	.0684	.0783	.0846
22	.0012	.0030	.0065	.0121	.0204	.0310	.0433	.0560	.0676	.0769
23	.0006	.0016	.0037	.0074	.0133	.0216	.0320	.0438	.0559	.0669
24	.0003	.0008	.0020	.0043	.0083	.0144	.0226	.0328	.0442	.0557
25	.0001	.0004	.0010	.0024	.0050	.0092	.0154	.0237	.0336	.0446
26	.0000	.0002	.0005	.0013	.0029	.0057	.0101	.0164	.0246	.0343
27	.0000	.0001	.0002	.0007	.0016	.0034	.0063	.0109	.0173	.0254
28	.0000	.0000	.0001	.0003	.0009	.0019	.0038	.0070	.0117	.0181
29	.0000	.0000	.0001	.0002	.0004	.0011	.0023	.0044	.0077	.0125
30	.0000	.0000	.0000	.0001	.0002	.0006	.0013	.0026	.0049	.0083
31	.0000	.0000	.0000	.0000	.0001	.0003	.0007	.0015	.0030	.0054
32	.0000	.0000	.0000	.0000	.0001	.0001	.0004	.0009	.0018	.0034
33	.0000	.0000	.0000	.0000	.0000	.0001	.0002	.0005	.0010	.0020
34	.0000	.0000	.0000	.0000	.0000	.0000	.0001	.0002	.0006	.0012
35	.0000	.0000	.0000	.0000	.0000	.0000	.0000	.0001	.0003	.0007
36	.0000	.0000	.0000	.0000	.0000	.0000	.0000	.0001	.0002	.0004
37	.0000	.0000	.0000	.0000	.0000	.0000	.0000	.0000	.0001	.0002
38	.0000	.0000	.0000	.0000	.0000	.0000	.0000	.0000	.0000	.0001
39	.0000	.0000	.0000	.0000	.0000	.0000	.0000	.0000	.0000	.0001

資料來源: 取自 Lee (1993), Appendix Table A2.

表(5)　標準常態機率表

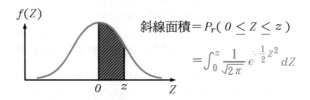

斜線面積 $= P_r(\,0 \leq Z \leq z\,)$

$$= \int_0^z \frac{1}{\sqrt{2\pi}} e^{-\frac{1}{2}z^2} dZ$$

z	.00	.01	.02	.03	.04	.05	.06	.07	.08	.09
.0	.0000	.0040	.0080	.0120	.0160	.0199	.0239	.0279	.0319	.0359
.1	.0398	.0438	.0478	.0517	.0557	.0596	.0636	.0675	.0714	.0753
.2	.0793	.0832	.0871	.0910	.0948	.0987	.1026	.1064	.1103	.1141
.3	.1179	.1217	.1255	.1293	.1331	.1368	.1406	.1443	.1480	.1517
.4	.1554	.1591	.1628	.1664	.1700	.1736	.1772	.1808	.1844	.1879
.5	.1915	.1950	.1985	.2019	.2054	.2088	.2123	.2157	.2190	.2224
.6	.2257	.2291	.2324	.2357	.2389	.2422	.2454	.2486	.2517	.2549
.7	.2580	.2611	.2642	.2673	.2704	.2734	.2764	.2794	.2823	.2852
.8	.2881	.2910	.2939	.2967	.2995	.3023	.3051	.3078	.3106	.3133
.9	.3159	.3186	.3212	.3238	.3264	.3289	.3315	.3340	.3365	.3389
1.0	.3413	.3438	.3461	.3485	.3508	.3531	.3554	.3577	.3599	.3621
1.1	.3643	.3665	.3686	.3708	.3729	.3749	.3770	.3790	.3810	.3830
1.2	.3849	.3869	.3888	.3907	.3925	.3944	.3962	.3980	.3997	.4015
1.3	.4032	.4049	.4066	.4082	.4099	.4115	.4131	.4147	.4162	.4177
1.4	.4192	.4207	.4222	.4236	.4251	.4265	.4279	.4292	.4306	.4319
1.5	.4332	.4345	.4357	.4370	.4382	.4394	.4406	.4418	.4429	.4441
1.6	.4452	.4463	.4474	.4484	.4495	.4505	.4515	.4525	.4535	.4545
1.7	.4554	.4564	.4573	.4582	.4591	.4599	.4608	.4616	.4625	.4633
1.8	.4641	.4649	.4656	.4664	.4671	.4678	.4686	.4693	.4699	.4706
1.9	.4713	.4719	.4726	.4732	.4738	.4744	.4750	.4756	.4761	.4767
2.0	.4772	.4778	.4783	.4788	.4793	.4798	.4803	.4808	.4812	.4817
2.1	.4821	.4826	.4830	.4834	.4838	.4842	.4846	.4850	.4854	.4857
2.2	.4861	.4864	.4868	.4871	.4875	.4878	.4881	.4884	.4887	.4890
2.3	.4893	.4896	.4898	.4901	.4904	.4906	.4909	.4911	.4913	.4916
2.4	.4918	.4920	.4922	.4925	.4927	.4929	.4931	.4932	.4934	.4936
2.5	.4938	.4940	.4941	.4943	.4945	.4946	.4948	.4949	.4951	.4952
2.6	.4953	.4955	.4956	.4957	.4959	.4960	.4961	.4962	.4963	.4974

z	.00	.01	.02	.03	.04	.05	.06	.07	.08	.09
2.7	.4965	.4966	.4967	.4968	.4969	.4970	.4971	.4972	.4973	.4974
2.8	.4974	.4975	.4976	.4977	.4977	.4978	.4979	.4979	.4980	.4981
2.9	.4981	.4982	.4982	.4983	.4984	.4984	.4985	.4985	.4986	.4986
3.0	.4987	.4987	.4987	.4988	.4988	.4989	.4989	.4989	.4990	.4990
3.1	.4990	.4991	.4991	.4991	.4992	.4992	.4992	.4992	.4993	.4993
3.2	.4993	.4993	.4994	.4994	.4994	.4994	.4994	.4995	.4995	.4995
3.3	.4995	.4995	.4995	.4996	.4996	.4996	.4996	.4996	.4996	.4997
3.4	.4997	.4997	.4997	.4997	.4997	.4997	.4997	.4997	.4997	.4998
3.5	.4998									
4.0	.4999									
4.5	.4999									
5.0	.4999									

資料來源: 取自 Lee (1993), Appendix Table A3.

表(6)　指數分配機率表

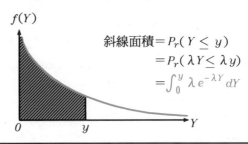

$$斜線面積 = P_r(Y \le y)$$
$$= P_r(\lambda Y \le \lambda y)$$
$$= \int_0^y \lambda e^{-\lambda Y} dY$$

λy	.00	.01	.02	.03	.04	.05	.06	.07	.08	.09
0.0	.0000	.0100	.0198	.0296	.0392	.0488	.0582	.0676	.0769	.0861
0.1	.0952	.1042	.1131	.1219	.1306	.1393	.1479	.1563	.1647	.1730
0.2	.1813	.1894	.1975	.2055	.2134	.2212	.2289	.2366	.2442	.2517
0.3	.2592	.2666	.2739	.2811	.2882	.2953	.3023	.3093	.3161	.3229
0.4	.3297	.3363	.3430	.3495	.3560	.3624	.3687	.3750	.3812	.3874
0.5	.3935	.3995	.4055	.4114	.4173	.4231	.4288	.4345	.4401	.4457
0.6	.4512	.4566	.4621	.4674	.4727	.4780	.4831	.4883	.4934	.4984
0.7	.5034	.5084	.5132	.5181	.5229	.5276	.5323	.5370	.5416	.5462
0.8	.5507	.5551	.5596	.5640	.5683	.5726	.5768	.5810	.5852	.5893
0.9	.5934	.5975	.6015	.6054	.6094	.6133	.6171	.6209	.6247	.6284
1.0	.6321	.6358	.6394	.6430	.6465	.6501	.6535	.6570	.6604	.6638
1.1	.6671	.6704	.6737	.6770	.6802	.6834	.6865	.6896	.6927	.6958
1.2	.6988	.7018	.7048	.7077	.7106	.7135	.7163	.7192	.7220	.7247
1.3	.7275	.7302	.7329	.7355	.7382	.7408	.7433	.7459	.7484	.7509
1.4	.7534	.7559	.7583	.7607	.7631	.7654	.7678	.7701	.7724	.7746
1.5	.7769	.7791	.7813	.7835	.7856	.7878	.7899	.7920	.7940	.7961
1.6	.7981	.8001	.8021	.8041	.8060	.8080	.8099	.8118	.8136	.8155
1.7	.8173	.8191	.8209	.8227	.8245	.8262	.8280	.8297	.8314	.8330
1.8	.8347	.8363	.8380	.8396	.8412	.8428	.8443	.8459	.8474	.8489
1.9	.8504	.8519	.8534	.8549	.8563	.8577	.8591	.8605	.8619	.8633
2.0	.8647	.8660	.8673	.8687	.8700	.8713	.8725	.8738	.8751	.8763
2.1	.8775	.8788	.8800	.8812	.8823	.8835	.8847	.8858	.8870	.8881
2.2	.8892	.8903	.8914	.8925	.8935	.8946	.8956	.8967	.8977	.8987
2.3	.8997	.9007	.9017	.9027	.9037	.9046	.9056	.9065	.9074	.9084
2.4	.9093	.9102	.9111	.9120	.9128	.9137	.9146	.9154	.9163	.9171

λy	.00	.01	.02	.03	.04	.05	.06	.07	.08	.09
2.5	.9179	.9187	.9195	.9203	.9211	.9219	.9227	.9235	.9242	.9250
2.6	.9257	.9265	.9272	.9279	.9286	.9293	.9301	.9307	.9314	.9321
2.7	.9328	.9335	.9341	.9348	.9354	.9361	.9367	.9373	.9380	.9386
2.8	.9392	.9398	.9404	.9410	.9416	.9422	.9427	.9433	.9439	.9444
2.9	.9450	.9455	.9461	.9466	.9471	.9477	.9482	.9487	.9492	.9497
3.0	.9502	.9507	.9512	.9517	.9522	.9526	.9531	.9536	.9540	.9545
3.1	.9550	.9554	.9558	.9563	.9567	.9571	.9576	.9580	.9584	.9588
3.2	.9592	.9596	.9600	.9604	.9608	.9612	.9616	.9620	.9624	.9627
3.3	.9631	.9635	.9638	.9642	.9646	.9649	.9653	.9656	.9660	.9663
3.4	.9666	.9670	.9673	.9676	.9679	.9683	.9686	.9689	.9692	.9695
3.5	.9698	.9701	.9704	.9707	.9710	.9713	.9716	.9718	.9721	.9724
3.6	.9727	.9729	.9732	.9735	.9737	.9740	.9743	.9745	.9748	.9750
3.7	.9753	.9755	.9758	.9760	.9762	.9765	.9767	.9769	.9772	.9774
3.8	.9776	.9779	.9781	.9783	.9785	.9787	.9789	.9791	.9793	.9796
3.9	.9798	.9800	.9802	.9804	.9806	.9807	.9809	.9811	.9813	.9815
4.0	.9817	.9834	.9850	.9864	.9877	.9889	.9899	.9909	.9918	.9926
5.0	.9933	.9939	.9945	.9950	.9955	.9959	.9963	.9967	.9970	.9973
6.0	.9975	.9978	.9980	.9982	.9983	.9985	.9986	.9988	.9989	.9990
7.0	.9991	.9992	.9993	.9993	.9994	.9994	.9995	.9995	.9996	.9996
8.0	.9997	.9997	.9997	.9998	.9998	.9998	.9998	.9998	.9998	.9999
9.0	.9999	.9999	.9999	.9999	.9999	.9999	.9999	.9999	.9999	.9999

資料來源：取自 Heinz Kohler (1994), Appendix Table I.

表 (7)　指數函數表　$[e^{-c}]$

c	e^{-c}	c	e^{-c}	c	e^{-c}
.00	1.000000	1.75	.173774	3.50	.030197
.05	.951229	1.80	.165299	3.55	.028725
.10	.904837	1.85	.157237	3.60	.027324
.15	.860708	1.90	.149569	3.65	.025991
.20	.818731	1.95	.142274	3.70	.024724
.25	.778801	2.00	.135335	3.75	.023518
.30	.740818	2.05	.128735	3.80	.022371
.35	.704688	2.10	.122456	3.85	.021280
.40	.670320	2.15	.116484	3.90	.020242
.45	.637628	2.20	.110803	3.95	.019255
.50	.606531	2.25	.105399	4.00	.018316
.55	.576950	2.30	.100259	4.05	.017422
.60	.548812	2.35	.095369	4.10	.016573
.65	.522046	2.40	.090718	4.15	.015764
.70	.496585	2.45	.086294	4.20	.014996
.75	.472367	2.50	.082085	4.25	.014264
.80	.449329	2.55	.078082	4.30	.013569
.85	.427415	2.60	.074274	4.35	.012907
.90	.406570	2.65	.070651	4.40	.012277
.95	.386741	2.70	.067206	4.45	.011679
1.00	.367879	2.75	.063928	4.50	.011109
1.05	.349938	2.80	.060810	4.55	.010567
1.10	.332871	2.85	.057844	4.60	.010052
1.15	.316637	2.90	.055023	4.65	.009562
1.20	.301194	2.95	.052340	4.70	.009095
1.25	.286505	3.00	.049787	4.75	.008652
1.30	.272532	3.05	.047359	4.80	.008230
1.35	.259240	3.10	.045049	4.85	.007828
1.40	.246597	3.15	.042852	4.90	.007447
1.45	.234570	3.20	.040762	4.95	.007083
1.50	.223130	3.25	.038774	5.00	.006738
1.55	.212248	3.30	.036883	5.05	.006409
1.60	.201897	3.35	.035084	5.10	.006097
1.65	.192050	3.40	.033373	5.15	.005799
1.70	.182684	3.45	.031746	5.20	.005517

c	e^{-c}	c	e^{-c}	c	e^{-c}
5.25	.005248	6.85	.001059	8.45	.000214
5.30	.004992	6.90	.001008	8.50	.000204
5.35	.004748	6.95	.000959	8.55	.000194
5.40	.004517	7.00	.000912	8.60	.000184
5.45	.004296	7.05	.000867	8.65	.000175
5.50	.004087	7.10	.000825	8.70	.000167
5.55	.003887	7.15	.000785	8.75	.000158
5.60	.003698	7.20	.000747	8.80	.000151
5.65	.003518	7.25	.000710	8.85	.000143
5.70	.003346	7.30	.000676	8.90	.000136
5.75	.003183	7.35	.000643	8.95	.000130
5.80	.003028	7.40	.000611	9.00	.000123
5.85	.002880	7.45	.000581	9.05	.000117
5.90	.002739	7.50	.000553	9.10	.000112
5.95	.002606	7.55	.000526	9.15	.000106
6.00	.002479	7.60	.000501	9.20	.000101
6.05	.002358	7.65	.000476	9.25	.000096
6.10	.002243	7.70	.000453	9.30	.000091
6.15	.002133	7.75	.000431	9.35	.000087
6.20	.002029	7.80	.000410	9.40	.000083
6.25	.001930	7.85	.000390	9.45	.000079
6.30	.001836	7.90	.000371	9.50	.000075
6.35	.001747	7.95	.000353	9.55	.000071
6.40	.001661	8.00	.000336	9.60	.000068
6.45	.001581	8.05	.000319	9.65	.000064
6.50	.001503	8.10	.000304	9.70	.000061
6.55	.001430	8.15	.000289	9.75	.000058
6.60	.001360	8.20	.000275	9.80	.000056
6.65	.001294	8.25	.000261	9.85	.000053
6.70	.001231	8.30	.000249	9.90	.000050
6.75	.001171	8.35	.000236	9.95	.000048
6.80	.001114	8.40	.000225	10.00	.000045

資料來源: 取自 Lee (1993), Appendix Table A7.

表 (8A)　卡方分配之卡方值

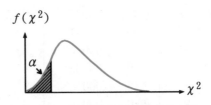

α d.f.	.001	.005	.010	.025	.050	.100
1	.000	.000	.000	.001	.004	.016
2	.002	.010	.020	.051	.103	.211
3	.024	.072	.115	.216	.352	.584
4	.091	.207	.297	.484	.711	1.06
5	.210	.412	.554	.831	1.15	1.61
6	.381	.676	.872	1.24	1.64	2.20
7	.598	.989	1.24	1.69	2.17	2.83
8	.857	1.34	1.65	2.18	2.73	3.49
9	1.15	1.73	2.09	2.70	3.33	4.17
10	1.48	2.16	2.56	3.25	3.94	4.87
11	1.83	2.60	3.05	3.82	4.57	5.58
12	2.21	3.07	3.57	4.40	5.23	6.30
13	2.62	3.57	4.11	5.01	5.89	7.04
14	3.04	4.07	4.66	5.63	6.57	7.79
15	3.48	4.60	5.23	6.26	7.26	8.55
16	3.94	5.14	5.81	6.91	7.96	9.31
17	4.42	5.70	6.41	7.56	8.67	10.1
18	4.90	6.26	7.01	8.23	9.39	10.9
19	5.41	6.84	7.63	8.91	10.1	11.7
20	5.92	7.43	8.26	9.59	10.9	12.4
21	6.45	8.03	8.90	10.3	11.6	13.2
22	6.98	8.64	9.54	11.0	12.3	14.0
23	7.53	9.26	10.2	11.7	13.1	14.8
24	8.08	9.89	10.9	12.4	13.8	15.7
25	8.65	10.5	11.5	13.1	14.6	16.5
26	9.22	11.2	12.2	13.8	15.4	17.3

α d.f.	.001	.005	.010	.025	.050	.100
27	9.80	11.8	12.9	14.6	16.2	18.1
28	10.4	12.5	13.6	15.3	16.9	18.9
29	11.0	13.1	14.3	16.0	17.7	19.8
30	11.6	13.8	15.0	16.8	18.5	20.6
35	14.7	17.2	18.5	20.6	22.5	24.8
40	17.9	20.7	22.2	24.4	26.5	29.1
45	21.3	24.3	25.9	28.4	30.6	33.4
50	24.7	28.0	29.7	32.4	34.8	37.7
55	28.2	31.7	33.6	36.4	39.0	42.1
60	31.7	35.5	37.5	40.5	43.2	46.5
65	35.4	39.4	41.4	44.6	47.4	50.9
70	39.0	43.3	45.4	48.8	51.7	55.3
75	42.8	47.2	49.5	52.9	56.1	59.8
80	46.5	51.2	53.5	57.2	60.4	64.3
85	50.3	55.2	57.6	61.4	64.7	68.8
90	54.2	59.2	61.8	65.6	69.1	73.3
95	58.0	63.2	65.9	69.9	73.5	77.8
100	61.9	67.3	70.1	74.2	77.9	82.4

資料來源：取自 Pfaffenberger and Patterson (1987), Appendix Table B.6.

表 (8B)　卡方分配之卡方值

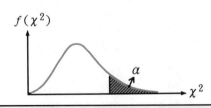

d.f. \ α	.100	.050	.025	.010	.005	.001
1	2.71	3.84	5.02	6.63	7.88	10.8
2	4.61	5.99	7.38	9.21	10.6	13.8
3	6.25	7.81	9.35	11.3	12.8	16.3
4	7.78	9.49	11.1	13.3	14.9	18.5
5	9.24	11.1	12.8	15.1	16.7	20.5
6	10.6	12.6	14.4	16.8	18.5	22.5
7	12.0	14.1	16.0	18.5	20.3	24.3
8	13.4	15.5	17.5	20.1	22.0	26.1
9	14.7	16.9	19.0	21.7	23.6	27.9
10	16.0	18.3	20.5	23.2	25.2	29.6
11	17.3	19.7	21.9	24.7	26.8	31.3
12	18.5	21.0	23.3	26.2	28.3	32.9
13	19.8	22.4	24.7	27.7	29.8	34.5
14	21.1	23.7	26.1	29.1	31.3	36.1
15	22.3	25.0	27.5	30.6	32.8	37.7
16	23.5	26.3	28.8	32.0	34.3	39.3
17	24.8	27.6	30.2	33.4	35.7	40.8
18	26.0	28.9	31.5	34.8	37.2	42.3
19	27.2	30.1	32.9	36.2	38.6	43.8
20	28.4	31.4	34.2	37.6	40.0	45.3
21	29.6	32.7	35.5	38.9	41.4	46.8
22	30.8	33.9	36.8	40.3	42.8	48.3
23	32.0	35.2	38.1	41.6	44.2	49.7
24	33.2	36.4	39.4	43.0	45.6	51.2
25	34.4	37.7	40.6	44.3	46.9	52.6
26	35.6	38.9	41.9	45.6	48.3	54.1

α d.f.	.100	.050	.025	.010	.005	.001
27	36.7	40.1	43.2	47.0	49.6	55.5
28	37.9	41.3	44.5	48.3	51.0	56.9
29	39.1	42.6	45.7	49.6	52.3	58.3
30	40.3	43.8	47.0	50.9	53.7	59.7
35	46.1	49.8	53.2	57.3	60.3	66.6
40	51.8	55.8	59.3	63.7	66.8	73.4
45	57.5	61.7	65.4	70.0	73.2	80.1
50	63.2	67.5	71.4	76.2	79.5	86.7
55	68.8	73.3	77.4	82.3	85.7	93.2
60	74.4	79.1	83.3	88.4	92.0	99.6
65	80.0	84.8	89.2	94.4	98.1	106.0
70	85.5	90.5	95.0	100.4	104.2	112.3
75	91.1	96.2	100.8	106.4	110.3	118.6
80	96.6	101.9	106.6	112.3	116.3	124.8
85	102.1	107.5	112.4	118.2	122.3	131.0
90	107.6	113.1	118.1	124.1	128.3	137.2
95	113.0	118.8	123.9	130.0	134.2	143.3
100	118.5	124.3	129.6	135.8	140.2	149.4

資料來源: 取自 Pfaffenberger and Patterson (1987), Appendix Table B.6.

表(9)　t 分配之 t 值

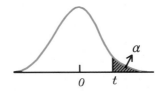

d.f. \ α	0.40	0.30	0.20	0.10	0.05	0.025	0.01	0.005	0.001	df
1	0.325	0.727	1.376	3.078	6.314	12.706	31.821	63.657	318.309	1
2	0.289	0.617	1.061	1.886	2.920	4.303	6.965	9.925	22.327	2
3	0.277	0.584	0.978	1.638	2.353	3.182	4.541	5.841	10.215	3
4	0.271	0.569	0.941	1.533	2.132	2.776	3.747	4.604	7.173	4
5	0.267	0.559	0.920	1.476	2.015	2.571	3.365	4.032	5.893	5
6	0.265	0.553	0.906	1.440	1.943	2.447	3.143	3.707	5.208	6
7	0.263	0.549	0.896	1.415	1.895	2.365	2.998	3.499	4.785	7
8	0.262	0.546	0.889	1.397	1.860	2.306	2.896	3.355	4.501	8
9	0.261	0.543	0.883	1.383	1.833	2.262	2.821	3.250	4.297	9
10	0.260	0.542	0.879	1.372	1.812	2.228	2.764	3.169	4.144	10
11	0.260	0.540	0.876	1.363	1.796	2.201	2.718	3.106	4.025	11
12	0.259	0.539	0.873	1.356	1.782	2.179	2.681	3.055	3.930	12
13	0.259	0.538	0.870	1.350	1.771	2.160	2.650	3.012	3.852	13
14	0.258	0.537	0.868	1.345	1.761	2.145	2.624	2.977	3.787	14
15	0.258	0.536	0.866	1.341	1.753	2.131	2.602	2.947	3.733	15
16	0.258	0.535	0.865	1.337	1.746	2.120	2.583	2.921	3.686	16
17	0.257	0.534	0.863	1.333	1.740	2.110	2.567	2.898	3.646	17
18	0.257	0.534	0.862	1.330	1.734	2.101	2.552	2.878	3.610	18
19	0.257	0.533	0.861	1.328	1.729	2.093	2.539	2.861	3.579	19
20	0.257	0.533	0.860	1.325	1.725	2.086	2.528	2.845	3.552	20
21	0.257	0.532	0.859	1.323	1.721	2.080	2.518	2.831	3.527	21
22	0.256	0.532	0.858	1.321	1.717	2.074	2.508	2.819	3.505	22
23	0.256	0.532	0.858	1.319	1.714	2.069	2.500	2.807	3.485	23
24	0.256	0.531	0.857	1.318	1.711	2.064	2.492	2.797	3.467	24
25	0.256	0.531	0.856	1.316	1.708	2.060	2.485	2.787	3.450	25
26	0.256	0.531	0.856	1.315	1.706	2.056	2.479	2.779	3.435	26

d.f. \ α	0.40	0.30	0.20	0.10	0.05	0.025	0.01	0.005	0.001	df
27	0.256	0.531	0.855	1.314	1.703	2.052	2.473	2.771	3.421	27
28	0.256	0.530	0.855	1.313	1.701	2.048	2.467	2.763	3.408	28
29	0.256	0.530	0.854	1.311	1.699	2.045	2.462	2.756	3.396	29
30	0.256	0.530	0.854	1.310	1.697	2.042	2.457	2.750	3.385	30
31	0.256	0.530	0.853	1.309	1.696	2.040	2.453	2.744	3.375	31
32	0.255	0.530	0.853	1.309	1.694	2.037	2.449	2.738	3.365	32
33	0.255	0.530	0.853	1.308	1.692	2.035	2.445	2.733	3.356	33
34	0.255	0.529	0.852	1.307	1.691	2.032	2.441	2.728	3.348	34
35	0.255	0.529	0.852	1.306	1.690	2.030	2.438	2.724	3.340	35
36	0.255	0.529	0.852	1.306	1.688	2.028	2.434	2.719	3.333	36
37	0.255	0.529	0.851	1.305	1.687	2.026	2.431	2.715	3.326	37
38	0.255	0.529	0.851	1.304	1.686	2.024	2.429	2.712	3.319	38
39	0.255	0.529	0.851	1.304	1.685	2.023	2.426	2.708	3.313	39
40	0.255	0.529	0.851	1.303	1.684	2.021	2.423	2.704	3.307	40
41	0.255	0.529	0.850	1.303	1.683	2.020	2.421	2.701	3.301	41
42	0.255	0.528	0.850	1.302	1.682	2.018	2.418	2.698	3.296	42
43	0.255	0.528	0.850	1.302	1.681	2.017	2.416	2.695	3.291	43
44	0.255	0.528	0.850	1.301	1.680	2.015	2.414	2.692	3.286	44
45	0.255	0.528	0.850	1.301	1.679	2.014	2.412	2.690	3.281	45
46	0.255	0.528	0.850	1.300	1.679	2.013	2.410	2.687	3.277	46
47	0.255	0.528	0.849	1.300	1.678	2.012	2.408	2.685	3.273	47
48	0.255	0.528	0.849	1.299	1.677	2.011	2.407	2.682	3.269	48
49	0.255	0.528	0.849	1.299	1.677	2.010	2.405	2.680	3.265	49
50	0.255	0.528	0.849	1.299	1.676	2.009	2.403	2.678	3.261	50
51	0.255	0.528	0.849	1.298	1.675	2.008	2.402	2.676	3.258	51
52	0.255	0.528	0.849	1.298	1.675	2.007	2.400	2.674	3.255	52
53	0.255	0.528	0.848	1.298	1.674	2.006	2.399	2.672	3.251	53
54	0.255	0.528	0.848	1.297	1.674	2.005	2.397	2.670	3.248	54
55	0.255	0.527	0.848	1.297	1.673	2.004	2.396	2.668	3.245	55
56	0.255	0.527	0.848	1.297	1.673	2.003	2.395	2.667	3.242	56
57	0.255	0.527	0.848	1.297	1.672	2.002	2.394	2.665	3.239	57
58	0.255	0.527	0.848	1.296	1.672	2.002	2.392	2.663	3.237	58
59	0.254	0.527	0.848	1.296	1.671	2.001	2.391	2.662	3.234	59
60	0.254	0.527	0.848	1.296	1.671	2.000	2.390	2.660	3.232	60

d.f. \ α	0.40	0.30	0.20	0.10	0.05	0.025	0.01	0.005	0.001	df
61	0.254	0.527	0.848	1.296	1.670	2.000	2.389	2.659	3.229	61
62	0.254	0.527	0.847	1.295	1.670	1.999	2.388	2.657	3.227	62
63	0.254	0.527	0.847	1.295	1.669	1.998	2.387	2.656	3.225	63
64	0.254	0.527	0.847	1.295	1.669	1.998	2.386	2.655	3.223	64
65	0.254	0.527	0.847	1.295	1.669	1.997	2.385	2.654	3.220	65
66	0.254	0.527	0.847	1.295	1.668	1.997	2.384	2.652	3.218	66
67	0.254	0.527	0.847	1.294	1.668	1.996	2.383	2.651	3.216	67
68	0.254	0.527	0.847	1.294	1.668	1.995	2.382	2.650	3.214	68
69	0.254	0.527	0.847	1.294	1.667	1.995	2.382	2.649	3.213	69
70	0.254	0.527	0.847	1.294	1.667	1.994	2.381	2.648	3.211	70
71	0.254	0.527	0.847	1.294	1.667	1.994	2.380	2.647	3.209	71
72	0.254	0.527	0.847	1.293	1.666	1.993	2.379	2.646	3.207	72
73	0.254	0.527	0.847	1.293	1.666	1.993	2.379	2.645	3.206	73
74	0.254	0.527	0.847	1.293	1.666	1.993	2.378	2.644	3.204	74
75	0.254	0.527	0.846	1.293	1.665	1.992	2.377	2.643	3.202	75
76	0.254	0.527	0.846	1.293	1.665	1.992	2.376	2.642	3.201	76
77	0.254	0.527	0.846	1.293	1.665	1.991	2.376	2.641	3.199	77
78	0.254	0.527	0.846	1.292	1.665	1.991	2.375	2.640	3.198	78
79	0.254	0.527	0.846	1.292	1.664	1.990	2.374	2.640	3.197	79
80	0.254	0.526	0.846	1.292	1.664	1.990	2.374	2.639	3.195	80
81	0.254	0.526	0.846	1.292	1.664	1.990	2.373	2.638	3.194	81
82	0.254	0.526	0.846	1.292	1.664	1.989	2.373	2.637	3.193	82
83	0.254	0.526	0.846	1.292	1.663	1.989	2.372	2.636	3.191	83
84	0.254	0.526	0.846	1.292	1.663	1.989	2.372	2.636	3.190	84
85	0.254	0.526	0.846	1.292	1.663	1.988	2.371	2.635	3.189	85
86	0.254	0.526	0.846	1.291	1.663	1.988	2.370	2.634	3.188	86
87	0.254	0.526	0.846	1.291	1.663	1.988	2.370	2.634	3.187	87
88	0.254	0.526	0.846	1.291	1.662	1.987	2.369	2.633	3.185	88
89	0.254	0.526	0.846	1.291	1.662	1.987	2.369	2.632	3.184	89
90	0.254	0.526	0.846	1.291	1.662	1.987	2.368	2.632	3.183	90
91	0.254	0.526	0.846	1.291	1.662	1.986	2.368	2.631	3.182	91
92	0.254	0.526	0.846	1.291	1.662	1.986	2.368	2.630	3.181	92
93	0.254	0.526	0.846	1.291	1.661	1.986	2.367	2.630	3.180	93
94	0.254	0.526	0.845	1.291	1.661	1.986	2.367	2.629	3.179	94

α d.f.	0.40	0.30	0.20	0.10	0.05	0.025	0.01	0.005	0.001	df
95	0.254	0.526	0.845	1.291	1.661	1.985	2.366	2.629	3.178	95
96	0.254	0.526	0.845	1.290	1.661	1.985	2.366	2.628	3.177	96
97	0.254	0.526	0.845	1.290	1.661	1.985	2.365	2.627	3.176	97
98	0.254	0.526	0.845	1.290	1.661	1.984	2.365	2.627	3.175	98
99	0.254	0.526	0.845	1.290	1.660	1.984	2.365	2.626	3.175	99
100	0.254	0.526	0.845	1.290	1.660	1.984	2.364	2.626	3.174	100
∞	0.253	0.524	0.842	1.282	1.645	1.960	2.326	2.576	3.090	∞

資料來源: 取自 Pfaffenberger and patterson (1987), Appendix Table B.5.

表 (10)　F 分配之 F 值

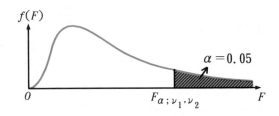

分母自由度	分子自由度 ν_1									
ν_2	1	2	3	4	5	6	7	8	9	10
1	161.4	199.5	215.7	224.6	230.2	234.0	236.8	238.9	240.5	241.9
2	18.51	19.00	19.16	19.25	19.30	19.33	19.35	19.37	19.38	19.40
3	10.13	9.55	9.28	9.12	9.01	8.94	8.89	8.85	8.81	8.79
4	7.71	6.94	6.59	6.39	6.26	6.16	6.09	6.04	6.00	5.96
5	6.61	5.79	5.41	5.19	5.05	4.95	4.88	4.82	4.77	4.74
6	5.99	5.14	4.76	4.53	4.39	4.28	4.21	4.15	4.10	4.06
7	5.59	4.74	4.35	4.12	3.97	3.87	3.79	3.73	3.68	3.64
8	5.32	4.46	4.07	3.84	3.69	3.58	3.50	3.44	3.39	3.35
9	5.12	4.26	3.86	3.63	3.48	3.37	3.29	3.23	3.18	3.14
10	4.96	4.10	3.71	3.48	3.33	3.22	3.14	3.07	3.02	2.98
11	4.84	3.98	3.59	3.36	3.20	3.09	3.01	2.95	2.90	2.85
12	4.75	3.89	3.49	3.26	3.11	3.00	2.91	2.85	2.80	2.75
13	4.67	3.81	3.41	3.18	3.03	2.92	2.83	2.77	2.71	2.67
14	4.60	3.74	3.34	3.11	2.96	2.85	2.76	2.70	2.65	2.60
15	4.54	3.68	3.29	3.06	2.90	2.79	2.71	2.64	2.59	2.54
16	4.49	3.63	3.24	3.01	2.85	2.74	2.66	2.59	2.54	2.49
17	4.45	3.59	3.20	2.96	2.81	2.70	2.61	2.55	2.49	2.45
18	4.41	3.55	3.16	2.93	2.77	2.66	2.58	2.51	2.46	2.41
19	4.38	3.52	3.13	2.90	2.74	2.63	2.54	2.48	2.42	2.38
20	4.35	3.49	3.10	2.87	2.71	2.60	2.51	2.45	2.39	2.35
21	4.32	3.47	3.07	2.84	2.68	2.57	2.49	2.42	2.37	2.32
22	4.30	3.44	3.05	2.82	2.66	2.55	2.46	2.40	2.34	2.30
23	4.28	3.42	3.03	2.80	2.64	2.53	2.44	2.37	2.32	2.27
24	4.26	3.40	3.01	2.78	2.62	2.51	2.42	2.36	2.30	2.25

分母自由度 ν_2	分子自由度 ν_1									
	1	2	3	4	5	6	7	8	9	10
25	4.24	3.39	2.99	2.76	2.60	2.49	2.40	2.34	2.28	2.24
26	4.23	3.37	2.98	2.74	2.59	2.47	2.39	2.32	2.27	2.22
27	4.21	3.35	2.96	2.73	2.57	2.46	2.37	2.31	2.25	2.20
28	4.20	3.34	2.95	2.71	2.56	2.45	2.36	2.29	2.24	2.19
29	4.18	3.33	2.93	2.70	2.55	2.43	2.35	2.28	2.22	2.18
30	4.17	3.32	2.92	2.69	2.53	2.42	2.33	2.27	2.21	2.16
40	4.08	3.23	2.84	2.61	2.45	2.34	2.25	2.18	2.12	2.08
60	4.00	3.15	2.76	2.53	2.37	2.25	2.17	2.10	2.04	1.99
120	3.92	3.07	2.68	2.45	2.29	2.17	2.09	2.02	1.96	1.91
∞	3.84	3.00	2.60	2.37	2.21	2.10	2.01	1.94	1.88	1.83

分母自由度 ν_2	分子自由度 ν_1								
	12	15	20	24	30	40	60	120	∞
1	243.9	245.9	248.0	249.1	250.1	251.1	252.2	253.3	254.3
2	19.41	19.43	19.45	19.45	19.46	19.47	19.48	19.49	19.50
3	8.74	8.70	8.66	8.64	8.62	8.59	8.57	8.55	8.53
4	5.91	5.86	5.80	5.77	5.75	5.72	5.69	5.66	5.63
5	4.68	4.62	4.56	4.53	4.50	4.46	4.43	4.40	4.36
6	4.00	3.94	3.87	3.84	3.81	3.77	3.74	3.70	3.67
7	3.57	3.51	3.44	3.41	3.38	3.34	3.30	3.27	3.23
8	3.28	3.22	3.15	3.12	3.08	3.04	3.01	2.97	2.93
9	3.07	3.01	2.94	2.90	2.86	2.83	2.79	2.75	2.71
10	2.91	2.85	2.77	2.74	2.70	2.66	2.62	2.58	2.54
11	2.79	2.72	2.65	2.61	2.57	2.53	2.49	2.45	2.40
12	2.69	2.62	2.54	2.51	2.47	2.43	2.38	2.34	2.30
13	2.60	2.53	2.46	2.42	2.38	2.34	2.30	2.25	2.21
14	2.53	2.46	2.39	2.35	2.31	2.27	2.22	2.18	2.13
15	2.48	2.40	2.33	2.29	2.25	2.20	2.16	2.11	2.07
16	2.42	2.35	2.28	2.24	2.19	2.15	2.11	2.06	2.01
17	2.38	2.31	2.23	2.19	2.15	2.10	2.06	2.01	1.96
18	2.34	2.27	2.19	2.15	2.11	2.06	2.02	1.97	1.92
19	2.31	2.23	2.16	2.11	2.07	2.03	1.98	1.93	1.88
20	2.28	2.20	2.12	2.08	2.04	1.99	1.95	1.90	1.84
21	2.25	2.18	2.10	2.05	2.01	1.96	1.92	1.87	1.81

分母自由度	分子自由度 ν_1								
ν_2	12	15	20	24	30	40	60	120	∞
22	2.23	2.15	2.07	2.03	1.98	1.94	1.89	1.84	1.78
23	2.20	2.13	2.05	2.01	1.96	1.91	1.86	1.81	1.76
24	2.18	2.11	2.03	1.98	1.94	1.89	1.84	1.79	1.73
25	2.16	2.09	2.01	1.96	1.92	1.87	1.82	1.77	1.71
26	2.15	2.07	1.99	1.95	1.90	1.85	1.80	1.75	1.69
27	2.13	2.06	1.97	1.93	1.88	1.84	1.79	1.73	1.67
28	2.12	2.04	1.96	1.91	1.87	1.82	1.77	1.71	1.65
29	2.10	2.03	1.94	1.90	1.85	1.81	1.75	1.70	1.64
30	2.09	2.01	1.93	1.89	1.84	1.79	1.74	1.68	1.62
40	2.00	1.92	1.84	1.79	1.74	1.69	1.64	1.58	1.51
60	1.92	1.84	1.75	1.70	1.65	1.59	1.53	1.47	1.39
120	1.83	1.75	1.66	1.61	1.55	1.50	1.43	1.35	1.25
∞	1.75	1.67	1.57	1.52	1.46	1.39	1.32	1.22	1.00

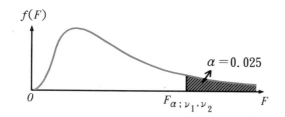

分母自由度	分子自由度 ν_1									
ν_2	1	2	3	4	5	6	7	8	9	10
1	647.8	799.5	864.2	899.6	921.8	937.1	948.2	956.7	963.3	968.6
2	38.51	39.00	39.17	39.25	39.30	39.33	39.36	39.37	39.39	39.40
3	17.44	16.04	15.44	15.10	14.88	14.73	14.62	14.54	14.47	14.42
4	12.22	10.65	9.98	9.60	9.36	9.20	9.07	8.98	8.90	8.84
5	10.01	8.43	7.76	7.39	7.15	6.98	6.85	6.76	6.68	6.62
6	8.81	7.26	6.60	6.23	5.99	5.82	5.70	5.60	5.52	5.46
7	8.07	6.54	5.89	5.52	5.29	5.12	4.99	4.90	4.82	4.76
8	7.57	6.06	5.42	5.05	4.82	4.65	4.53	4.43	4.36	4.30
9	7.21	5.71	5.08	4.72	4.48	4.32	4.20	4.10	4.03	3.96
10	6.94	5.46	4.83	4.47	4.24	4.07	3.95	3.85	3.78	3.72
11	6.72	5.26	4.63	4.28	4.04	3.88	3.76	3.66	3.59	3.53
12	6.55	5.10	4.47	4.12	3.89	3.73	3.61	3.51	3.44	3.37
13	6.41	4.97	4.35	4.00	3.77	3.60	3.48	3.39	3.31	3.25
14	6.30	4.86	4.24	3.89	3.66	3.50	3.38	3.29	3.21	3.15
15	6.20	4.77	4.15	3.80	3.58	3.41	3.29	3.20	3.12	3.06
16	6.12	4.69	4.08	3.73	3.50	3.34	3.22	3.12	3.05	2.99
17	6.04	4.62	4.01	3.66	3.44	3.28	3.16	3.06	2.98	2.92
18	5.98	4.56	3.95	3.61	3.38	3.22	3.10	3.01	2.93	2.87
19	5.92	4.51	3.90	3.56	3.33	3.17	3.05	2.96	2.88	2.82
20	5.87	4.46	3.86	3.51	3.29	3.13	3.01	2.91	2.84	2.77
21	5.83	4.42	3.82	3.48	3.25	3.09	2.97	2.87	2.80	2.73
22	5.79	4.38	3.78	3.44	3.22	3.05	2.93	2.84	2.76	2.70
23	5.75	4.35	3.75	3.41	3.18	3.02	2.90	2.81	2.73	2.67
24	5.72	4.32	3.72	3.38	3.15	2.99	2.87	2.78	2.70	2.64
25	5.69	4.29	3.69	3.35	3.13	2.97	2.85	2.75	2.68	2.61
26	5.66	4.27	3.67	3.33	3.10	2.94	2.82	2.73	2.65	2.59
27	5.63	4.24	3.65	3.31	3.08	2.92	2.80	2.71	2.63	2.57

分母自由度	分子自由度 ν_1									
ν_2	1	2	3	4	5	6	7	8	9	10
28	5.61	4.22	3.63	3.29	3.06	2.90	2.78	2.69	2.61	2.55
29	5.59	4.20	3.61	3.27	3.04	2.88	2.76	2.67	2.59	2.53
30	5.57	4.18	3.59	3.25	3.03	2.87	2.75	2.65	2.57	2.51
40	5.42	4.05	3.46	3.13	2.90	2.74	2.62	2.53	2.45	2.39
60	5.29	3.93	3.34	3.01	2.79	2.63	2.51	2.41	2.33	2.27
120	5.15	3.80	3.23	2.89	2.67	2.52	2.39	2.30	2.22	2.16
∞	5.02	3.69	3.12	2.79	2.57	2.41	2.29	2.19	2.11	2.05

分母自由度	分子自由度 ν_1								
ν_2	12	15	20	24	30	40	60	120	∞
1	976.7	984.9	993.1	997.2	1001	1006	1010	1014	1018
2	39.41	39.43	39.45	39.46	39.46	39.47	39.48	39.49	39.50
3	14.34	14.25	14.17	14.12	14.08	14.04	13.99	13.95	13.90
4	8.75	8.66	8.56	8.51	8.46	8.41	8.36	8.31	8.26
5	6.52	6.43	6.33	6.28	6.23	6.18	6.12	6.07	6.02
6	5.37	5.27	5.17	5.12	5.07	5.01	4.96	4.90	4.85
7	4.67	4.57	4.47	4.42	4.36	4.31	4.25	4.20	4.14
8	4.20	4.10	4.00	3.95	3.89	3.84	3.78	3.73	3.67
9	3.87	3.77	3.67	3.61	3.56	3.51	3.45	3.39	3.33
10	3.62	3.52	3.42	3.37	3.31	3.26	3.20	3.14	3.08
11	3.43	3.33	3.23	3.17	3.12	3.06	3.00	2.94	2.88
12	3.28	3.18	3.07	3.02	2.96	2.91	2.85	2.79	2.72
13	3.15	3.05	2.95	2.89	2.84	2.78	2.72	2.66	2.60
14	3.05	2.95	2.84	2.79	2.73	2.67	2.61	2.55	2.49
15	2.96	2.86	2.76	2.70	2.64	2.59	2.52	2.46	2.40
16	2.89	2.79	2.68	2.63	2.57	2.51	2.45	2.38	2.32
17	2.82	2.72	2.62	2.56	2.50	2.44	2.38	2.32	2.25
18	2.77	2.67	2.56	2.50	2.44	2.38	2.32	2.26	2.19
19	2.72	2.62	2.51	2.45	2.39	2.33	2.27	2.20	2.13
20	2.68	2.57	2.46	2.41	2.35	2.29	2.22	2.16	2.09
21	2.64	2.53	2.42	2.37	2.31	2.25	2.18	2.11	2.04
22	2.60	2.50	2.39	2.33	2.27	2.21	2.14	2.08	2.00
23	2.57	2.47	2.36	2.30	2.24	2.18	2.11	2.04	1.97
24	2.54	2.44	2.33	2.27	2.21	2.15	2.08	2.01	1.94
25	2.51	2.41	2.30	2.24	2.18	2.12	2.05	1.98	1.91

分母自由度	分子自由度 ν_1								
ν_2	12	15	20	24	30	40	60	120	∞
26	2.49	2.39	2.28	2.22	2.16	2.09	2.03	1.95	1.88
27	2.47	2.36	2.25	2.19	2.13	2.07	2.00	1.93	1.85
28	2.45	2.34	2.23	2.17	2.11	2.05	1.98	1.91	1.83
29	2.43	2.32	2.21	2.15	2.09	2.03	1.96	1.89	1.81
30	2.41	2.31	2.20	2.14	2.07	2.01	1.94	1.87	1.79
40	2.29	2.18	2.07	2.01	1.94	1.88	1.80	1.72	1.64
60	2.17	2.06	1.94	1.88	1.82	1.74	1.67	1.58	1.48
120	2.05	1.94	1.82	1.76	1.69	1.61	1.53	1.43	1.31
∞	1.94	1.83	1.71	1.64	1.57	1.48	1.39	1.27	1.00

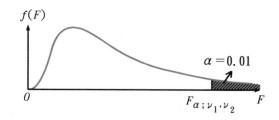

分母自由度	分子自由度 ν_1									
ν_2	1	2	3	4	5	6	7	8	9	10
1	4052	4999.5	5403	5625	5764	5859	5928	5982	6022	6056
2	98.50	99.00	99.17	99.25	99.30	99.33	99.36	99.37	99.39	99.40
3	34.12	30.82	29.46	28.71	28.24	27.91	27.67	27.49	27.35	27.23
4	21.20	18.00	16.69	15.98	15.52	15.21	14.98	14.80	14.66	14.55
5	16.26	13.27	12.06	11.39	10.97	10.67	10.46	10.29	10.16	10.05
6	13.75	10.92	9.78	9.15	8.75	8.47	8.26	8.10	7.98	7.87
7	12.25	9.55	8.45	7.85	7.46	7.19	6.99	6.84	6.72	6.62
8	11.26	8.65	7.59	7.01	6.63	6.37	6.18	6.03	5.91	5.81
9	10.56	8.02	6.99	6.42	6.06	5.80	5.61	5.47	5.35	5.26
10	10.04	7.56	6.55	5.99	5.64	5.39	5.20	5.06	4.94	4.85
11	9.65	7.21	6.22	5.67	5.32	5.07	4.89	4.74	4.63	4.54
12	9.33	6.93	5.95	5.41	5.06	4.82	4.64	4.50	4.39	4.30
13	9.07	6.70	5.74	5.21	4.86	4.62	4.44	4.30	4.19	4.10
14	8.86	6.51	5.56	5.04	4.69	4.46	4.28	4.14	4.03	3.94
15	8.68	6.36	5.42	4.89	4.56	4.32	4.14	4.00	3.89	3.80
16	8.53	6.23	5.29	4.77	4.44	4.20	4.03	3.89	3.78	3.69
17	8.40	6.11	5.18	4.67	4.34	4.10	3.93	3.79	3.68	3.59
18	8.29	6.01	5.09	4.58	4.25	4.01	3.84	3.71	3.60	3.51
19	8.18	5.93	5.01	4.50	4.17	3.94	3.77	3.63	3.52	3.43
20	8.10	5.85	4.94	4.43	4.10	3.87	3.70	3.56	3.46	3.37
21	8.02	5.78	4.87	4.37	4.04	3.81	3.64	3.51	3.40	3.31
22	7.95	5.72	4.82	4.31	3.99	3.76	3.59	3.45	3.35	3.26
23	7.88	5.66	4.76	4.26	3.94	3.71	3.54	3.41	3.30	3.21
24	7.82	5.61	4.72	4.22	3.90	3.67	3.50	3.36	3.26	3.17
25	7.77	5.57	4.68	4.18	3.85	3.63	3.46	3.32	3.22	3.13
26	7.72	5.53	4.64	4.14	3.82	3.59	3.42	3.29	3.18	3.09
27	7.68	5.49	4.60	4.11	3.78	3.56	3.39	3.26	3.15	3.06

分母自由度	分子自由度 ν_1									
ν_2	1	2	3	4	5	6	7	8	9	10
28	7.64	5.45	4.57	4.07	3.75	3.53	3.36	3.23	3.12	3.03
29	7.60	5.42	4.54	4.04	3.73	3.50	3.33	3.20	3.09	3.00
30	7.56	5.39	4.51	4.02	3.70	3.47	3.30	3.17	3.07	2.98
40	7.31	5.18	4.31	3.83	3.51	3.29	3.12	2.99	2.89	2.80
60	7.08	4.98	4.13	3.65	3.34	3.12	2.95	2.82	2.72	2.63
120	6.85	4.79	3.95	3.48	3.17	2.96	2.79	2.66	2.56	2.47
∞	6.63	4.61	3.78	3.32	3.02	2.80	2.64	2.51	2.41	2.32

分母自由度	分子自由度 ν_1								
ν_2	12	15	20	24	30	40	60	120	∞
1	6106	6157	6209	6235	6261	6287	6313	6339	6366
2	99.42	99.43	99.45	99.46	99.47	99.47	99.48	99.49	99.50
3	27.05	26.87	26.69	26.60	26.50	26.41	26.32	26.22	26.13
4	14.37	14.20	14.02	13.93	13.84	13.75	13.65	13.56	13.46
5	9.89	9.72	9.55	9.47	9.38	9.29	9.20	9.11	9.02
6	7.72	7.56	7.40	7.31	7.23	7.14	7.06	6.97	6.88
7	6.47	6.31	6.16	6.07	5.99	5.91	5.82	5.74	5.65
8	5.67	5.52	5.36	5.28	5.20	5.12	5.03	4.95	4.86
9	5.11	4.96	4.81	4.73	4.65	4.57	4.48	4.40	4.31
10	4.71	4.56	4.41	4.33	4.25	4.17	4.08	4.00	3.91
11	4.40	4.25	4.10	4.02	3.94	3.86	3.78	3.69	3.60
12	4.16	4.01	3.86	3.78	3.70	3.62	3.54	3.45	3.36
13	3.96	3.82	3.66	3.59	3.51	3.43	3.34	3.25	3.17
14	3.80	3.66	3.51	3.43	3.35	3.27	3.18	3.09	3.00
15	3.67	3.52	3.37	3.29	3.21	3.13	3.05	2.96	2.87
16	3.55	3.41	3.26	3.18	3.10	3.02	2.93	2.84	2.75
17	3.46	3.31	3.16	3.08	3.00	2.92	2.83	2.75	2.65
18	3.37	3.23	3.08	3.00	2.92	2.84	2.75	2.66	2.57
19	3.30	3.15	3.00	2.92	2.84	2.76	2.67	2.58	2.49
20	3.23	3.09	2.94	2.86	2.78	2.69	2.61	2.52	2.42
21	3.17	3.03	2.88	2.80	2.72	2.64	2.55	2.46	2.36
22	3.12	2.98	2.83	2.75	2.67	2.58	2.50	2.40	2.31
23	3.07	2.93	2.78	2.70	2.62	2.54	2.45	2.35	2.26
24	3.03	2.89	2.74	2.66	2.58	2.49	2.40	2.31	2.21
25	2.99	2.85	2.70	2.62	2.54	2.45	2.36	2.27	2.17

| 分母自由度 | 分子自由度 ν_1 | | | | | | | | |
ν_2	12	15	20	24	30	40	60	120	∞
26	2.96	2.81	2.66	2.58	2.50	2.42	2.33	2.23	2.13
27	2.93	2.78	2.63	2.55	2.47	2.38	2.29	2.20	2.10
28	2.90	2.75	2.60	2.52	2.44	2.35	2.26	2.17	2.06
29	2.87	2.73	2.57	2.49	2.41	2.33	2.23	2.14	2.03
30	2.84	2.70	2.55	2.47	2.39	2.30	2.21	2.11	2.01
40	2.66	2.52	2.37	2.29	2.20	2.11	2.02	1.92	1.80
60	2.50	2.35	2.20	2.12	2.03	1.94	1.84	1.73	1.60
120	2.34	2.19	2.03	1.95	1.86	1.76	1.66	1.53	1.38
∞	2.18	2.04	1.88	1.79	1.70	1.59	1.47	1.32	1.00

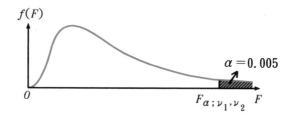

分母自由度	分子自由度 ν_1									
ν_2	1	2	3	4	5	6	7	8	9	10
1	16211	20000	21615	22500	23056	23437	23715	23925	24091	24224
2	198.5	199.0	199.2	199.2	199.3	199.3	199.4	199.4	199.4	199.4
3	55.55	49.80	47.47	46.19	45.39	44.84	44.43	44.13	43.88	43.69
4	31.33	26.28	24.26	23.15	22.46	21.97	21.62	21.35	21.14	20.97
5	22.78	18.31	16.53	15.56	14.94	14.51	14.20	13.96	13.77	13.62
6	18.63	14.54	12.92	12.03	11.46	11.07	10.79	10.57	10.39	10.25
7	16.24	12.40	10.88	10.05	9.52	9.16	8.89	8.68	8.51	8.38
8	14.69	11.04	9.60	8.81	8.30	7.95	7.69	7.50	7.34	7.21
9	13.61	10.11	8.72	7.96	7.47	7.13	6.88	6.69	6.54	6.42
10	12.83	9.43	8.08	7.34	6.87	6.54	6.30	6.12	5.97	5.85
11	12.23	8.91	7.60	6.88	6.42	6.10	5.86	5.68	5.54	5.42
12	11.75	8.51	7.23	6.52	6.07	5.76	5.52	5.35	5.20	5.09
13	11.37	8.19	6.93	6.23	5.79	5.48	5.25	5.08	4.94	4.82
14	11.06	7.92	6.68	6.00	5.56	5.26	5.03	4.86	4.72	4.60
15	10.80	7.70	6.48	5.80	5.37	5.07	4.85	4.67	4.54	4.42
16	10.58	7.51	6.30	5.64	5.21	4.91	4.69	4.52	4.38	4.27
17	10.38	7.35	6.16	5.50	5.07	4.78	4.56	4.39	4.25	4.14
18	10.22	7.21	6.03	5.37	4.96	4.66	4.44	4.28	4.14	4.03
19	10.07	7.09	5.92	5.27	4.85	4.56	4.34	4.18	4.04	3.93
20	9.94	6.99	5.82	5.17	4.76	4.47	4.26	4.09	3.96	3.85
21	9.83	6.89	5.73	5.09	4.68	4.39	4.18	4.01	3.88	3.77
22	9.73	6.81	5.65	5.02	4.61	4.32	4.11	3.94	3.81	3.70
23	9.63	6.73	5.58	4.95	4.54	4.26	4.05	3.88	3.75	3.64
24	9.55	6.66	5.52	4.89	4.49	4.20	3.99	3.83	3.69	3.59
25	9.48	6.60	5.46	4.84	4.43	4.15	3.94	3.78	3.64	3.54
26	9.41	6.54	5.41	4.79	4.38	4.10	3.89	3.73	3.60	3.49
27	9.34	6.49	5.36	4.74	4.34	4.06	3.85	3.69	3.56	3.45

分母自由度	分子自由度 ν_1									
ν_2	1	2	3	4	5	6	7	8	9	10
28	9.28	6.44	5.32	4.70	4.30	4.02	3.81	3.65	3.52	3.41
29	9.23	6.40	5.28	4.66	4.26	3.98	3.77	3.61	3.48	3.38
30	9.18	6.35	5.24	4.62	4.23	3.95	3.74	3.58	3.45	3.34
40	8.83	6.07	4.98	4.37	3.99	3.71	3.51	3.35	3.22	3.12
60	8.49	5.79	4.73	4.14	3.76	3.49	3.29	3.13	3.01	2.90
120	8.18	5.54	4.50	3.92	3.55	3.28	3.09	2.93	2.81	2.71
∞	7.88	5.30	4.28	3.72	3.35	3.09	2.90	2.74	2.62	2.52

分母自由度	分子自由度 ν_1								
ν_2	12	15	20	24	30	40	60	120	∞
1	24426	24630	24836	24940	25044	25148	25253	25359	25465
2	199.4	199.4	199.4	199.5	199.5	199.5	199.5	199.5	199.5
3	43.39	43.08	42.78	42.62	42.47	42.31	42.15	41.99	41.83
4	20.70	20.44	20.17	20.03	19.89	19.75	19.61	19.47	19.32
5	13.38	13.15	12.90	12.78	12.66	12.53	12.40	12.27	12.14
6	10.03	9.81	9.59	9.47	9.36	9.24	9.12	9.00	8.88
7	8.18	7.97	7.75	7.65	7.53	7.42	7.31	7.19	7.08
8	7.01	6.81	6.61	6.50	6.40	6.29	6.18	6.06	5.95
9	6.23	6.03	5.83	5.73	5.62	5.52	5.41	5.30	5.19
10	5.66	5.47	5.27	5.17	5.07	4.97	4.86	4.75	4.64
11	5.24	5.05	4.86	4.76	4.65	4.55	4.44	4.34	4.23
12	4.91	4.72	4.53	4.43	4.33	4.23	4.12	4.01	3.90
13	4.64	4.46	4.27	4.17	4.07	3.97	3.87	3.76	3.65
14	4.43	4.25	4.06	3.96	3.86	3.76	3.66	3.55	3.44
15	4.25	4.07	3.88	3.79	3.69	3.58	3.48	3.37	3.26
16	4.10	3.92	3.73	3.64	3.54	3.44	3.33	3.22	3.11
17	3.97	3.79	3.61	3.51	3.41	3.31	3.21	3.10	2.98
18	3.86	3.68	3.50	3.40	3.30	3.20	3.10	2.99	2.87
19	3.76	3.59	3.40	3.31	3.21	3.11	3.00	2.89	2.78
20	3.68	3.50	3.32	3.22	3.12	3.02	2.92	2.81	2.69
21	3.60	3.43	3.24	3.15	3.05	2.95	2.84	2.73	2.61
22	3.54	3.36	3.18	3.08	2.98	2.88	2.77	2.66	2.55
23	3.47	3.30	3.12	3.02	2.92	2.82	2.71	2.60	2.48
24	3.42	3.25	3.06	2.97	2.87	2.77	2.66	2.55	2.43
25	3.37	3.20	3.01	2.92	2.82	2.72	2.61	2.50	2.38

分母自由度	分子自由度 ν_1								
ν_2	12	15	20	24	30	40	60	120	∞
26	3.33	3.15	2.97	2.87	2.77	2.67	2.56	2.45	2.33
27	3.28	3.11	2.93	2.83	2.73	2.63	2.52	2.41	2.29
28	3.25	3.07	2.89	2.79	2.69	2.59	2.48	2.37	2.25
29	3.21	3.04	2.86	2.76	2.66	2.56	2.45	2.33	2.21
30	3.18	3.01	2.82	2.73	2.63	2.52	2.42	2.30	2.18
40	2.95	2.78	2.60	2.50	2.40	2.30	2.18	2.06	1.93
60	2.74	2.57	2.39	2.29	2.19	2.08	1.96	1.83	1.69
120	2.54	2.37	2.19	2.09	1.98	1.87	1.75	1.61	1.43
∞	2.36	2.19	2.00	1.90	1.79	1.67	1.53	1.36	1.00

資料來源: 取自 Lee (1993), Appendix Table A6.

表(11)　亂數表

列	行									
	1	2	3	4	5	6	7	8	9	10
1	10480	15011	01536	02011	81647	91646	69179	14194	62590	36207
2	22368	46573	25595	85393	30995	89198	27982	53402	93965	34095
3	24130	48360	22527	97265	76393	64809	15179	24830	49340	32081
4	42167	93093	06243	61680	07856	16376	39440	53537	71341	57004
5	37570	39975	81837	16656	06121	91782	60468	81305	49684	60672
6	77921	06907	11008	42751	27756	53498	18602	70659	90655	15053
7	99562	72905	56420	69994	98872	31016	71194	18738	44013	48840
8	96301	91977	05463	07972	18876	20922	94595	56869	69014	60045
9	89579	14342	63661	10281	17453	18103	57740	84378	25331	12566
10	85475	36857	53342	53988	53060	59533	38867	62300	08158	17983
11	28918	69578	88231	33276	70997	79936	56865	05859	90106	31595
12	63553	40961	48235	03427	49626	69445	18663	72695	52180	20847
13	09429	93969	52636	92737	88974	33488	36320	17617	30015	08272
14	10365	61129	87529	85689	48237	52267	67689	93394	01511	26358
15	07119	97336	71048	08178	77233	13916	47564	81056	97735	85977
16	51085	12765	51821	51259	77452	16308	60756	92144	49442	53900
17	02368	21382	52404	60268	89368	19885	55322	44819	01188	65255
18	01011	54092	33362	94904	31273	04146	18594	29852	71585	85030
19	52162	53916	46369	58586	23216	14513	83149	98736	23495	64350
20	07056	97628	33787	09998	42698	06691	76988	13602	51851	46104
21	48663	91245	85828	14346	09172	30168	90229	04734	59193	22178
22	54164	58492	22421	74103	47070	25306	76468	26384	58151	06646
23	32639	32363	05597	24200	13363	38005	94342	28728	35806	06912
24	29334	27001	87637	87308	58731	00256	45834	15398	46557	41135
25	02488	33062	28834	07351	19731	92420	60952	61280	50001	67658
26	81525	72295	04839	96423	24878	82651	66566	14778	76797	14780
27	29676	20591	68086	26432	46901	20849	89768	81536	86645	12659
28	00742	57392	39064	66432	84673	40027	32832	61362	98947	96067
29	05366	04213	25669	26422	44407	44048	37937	63904	45766	66134

列	行									
	1	2	3	4	5	6	7	8	9	10
30	91921	26418	64117	94305	26766	25940	39972	22209	71500	64568
31	00582	04711	87917	77341	42206	35126	74087	99547	81817	42607
32	00725	69884	62797	56170	86324	88072	76222	36086	84637	93161
33	69011	65795	95876	55293	18988	27354	26575	08625	40801	59920
34	25976	57948	29888	88604	67917	48708	18912	82271	65424	69774
35	09763	83473	73577	12908	30883	18317	28290	35797	05998	41688
36	91567	42595	27958	30134	04024	86385	29880	99730	55536	84855
37	17955	56349	90999	49127	20044	59931	06115	20542	18059	02008
38	46503	18584	18845	49618	02304	51038	20655	58727	28168	15475
39	92157	89634	94824	78171	84610	82834	09922	25417	44137	48413
40	14577	62765	35605	81263	39667	47358	56873	56307	61607	49518
41	98427	07523	33362	64270	01638	92477	66969	98420	04880	45585
42	34914	63976	88720	82765	34476	17032	87589	40836	32427	70002
43	70060	28277	39475	46473	23219	53416	94970	25832	69975	94884
44	53976	54914	06990	67245	68350	82948	11398	42878	80287	88267
45	76072	29515	40980	07391	58745	25774	22987	80059	39911	96189
46	90725	52210	83974	29992	65831	38857	50490	83765	55657	14361
47	64364	67412	33339	31926	14883	24413	59744	92351	97473	89286
48	08962	00358	31662	25388	61642	34072	81249	35648	56891	69352
49	95012	68379	93526	70765	10592	04542	76463	54328	02349	17247
50	15664	10493	20492	38391	91132	21999	59516	81652	27195	48223
51	16408	81899	04153	53381	79401	21438	83035	92350	36693	31238
52	18629	81953	05520	91962	04739	13092	97662	24822	94730	06496
53	73115	35101	47498	87637	99016	71060	88824	71013	18735	20286
54	57491	16703	23167	49323	45021	33132	12544	41035	80780	45393
55	30405	83946	23792	14422	15059	45799	22716	19792	09983	74353
56	16631	35006	85900	98275	32388	52390	16815	69298	82732	38480
57	96773	20206	42559	78985	05300	22164	24369	54224	35083	19687
58	38935	64202	14349	82674	66523	44133	00697	35552	35970	19124
59	31624	76384	17403	53363	44167	64486	64758	75366	76554	31601
60	78919	19474	23632	27889	47914	02584	37680	20801	72152	39339

列	行									
	1	2	3	4	5	6	7	8	9	10
61	03931	33309	57047	74211	63445	17361	62825	39908	05607	91284
62	74426	33278	43972	10119	89917	15665	52872	73823	73144	88662
63	09066	00903	20795	95452	92648	45454	09552	88815	16553	51125
64	42238	12426	87025	14267	20979	04508	64535	31355	86064	29472
65	16153	08002	26504	41744	81959	65642	74240	56302	00033	67107
66	21457	40742	29820	96783	29400	21840	15035	34537	33310	06116
67	21581	57802	02050	89728	17937	37621	47075	42080	97403	48626
68	55612	78095	83197	33732	05810	24813	86902	60397	16489	03264
69	44657	66999	99324	51281	84463	60563	79312	93454	68876	25471
70	91340	84979	46949	81973	37949	61023	43997	15263	80644	43942
71	91227	21199	31935	27022	84067	05462	35216	14486	29891	68607
72	50001	38140	66321	19924	72163	09538	12151	06878	91903	18749
73	65390	05224	72958	28609	81406	39147	25549	48542	42627	45233
74	27504	96131	83944	41575	10573	08619	64482	73923	36152	05184
75	37169	94851	39117	89632	00959	16487	65536	49071	39782	17095
76	11508	70225	51111	38351	19444	66499	71945	05422	13442	78675
77	37449	30362	06694	54690	04052	53115	62757	95348	78662	11163
78	46515	70331	85922	38329	57015	15765	97161	17869	45349	61796
79	30986	81223	42416	58353	21532	30502	32305	86482	05174	07901
80	63798	64995	46583	09785	44160	78128	83991	42865	92520	83531
81	82486	84846	99254	67632	43218	50076	21361	64816	51202	88124
82	21885	32906	92431	09060	64297	51674	64126	62570	26123	05155
83	60336	98782	07408	53458	13564	59089	26445	29789	85205	41001
84	43937	46891	24010	25560	86355	33941	25786	54990	71899	15475
85	97656	63175	89303	16275	07100	92063	21942	18611	47348	20203
86	03299	01221	05418	38982	55758	92237	26759	86367	21216	98442
87	79626	06486	03574	17668	07785	76020	79924	25651	83325	88428
88	85636	68335	47539	03129	65651	11977	02510	26113	99447	68645
89	18039	14367	61337	06177	12143	46609	32989	74014	64708	00533
90	08362	15656	60627	36478	65648	16764	53412	09013	07832	41574
91	79556	29068	04142	16268	15387	12856	66227	38358	22478	73373
92	92608	82674	27072	32534	17075	27698	98204	63863	11951	34648

列	行									
	1	2	3	4	5	6	7	8	9	10
93	23982	25835	40055	67006	12293	02753	14827	23235	35071	99704
94	09915	96306	05908	97901	28395	14186	00821	80703	70426	75647
95	59037	33300	26695	62247	69927	76123	50842	43834	86654	70959
96	42488	78077	69882	61657	34136	79180	97526	43092	04098	73571
97	46764	86273	63003	93017	31204	36692	40202	35275	57306	55543
98	03237	45430	55417	63282	90816	17349	88298	90183	36600	78406
99	86591	81482	52667	61582	14972	90053	89534	76036	49199	43716
100	38534	01715	94964	87288	65680	43772	39560	12918	86537	62738

資料來源: 取自 Mendenhall, Reinmuth and Beaver (1993), Appendix Table 11.

表(12)　　Hartley h-統計量的臨界值

$$1 - \alpha = .95$$

n	r 2	3	4	5	6	7	8	9	10	11	12
3	39.0	87.5	142	202	266	333	403	475	550	626	704
4	15.4	27.8	39.2	50.7	62.0	72.9	83.5	93.9	104	114	124
5	9.60	15.5	20.6	25.2	29.5	33.6	37.5	41.1	44.6	48.0	51.4
6	7.15	10.8	13.7	16.3	18.7	20.8	22.9	24.7	26.5	28.2	29.9
7	5.82	8.38	10.4	12.1	13.7	15.0	16.3	17.5	18.6	19.7	20.7
8	4.99	6.94	8.44	9.70	10.8	11.8	12.7	13.5	14.3	15.1	15.8
9	4.43	6.00	7.18	8.12	9.03	9.78	10.5	11.1	11.7	12.2	12.7
10	4.03	5.34	6.31	7.11	7.80	8.41	8.95	9.45	9.91	10.3	10.7
11	3.72	4.85	5.67	6.34	6.92	7.42	7.87	8.28	8.66	9.01	9.34
13	3.28	4.16	4.79	5.30	5.72	6.09	6.42	6.72	7.00	7.25	7.48
16	2.86	3.54	4.01	4.37	4.68	4.95	5.19	5.40	5.59	5.77	5.93
21	2.46	2.95	3.29	3.54	3.76	3.94	4.10	4.24	4.37	4.49	4.59
31	2.07	2.40	2.61	2.78	2.91	3.02	3.12	3.21	3.29	3.36	3.39
61	1.67	1.85	1.96	2.04	2.11	2.17	2.22	2.26	2.30	2.33	2.36
∞	1.00	1.00	1.00	1.00	1.00	1.00	1.00	1.00	1.00	1.00	1.00

$$1 - \alpha = .99$$

n	r 2	3	4	5	6	7	8	9	10	11	12
3	199	448	729	1036	1362	1705	2063	2432	2813	3204	3605
4	47.5	85	120	151	184	216	249	281	310	337	361
5	23.2	37	49	59	69	79	89	97	106	113	120
6	14.9	22	28	33	38	42	46	50	54	57	60
7	11.1	15.5	19.1	22	25	27	30	32	34	36	37
8	8.89	12.1	14.5	16.5	18.4	20	22	23	24	26	27
9	7.50	9.9	11.7	13.2	14.5	15.8	16.9	17.9	18.9	19.8	21
10	6.54	8.5	9.9	11.1	12.1	13.1	13.9	14.7	15.3	16.0	16.6
11	5.85	7.4	8.6	9.6	10.4	11.1	11.8	12.4	12.9	13.4	13.9
13	4.91	6.1	6.9	7.6	8.2	8.7	9.1	9.5	9.9	10.2	10.6
16	4.07	4.9	5.5	6.0	6.4	6.7	7.1	7.3	7.5	7.8	8.0

n	r										
	2	3	4	5	6	7	8	9	10	11	12
21	3.32	3.8	4.3	4.6	4.9	5.1	5.3	5.5	5.6	5.8	5.9
31	2.63	3.0	3.3	3.4	3.6	3.7	3.8	3.9	4.0	4.1	4.2
61	1.96	2.2	2.3	2.4	2.4	2.5	2.5	2.6	2.6	2.7	2.7
∞	1.00	1.0	1.0	1.0	1.0	1.0	1.0	1.0	1.0	1.0	1.0

資料來源: 取自 Pfaffenberger and Patterson (1987), Appendix Table B.9.

表 (13)　　Z_r 與 r 的關聯 $\left[Z_r = \frac{1}{2} \ln \frac{1+r}{1-r} \right]$

z	.00	.01	.02	.03	.04	.05	.06	.07	.08	.09
.0	.0000	.0100	.0200	.0300	.0400	.0500	.0599	.0699	.0798	.0898
.1	.0997	.1096	.1194	.1293	.1391	.1489	.1587	.1684	.1781	.1878
.2	.1974	.2070	.2165	.2260	.2355	.2449	.2543	.2636	.2729	.2821
.3	.2913	.3004	.3095	.3185	.3275	.3364	.3452	.3540	.3627	.3714
.4	.3800	.3885	.3969	.4053	.4136	.4219	.4301	.4382	.4462	.4542
.5	.4621	.4700	.4777	.4854	.4930	.5005	.5080	.5154	.5227	.5299
.6	.5370	.5441	.5511	.5581	.5649	.5717	.5784	.5850	.5915	.5980
.7	.6044	.6107	.6169	.6231	.6291	.6352	.6411	.6469	.6527	.6584
.8	.6640	.6696	.6751	.6805	.6858	.6911	.6963	.7014	.7064	.7114
.9	.7163	.7211	.7259	.7306	.7352	.7398	.7443	.7487	.7531	.7574
1.0	.7616	.7658	.7699	.7739	.7779	.7818	.7857	.7895	.7932	.7969
1.1	.8005	.8041	.8076	.8110	.8144	.8178	.8210	.8243	.8275	.8306
1.2	.8337	.8367	.8397	.8426	.8455	.8483	.8511	.8538	.8565	.8591
1.3	.8617	.8643	.8668	.8693	.8717	.8741	.8764	.8787	.8810	.8832
1.4	.8854	.8875	.8896	.8917	.8937	.8957	.8977	.8996	.9015	.9033
1.5	.9052	.9069	.9087	.9104	.9121	.9138	.9154	.9170	.9186	.9202
1.6	.9217	.9232	.9246	.9261	.9275	.9289	.9302	.9316	.9329	.9342
1.7	.9354	.9367	.9379	.9391	.9402	.9414	.9425	.9436	.9447	.9458
1.8	.9468	.9478	.9488	.9498	.9508	.9518	.9527	.9536	.9545	.9554
1.9	.9562	.9571	.9579	.9587	.9595	.9603	.9611	.9619	.9626	.9633
2.0	.9640	.9647	.9654	.9661	.9668	.9674	.9680	.9687	.9693	.9699
2.1	.9705	.9710	.9716	.9722	.9727	.9732	.9738	.9743	.9748	.9753
2.2	.9757	.9762	.9767	.9771	.9776	.9780	.9785	.9789	.9793	.9797
2.3	.9801	.9805	.9809	.9812	.9816	.9820	.9823	.9827	.9830	.9834
2.4	.9837	.9840	.9843	.9846	.9849	.9852	.9855	.9858	.9861	.9863
2.5	.9866	.9869	.9871	.9874	.9876	.9879	.9881	.9884	.9886	.9888
2.6	.9890	.9892	.9895	.9897	.9899	.9901	.9903	.9905	.9906	.9908
2.7	.9910	.9912	.9914	.9915	.9917	.9919	.9920	.9922	.9923	.9925
2.8	.9926	.9928	.9929	.9931	.9932	.9933	.9935	.9936	.9937	.9938
2.9	.9940	.9941	.9942	.9943	.9944	.9945	.9946	.9947	.9949	.9950
3.0	.9951									
4.0	.9993									
5.0	.9999									

資料來源: 取自 Pfaffenberger and Patterson (1987), Appendix Table B.18.

註: 表中最左一行、最上一列是 Z_r 的值, 表身的數值是 Z_r 對應的 r 值。例如當 $Z_r = 1.25$ 時, 其對應的 r 值是 0.8483。

表 (14)　史皮爾曼 (Spearman) 檢定統計量的臨界值

n	$\alpha = .100$	.050	.025	.010	.005	.001
4	.8000	.8000				
5	.7000	.8000	.9000	.9000		
6	.6000	.7714	.8286	.8857	.9429	
7	.5357	.6786	.7450	.8571	.8929	.9643
8	.5000	.6190	.7143	.8095	.8571	.9286
9	.4667	.5833	.6833	.7667	.8167	.9000
10	.4424	.5515	.6364	.7333	.7818	.8667
11	.4182	.5273	.6091	.7000	.7455	.8364
12	.3986	.4965	.5804	.6713	.7273	.8182
13	.3791	.4780	.5549	.6429	.6978	.7912
14	.3626	.4593	.5341	.6220	.6747	.7670
15	.3500	.4429	.5179	.6000	.6536	.7464
16	.3382	.4265	.5000	.5824	.6324	.7265
17	.3260	.4118	.4853	.5637	.6152	.7083
18	.3148	.3994	.4716	.5480	.5975	.6904
19	.3070	.3895	.4579	.5333	.5825	.6737
20	.2977	.3789	.4451	.5203	.5684	.6586
21	.2909	.3688	.4351	.5078	.5545	.6455
22	.2829	.3597	.4241	.4963	.5426	.6318
23	.2767	.3518	.4150	.4852	.5306	.6186
24	.2704	.3435	.4061	.4748	.5200	.6070
25	.2646	.3362	.3977	.4654	.5100	.5962
26	.2588	.3299	.3894	.4564	.5002	.5856
27	.2540	.3236	.3822	.4481	.4915	.5757
28	.2490	.3175	.3749	.4401	.4828	.5660
29	.2443	.3113	.3685	.4320	.4744	.5567
30	.2400	.3059	.3620	.4251	.4665	.5479

資料來源: 取自 Pfaffenberger and Patterson (1987), Appendix Table B.14.

註: 1.表中最上一列是機率值 (α), 表身的數值是 r_s 大於或等於該數值的機率為 α。例如, 當 $n = 10$, $\alpha = 0.05$, 其對應的 r_s 值為 0.5515, 這表示: $P_r(r_s \geq 0.5515) = 0.05$ (當 $n = 10$)。

2.當 $n > 30$ 時, $r_s \dot{\sim} N\left(0, \dfrac{1}{n-1}\right)$。

表(15)　杜賓－華森(Durbin-Watson) d-統計量的臨界值

$\alpha = .05$

n	K									
	1		2		3		4		5	
	d_L	d_U	d_L	d_U	d_L	d_U	d_L	d_U	d_L	d_U
15	1.08	1.36	0.95	1.54	0.82	1.75	0.69	1.97	0.56	2.21
16	1.10	1.37	0.98	1.54	0.86	1.73	0.74	1.93	0.62	2.15
17	1.13	1.38	1.02	1.54	0.90	1.71	0.78	1.90	0.67	2.10
18	1.16	1.39	1.05	1.53	0.93	1.69	0.82	1.87	0.71	2.06
19	1.18	1.40	1.08	1.53	0.97	1.68	0.86	1.85	0.75	2.02
20	1.20	1.41	1.10	1.54	1.00	1.68	0.90	1.83	0.79	1.99
21	1.22	1.42	1.13	1.54	1.03	1.67	0.93	1.81	0.83	1.96
22	1.24	1.43	1.15	1.54	1.05	1.66	0.96	1.80	0.86	1.94
23	1.26	1.44	1.17	1.54	1.08	1.66	0.99	1.79	0.90	1.92
24	1.27	1.45	1.19	1.55	1.10	1.66	1.01	1.78	0.93	1.90
25	1.29	1.45	1.21	1.55	1.12	1.66	1.04	1.77	0.95	1.89
26	1.30	1.46	1.22	1.55	1.14	1.65	1.06	1.76	0.98	1.88
27	1.32	1.47	1.24	1.56	1.16	1.65	1.08	1.76	1.01	1.86
28	1.33	1.48	1.26	1.56	1.18	1.65	1.10	1.75	1.03	1.85
29	1.34	1.48	1.27	1.56	1.20	1.65	1.12	1.74	1.05	1.84
30	1.35	1.49	1.28	1.57	1.21	1.65	1.14	1.74	1.07	1.83
31	1.36	1.50	1.30	1.57	1.23	1.65	1.16	1.74	1.09	1.83
32	1.37	1.50	1.31	1.57	1.24	1.65	1.18	1.73	1.11	1.82
33	1.38	1.51	1.32	1.58	1.26	1.65	1.19	1.73	1.13	1.81
34	1.39	1.51	1.33	1.58	1.27	1.65	1.21	1.73	1.15	1.81
35	1.40	1.52	1.34	1.58	1.28	1.65	1.22	1.73	1.16	1.80
36	1.41	1.52	1.35	1.59	1.29	1.65	1.24	1.73	1.18	1.80
37	1.42	1.53	1.36	1.59	1.31	1.66	1.25	1.72	1.19	1.80
38	1.43	1.54	1.37	1.59	1.32	1.66	1.26	1.72	1.21	1.79
39	1.43	1.54	1.38	1.60	1.33	1.66	1.27	1.72	1.22	1.79
40	1.44	1.54	1.39	1.60	1.34	1.66	1.29	1.72	1.23	1.79
45	1.48	1.57	1.43	1.62	1.38	1.67	1.34	1.72	1.29	1.78
50	1.50	1.59	1.46	1.63	1.42	1.67	1.38	1.72	1.34	1.77
55	1.53	1.60	1.49	1.64	1.45	1.68	1.41	1.72	1.38	1.77

n	K									
	1		2		3		4		5	
	d_L	d_U	d_L	d_U	d_L	d_U	d_L	d_U	d_L	d_U
60	1.55	1.62	1.51	1.65	1.48	1.69	1.44	1.73	1.41	1.77
65	1.57	1.63	1.54	1.66	1.50	1.70	1.47	1.73	1.44	1.77
70	1.58	1.64	1.55	1.67	1.52	1.70	1.49	1.74	1.46	1.77
75	1.60	1.65	1.57	1.68	1.54	1.71	1.51	1.74	1.49	1.77
80	1.61	1.66	1.59	1.69	1.56	1.72	1.53	1.74	1.51	1.77
85	1.62	1.67	1.60	1.70	1.57	1.72	1.55	1.75	1.52	1.77
90	1.63	1.68	1.61	1.70	1.59	1.73	1.57	1.75	1.54	1.78
95	1.64	1.69	1.62	1.71	1.60	1.73	1.58	1.75	1.56	1.78
100	1.65	1.69	1.63	1.72	1.61	1.74	1.59	1.76	1.57	1.78

資料來源: 取自 Newbold (1991), Appendix Table 10.

註: K 是自變數的個數。

$$\alpha = .01$$

n	K									
	1		2		3		4		5	
	d_L	d_U	d_L	d_U	d_L	d_U	d_L	d_U	d_L	d_U
15	0.81	1.07	0.70	1.25	0.59	1.46	0.49	1.70	0.39	1.96
16	0.84	1.09	0.74	1.25	0.63	1.44	0.53	1.66	0.44	1.90
17	0.87	1.10	0.77	1.25	0.67	1.43	0.57	1.63	0.48	1.85
18	0.90	1.12	0.80	1.26	0.71	1.42	0.61	1.60	0.52	1.80
19	0.93	1.13	0.83	1.26	0.74	1.41	0.65	1.58	0.56	1.77
20	0.95	1.15	0.86	1.27	0.77	1.41	0.68	1.57	0.60	1.74
21	0.97	1.16	0.89	1.27	0.80	1.41	0.72	1.55	0.63	1.71
22	1.00	1.17	0.91	1.28	0.83	1.40	0.75	1.54	0.66	1.69
23	1.02	1.19	0.94	1.29	0.86	1.40	0.77	1.53	0.70	1.67
24	1.04	1.20	0.96	1.30	0.88	1.41	0.80	1.53	0.72	1.66
25	1.05	1.21	0.98	1.30	0.90	1.41	0.83	1.52	0.75	1.65
26	1.07	1.22	1.00	1.31	0.93	1.41	0.85	1.52	0.78	1.64
27	1.09	1.23	1.02	1.32	0.95	1.41	0.88	1.51	0.81	1.63
28	1.10	1.24	1.04	1.32	0.97	1.41	0.90	1.51	0.83	1.62
29	1.12	1.25	1.05	1.33	0.99	1.42	0.92	1.51	0.85	1.61
30	1.13	1.26	1.07	1.34	1.01	1.42	0.94	1.51	0.88	1.61
31	1.15	1.27	1.08	1.34	1.02	1.42	0.96	1.51	0.90	1.60
32	1.16	1.28	1.10	1.35	1.04	1.43	0.98	1.51	0.92	1.60
33	1.17	1.29	1.11	1.36	1.05	1.43	1.00	1.51	0.94	1.59
34	1.18	1.30	1.13	1.36	1.07	1.43	1.01	1.51	0.95	1.59
35	1.19	1.31	1.14	1.37	1.08	1.44	1.03	1.51	0.97	1.59
36	1.21	1.32	1.15	1.38	1.10	1.44	1.04	1.51	0.99	1.59
37	1.22	1.32	1.16	1.38	1.11	1.45	1.06	1.51	1.00	1.59
38	1.23	1.33	1.18	1.39	1.12	1.45	1.07	1.52	1.02	1.58
39	1.24	1.34	1.19	1.39	1.14	1.45	1.09	1.52	1.03	1.58
40	1.25	1.34	1.20	1.40	1.15	1.46	1.10	1.52	1.05	1.58
45	1.29	1.38	1.24	1.42	1.20	1.48	1.16	1.53	1.11	1.58
50	1.32	1.40	1.28	1.45	1.24	1.49	1.20	1.54	1.16	1.59
55	1.36	1.43	1.32	1.47	1.28	1.51	1.25	1.55	1.21	1.59
60	1.38	1.45	1.35	1.48	1.32	1.52	1.28	1.56	1.25	1.60
65	1.41	1.47	1.38	1.50	1.35	1.53	1.31	1.57	1.28	1.61
70	1.43	1.49	1.40	1.52	1.37	1.55	1.34	1.58	1.31	1.61

n	K									
	1		2		3		4		5	
	d_L	d_U	d_L	d_U	d_L	d_U	d_L	d_U	d_L	d_U
75	1.45	1.50	1.42	1.53	1.39	1.56	1.37	1.59	1.34	1.62
80	1.47	1.52	1.44	1.54	1.42	1.57	1.39	1.60	1.36	1.62
85	1.48	1.53	1.46	1.55	1.43	1.58	1.41	1.60	1.39	1.63
90	1.50	1.54	1.47	1.56	1.45	1.59	1.43	1.61	1.41	1.64
95	1.51	1.55	1.49	1.57	1.47	1.60	1.45	1.62	1.42	1.64
100	1.52	1.56	1.50	1.58	1.48	1.60	1.46	1.63	1.44	1.65

資料來源: 取自 Newbold (1991), Appendix Table 10.

参 考 書 目

1. Aigner, D. J. (1971) *Basic Econometrics*, Englewood Cliffs, N.J.: Prentice-Hall, Inc.

2. Anderson, D. R., D. J. Sweeney and T. A. Williams (1993) *Statistics for Business and Economics* (5th ed.), New York: West Publishing Company.

3. Berenson, M. L. and D. M. Levine (1992) *Basic Business Statistics, Concepts and Applications* (5th ed.), Englewood Cliffs, N.J.: Prentice Hall, Inc.

4. Burr, I. W. (1974) *Applied Statistical Methods*, New York: Academic Press.

5. Clopper, C.J. and E.S. Pearson (1934) "The Use of Confidence of Fiducial Limits," *Biometrika,* 26, 404–413.

6. Gibra, I. N. (1973) *Probability and Statistical Inference for Scientists and Engineers*, Englewood Cliffs, N.J.: Prentice-Hall, Inc.

7. Gujarati, D. (1978) *Basic Econometrics*, New York: McGraw-Hill Book Company.

8. Hogg, R. V. and A. T. Craig (1965) *Introduction to Mathematical Statistics* (2nd ed.), New York: The Macmillan Company.

9. Hogg, R. V. and E. A. Tanis (1983) *Probability and Statistical Inference*, New York: Macmillan Publishing Co., Inc.

10. Kmenta, J. (1971) *Elements of Econometrics*, New York: The Macmillan Company.

11. Kohler, Heinz (1994) *Statistics for Business and Economics* (3rd ed.), New York: HarperCollins College Publishers.

12. Larsen, R. J. and M. L. Marx (1986) *An Introduction to Mathematical Statistics and Its Application* (2nd ed.), London: Prentice-Hall International, Inc.

13. Lee, C. F. (1993) *Statistics for Business and Financial Economics*, Lexington,

Mass.: D. C. Heath and Company.

14. Mendenhall, W., J. E. Reinmuth and R. Beaver (1993) *Statistics for Management and Economics*, Boston, Mass.: PWS-Kent Publishing Company.

15. *Minitab Reference Manual: PC Version, Release 8 (1991)*, Minitab Inc., Reading, Ma: Addison–Wesley Publishing Co.

16. Morrison, D. F. (1983) *Applied Linear Statistical Methods*, Englewood Cliffs, N.J.: Prentice-Hall, Inc.

17. Neter, J., W. Wasserman and M. H. Kutner (1985) *Applied Linear Statistical Models: Regression, Analysis of Variance, and Experimental Designs*, Homewood, Illinois: Richard D. Irwin, Inc.

18. Neter, J., W. Wasserman and G. A. Whitmore (1993) *Applied Statistics* (4th ed.), Boston, Mass.: Allyn and Bacon, Inc.

19. Newbold, Paul (1991) *Statistics for Business and Economics* (3rd ed.), London: Prentice-Hall International, Inc.

20. Ott, L., R. F. Larson and W. Mendenhall (1987) *Statistics: A Tool for the Social Science* (4th ed.), Boston, Mass.: Duxbury Press.

21. Pfaffenberger, R. C. and R. J. H. Patterson (1987) *Statistics for Business and Economics* (3rd ed.), Homewood, Illinois: Richard D. Irwin, Inc.

22. Pindyck, R. S. and D. L. Rubinfeld (1981) *Econometric Models and Economic Forecasts* (2nd ed.), New York: McGraw-Hill Book Company.

23. Ramanathan, R. (1992) *Introductory Econometrics with Application*, New York: The Dryden Press.

24. Wonnacott, T. and R. J. Wonnacott (1977, 1990) *Introductory Statistics for Business and Economics*, New York: John Wiley & Sons.

漢文索引

■　八畫

■ 九畫

■　十畫

■ 十一畫

■ 十三畫

◼ 十六畫

英漢對照索引

■ A

■ B

■ C

■ L

■ M

■ S

■ T

練習題解答

第一章

（略）

第二章

2-1　1. 樣本資料。 2. 全距 $(r) = 59$。 3. 略。 4. 略。 5. 左偏。

2-3　1. $\bar{x} = 76.6667$, $\bar{x}_T = 78.9258$, $\bar{x}_W = 78.9167$。

　　2. $q_1 = 72.8125$, $q_2 = 77.1875$, $q_3 = 85$。

　　3. (i)$m_o = 85$。　(ii)$m_o = 85$。　(iii)$m_o = 85$。

　　4. 以 Pearson 的經驗法求算，得到　$m_o = 78.2291$。

　　5. $r = 92.5 - 52.5 = 40$　或　$r = 90 - 55 = 35$。

　　　　$r_q = 12.1875$。

　　　　$s_x^2 = 110.9195$。

　　　　$s_x = 10.5318$。

　　　　v.c. $= 0.1374$。

2-4　1. 略。

　　2. $\text{Gini}_A = 0.288$, 　　$\text{Gini}_B = 0.372$。

　　3. (i)略。　　(ii)A 國的所得分配較平均。

2-5　因二群樣本資料之平均數的水準相差不大，且二者單位相同，故可以變異數做為比較二群資料差異情況的指標。而

　　$\because$ 　$s_{\text{北市}}^2 = 19.2065$, 　　$s_{\text{北縣}}^2 = 207.1720$

　　$\therefore$ 　北市較北縣整齊。

2-7　1. $\bar{x} = 69.39$（公斤）。

2. (i)$\bar{y} = 0.13$（公斤）。　(ii)$3\bar{y} + 69 = 69.39$（公斤）。　(iii) 是。

3. (i)$m_e = 69.3519$（公斤）。　(ii)略。

2-9　A 國每人平均所得的年增率為0.1561。

第三章

3-1　1. 符合。2. 不符合。3. 不符合。4. 不符合。

3-3　1. $P(A \cup B) = \dfrac{5}{6}$。

2. $P(A' \cup B') = \dfrac{5}{6}$。

3. $P(A' \cap B') = \dfrac{1}{6}$。

4. $P(A|B) = \dfrac{1}{4}$。

5. $\because\ P(A \cap B) = \dfrac{1}{6}$,　$\therefore A \cdot B$不互斥。

$\because\ P(A|B) = \dfrac{1}{4} = P(A)$,　$\therefore A \cdot B$獨立。

3-5　1. 第一張抽取後不放回：

「此二位數是偶數」的機率 $= \dfrac{\dbinom{4}{1}\dbinom{8}{1}}{\dbinom{9}{1}\dbinom{8}{1}} = \dfrac{4}{9}$。

2. 第一張抽取後放回：

「此二位數是偶數」的機率 $= \dfrac{\dbinom{4}{1}\dbinom{9}{1}}{\dbinom{9}{1}\dbinom{9}{1}} = \dfrac{4}{9}$。

3-7 已知:

性別 \ 看法	贊成（A）	反對（B）	合計
男（M）	0.27	0.21	0.48
女（F）	0.24	0.28	0.52
合計	0.51	0.49	1.00

1. $P(A) = 0.27 + 0.24 = 0.51$。

2. $P(A|F) = \dfrac{P(A \cap F)}{P(F)} = \dfrac{0.24}{0.52} = \dfrac{6}{13}$。

3. $P(A|M) = \dfrac{P(A \cap M)}{P(M)} = \dfrac{0.27}{0.48} = \dfrac{9}{16}$。

3-9 根據題意，得

$$P(E_1) = \frac{1}{4} \quad , \quad P(E_2) = \frac{1}{2} \quad , \quad P(E_3) = \frac{1}{8}。$$

1. $\because \quad P(E_1 \cap E_2) = \dfrac{1}{8} = P(E_1) \cdot P(E_2)$

   $\therefore \quad E_1, E_2$ 彼此獨立。

2. $\because \quad P(E_1 \cap E_3) = \dfrac{1}{8} \neq P(E_1) \cdot P(E_3) \quad$ 或

   $\because \quad P(E_3|E_1) = \dfrac{P(E_1 \cap E_3)}{P(E_1)} = \dfrac{\frac{1}{8}}{\frac{1}{4}} = \dfrac{1}{2} \neq P(E_3)$

   $\therefore \quad E_1, E_3$ 彼此不獨立。

3-11 令 A: 至少出現三次為 6 點的事件。

　　　B: 出現五次 6 點的事件。

而 $P(A) = \dbinom{5}{3}\left(\dfrac{1}{6}\right)^3\left(\dfrac{5}{6}\right)^2 + \dbinom{5}{4}\left(\dfrac{1}{6}\right)^4\left(\dfrac{5}{6}\right)^1 + \dbinom{5}{5}\left(\dfrac{1}{6}\right)^5\left(\dfrac{5}{6}\right)^0$

$$= \frac{276}{6^5}$$

$$P(A \cap B) = \dbinom{5}{5}\left(\frac{1}{6}\right)^5\left(\frac{5}{6}\right)^0 = \frac{1}{6^5}$$

$$\therefore \quad P(B|A) = \frac{P(A \cap B)}{P(A)} = \frac{1}{276}。$$

3–13 令 A: 產品有瑕疵。

B: 檢驗結果顯示產品為不良品。

而根據題意，有下面的訊息：

$$\text{產品} \begin{cases} \text{有瑕疵 } (A): \quad 10\% \begin{cases} \text{檢驗顯示為不良品 } (B|A): \quad 95\% \\ \text{檢驗顯示為良品} \quad (B'|A): \quad 5\% \end{cases} \\ \\ \text{無瑕疵 } (A'): \quad 90\% \begin{cases} \text{檢驗顯示為不良品 } (B|A'): \quad 1\% \\ \text{檢驗顯示為良品} \quad (B'|A'): \quad 99\% \end{cases} \end{cases}$$

$$\begin{aligned} \therefore \quad P(A'|B) &= \frac{P(A' \cap B)}{P(B)} \\ &= \frac{P(A' \cap B)}{P(A' \cap B) + P(A \cap B)} \\ &= \frac{P(A') \cdot P(B|A')}{P(A') \cdot P(B|A') + P(A) \cdot P(B|A)} \\ &= \frac{(0.90)(0.01)}{(0.90)(0.01) + (0.10)(0.95)} \\ &= \frac{0.009}{0.104} \\ &= \frac{9}{104}(= 0.0865)。 \end{aligned}$$

第四章

4–1 (i) $f(X) = F(X) - F(X-1) = \dfrac{2X-1}{25}$。

(ii) $E(X) = \sum x f(x) = 3.8$。

$V(X) = \sum [x - E(X)]^2 f(x) = 1.36$。

(iii) 眾數 $(M_o) = 5$。

(iv)中位數 $(M_e) = 4$。

4–3 1. $P(X < 2, Y < 3) = \dfrac{1}{6}$。

2. $P(X = 3 | Y = 3) = \dfrac{1}{3}$。

3. (i)$P(X = 1) = P(X = 3) = \dfrac{2}{9}$ ， $P(X = 2) = P(X = 4) = \dfrac{5}{18}$。

(ii)$P(Y = 1) = P(Y = 2) = P(Y = 3) = \dfrac{1}{3}$。

(iii)$P(X_i, Y_j) \neq P(X_i)P(Y_j)$ （驗證過程（略））。

4–5 1.(a) X, Y 都是隨機變數，但 Z 不是隨機變數。

$\mu_X = 6$ ， $\sigma_X^2 = 6$。

$\mu_Y = 6$ ， $\sigma_Y^2 = 6$。

(b) X, Y 的機率分配表（略）。

$\text{Cov}(X, Y) = 0$。

$\rho_{XY} = 0$。

(c) X, Y 彼此獨立。

(d) W, R 的聯合機率分配表（略）。

$E(W) = 12$ ， $V(W) = 12$。

$E(R) = 0$ ， $V(R) = 12$。

又 $\because$ $f(W = 6 | R = -6) \neq f(W = 6)$

$\therefore$ W, R 彼此不獨立。

2. 略。

4–7 1. $E(T) = 5$ ， $V(T) = 0.04V(S) = 1.4$。

2. $E(T) = 6.5$ ， $V(T) = 8.75$。

3. $E(T) = 5.2$ ， $V(T) = 5.76$。

4. (a) 第二種課稅方法。

   (b) 第二種課稅方法。

      ∵第一種課稅方法 $V(S-T)=22.4$

        第二種課稅方法 $V(S-T)=8.75$ ←最小

        第三種課稅方法 $V(S-T)=12.76$。

   (c) 第一種課稅方法。

      ∵第一種課稅方法 $\dfrac{dT}{dS}=0.2$

        第二種課稅方法 $\dfrac{dT}{dS}=0.5$

        第三種課稅方法 $\dfrac{\Delta T}{\Delta S}=\dfrac{13-10}{40-35}=0.6$。

第五章

5-1 (i) 是。

(ii) $f(x)=\dfrac{1}{6}$ ， $x=1,2,\cdots,6$。

    $F(x)=\dfrac{x}{6}$ ， $x=1,2,\cdots,6$。

(iii) $E(X)=3.5$ ， $V(X)=2.917$。

(iv) Y 是一間斷隨機變數。

    $f(y)=\dbinom{5}{y}\left(\dfrac{1}{6}\right)^y\left(\dfrac{5}{6}\right)^{5-y}$ ， $y=0,1,2,3,4,5$。

    $F(y)=\sum\limits_{Y=0}^{y}f(Y)=\sum\limits_{Y=0}^{y}\dbinom{5}{Y}\left(\dfrac{1}{6}\right)^Y\left(\dfrac{5}{6}\right)^{5-Y}$。

(v) $E(Y)=n\cdot p=5\cdot\left(\dfrac{1}{6}\right)=\dfrac{5}{6}$。

    $V(Y)=n\cdot p\cdot q=5\left(\dfrac{1}{6}\right)\left(\dfrac{5}{6}\right)=\dfrac{25}{36}$。

5-3　1. X 呈二項分配。理由（略）。

2. $P(3 \leq X \leq 5) = \sum_{X=3}^{5} \binom{10}{X} \left(\frac{5}{8}\right)^X \left(\frac{3}{8}\right)^{10-X}$ 　又

$P(3 \leq X \leq 5) \neq P(3 < X \leq 5)$。

3. $E(X) = n \cdot p = 10 \left(\frac{5}{8}\right) = 6.25$。

$V(X) = n \cdot p \cdot q = 10 \left(\frac{5}{8}\right) \left(\frac{3}{8}\right) = 2.34375$。

5-5　1. 有三張 A 的機率為：

$$\binom{5}{3} \left(\frac{4}{52}\right)^3 \left(\frac{48}{52}\right)^2。$$

2. 有三張紅心的機率為：

$$\binom{5}{3} \left(\frac{1}{4}\right)^3 \left(\frac{3}{4}\right)^2。$$

3. 至多出現三張紅心的機率是：

$$\sum_{X=0}^{3} \binom{5}{X} \left(\frac{1}{4}\right)^X \left(\frac{3}{4}\right)^{5-X}。$$

5-7　$E(X) = 3$　,　$V(X) = 2$。

1. 略。

2. $E(Y) = E(10 + 2X) = 10 + 2E(X) = 16$。

$V(Y) = V(10 + 2X) = V(2X) = 4V(X)$。

3. Y 的機率直方圖（略）。

4. X, Y 的聯合機率分配表（略）。

5.

$$\begin{aligned}
\rho_{XY} &= \frac{\sigma_{XY}}{\sigma_X \sigma_Y} \\
&= \frac{E(X - E(X))(Y - E(Y))}{\sigma_X \cdot \sqrt{4\sigma_X^2}} \\
&= \frac{E(X - E(X))(10 + 2X - 10 - E(X))}{\sigma_X \cdot 2\sigma_X}
\end{aligned}$$

$$= \frac{2E(X - E(X))^2}{2\sigma_X^2}$$

$$= \frac{\sigma_X^2}{\sigma_X^2}$$

$$= 1 \, \text{。}$$

5-9 1. 已知每小時平均有 60 人進入商店，則「四分鐘」平均有 4 人進入商店，因此就連續的 4 分鐘內，令 X 代表進入商店的人數，則 X 呈波阿松分配，即 $X \sim \text{Poisson}(\lambda, \lambda)$，而 $\lambda = 4$，

$$\therefore \quad P(X = 0) = \frac{e^{-\lambda}\lambda^0}{0!} = e^{-4} = 0.0183 \, \text{。}$$

2. 0.69315 分鐘。說明如下：

由題意知：平均 1 分鐘有 1 人進入商店。今若令 Y 是 T 分鐘內進入商店的人數，則 $\lambda = 1 \cdot T$，而

$$\because \quad P(Y = 0) = \frac{e^{-\lambda}\lambda^0}{0!} = \frac{e^{-T}T^0}{0!}$$

$$= e^{-T}$$

$$= 0.5$$

$$\therefore \quad T \doteq 0.69315 \, \text{。}$$

3. 略。

第六章

6-1 1. X 呈矩形分配（單一分配或均等分配）型態。

X 的機率分配圖（略）。

2. $E(X) = \displaystyle\int_a^b Xf(X)dX = \int_a^b X \cdot \frac{1}{b-a} dX$

$$=\frac{1}{b-a}\int_a^b XdX = \frac{1}{b-a}\cdot\frac{X^2}{2}\bigg|_a^b$$

$$=\frac{1}{2(b-a)}(b^2-a^2)=\frac{b+a}{2}。$$

$$V(X)=E(X-E(X))^2$$

$$=E(X^2)-(E(X))^2$$

$$=\int_a^b X^2 f(X)dX - \left(\frac{b+a}{2}\right)^2$$

$$=\frac{1}{(b-a)}\frac{X^3}{3}\bigg|_a^b - \left(\frac{b+a}{2}\right)^2$$

$$=\frac{1}{3(b-a)}\cdot(b^3-a^3)-\left(\frac{b+a}{2}\right)^2$$

$$=\frac{(b-a)^2}{12}。$$

$$F(x)=F(X=x)=\int_a^x f(X)dX = \int_a^x \frac{1}{b-a}dX$$

$$=\frac{1}{b-a}\cdot X\bigg|_a^x$$

$$=\frac{x-a}{b-a}。$$

6-3 $\because$ $X\sim N(5,0.16)$, $Y\sim N(1.5,0.09)$, 且 X、Y獨立

$\therefore$ $X+Y\sim N(\mu_X+\mu_Y,\sigma_X^2+\sigma_Y^2)$

即 $X+Y\sim N(6.5,0.25)$

$$\Longrightarrow P(X+Y>8)=P\left(Z\geq\frac{8-6.5}{\sqrt{0.25}}\right)$$

$$=P(Z\geq 3)=0.0013。$$

6-5 令 X 是某對新婚夫婦預期生產之 10個小孩當中的男孩個數, 則 X
呈二項分配, 且

$$f(x)=\binom{10}{x}\left(\frac{1}{2}\right)^x\left(\frac{1}{2}\right)^{10-x} , \quad x=0,1,2,\cdots,10$$

1. $P(X > 6) = \sum_{X=7}^{10} \binom{10}{X} \left(\frac{1}{2}\right)^X \left(\frac{1}{2}\right)^{10-X} = 0.1719$

2. $\because$ X 呈二項分配

$$\mu_X = 10 \left(\frac{1}{2}\right) = 5 \quad , \quad \sigma_X^2 = 10 \left(\frac{1}{2}\right)\left(\frac{1}{2}\right) = 2.5$$

$\therefore$ 以常態分配求 $P(X > 6)$ 的近似值為:

$$P(X > 6) = P\left(Z \geq \frac{6.5 - 5}{\sqrt{2.5}}\right)$$

$$= P(Z \geq 0.09) = 0.1711 \text{。}$$

3. 當 $p \longrightarrow \dfrac{1}{2}$, 且 $n \longrightarrow \infty$ 時, 常態分配是二項分配的良好近似分配。

6–7 令 Y 是電子錶的耐用時間, 則

$$Y \sim \text{Exponential}\left(\frac{1}{\lambda} = 1, \frac{1}{\lambda^2} = 1\right)$$

1. $P(Y \geq 3) = 1 - P(Y \leq 3) = 1 - P(\lambda Y \leq \lambda \cdot 3) = 1 - P(\lambda Y \leq 1 \cdot 3)$

$$= 1 - P(\lambda Y \leq 3) = 1 - 0.9502 = 0.0498 \text{。}$$

2. $P(1 \leq Y \leq 3) = P(Y \leq 3) - P(Y \leq 1) = 0.9502 - 0.6321 = 0.3181 \text{。}$

6–9 (解一)

令 X 是電子交換機於一小時內收到之信號次數, 則

$$X \sim \text{Poisson}(\lambda, \lambda^2) \quad , \text{而}$$

$$\lambda = 5 \text{ (次/小時)}$$

1. 今若令 X_* 是電子交換機於 15 分鐘內收到之信號次數, 則

$$X_* \sim \text{Poisson}(\lambda_*, \lambda_*^2) \quad , \text{而}$$

$$\lambda_* = \frac{5}{4} \text{ (次/15分鐘)}$$

而「至少需要 15 分鐘才能接到下一次信號」就等於「連續的 15 分鐘內未接到任何的信號, 即 $X_* = 0$」,

$$\therefore \quad P(X_*=0)=\frac{e^{-\lambda_*}\lambda_*^{X_*}}{X_*!}=\frac{e^{-\frac{5}{4}}\left(\frac{5}{4}\right)^0}{0!}$$

$$=e^{-\frac{5}{4}}=0.2865 \text{。}$$

2. 若令 X' 是電子交換機於 10 分鐘內收到之信號次數，則

$$X' \sim \text{Poisson}(\lambda', \lambda'^2) \text{，而}$$

$$\lambda'=\frac{5}{6}\ （次/10分鐘）$$

而「10 分鐘內必須接到下一次信號」事實上就等於「連續的 10 分鐘內至少接到一次以上的信號，即 $X' \geq 1$」，

$$\therefore \quad P(X' \geq 1)=1-P(X'=0)=1-\frac{e^{-\lambda'}(\lambda')^0}{0!}$$

$$=1-e^{-\frac{5}{6}}$$

$$=0.5654 \text{。}$$

（解二）

令 X 是電子交換機於一分鐘內收到之信號次數，則

$$X \sim \text{Poisson}(\lambda, \lambda^2)\ \text{，而}$$

$$\lambda=5次/60分=\frac{1}{12}\ （次/分），\quad \frac{1}{\lambda}=12$$

今若令 Y 是電子交換機接到信號之間隔時間（分鐘），則

$$Y \sim \text{Exp}\left(\frac{1}{\lambda}\ ,\frac{1}{\lambda^2}\right),\quad \frac{1}{\lambda}=12 \quad \Longrightarrow \quad \lambda=\frac{1}{12}$$

因此，本題 1,2 小題就相當於求算下面的機率：

1. $P(Y \geq 15)=1-P(Y \leq 15)=1-P(\lambda Y \leq \lambda \cdot 15)=1-P\left(\lambda Y \leq \frac{15}{12}\right)$

$$=1-P(\lambda Y \leq 1.25)=1-0.7135=0.2865 \text{。}$$

2. $P(Y \leq 10)=P(\lambda Y \leq \lambda \cdot 10)=P\left(\lambda Y \leq \frac{10}{12}\right)=P(\lambda Y \leq 0.83)=0.5640 \text{。}$

6–11 令 Y 是「顧客停留於超市之時間」，則

$$Y \sim \text{Exp}\left(\frac{1}{\lambda}, \frac{1}{\lambda^2}\right) \quad \text{而}$$

$$\because \quad \frac{1}{\lambda} = 8 \quad , \quad \therefore \quad \lambda = 0.125$$

(i)$P(Y \geq 16) = 1 - P(Y \leq 16)$

$$= 1 - P(\lambda Y \leq \lambda \cdot 16)$$

$$= 1 - P(\lambda Y \leq 2)$$

$$= 1 - 0.8647$$

$$= 0.1353 \,\circ$$

(ii)$P(Y \leq 4) = P(\lambda Y \leq \lambda \cdot 4)$

$$= P(\lambda Y \leq 0.5)$$

$$= 0.3935 \,\circ$$

第七章

7-1 略。

7-3 略。

7-5 由題意得到:

X	1	3	5
$f(X)$	$\frac{2}{5}$	$\frac{2}{5}$	$\frac{1}{5}$

$$\therefore \quad E(X) = 2.6$$

$$V(X) = 2.24$$

今令 $\begin{cases} S \text{ 為抽得之 2 球的分數和} \\ \overline{X} \text{ 為抽得之 2 球的平均分數,則} \end{cases}$

1. (i) 抽出放回:

$$\mu_S = E(S) = n\mu_X = 2(2.6) = 5.2。$$

$$\sigma_S^2 = V(S) = n\sigma_X^2 = 2(2.24) = 4.48$$

$$\therefore \quad \sigma_S = \sqrt{4.48} = 2.1166。$$

(ii) 抽出不放回:

$$\mu_S = E(S) = n\mu_X = 5.2。$$

$$\sigma_S^2 = V(S) = \frac{N-n}{N-1}(n\sigma_X^2)$$

$$\doteq n\sigma_X^2$$

$$(\because N \longrightarrow \infty, \quad \frac{N-n}{N-1} \longrightarrow 1)$$

$$= 4.48$$

$$\therefore \quad \sigma_S = \sqrt{4.48} = 2.1166。$$

2. (i) 抽出放回:

$$\mu_{\overline{X}} = E(\overline{X}) = \mu_X = 2.6。$$

$$\sigma_{\overline{X}}^2 = V(\overline{X}) = \frac{\sigma_X^2}{n} = 1.12$$

$$\therefore \quad \sigma_{\overline{X}} = \sqrt{1.12} = 1.0583。$$

(ii) 抽出不放回:

$$\mu_{\overline{X}} = E(\overline{X}) = \mu_X = 2.6。$$

$$\sigma_{\overline{X}}^2 = V(\overline{X}) = \frac{N-n}{N-1}\left(\frac{\sigma_X^2}{n}\right) \doteq \frac{\sigma_X^2}{n} = 1.12$$

$$\therefore \quad \sigma_{\overline{X}} = \sqrt{1.12} = 1.0583。$$

7-7 令 X 是食用米每袋的重量, 而 $X \sim N(9.9, (0.2)^2)$, 今抽取 10 袋 $(n = 10)$, 則

1. 令 S 是 10 袋米之重量和, 則

$$S \sim N(99, 10(0.2)^2 = 0.4)$$

$$\therefore P(S \geq 100) = P\left(Z \geq \frac{100 - 99}{\sqrt{0.4}}\right) = P(Z \geq 1.58) = 0.0571。$$

2. 令 $\overline{X}$ 是 10 袋米的平均重量, 則

$$\overline{X} \sim N(9.9, \frac{(0.2)^2}{10} = 0.004)$$

$$\therefore P(\overline{X} \geq 9.9) = P\left(Z \geq \frac{9.9 - 9.9}{\sqrt{0.004}}\right) = P(Z \geq 0) = 0.5。$$

7-9 令 X 代表商品當期對基期的價格比, 則

$$X \sim N(1.148, (0.075)^2)$$

$$\therefore P(X > 1) = P\left(\frac{X - 1.148}{0.075} > \frac{1 - 1.148}{0.075}\right)$$

$$= P(Z > -1.97)$$

$$= 0.9756$$

所以 160 種商品中, 將有 $156 (= 160 \times 0.9756)$ 種商品的價格較基期為高。

7-11 1. Y 是二項隨機變數, 其機率函數為:

$$f(y) = \binom{400}{y}\left(\frac{1}{2}\right)^y \left(\frac{1}{2}\right)^{400-y} \quad, \quad y = 0, 1, 2, \cdots, 400$$

又 $\quad P(180 \leq Y \leq 400) = \sum_{Y=180}^{400} \binom{400}{Y}\left(\frac{1}{2}\right)^Y \left(\frac{1}{2}\right)^{400-Y}。$

2. $f(\overline{Y}) = \binom{400}{400\overline{Y}}\left(\frac{1}{2}\right)^{400\overline{Y}}\left(\frac{1}{2}\right)^{400-400\overline{Y}} \quad, \quad \overline{Y} = \frac{0}{400}, \frac{1}{400}, \cdots, \frac{400}{400}$

又 $\quad P(\overline{Y} \leq 0.55) = P(400\overline{Y} \leq 400(0.55))$

$$= P(Y \leq 220)$$

$$(\because 400\overline{Y} = Y)$$

$$= \sum_{Y=0}^{220} \binom{400}{Y} \left(\frac{1}{2}\right)^Y \left(\frac{1}{2}\right)^{400-Y}。$$

3. 略。

第八章

8-1 略。

8-3 略（證明請參見第八章第二節）。

8-5　1.　$\because E(X) = 8\left(\frac{1}{4}\right) + 10\left(\frac{1}{4}\right) + 11\left(\frac{1}{2}\right) = 10$

$\quad\quad \therefore X$ 是「真正長度」的不偏誤估計式。

2.　$\because E(Y) = 4\left(\frac{1}{2}\right) + 6\left(\frac{1}{2}\right) = 5$

$\quad\quad \therefore Y$ 是「真正寬度」的不偏誤估計式。

3.　$\because E(A)=E(X \cdot Y)$

$$=\sum\sum xy f(xy)$$

$$=\sum\sum xy f(x)f(y)$$

$$(\because X,Y\text{獨立},\ \therefore f(xy)=f(x)f(y))$$

$$\therefore\ E(A)=8\cdot 4\cdot\frac{1}{8} + 8\cdot 6\cdot\frac{1}{8} + 10\cdot 4\cdot\frac{1}{8} + \cdots + 11\cdot 6\cdot\frac{1}{4}$$

$$=50 = 10\times 5$$

$\quad\quad \therefore A$ 是「真正面積」的不偏誤估計式。

4.　$V(A) = \sum A^2 f(A) - [E(A)]^2$

$$= 139。$$

8-7　非；理由如下：

(i) $\lim_{n\to\infty} E(\hat{\theta}) = \theta \implies \lim_{n\to\infty} (\text{Bias}(\hat{\theta}))^2 = 0$

但 $\lim_{n\to\infty}\text{MSE}(\hat{\theta})=\lim_{n\to\infty}V(\hat{\theta})+\lim_{n\to\infty}(\text{Bias}(\hat{\theta}))^2$

$$=\lim_{n\to\infty}V(\hat{\theta})+0$$

而若 $\lim_{n\to\infty}V(\hat{\theta})=0 \implies \lim_{n\to\infty}\text{MSE}(\hat{\theta})=0$，則 $\hat{\theta}$ 為一致性估計式。

但若 $\lim_{n\to\infty}V(\hat{\theta})\neq 0$，則我們根據既有的訊息，無法判斷 $\hat{\theta}$ 是否為

一致性估計式。

(ii)$\hat{\theta}$ 是一致性估計式，則 $\lim_{n\to\infty}\text{MSE}(\hat{\theta})$ 可為 0，亦可不為 0。

而若 $\lim_{n\to\infty}\text{MSE}(\hat{\theta})=0 \implies \lim_{n\to\infty}V(\hat{\theta})=0$，且 $\lim_{n\to\infty}(\text{Bias}(\hat{\theta}))^2=0$

此時，$\hat{\theta}$ 必為一漸近不偏估計式。

但若 $\lim_{n\to\infty}\text{MSE}(\hat{\theta})\neq 0$，則無法判斷 $\lim_{n\to\infty}(\text{Bias}(\hat{\theta}))^2$ 是否為 0，亦

即無法判斷 $\hat{\theta}$ 是否具漸近不偏性。

8–9 令 Y_i 為從 Y 母體以 SRS 抽樣法抽出之第 i 個樣本，而 $i=1,2,\cdots,n$，

則隨機樣本的聯合機率密度函數為：

$$f(Y_1,Y_2,\cdots,Y_n;\theta)=f(Y_1;\theta)\cdot f(Y_2;\theta)\cdot\ \cdots\ \cdot f(Y_n;\theta)$$

$$=(1-\theta)^{\sum_{i=1}^{n}(Y_i-1)}\cdot\theta^n$$

$$\ln f(Y_1,Y_2,\cdots,Y_n;\theta)=\sum_{i=1}^{n}(Y_i-1)\ln(1-\theta)+n\ln\theta$$

$$\frac{\partial\ln f(Y_1,Y_2,\cdots,Y_n;\theta)}{\partial\theta}=\frac{-\sum(Y_i-1)}{1-\theta}+\frac{n}{\theta}=0$$

解上式，得 θ 的最大概似估計式 $(\hat{\theta}_{\text{MLE}})$ 為：

$$\hat{\theta}_{\text{MLE}}=\frac{n}{\sum_{i=1}^{n}Y_i}=\frac{1}{\overline{Y}}\circ$$

8–11

1. (i)$E(p^*)=E\left(\dfrac{S+1}{n+2}\right)=\dfrac{1}{n+2}E(S+1)$

$$=\dfrac{1}{n+2}[E(S)+1]$$

$$=\frac{1}{n+2}[np+1]。$$

$$(\because E(S)=np)$$

(ii)$V(p^*)=V\left(\dfrac{S+1}{n+2}\right)=\dfrac{1}{(n+2)^2}V(S+1)$

$$=\frac{1}{(n+2)^2}V(S)$$

$$=\frac{npq}{(n+2)^2}。$$

$$(\because V(S)=npq)$$

(iii)$\text{MSE}(p^*)=V(p^*)+[\text{Bias}(p^*)]^2$

$$=\frac{npq}{(n+2)^2}+\left(\frac{1-2p}{n+2}\right)^2$$

$$=\frac{1+(n-4)pq}{(n+2)^2}。$$

2. $\text{MSE}(p')=V(p')+[\text{Bias}(p')]^2$

$$=\frac{pq}{n}+0$$

$$=\frac{pq}{n}。$$

3. 略。

4. 略。

第九章

9–1　$n=12$ ， $\overline{X}_0=80$ ， $s_X=17.5$ ， $1-\alpha=90\%$

$\therefore$　μ_X 的區間估計值為：

$$\overline{X}\pm t_{n-1;\frac{\alpha}{2}}\sqrt{\frac{s_X^2}{n}}=80\pm1.796\frac{17.5}{\sqrt{12}}$$

$$=80\pm9.073$$

$$=(70.927 \sim 89.073)。$$

9–3 $X \not\sim N(\mu, \ \sigma^2 = 5^2), \ n = 100, \ \overline{X}_0 = 24$

1. (i)$1 - \alpha = 0.95$; 且知

$$P_r\left(|\overline{X} - \mu| \le k\frac{\sigma}{\sqrt{n}}\right) \ge 1 - \frac{1}{k^2} = 0.95$$

$$\implies \quad k = \sqrt{20}$$

$\therefore \ \mu$的信任區間為：

$$\overline{X}_0 \pm k\frac{\sigma}{\sqrt{n}} = 24 \pm \sqrt{20}\frac{5}{\sqrt{100}}$$

$$= 24 \pm 2.236$$

$$= (21.764 \sim 26.236)。$$

(ii)不必。

2. (i)可以；$\because \ n$ 大 $(n = 100)$，且 $\mu, \ \sigma$ 均為有限值。

(ii)μ 在 95%信任水準下的信任區間為：

$$\overline{X}_0 \pm Z_{\frac{\alpha}{2}}\sqrt{\frac{\sigma^2}{n}} = 24 \pm 1.96\sqrt{\frac{5^2}{100}}$$

$$= 24 \pm 0.98$$

$$= (23.02 \sim 24.98)。$$

3. 柴比契夫不等式之下，μ 之信任區間的寬度為 4.472。但運用中央極限定理的情況下，μ 之信任區間的寬度是 1.96，所以後者的精確度較高。

9–5 $n = 36$ ， $\sigma^2 = 0.25$ ， $\overline{X}_0 = 7.4$

(i)在 95.4% 的信任水準下， μ 的信任區間為：

$$\overline{X}_0 \pm Z_{\frac{\alpha}{2}}\sqrt{\frac{\sigma^2}{n}} = 7.4 \pm 2\sqrt{\frac{0.25}{36}}$$

$$=7.4 \pm 0.167$$

$$=(7.233 \sim 7.567)。$$

(ii)由題意知：

$$Z_{\frac{\alpha}{2}} \sqrt{\frac{\sigma^2}{n}} \leq 0.2 \implies 2 \cdot \sqrt{\frac{0.25}{n}} \leq 0.2$$

解之，得 $n \geq 25$

$\therefore$ 樣本數至少是 25。

9-7 已知 $X \sim N(106,\ 9)$ ，$Y \sim N(110, 16)$，且 X、Y獨立，則

$$X + Y \sim N(216, 25) \implies \frac{X+Y}{2} \sim N\left(108, \frac{25}{4}\right)$$

1. $P\left(\dfrac{X+Y}{2} \geq 112\right) = P\left(Z \geq \dfrac{112 - 108}{\sqrt{\dfrac{25}{4}}}\right)$

$$=P(Z \geq 1.6) = 0.0548。$$

2. (i)$Z_1^2 + Z_2^2$ 為 χ^2 分配，其自由度為 2。

(ii)$P(Z_1^2 + Z_2^2 < 5.99) = P(\chi_2^2 < 5.99)$

$$=1 - 0.05 = 0.95。$$

9-9 已知 $n_1 = 35$ ，$\overline{X}_1 = 700$ ，$s_1^2 = 200$

$\qquad n_2 = 30$ ，$\overline{X}_2 = 600$ ，$s_2^2 = 100$

又 $n_1,\ n_2 > 25$，且知 $\sigma_1^2 \neq \sigma_2^2$

$$\phi = \frac{\left(\dfrac{s_1^2}{n_1} + \dfrac{s_2^2}{n_2}\right)^2}{\dfrac{\left(\dfrac{s_1^2}{n_1}\right)^2}{n_1 - 1} + \dfrac{\left(\dfrac{s_2^2}{n_2}\right)^2}{n_2 - 1}} = \frac{\left(\dfrac{200}{35} + \dfrac{100}{30}\right)^2}{\dfrac{\left(\dfrac{200}{35}\right)^2}{34} + \dfrac{\left(\dfrac{100}{30}\right)^2}{29}}$$

$$=\frac{81.8594}{0.9604+0.3831}=60.930$$

$\therefore$　　$\mu_1-\mu_2$ 的信任區間（信任係數為90%）為：

$$(\overline{X}_1-\overline{X}_2)\pm t_{\phi;\frac{\alpha}{2}}\sqrt{\frac{s_1^2}{n_1}+\frac{s_2^2}{n_2}}=100\pm1.671\sqrt{\frac{200}{35}+\frac{100}{30}}$$

$$=100\pm5.026$$

$$=(94.974\sim105.026)。$$

9–11　(i)樣本比例 p' 的變異數為 $V(p')=\dfrac{pq}{n}$

而 $\because E\left(\dfrac{p'q'}{n}\right)=E\left(\dfrac{p'(1-p')}{n}\right)$

$$=\frac{1}{n}E[p'-(p')^2]$$

$$=\frac{1}{n}[E(p')-E((p')^2)]$$

$$=\frac{1}{n}[p-(V(p')+(E(p'))^2)]$$

$$=\frac{1}{n}[p-\frac{pq}{n}-p^2]$$

$$(\because V(p')=E((p')^2)-(E(p'))^2)$$

$$=\frac{1}{n}\left[p(1-p)-\frac{pq}{n}\right]$$

$$=\frac{pq}{n}\cdot\frac{n-1}{n}$$

$$\neq\frac{pq}{n}$$

$\therefore$　$\dfrac{p'q'}{n}$ 不是 $V(p')$的不偏誤估計式。

(ii)$V(p')\left[=\dfrac{pq}{n}\right]$ 的不偏誤估計式為：

$$\frac{n}{n-1}\cdot\frac{p'q'}{n}=\frac{p'q'}{n-1}。$$

9–13　已知　$p_1'=\dfrac{18}{250}$　,　$p_2'=\dfrac{51}{300}$,　且$n_1,\ n_2,>100$

∴在信任係數為 0.90 時，兩母體比例之差 (p_2-p_1) 的信任區間為：

$$(p_2'-p_1')\pm Z_{\frac{\alpha}{2}}\sqrt{\frac{p_2'q_2'}{n_2}+\frac{p_1'q_1'}{n_1}}=0.098\pm0.0446$$

$$=(0.0534\sim0.1426)。$$

9–15　1.　∵ $t_{\nu;\frac{\alpha}{2}}^2=F_{1,\nu;\alpha}$

∴ $F_{1,10;0.05}=t_{10;0.025}^2=(2.228)^2=4.9640。$

2.　∵ $Z_{\frac{\alpha}{2}}^2=F_{1,\infty;\alpha}$

∴ $F_{1,\infty;0.05}=Z_{0.025}^2=(1.96)^2=3.8416。$

3.　∵ $\dfrac{\chi_{\nu_1,\infty;\alpha}^2}{\nu_1}=F_{\nu_1,\infty;\alpha}\Longrightarrow\chi_{\nu_1;\alpha}^2=\nu_1\cdot F_{\nu_1,\infty;\alpha}$

∴ $\chi_{10;0.1}^2=10\cdot F_{10,\infty;0.1}=10\times1.60=16。$

4.　∵ $F_{\nu_1,\nu_2;1-\alpha}=\dfrac{1}{F_{\nu_2,\nu_1;\alpha}}$

∴ $F_{10,20;0.99}=\dfrac{1}{F_{20,10;0.01}}=\dfrac{1}{4.41}=0.2268。$

統計學　張光昭、莊瑞珠、黃必祥、廖本煌、齊學平/著

　　本書適合一般初學者閱讀。全書包含 11 章，每章皆附習題：第 1 章為統計學的預備知識。第 2 章介紹統計學的基本概念與重要名詞術語，仔細閱讀可建立統計學的基本觀念。第 3 至 5 章，屬於機率學的範圍，介紹隨機變數之概念及統計學常用的機率分布。第 6 章介紹抽樣分布之概念及中央極限定理。從第 7 章開始，正式進入統計學的兩大主軸，分別是第 7、8 章的估計理論與假設檢定。第 9、10 章分別討論迴歸分析、實驗設計與變異數分析。

　　最後，由於統計學的計算問題往往十分繁複，因此在第 11 章介紹統計軟體 EXCEL 的應用，以期讀者能將統計理論與方法付諸實際的計算。

初級統計學　呂岡坪、楊佑傑/著

　　本書以非理論的方式切入，避開艱澀難懂的公式和符號，而以直覺且淺顯的文字闡述統計的觀念，再佐以實際例子說明。本書以應用的觀點出發，呈現統計為一種有用的工具，讓讀者瞭解統計可以幫助我們解決很多週遭的問題。其應用的領域涵蓋社會科學、生物、醫學、農業等自然科學，還有工程科學及經濟、財務等商業上的應用。

總體經濟學　蕭文宗/著

　　總體經濟學重視總體經濟政策之效果，因此本書除了討論政府財政政策與貨幣政策之效果外，亦探討政府課稅及補貼對勞動供給、投資及總體經濟的影響；臺灣屬於小型開放經濟體，因此本書特別加強開放經濟體系的基本概念、理論之介紹與探討。

　　為求理論與實際生活銜接，本書於各章末的「經濟話題」中探討臺灣與各國現今所面臨的經濟問題，另外為使讀者較容易瞭解理論的重點，本書使用較多的圖形，並於圖形中配合簡要的說明。

旅運經營與管理　　張瑞奇／著

　　本書命名為「旅運經營與管理」，內容著重於旅行業的產品包裝、臺灣旅行社的設立與經營模式，以及旅行社的服務與管理。除此之外，與旅行業業務相關的觀光服務產業，如：航空業、飯店業、餐飲業等，也都有相當深入的說明。因此適合從事旅遊相關業者參考，以期能提升旅遊服務品質。本書同時也考慮到消費者的需求，提供相當多元化的旅遊知識供旅遊消費者參考，並解析常見的旅遊糾紛。

稅務會計　　卓敏枝、盧聯生、劉夢倫／著

　　本書之編寫，建立在全盤租稅架構與整體節稅理念上，係以營利事業為經，各相關稅目為緯，綜合而成一本理論與實務兼備之「稅務會計」最佳參考書籍，對研讀稅務之大專學生及企業經營管理人員，有相當之助益。再者，本書對（加值型）營業稅之申報、兩稅合一及營利事業所得稅結算申報均有詳盡之表單、說明及實例，對讀者之研習瞭解，可收事半功倍之宏效。

成本與管理會計　　王怡心／著

　　由於資訊科技的發展以及作業流程的再造，成本會計和管理會計兩者間的區別愈來愈不明顯。本書討論成本與管理會計的重要主題，從傳統產品成本的計算方法到一些創新的主題，包括作業基礎成本法 (ABC)、平衡計分卡 (BSC) 等。全書有 12 章，分為四大篇：第一篇基礎篇：1 至 4 章；第二篇規劃篇：5 至 7 章；第三篇控制篇：8 至 10 章；第四篇決策篇：11 至 12 章。

　　本書整合成本與管理會計的重要觀念，內文解析詳細；在重要觀念說明部分，搭配淺顯易懂的實務應用，讓讀者更能將理論與實務結合。每章有配合章節主題的習題演練，並於書末提供作業簡答，期望讀者能認識正確的成本與管理會計觀念，更有助於實務上操作。

國際貿易實務新論　　張錦源、康蕙芬／著

　　本書旨在作為大學與技術學院國際貿易實務課程之教本，並供有志從事貿易實務的社會人士參考之用。其特色有：按交易過程先後步驟詳細說明其內容，使讀者對全部交易過程能有完整的概念；依據教育部頒布之課程標準編寫，可充分配合教學的需要；每章章末均附有習題和實習，供讀者練習；提供授課教師教學光碟，以提昇教學成效。

國際貿易實務詳論　　張錦源／著

　　買賣的原理、原則為貿易實務的重心，貿易條件的解釋、交易條件的內涵、契約成立的過程、契約條款的訂定要領等，均為學習貿易實務者所不可或缺的知識。本書對此均予詳細介紹，期使讀者實際從事貿易時能駕輕就熟。國際間每一宗交易，從初步接洽開始，經報價、接受、訂約，以迄交貨、付款為止，其間有相當錯綜複雜的過程。本書按交易過程先後作有條理的說明，期使讀者對全部交易過程能獲得一完整的概念。除了進出口貿易外，對於託收、三角貿易、轉口貿易、相對貿易、整廠輸出、OEM 貿易、經銷、代理、寄售等特殊貿易，本書亦有深入淺出的介紹。

國際貿易實務　　張盛涵／著

　　國際貿易實務係以貿易操作實務為基礎，由貿易實務歸納而成的慣例與規則，因此修習者往往於學習過程中，陷入知其然，不知其所以然的窘困之境。本書即嘗試於各章節之貿易實務主題中，展示其運作原理，協助讀者瞭解貿易實務規範的背後原理，培養讀者面對龐雜貿易事務時，具有洞悉關鍵、執簡馭繁的能力。

　　本書內容涵蓋了完整的貿易實務、最新的法令規範及嚴謹的貿易理論，適合大專院校學生研習與實務界人士自修參考之用。

國際金融——全球金融市場觀點　　何瓊芳／著

　　本書特色著重國際金融理論之史地背景和應用之分析工具的紮根，並全面涵蓋金融市場層面，包括國際貨幣市場、外匯市場、黃金市場、資本市場、世界主要股市、國際基金市場以及衍生性金融商品。

　　2008 年金融海嘯橫掃全球，本書將金融海嘯興起之始末以及紓困方案之理論依據納入當代國際金融議題之內，俾能提供大專學生最新的國際金融視野，並對金融現況作全盤瞭解。

國際企業管理　　陳弘信／著

　　國際企業經營管理本身包羅萬象，涉及層面廣且深，有鑑於此，本書綜合各領域，歸納成國際經濟與環境、國際金融市場、國際經營與策略、國際營運管理四大範疇說明。在內容編排上，每章都附有架構圖，讓讀者能夠清楚該篇章屬於國際企業管理系統中的哪一個部分。

　　每章節並列有學習重點，條列探討主題。另外配合實務個案編有引導教學，讀者可先有概括性認識，再配合關鍵思考的提醒，有利於後續章節內容的瞭解。在章末則安排個案問題與討論，讓讀者運用所學，進行邏輯思考與應用，反思回饋產生高學習效果。

國際貿易理論與政策　　歐陽勛、黃仁德／著

　　本書乃為因應研習複雜、抽象之國際貿易理論與政策而編寫。對於各種貿易理論的源流與演變，均予以有系統的介紹、導引與比較，採用大量的圖解，作深入淺出的剖析，由靜態均衡到動態成長，由實證的貿易理論到規範的貿易政策，均有詳盡的介紹。讀者若詳加研讀，不僅對國際貿易理論與政策能有深入的瞭解，並可對國際經濟問題的分析收綜合察辨的功效。

經濟學　　王銘正／著

　　作者大量利用實務印證與鮮活例子，使讀者能充分領略本書所介紹的內容。在全球金融整合程度日益升高之際，國際金融知識也愈顯重要，因此本書運用相當的篇幅介紹「國際金融」知識，並利用相關理論說明臺灣與日本的「泡沫經濟」以及「亞洲金融風暴」。本書在每一章的開頭列舉該章的學習重點，方便讀者對每一章的內容建立起基本概念，也提供讀者在複習時自我檢視學習成果。

總體經濟學　　楊雅惠／編著

　　總體經濟學是用來分析總體經濟的知識與工具，而如何利用其基本架構，來剖析經濟脈動、研判經濟本質，乃是一大課題。一般總體經濟學書籍，皆會將各理論清楚介紹，但是缺乏實務分析或是案例，本書即著眼於此，除了使用完整的邏輯架構鋪陳之外，另外特別在每章內文中巧妙導入臺灣之經濟實務資訊，如民生痛苦指數、國民所得統計等相關實際數據。在閱讀理論部分後，讀者可以馬上利用實際數據與實務接軌，這部分將成為讀者在日後進行經濟分析之學習基石。